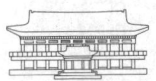

우리도 좋은 대통령을 갖고 싶다

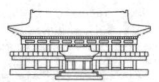

우리도 좋은 대통령을 갖고 싶다

8명의 역대 대통령과 외국 대통령의 비교 평가

주돈식 지음

사람과책

책을 내면서

 후계 질서가 엄격했던 우리의 과거 군주국가에서도 왕의 재목감이 되느냐를 놓고 조정 공론으로 왕재(王材) 여부를 논의했던 예를 많이 봤다. 아무리 왕의 적손 장자라도 왕재가 못되면 왕의 상속자격을 상실케 한 예가 우리 역사에만도 한두 번이 아니다.
 대통령은 당선만 되면 모든 것이 끝나는 것인가.
 대통령의 자질과 재목감은 무엇인가.
 2004년 상반기를 격심한 혼란과 이념의 충돌로 준(準) 내전상태로까지 몰고 간 노무현(盧武鉉) 대통령에 대한 탄핵 찬성과 탄핵 반대는 국가와 국민에게 쉽게 씻을 수 없는 큰 상처와 분열을 남겼다. 심지어 평 신부가 추기경을 비판하는 해괴한 모습까지 보이는 등 극심한 사회적 혼란을 야기했다.
 법원에서 판결을 내렸다 해서 이 탄핵 문제가 말끔히 원천적으로 해결되는 것도 아니다. 이 문제는 우리의 지난날들, 과거 대통령들의 통치행위를 되돌아보고 이를 반면교사로 해서 해답을 얻을 수밖에 없다. 과거를 알면 미래가 보인다.

필자가 중국을 여행하면서 중국인들이 마오쩌둥(毛澤東) 전 주석을 어떻게 평가하는지를 물어보면 답변은 대개 같은 내용이었다. 도시와 시골, 몇 년 전과 최근에까지 평가의 주된 기조에 큰 변화가 없다. 그들은 "여섯은 잘했고 넷은 잘 못했다"든지, "셋은 잘 못하고 일곱은 잘했다"든지 하는 내용들이 대부분이었다. 일반 국민, 언론인, 교수, 기업인들의 답변 내용을 들어보면 그런 대로의 이유를 댄다. 잘잘못이 7대 3이거나 6대 4 정도로 국민적 공감대를 이루고 있는 것 같았다.

공산주의 국가라 중앙에서 시키는 대로인가. 아니면 겁에 질려 우선 좋다고 하는 것일까?

물론 그럴 수도 있다. 그러나 그것보다는 공산당 중앙위원회나 사회과학원 등 각종 이념 단체에서 주석에 대해 수없이 난상토론을 한 결과가 대략 이렇다는 이야기다. 말하자면 역사정리를 이렇게 하고 있는 것이다.

이에 비해 우리 대통령들에 대한 우리의 평가는 어떤가? 거의 이루어지지 못하고 있다 해도 과언이 아니다. 개인과 세대에 따라 큰 차이가 있다. 국회 로턴다 홀에는 한국 대통령들의 흉상을 세울 수 있게 준비되어 있다. 그러나 이 흉상대의 많은 수가 20여 년간 비어 있다. 국회의원들 간에 대통령 평가에 대한 합의가 이루어지지 못하기 때문이다. 국민 간에는 더 큰 편차를 보이고 있다.

 이 같은 상충되는 견해는 국회와 그밖의 여러 단체에서 우리 대통령에 대한 평가작업이 밀도 있게 이루어지지 않아 의원과 국민들 서로의 견해가 다르기 때문이다. 노무현 대통령에 대한 탄핵 파동이라는 것도 따지고 보면 노 대통령에 대한 현격한 평가차이에서 비롯되었다고 해도 과언이 아니다.

 평가작업을 하려면 우선 대통령들의 통치기간 전체에 대한 자료가 필요할 것은 두말 할 필요가 없다. 취임에서 퇴임 때까지의 행적을 알아야 함에도 이제까지 우리 출판물에는 이를 흔하게 구할 수 없는 것이 현실이었다. 그 예로 초대 이승만(李承晩) 대통령에 대한 자료만 해도 건국 전까지의 자료와 건국 후의 통치자료가 분리되어 있어 독자들이 초대 대통령의 전체 그림을 그리기에는 번거로운 점이 한둘이 아니었다. 또 다른 예로 박정희(朴正熙) 대통령에 대해서도 3선개헌까지와 유신 후의 불연속선을 이루는 통치가 통합적으로 기술되어 있는 것도 별로 없다.

 필자는 역사와 통치에 대해 학문적 연구가 깊지 않다. 그러나 1965년부터 1993년까지 28년간 조선일보(朝鮮日報)사의 정치부장과 편집국장, 정치담당 논설위원으로서 정치를 보고, 듣고, 생각하는 기회를 가졌다. 1993년부터 1996년까지는 청와대의 정무, 공보수석 비서관과 문화체육부 장관, 정무 제1장관으로 봉직하면서 정치의 행태와 대통령의 통치를 옆에서 본 경험이 있다. 그러나 이 경험은 주로 국내 정치를 축으로 했기 때문에 초대 대통령의 건국을 위한 외교활동, 한국전쟁을 전후하여 공산침략에 대응한 국가유지와 사활을 건 외교 등 외치를 기술함엔 미흡함을 느낀다.

그럼에도 이런 자료들을 한데 묶어 출판함으로써 역대 대통령들에 대한 평가작업이 한층 활발히 이루어지는 계기를 만들고 싶었다. 더구나 지금, 한반도 역사를 다시 쓰겠다는 듯이 국민이 모르는 사이에 남북한 간에 정통성 싸움이 치열하게 벌어지고 있다. 최근 일부 세력은 친일파 시비를 불러일으켜 대한민국이 정통성 없는 세력에 의해 건립되었고, 만주(滿洲) 일대에서 활동한 북한세력에게 정통성이 있다는 식으로, 닥쳐오는 남북 대결의 시대에 북쪽에게 정통성을 부여하려는 듯한 심히 미묘한 판국이기도 하다.

필자가 굳이 이 책의 출판을 결심한 것은 위에서 적은 이 두 가지 이유 때문이다. 노 대통령의 임기가 끝난 후엔 그도 논평 대상에 올릴 것이다.

끝으로 이 책을 쓸 수 있도록 여러 편의를 제공해준 세종대학교 주명건(朱明建) 이사장님과 표지 도안을 맡아준 딸 선경에게 감사드린다.

2004년 5월 　세종대학교 석좌교수 朱燉植

| 차례 |

책을 내면서 5

I 초대 및 2·3대 대통령 이승만 · 13
국가라는 것 · 15
임시정부에서 탄핵, 임시정부 국제 인준은 못 받아 · 20
프란체스카, 대통령 양말을 손수 빨아 · 29
피 흘리지 않은 자의 서러움 · 34
건국의 아버지가 될 수 있었건만 · 43
이범석의 퇴장과 유진산의 등장 · 53
진보당과 죽산(竹山)의 새 · 61
바보 같은 이 늙은이가 맞았어야 할 총알 · 77
   참고1 조지 워싱턴 | 참고2 콘라트 아데나워 | 참고3 벤 구리온

II 제4대 대통령 윤보선 · 127
윤보선 대통령은 5·16을 지지했나 · 130
선거 패배 후 박정희 대통령 인정 안 해 · 140
금방석에서 출생, 일생 돈 걱정 안 해 · 150
꺾이지 않는다는 바다갈대 해위(海葦) · 152

III 장면 · 155
취임 초부터 무리한 설계 · 157
경제개발 5개년 계획의 원조 · 163
3공화국의 5개년 계획은 자금조달 방법이 다르다 · 170
정치와 종교의 갈등에서 종교를 택해 · 172

IV 제5·6·7·8·9대 대통령 박정희 · 179
제5대 대통령 선거의 이슈가 된 박 후보의 사상 배경 · 186
경제로 시작되는 조국 통일과 근대화 · 191

권력이 좋아 군대로 · 204
해외 여론과 싸우며 · 213
드골 헌법 직접 구해서 읽어 · 218
유신 2기 만료 1년 전에 사임 구상설도 · 224
허전함 달랜 안가(安家)에서 때로 한계 넘어 · 235
박 대통령 절명과 함께 근대화도 절명 · 240
    참고1 샤를 드골

Ⅴ 제10대 대통령 최규하 · 251
제게 무슨 욕심이 있겠습니까? · 253
정권이란 깨지기 쉬운 유리그릇 · 257
빈손으로 왔다가 빈손으로 간 최 대통령 · 263

Ⅵ 제11·12대 대통령 전두환 · 267
일본이 한국 국권을 빼앗듯이 · 269
단 8분 만에 정권을 장악한 군부 · 272
또 한 번 중단될 뻔한 헌정 · 281
6·29는 정밀하게 짜여진 드라마 · 287
군은 무서운 단체 · 304
퇴임 후 뇌물죄로 대통령 재임에 먹칠 · 307
아버지는 한때 한의원 개업 · 309
500회 낙하기록 · 310

Ⅶ 제13대 대통령 노태우 · 315
약체로 출발했으나 보수정권 기반 마련 · 317
남(南) — 남(南) 기반 튼튼해야 · 324
물태우의 민주화 · 326
전두환 맨으로 일관, 감옥에도 함께 가 · 336

직업 정치인들 – 파벌의 멍에로 주저앉은 문민대통령들 · 338

Ⅷ 제14대 대통령 김영삼 · 343
번개작전으로 군부의 두 날개 잘라 · 345
법엔 정의감이 있어야 · 352
중반부터 레임덕 현상 · 362
이념에도 투자 필요 · 368
보수와 진보의 뒤범벅 · 374
노동제도 개혁에 좌절 · 378
종반전의 혼란, 정권 재창출 실패 · 380
나는 미래 대통령이다 · 385
40대 기수론 들고 나온 홋카이도 구상 · 389
최후의 기회를 잡아라 · 400

Ⅸ 제15대 대통령 김대중 · 405
가시나무새 대통령 · 407
체제 밖으로 눈 돌린 계기 · 410
말 뒤집기 · 419
햇볕 정책과 3단계 통일론, 대중참여경제 · 422
007 수법으로 대북상납, 남북 정상회담 · 435
통치이념의 혼란 · 442
결단에 서면 길이 열린다 · 457

책을 마치며 · 461
참고문헌 목록 · 465
색인 · 472

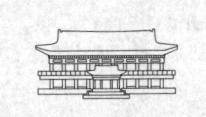

I

초대 및 2·3대 대통령
이승만
(李承晩 | 1948. 8. 15~1960. 4)

이승만 대통령의 공식존영

국가라는 것

이승만 박사는 대한민국이 탄생할 때만 해도 누구나 인정하는 건국의 아버지였다. 그러나 건국 후에는 애타게 건립을 위해 혼신을 다했던 대한민국을 스스로 망쳐갔다. 이유는 그가 신생국에 좋은 전통을 세운다는 역사의식보다는 아첨배에 둘러싸여 자신만이 할 수 있다는 자만심으로 인해 무절제하게 권력만을 추구하고 나라를 운영했기 때문이었다.

그는 미국의 명문 대학에서 공부했고 세계 정세에도 남다른 혜안이 있었다. 반면에 국내 정치에는 무지했고, 특히 아첨배를 가려내는 분별력은 거의 없었다.

영광스러운 한국의 조지 워싱턴(George Washington. 참고1)이나 콘라트 아데나워(Konrad Adenauer. 참고2) 또는 벤 구리온(Ben-Gurion. 참고3)이 될 수 있었던 그가 영예를 지키지 못하고 독재자라는 낙인이 찍힌 채 망명지 하와이에서 타계한 것은 개인적 불행에서만 끝나지 않았고 훗날 국민이 대통령들을 얕보는 선례를 남겼다는 데 더욱 안타깝다.

가난한 귀족의 핏줄, 이승만은 1875년 청빈한 왕족이었던 이경선(李敬善)과 족보에 김해 김(金海 金)씨라고만 기록되어 있는 서당 훈장의 딸인 어머니, 김 씨 사이에서 3남 2녀의 막내로 태어났다. 그러나 이 박사가 태어나기 전에 형들이 모두 홍역으로 죽었기 때문에 그는 사실상 외아들인 6대 독자로 성장했다. 이 박사도 형들이 죽을 때처럼 홍역에 걸려 거의 실명 위기까지 갔으나 간신히 회복되었다. 이 박사는 세종대왕의 형님인 양녕대군(讓寧大君)의 16대손에 해당되며, 왕족의 후예라는 사실은 어린 이승만으로 하여금 커다란 자부심을 갖게 했다.

이경선은 가세가 기울어짐에 따라 2살 된 어린 승만을 데리고 생계를 위해 황해도에서 서울로 이주했다. 서울에서는 주로 그의 아내가 삯바느질을 해서 생활했다. 서울에서 전전하던 집안은 그때 당시 기우제를 지내던 도동(桃洞) 우수현(雩守峴) 남쪽에 정착했다. 후에 이 박사가 자신의 호를 우남(雩南)이라고 한 이유도 우수현 남쪽이라는 뜻에서 따온 것이다(『이승만의 삶과 꿈』· 유영익 · 중앙일보사).

이승만은 15세 때 부모가 정한 규수와 결혼했다. 이 결혼에서 봉수라는 아들을 얻었지만 성장 과정에서 잃었고 부인과는 그가 미국에서 1차로 귀국한 1912년(37세)에 이혼했다.

서울로 온 승만은 사서삼경을 읽을 정도로 한학에 몰두했다. 나중에 그가 보여준 달필 휘호와 깊이 있는 한시 등을 지을 기초를 닦은 셈이다. 그는 후에 대통령이 된 뒤에도 당대의 명필 윤석오(尹錫五)에게 서예 자문을 받았을 정도여서, 그의 깊은 서예 경지는 정치적 입장을 떠난 외국인들도 극구 찬양을 아끼지 않았다.

20세 때 미국 선교사들이 운영하던 배제학당에 들어가 영어와 신식 학문을 배우고 기독교를 접하면서 새로운 진리에 대해 큰 깨달음을 얻었다. 이때부터 그는 세계정세와 조선이 나아갈 길 등에 대해 주관적인 견해를 갖게 되었다. 특히 기독교에서 강조하는 평등, 자유, 인권 사상은 그가 이제까지 가지고 있던 사고를 크게 바꾸는 계기가 되었다.

23세 때 발발한 청일전쟁에서 우리가 대국으로 섬겨오던 청나라가 패하고 일본이 승리한 것은 청년 이승만의 피를 끓게 하기에 충분했다.

그는 고종(高宗)을 퇴위시키고 의화군(義和君)을 옹립하고 내각에도 박영효(朴泳孝) 같은 급진 개화 인사를 대거 등장시키는 등, 일대 국정

쇄신을 단행해야 한다는 일종의 혁신 혁명 거사에 연루되어 5년 7개월을 복역했다. 그는 23세에 이미 정치적 소신에 따라 국사범으로 복역할 정도의 기백을 가지고 있었을 뿐 아니라, 옥중에서도『독립정신』,『일본 내막기』등을 집필하는 투혼을 보였다.

투옥중에도 그는 왕정을 폐지하기보다는 개혁을 해야 한다는 수정주의 입장이었다. 5년 7개월 동안 복역하는 과정에서 그는 민주주의자로 변신했다(『이승만 연구』· 유영익 편 중『이승만과 대한민국 헌법』· 권영설). 그는 감옥에서 저술한『독립 정신』을 통해 6개 항의 강령을 제시했는데, 그 두 번째 강령으로 "새 법으로서 각각 몸과 집안과 나라를 보전하는 근본을 삼을 것"을 들었다. 네 번째 강령인 "국권을 중히 여길 것", 마지막 여섯 번째 강령인 "자유와 권리를 중히 여길 것"이라고 했는데, 이는 그의 법치주의와 인권의식이 영문 서적을 탐독했음을 알 수 있다.

출옥 후의 그의 도미(渡美)도 민영환(閔泳煥), 한규설(韓圭卨) 등이 영어 잘하는 이승만을 눈여겨봤는데, 이는 그를 미국에 밀파하면 앞으로 러일전쟁이 끝나고 강화 회의가 열릴 때 미국 국무장관과 대통령이 1882년에 체결된 조미조약의 '거중 조정' 조항에 따라 한국의 독립을 도와줄 것을 요청할 수 있다는 판단에서였다. 고종은 출국하기 전에 그를 불러들여 직접 밀명을 하달하려 했으나, 평소 고종을 좋아하지 않던 그는 알현 자체를 사절했다(『이승만의 삶과 꿈』· 유영익 · 중앙일보사).

이 박사의 국제 역량은 1904년 그가 29세 때 미국 시절에 길러졌다. 그는 조지 워싱턴 대학에서 수학한 뒤, 미국 사회에 뿌리를 내리고 일을 하려면 그들이 존경하는 대학에서 학위를 얻어야 한다는 핵심적인 사실을 재빨리 깨닫고, 30세를 넘긴 나이에 하버드 대학(M.A)과 프린스턴 대학(Ph.D)에서 학위를 받았다. 프린스턴 대학에선 「미국의 영향을 받은 국제법상의 중립(Neutrality as influenced by the United States)」이라는 국제법 논문으로 학위를 받았다. 이렇듯 학교 선택과 전공만 보아도 한국 문제해결을 국제법적 측면에서 접근하려는 그의 의중을 짐작할 수 있다.

이러한 모든 준비성을 보면, 그가 약소국 국민으로서 미국에서 독립운동을 하려면 무엇을 어떻게 해야 할 것인지 그 핵심을 남달리 꿰뚫어볼 줄 아는 지혜를 가지고 있었다. 이 박사가 다른 지도자들과 달리 독립운동의 방안으로 외교에 착안한 점이라든지 후에 대통령이 되었을 때도 외교에 특장을 보인 점 등은 이미 이때부터 싹을 키우고 있었던 것임을 알 수 있다.

사실 이 박사는 재학 시나 졸업 후에도 한국의 불행한 현실을 세계에 알리는 등의 독립운동 기회를 가지려 했으나 뜻을 이루지 못했다.

이 박사는 당시 70여 명이나 되던 미주 한인 유학생 중 드물게 명문 대학의 학위를 가지고 있어 한인 사회에서 이미 중심인물로 부각되었으며, 크고 작은 한인 단체로부터 함께 일할 것을 권유받았었다.

그러나 한국은 1910년 이미 일본의 강압에 의한 한일합방이라는 이름으로 국권을 상실한 때여서 이 박사는 미국에만 머물러 있을 수 없었다. 그는 우선 기독교 단체에서 일하면서 한국의 정세파악과 자신의 역할을 찾기로 하고, 한국의 YMCA, 한국과 관련 있는 미국, 캐나다 선교사들과 협의하여 일단 1910년 10월에 귀국했다.

귀국한 이 박사는 우국 청년들이 집결해 있던 YMCA에 몸을 담고 청년들을 상대로 한 포교사업과 교육에 힘을 쏟았다. 그는 서울 YMCA의 최고책임자가 되어 미국 선교사들의 협조 아래 성경연구반

운영, 포교를 위한 논설집 발간 등 손에 닿는 대로 모든 일을 해 나갔다. 이 일련의 활동 가운데 중요한 사항은 지방 학교를 방문하고 젊은 학생들을 상대로 강연을 하며 YMCA 지부를 조직하는 일이었다. YMCA는 물론 기독교 청년 협회였지만, 당시는 미국 선교사들과 접촉함으로써 국제정세를 파악할 수 있을 뿐만 아니라, 어느 정도 자유롭게 조국의 미래에 대해서도 이야기를 나눌 수 있는 구심체였다.

그런 만큼 YMCA 운동은 청년들로부터 열렬한 지지를 받으며 전국적으로 번져갔다. 한국의 YMCA가 외국의 기독교 단체들과 연계해 활동을 펼치려고 하자 일본은 이 박사와 윤치호(尹致昊) 같은 국제적 명망을 얻고 있는 거물들의 행동을 더이상 방치했다가는 어떠한 결과가 나올지 모르겠다고 판단해 대응을 하기 시작했다.

그 비상 대책으로 내놓은 것이 바로 105인 사건이었다.(㈜ 일본 총독 데라우치(寺內正毅) 암살 사건을 일컫는데, 기독교인들을 중심으로 전국에서 약 700여 명을 검거하여 이 중 123명을 기소했으며, 1912년 6월 28일 공판에서 105인에게 실형을 선고한 사건이다.) 이 105인 사건은 한국 기독교 초기사에 있어 중요한 의미를 갖는다. 백낙준(白樂濬) 박사는 그의 한국 기독교사에서, 105인 사건을 계기로 개화인과 기독교인이 뒤얽혀 있던 한국의 초기 기독교계에서 개화인과 교인이 분리되었으며, 기독교는 교인들만이 지켜가게 되었다고 밝혔다.

조만간 일본인들의 이 같은 교회 탄압이 이 박사에게도 미칠 것이 분명했다. 그는 마침 서울을 방문 중이던 YMCA의 국제위원회 모트 총무의 주선으로 가까스로 체포를 면한 상태였다. 이 박사는 마침 미국에서 열리는 종교 회의 참석을 명분으로 1912년 3월 26일(37세)에 다시 미국으로 떠났다. 이 박사의 아버지는 당시 중풍으로 누워 있어서 부자는 병석에서 이별을 했으며, 아버지는 그로부터 2년 뒤 사망했다.

임시정부에서 탄핵, 임시정부 국제 인준은 못 받아

미국에 도착한 이 박사는 한인들이 많이 살고 있는 하와이로 건너가서 흩어진 한인 사회를 조직하고 이들을 교육하기 시작했다. 당시 하와이에는 대한제국이 이민을 허락한 1902년부터 일제의 방해로 이민이 중단된 1905년 사이에 7,200명이 이민을 가서 주로 사탕 수수농장에서 일하고 있었다. 교포들은 농업 외에 행상, 이발소 등 상업을 비롯해 각종 직업에 종사하고 있었다.

이 박사는 현지인들의 교육을 위해 1913년 9월 20일 순 한글 월간지인 〈태평양잡지(Korean Pacific Magazine)〉를 창간했으며, 이 잡지의 주필로서 교포들에게 애국심과 국가적 현실을 깨우쳐주는 데 주력했다. 세상 돌아가는 윤곽도 모른 채 일만 하던 동포들이 희미하게나마 시대 상황을 알 수 있었던 것은 이 잡지의 영향 때문이었다.

이 박사는 또 미국인이 세운 한국인 기숙학원의 교장직을 맡아서 학교 이름을 한인중앙학원(The Korean Central Institute)으로 바꾸고, 한국인 2세들에게 본래 목적인 영어와 성경 이외에 우리 말과 역사, 한문 등 한국인의 혼을 불어넣는 교육을 실시했다.

학교 운영이 이처럼 크게 바뀌자 설립자 측에서는 탐탁지 않게 생각하여 잦은 충돌이 빚어졌다. 설립자 측에선 이 박사가 학생들에게 미국 생활에 도움이 되는 미국화(Americanization) 프로그램을 실시해 줄 것을 기대했다. 하지만 실제 이 박사가 교육한 내용들은 이러한 기대와는 상충되는 것이어서 불만이 많았다.

　더구나 학교 운영에 기부금과 학부형들로부터 약간의 운영자금을 모금했는데, 설립자 측에서 회계감사를 하겠다고 나오는 바람에 이 박사로서는 몹시 불쾌했다. 이런 충돌과 대립으로 이 박사는 1915년 모든 교회직을 사임하고, 모금한 돈을 가지고 한인기독학원을 설립하여 운영했다. 뿐만 아니라 이 박사는 미국 교회와 별도 노선을 걷는 독립 종파인 '한인기독교회'를 설립해 예배를 보고, 이곳을 자신의 독립운동 본거지로 삼았다. 이 학교의 부지와 재산은 50년 뒤 인천의 인하대학교 설립 때 기증되었다.

　1919년 3·1운동을 계기로 한성, 평안도 두 군데, 상해, 길림, 구소련 블라디보스토크 등에 한국임시정부가 설립되었다. 이 중에서 대표적인 서울의 한성 임시정부, 중국 상해의 임시정부, 블라디보스토크 임시정부 등 세 군데 임시정부가 이 박사를 지도자로 내세운 일은 이 박사를 하루아침에 세계적 인물로 부상하는 계기가 되어주었다. 그러나 이 박사는 3·1운동 당시 미국에 체류하고 있어 이러한 사실을 몰랐을 뿐 아니라 관여한 사실도 없었다.

　그는 3월 21일 블라디보스토크 임시정부, 즉 '대한국민의회(大韓國民議會)'가 선포한 '노령 임시정부(露領臨時政府)'에서 대통령에 추대되었고, 4월 23일 경성에서 선포된 '한성 임시정부(漢城臨時政府)'에서는 집정관(執政官) 총재로, 4월 11일 발족한 '상해 임시정부(上海臨時政府)'에서는 정부 수반인 국무총리로 지명됐다. 이 중 이 박사는 13개 도 대표자 회의를 거친 한성 임시정부가 가장 정통성 있다고 인정하고 정부 수반인 '국무총리' 또는 '집정관 총재'를 미국식인 '임시대통령(President)'으로 바꾸고, 대외적으로 한국 임시정부를 '대한민국 Republic of Korea'으로 지칭했다.

임시정부의 지역적 난립은 지도자 간에 통합의 필요성을 느끼게 하여, 상해의 안창호(安昌浩)를 중심으로 통합운동이 전개되었다. 그 결과 한성정부를 중심으로 통합이 이루어져 '임시정부의 명칭은 대한민국임시정부'로 정하고 소재지는 상해로 정했다. 새 임시정부의 각원(閣員)은 한성 임시정부 각원들이 승계했다.

이 임시정부에서는 이승만을 임시 대통령으로 선출했으나, 이승만은 즉각 상해로 가지 않고 미국에 머물며 전보와 인편을 통해 대통령직을 수행했다. 그러자 우리 정부를 가지게 되었다고 사기가 올랐던 교민들 사이에서는 임시 대통령이 공석인 임시정부에 대한 불만과 이승만에 대한 비판의 소리가 높아갔다.

이승만에 대한 직접적인 비판 중 하나는, 1차 세계대전 후 파리에서 열린 강화조약에 우리 대표의 참석이 이루어지지 못하게 되자, 그가 몇몇 체미(滯美) 인사들과 함께 '국제연맹이 한국을 위임통치해 줄 것'을 윌슨 대통령에게 청원했던 일이 있었다. 이 사실을 사학자 신채호(申采浩) 등이 문제 삼은 것이다. 이들은 한국의 위임통치 인사를 3·1운동 결과로 세워진 임시정부의 최고지도자로 앉히는 것은 부당하다고 당초부터 반대를 해왔다.

상해 임시정부 요인들은 미국에서 대통령으로 행세만 하고 상해로 부임하지 않고 있던 이승만에게 빠른 시일 안에 부임해 줄 것을 여러 통로를 통해 요청했었다. 이것이 이루어지지 않자 1920년 3월 22일에 임시정부 의정원(議政院) 회의는 이승만의 조속한 부임을 촉구하는 결의안을 채택했다. 대통령의 조속 부임을 결의까지 하고 있으니 무엇인가 잘못 돌아가고 있었다.

이 밖에도 상해 임시정부의 외무총장으로 선임되었지만, 외교로 모든 문제를 해결하려는 이승만에 대해 독립군의 군사행동을 역설하며 하와이 시절부터 의견 대립을 보였던 박용만(朴容萬)은 취임을 거부하고 있었다.

이러한 배경에서 1920년 여름에 상해 임정으로 부임한 이승만은 우선 재정문제로 임시정부 요인들을 실망시켰던 것 같다. 끼니 해결하기도 어려웠던 임정 요인(要人)들의 생활과 몇 달씩 집세도 내지 못하고 있던 임정은, 그가 부임하면 최소한의 재정문제 해결책을 내놓을 것으로 기대했던 것 같다. 이승만의 미국 생활과 활동을 뒷받침하던 한인단체 및 구미위원회가 하와이 교포들로부터 매년 성금을 갹출하여 일부를 상해 임정에도 보조해주고 있던 터라, 그가 부임하면 최소한의 재정대책을 세워줄 것으로 기대했던 것은 당연했다.

그러나 이승만은 상해에 도착한 직후에 열린 교민 주최 환영회의에서 "오늘 내가 이곳으로 온 것은 많은 금전이나 정략을 가지고 온 것이 아니라, 재미 동포들로부터 이곳에서 일하시는 여러분에게 감사하고자 하는 소식을 가지고 왔다"(한문 표현을 필자가 우리말 표현으로 바꾸었음)면서, 임시정부 운영이나 독립운동에 따른 어려움에 대해서는 언급이 없었다.

이승만은 새해 의정원(議政院) 개원식에 즈음한 교서에서 첫째 행정개혁과 예산 절감을 위한 직원 감축, 둘째 독립운동은 선전활동과 외교활동을 주로 하고 무장투쟁이나 의혈(義血)활동을 자제할 것, 셋째 임정에서 결정된 사항에 대해서는 비판을 하지 말자는 내용을 강조했다.

무장투쟁 자제와 결정된 사안에 대한 비판을 삼가자는 발언은 국무총리로 있던 이동휘(李東輝)와의 충돌을 불가피하게 한 것이었다. 이동휘는 우리 독립운동사에서 언급하지 않을 수 없는 중요 인물이다.

이동휘는 함경남도 단천(端川)의 농촌 출신으로, 아전 경력을 바탕으로 독립운동을 한 아버지를 따라 일찍부터 나라의 독립에 눈을 뜬 무골형 독립운동가였다. 그는 사관 양성소에 입학해 러시아 교관들로부터 사관교육을 받았다. 러일전쟁 중이던 임관 후에는 근왕주의적인 고급 장교로 근무했다. 북간도 지방에서 비밀 결사인 '광복회'를 조직했다가 탄로가 나면서 한때 유배를 당했다. 1913년 대한광복군 정부를 조직, 항일 독립전쟁을 준비했다. 1918년 옛 소련 볼셰비키 혁명 후 그들의 후원을 받아 한인적위대(韓人赤衛隊)와 한인사회당(韓人社會黨)을 조직했고, 1918년에 개최된 전 러시아 한족 대표자 회의에서 명예회장으로 선출되었다. 3·1운동 이후 소련에서 조직된 임시정부인 대한국민의회에서 선전부장에 선임되었다.

그는 무력 독립운동을 주장했고, 사회주의를 신봉했다. 이런 점에서 외교를 통한 독립운동과 서구 자본주의를 신봉한 이승만과는 이념적으로나 독립운동 방법에서 근본적으로 달랐다.

이런 이동휘가 국무총리로 있었으니 상해 임시정부의 각원 간에 불화가 생길 수밖에 없었다. 이승만은 불화를 해소하려는 몇 차례의 시도가 무위로 끝나자, '재정과 외교의 긴박한 사정'을 이유로 상해 부임 6개월 만에 미국으로 떠난 뒤 임정을 돌보지 않고 방치했다.

이승만이 떠나고 무정부 상태에 빠진 상해 임시정부에서는 다음 해에 전 각원들이 일괄 사표를 냈으나, 이승만은 내각 총사태라 할 수 있는 이 비상사태를 수습하지 못했다. 임정은 해산의 위기를 맞았다.

임정에서 이승만에 대한 성토는 더욱 가열되었고, 결국 1925년 3월 14일 이승만을 탄핵하여 면직시키고 박은식(朴殷植)을 새 대통령으로 선출했다. 이에 앞서 임정은 이승만의 미국 내 활동 근거지이자 돈주머니 구실을 하던 구미위원부를 폐지하고, 재정업무를 대한인국민회의에 복속시키도록 조처했다.

그러나 이승만은 임정의 이런 조처들에 대해 강력히 반발하면서 구미위원회(The Korean Commission)를 계속 자신의 미국 내 활동 근거지로 삼았다. 이때 이 박사의 주변에 있던 임병직(林炳稷 후에 외무부장관)과 임영신(任英信 초대 상공부 장관) 여사, 노디 김(전 외자구매처장) 여사 등이 이 인연으로 정부 수립 후에 고위직에 기용되었다.

각계 각층의 국민 7천 5백여 명의 사망과 1만 5천여 명의 부상이라는 우리 민족사에 유례없던 3 · 1운동의 결실로 설립된 임시정부(주로 상해 임시정부를 말함)는 세계열강으로부터 어떤 반응을 얻었는지가 우리의 또 하나의 관심사다. 이 문제에 대해 필라델피아대학 이정식 명예교수는 다음과 같이 기술하고 있다(『이승만 연구』 · 유영익 편 중『해방 전후의 이승만과 미국』).

"이승만은 3 · 1운동 직후 역시 하와이 교민들의 지원 하에 파리 강화회의에 참석하려다가 여행권을 얻지 못해 좌절되고 울분을 터트린 일도 있었으나, 그와 미 국무부가 극심한 대결관계로 들어가게 된 것은 1941년 12월에 있던 진주만 공격을 계기로 미국과 일본이 전쟁 상태로 들어간 직후부터였다. 이승만은 일본의 패배를 당연한 결과라고 생각했고, 따라서 한국은 독립국이 되어야 하며 미국은 중경(重慶)에 있는 대한민국 임시정부를 승인해야 한다고 믿었다."

1942년 1월 2일 이승만은 국무부를 방문하여 임시정부의 승인과 대일 전쟁에 참가하기 위한 무기원조를 요청했는데, 미국의 생각은 달랐다. 국무부의 스탠리 혼벡(Stanley Hornbeck)과 장관 보좌관 앨저 히스(Alger Hiss)는 현 시점에서 한국의 독립 정부를 승인한다면 소련의 반감을 사게 될 것이라고 생각했다. 또 소련이 대일(對日)전쟁에 참여하지 않은 상황에서 이러한 문제를 토론할 수도 없지만, 소련의 관심이나 이권을 무시할 수도 없다고 하면서 임시정부 승인을 거절하였던 것이다. 이승만은 국무부의 랜싱(Lancing) 장관이나 폴크(Polk) 장관대리조차 만나지 못했다. 이인수(李仁秀)의 『대한민국의 건국』(도서출판 촛불)에서, "이때에 한국 임시정부의 인정을 거부했던 주역, 히스는 전후에 공산주의자의 낙인이 찍힌 사람이며 1950년에 소련의 간첩 혐의로 5년형을 받았다. 이같이 국무성 안에서 그의 존재는 전후의 한국문제를 비극으로 몰고 가고 있었다"고 밝히고 있다.

그러나 이승만은 이를 납득하지 않고 계속 국무부를 찾아가서 임시정부의 정통성과 한국인의 대 일본 전쟁 기여 가능성 등을 열거하면서 임정의 승인을 요청했다. 그러나 미국은 미국대로 임정 승인이 불가능한 여러 이유를 들어 서로 간에 의견이 상충했다. 이정식 교수는 미국이 임정 불인정의 이유를 다음과 같이 분석했다.

첫째 이 임정의 승인문제는 미국에 있어서는 한국문제이면서 동시에 국제적 문제였다. 당시 미국은 유럽만 보더라도 8개 국의 망명 정부에 대한 정책을 세워야 했기 때문에, 모든 망명 정권에 대한 일반 원칙을 세웠다. 그 원칙은 모든 해방 운동을 승인하지 않는다는 것이었다. 2차 세계대전이 시작된 후에 연합국 측으로 보면 독일 이탈리아 등이 점령하고 있던 군소(群小) 국가들의 재건을 구상하게 되었는데, 루스벨트 대통령이 세운 기본 원칙은 국가와 정부의 건설에 앞서 국민투표가 실시되어야 한다는 것이었다. 즉 망명 정부가 아무리 많은 사람들의 지지를 받고 있더라도 국민투표가 있기 전에는 연합국들이 이를 승인해서는 안 된다는 것이었다. 루스벨트 대통령은 영국의 처칠 수상에게 보낸 편지에서도 이러한 태도를 피력하면서 "영토나 인구나 경제에 대한 어떤 약속도 평화회의가 있기 전까지는 하지 말아 달라"고 당부했다. 그런데 대한민국 임시정부는 폴란드나 프랑스와 비교해도 너무나 미약했고 문제가 많았다. 국무부에서 중국 통으로 알려진 혼벡은 "한국 사람들은 아직 자치 능력이 없으며, 한국에 독립 국가를 약속하는 것은 장차 미국을 대단히 당혹하게 만들지도 모른다"고 하면서 한국의 독립 자체에 대해서 부정적이었다. 이 교수는 계속해서 한국의 독립문제에 대해 국무장관 코델 헐(Cordell Hull)은 소련이 친소 정부를 따로 만들어 임시정부와 대항토록 할 것이라는 우려를 표명하면서, 대한민국 임시정부를 승인하면 오히려 역효과가 날 수 있으며, 또 한국 독립운동가들은 대립을 계속하고 있으며 국내와 연락이 거의 없는 상태라고 하였다.

주중 대사(駐中大使) 클라렌스 가우스(Clarence Gauss)는 한국의 독립문제를 인도 등 아시아 각국의 독립문제와 연관시켜 생각할 것이며, 다른 나라의 독립 성명을 발표할 때까지 한국의 독립문제를 유보하는 것이 좋겠다는 견해를 보였다. 중국 정부는 1943년과 1944년 그리고 해방이 되던 1945년까지 여러 차례 미국에 대해 한국의 임시정부 인정 문제를 타진했으나 미국의 태도에는 변화가 없었다고 했다.

올리버는 『이승만』에서 "한국인들은 유명무실하게 서류로만 존재하는 정부에서 우위를 차지하기 위한 싸움에 몰두했다"고 명분만 내세운 파벌 싸움을 비웃었다.

이 당시 미국은 한국 임시정부에 대한 승인을 거부했다. 앞서 언급한 대로 이승만 박사가 윌슨 대통령과 강화회의 대표들을 상대로 한국의 독립을 설득하기 위해 파리 강화조약 참석 목적으로 출국하려 할 때 여행권을 발행해주지 않음으로써 이 박사를 절망케 했었다. 이것은 다른 사람 아닌 윌슨의 지시에 의한 것이었다. 윌슨은 이승만 박사가 파리 강화조약회의에 참석하면 일본을 자극할 우려가 있고, 자극을 받은 일본이 군사력을 동원하면 아시아 평화를 유지하려는 자신의 설계에 차질이 생길 것을 우려해서였다(『이승만』 · 로버트 T 올리버 지음 · 건국대학교출판부). 강화회의에서는 민족자결을 부르짖으며 약소민족을 대변하던 윌슨 대통령이었지만, 안으로는 힘의 철학을 좇는 냉정한 정책을 펴나갔던 것이다.

같은 해 이 박사는 필라델피아에서 열린 피압박 약소국 회의에 참석하여 저명한 변호사 존 스태거스(John Staggers)에게 지원을 요청했으나 윌슨 대통령과 같은 이유로 거절당했다.

조야 간의 이러한 태도와는 달리 1919년 4월 6일자 〈로스앤젤레스 타임스(Los Angels Times)〉는 한국의 3·1 운동에 대해 '생명의 존엄성'이라는 제목으로 "이들의 선언은 우리의 독립 선언에 버금가는 것이다 …… 이것은 광야에서 외치는 선지자의 목소리다…… 신의 가호로 미친 세상이 걸음을 멈추고 그들의 소리에 귀 기울이기를!"이라고 높이 평가했다. 그러나 미국에서도 언론은 언론이고 정치는 정치였던 모양이었다.

프란체스카, 대통령 양말을 손수 빨아

1933년은 이 박사에게 뜻깊은 해였다. 이해 초에 스위스 주네브에서 국제연맹 주최로 일본의 중국 침략 규탄대회가 열릴 예정이었다. 이 박사와 구미위원회에서는 이때를 한국문제를 국제적으로 부각시킬 좋은 기회로 보고 주네브로 가서 외교적 접촉을 벌이기로 했다. 이 박사의 목적은 국제연맹에서 일본을 규탄함과 동시에, 조선의 실정과 임시정부 설립 등을 설명하여 조선이 국제연맹 회원이 될 수 있도록 하는 것이었다.

그러나 회의 핵심국인 중국이 회의의 초점이 분산되는 것을 꺼렸고 미국도 소극적 태도를 보여, 당초 의도한 성과는 거두지 못했다. 그러나 이 박사는 이 여행에서 부인이 될 오스트리아 태생의 프란체스카 도너(Francesca Donner)를 만났다. 이 여인은 스코틀랜드에서 공부를 했기 때문에 유학을 해서 영어에 능통했다. 모국어인 독일어뿐만 아니라 영어에 통달하고 속기와 타자도 상당한 실력이었다. 아들 대신 도너 가문의 대를 이을 자식으로 키운 아버지 뜻대로 이 여인은 강인하고 활동적이어서, 국제무대에서 활약하는 이 박사의 비서로서도 적임이었다.

프란체스카는 상업학교를 졸업한 후 자동차 경주 선수와 결혼했으나 실패했다. 그녀는 어머니와 함께 유럽 여행을 하던 중 스위스에 도착, 레만 호반가의 호텔 '드 루시'에 투숙하고 있었다.

국제연맹회의가 개최되고 있던 드 루시 호텔 식당은 만원이어서 자리가 없었다. 늦게 식당에 들어온 이 박사는 두리번거리다가 4인용 식탁에 앉아 있던 프란체스카 모녀와 합석을 했다. 나중에 프란체스카 여사 어머니의 회고에 의하면, 이때 자리를 청한 사람이 동양인이고 나이도 많아(58세) 경계심 없이 동석을 허락했더니 그 인연으로 귀한 막내딸을 먼 이국땅으로 시집보내게 되었다고 술회했다『대통령의 건강』.

프란체스카 여사의 구술로 지은 『대통령의 건강』에 의하면 "우리 모녀가 앉아 있는 식탁으로 온 이 박사는 기품 있는 동양 신사의 인상이었으며, 프랑스 어로 '좌석을 허락해 주셔서 감사합니다' 라고 정중히 인사한 뒤 자리에 앉았다. 그리고 곧 웨이터가 가지고 온 메뉴를 보며 주문을 하는 것을 보고 놀랐다. 높은 신분으로 보였던 이 신사가 주문한 것은 시큼하게 절인 배추와 조그마한 소시지 하나, 감자 두 개가 전부였다. 너무나 초라한 이 동양 신사의 식단에 왠지 모르게 자꾸 신경이 쓰였다. 식사가 나오자 동양 신사는 '맛있게 드세요' 라고 인사를 갖춘 뒤 말없이 식사만 했다. 식사 도중 우연히 눈이 마주쳐 내가 약간은 민망하기도 해서 먼저 말을 걸게 되었다. 이렇게 해서 안면을 익힌 이 박사와의 교류는 다음날 그에 대한 이야기와 한국은 일본에서 독립해야 한다는 주장 등이 신문에 크게 실렸다. 나는 반갑기도 하고 그의 주장에 공감이 되어, 빈한한 이 독립투사를 무보수로 돕기로 했다. 그러나 어머니는 경비와 시간을 줄이기 위해 날달걀에 식초를 타서 식사대용으로 하는 이 빈곤한 동양 신사와의 접촉을 달갑지 않게 생각해서 일정을 앞당겨 서로 작별의 시간도 없이 빈으로 돌아왔다. 그러나 나는 어머니 몰래 그분이 좋아할 시큼한 배추 절임 한 병을 선사했고 아메리칸 익스프레스 회사를 주소로 하여 그분에게 편지를 보내 서로 연락을 했다"고 했다.

프란체스카 여사와 이 박사는 가족과 한국 교포들의 완강한 반대를 무릅쓰고 이듬해 1934년 10월 8일 뉴욕 '몬트클레어 호텔' 특별실에서 윤병구(尹炳求) 목사와 존 헤인즈 홈즈 목사의 합동 주례로 결혼식을 올렸다. 사과 한 개로 한 끼를 때우는가 하면 불규칙한 식사가 다반사였던 이 박사는 결혼으로 규칙적인 생활을 할 수 있게 된 것을 기쁘게 여겼다.

하와이 교포들은 이 박사가 국제결혼을 했다는 소식을 처음 들었을 때는 맹렬히 반발했다. 그의 독립운동과 교육사업, 포교사업 등을 열렬히 지원했던 하와이 교민회는 이 박사의 국제결혼 소식에 "하와이에 올 때는 혼자 오라"고 두 차례나 전보를 치기도 했다. 그러나 막상 이 박사 내외가 하와이에 왔을 때는 구경꾼들과 함께 천여 명이 환영을 하며 대성황을 이루었다.

프란체스카 여사는 이후 이 박사와 결혼 생활을 하는 32년간 대통령의 건강관리를 철저히 챙기고, 업무에도 크게 기여했다. 뿐만 아니라 그녀의 검소한 생활 태도, 외국인으로서 한국의 퍼스트레이디 역할을 감당하기 위한 숨은 노력은 우리에게 큰 감동을 주었다. 그가 쓴 『대통령의 건강』은 일반에게 알려지지 않았던 이 대통령의 사생활 일부를 보여준다는 점에서 흥미롭다.

신혼생활 · 신혼생활을 시작할 때 남편은 나에게 "한국의 남자들은 부엌에 들어가서 아내를 도와주는 일은 하지 않는다"고 말해주었다. 나도 친정에서 "정숙한 부인은 남편으로부터 부엌일을 도움 받아서는 안 된다"는 가르침을 받았다고 말했더니 남편은 무척 대견해했다. 그 당시 나의 친정이 있는 오스트리아 빈에서는 남편들은 미국 남자들과는 달리 부엌에 들어가서 아내의 일을 도와주는 일은 없었다. 결혼 초부터 남편과 나는 매일 새벽 함께 성경을 읽고 기도하는 생활을 했다. 이것은 남편이 독립운동을 할 때나 대통령직에 있을 때나 하와이 병실에서 돌아가실 때까지 한결같이 계속되었다.

청와대 단골메뉴 · 청와대에 있을 때 식사는 내가 주로 마련했고 우리 내외의 양말은 꼭 내 손으로 빨았다. 남편은 평범한 음식인 물김치, 콩나물, 두부, 김, 된장찌개 정도를 좋아했다. 아침은 주스, 차, 빵, 삶은 달걀이었고 점심은 감자가 주식이었으며, 저녁에는 현미, 보리, 콩 등의 잡곡밥이었다.

붓글씨 · 남편은 학위를 얻고 독립운동을 하면서도 늘 학생처럼 열심히 영어 단어를 외며 공부를 했다. 결혼 후 80이 넘어서도 남편은 계속 공부를 했고 틈나는 대로 붓글씨를 연습했다. 그럴 때면 나는 옆에서 먹을 갈았다.

참빗 · 남편은 연애 시절 나에게 "이것이 나의 전 재산이오"라며 안주머니에 소중히 넣어두었던 참빗 한 개를 꺼내어 보여준 적이 있었다. 얼마나 넣고 다녔는지 길이 들어 윤이 나 있었다. 빗은 어찌나 빗살이 작고 촘촘한지 머리를 잘 빗을 수가 없었다. 그 빗은 남편의 어머님께서 남편이 어렸을 때 머리를 빗겨주던 것인데, 잘 빗겨지지 않아 울기도 했었다고 회상했다. 그 빗은 하와이 병실에서 서울에 돌아오지 못하고 마음이 울적할 때면 꺼내어 만져보면서 향수를 달래주었다. 비록 물질적 가치는 없는 빗이지만 이 빗은 남편이 돌아가신 후 내가 서울로 가지고 와서 며느리에게 남겨주었다.

프란체스카 여사는 대통령 부인으로 오스트리아에 있는 부모를 한번쯤 한국에 초청할 만도 했으나, 부모님이 한국에 오면 이 박사를 돌보는 일에 잠시나마 지장을 주고 귀한 달러를 쓰게 된다는 등의 이유로 어머니 초청을 미루다가 끝내 초청하지 못한 것을 두고두고 후회했다. 그는 또 고국에 있는 가족들과 편지연락은 많이 했지만 비싼 국제 전화 이용은 자제했고, 한국전쟁 당시 부산 피난시절엔 아랫사람들의 옹색한 살림에 누가 되지 않도록 달걀을 날로 먹기도 했다. 하와이 망명 시절 병상의 대통령이 빨리 귀국해서 한국의 향토 음식을 먹고 싶다고 말할 때는 방법이 없어 김치찌개, 콩나물국, 두부찌개, 된장국 등의 가사가 들어간 노래를 만들어 대신 불러준 일도 있었다고 기록하고 있다.

이 박사와 여사 사이에는 아이가 없었다. 이 박사는 부친이 중풍으로 병상에서 혼자 괴로워하던 일을 회상하며 괴로워했고, 6대 독자인 자신의 대에서 자손이 끊긴다면 조상에 면목이 없는 일이라고 한탄하기도 했다. 두 사람은 양자를 두기로 했다. 처음에 청와대로 들어온 이기붕의 아들 이강석(李康石)을 맞은 이 박사의 기쁨은 이만저만이 아니었다. 이 박사는 자신의 침실 옆에 방을 마련하도록 하고, 감기 든다고 문풍지까지 손수 점검했다. 일생에 처음으로 자상하고 평범한 한 아이의 아버지로 돌아갔던 것이다. 강석 군이 4·19 때 자결한 뒤, 두 번째 양자 이인수(李仁秀)를 입양할 때도 "그 놈도 나처럼 즐거워할까?"라며 한껏 들떴으며, 수속 때문에 지체되는 이인수를 몹시 기다렸다고 한다.

이 박사는 정치라는 베일을 벗고 보면 인간적으로는 고독했고, 가정에서는 평범한 남편이자 가장이었다. 미국에서 활동할 때나 상해 임시정부의 임시 대통령직을 지낼 때 항상 정치노선을 분명히 했다. 그는 중국의 국공합작(國共合作) 실패와 동구권 사태 등을 통해 공산주의의 본질을 일찍부터 꿰뚫어보고 있어서, 공산당과의 합작이나 협상을 달갑게 생각하지 않았다. 임시정부 시절에도 김원봉(金元鳳)의 조선민족전선연맹(朝鮮民族戰線聯盟)이나 소련과의 협조를 강조한 조선민족혁명세력(朝鮮民族革命勢力)과의 공동 전선엔 항시 부정적 자세였다. 이러한 이 박사의 반공노선은 해방과 정부수립 뒤에도 마찬가지였다. 이 박사의 반공노선은 해방 후 한국전쟁이 발발하자 반신반의(半信半擬)의 태도로 엉거주춤했던 미국의 태도에 결정적 영향을 주었다.

피 흘리지 않은 자의 서러움

1945년 8월 15일의 해방은 한민족 누구에게나 일대 전기가 되었다. 그 중에서도 망명정치인인 이 박사에게는 더할 수 없는 변화를 불러왔다.

미국과 소련은 38선 이북은 소련이, 이남은 미국이 각각 분할점령하여 일본군의 무장 해제를 담당하기로 한 사전 약속대로 한반도를 점령했다. 뿐만 아니라 남과 북에서 각각 자기들에게 편리한 정권을 수립하는 데 착수했다.

2차 세계대전이 끝날 즈음, 소련과 서방 측은 커다란 시각 차이를 보였다. 서방 측, 특히 미국을 중심으로 한 세력은 2차 세계대전이 독일, 이탈리아, 일본의 파쇼 군국주의 세력에 의해 자행된 것인 만큼 다시는 이런 세력이 나타날 수 없도록 법률적(헌법), 제도적 안전 조처를 해야 한다고 생각했다. 따라서 미국은 일본 헌법에 전쟁에 참여할 수 없도록 하는 일련의 법체계를 만들었고, 독일에 대해서도 같은 조처를 취했다. 그러나 소련은 달랐다. 소련은 2차 대전을 통해 군인과 민간인을 합해 2천만 명의 인명 피해를 입었고, 제2의 도시 레닌그라드는 백일간의 치열한 포위전으로 인해 폐허가 되었다. 이러한 전쟁의 피해를 겪은 소련이 전쟁에서 승리했다는 것은 1차적으로 그 피해보상을 받는 것이고, 2차적으로는 또 다시 이 같은 피해를 입지 않도록 하는 재발방지 조처를 취하는 것이었다. 이 재발방지책이란 소련을 중심으로 유럽과의 국경선에 폴란드, 동독, 헝가리, 루마니아, 불가리아, 알바니아 등 동구 위성국을 두어 완충 역할을 하도록 하고, 한걸음 더 나아가 이 완충지대를 터키, 그리스까지 확장하는 것이었다. 다급해진 미국은 응급조처로 이 지역에 군사 정부를 수립하여 대응토록 했다. 동북아시아에서도 소련은 같은 전략으로 일본에 대한 완충 역할을 위해 한반도, 그것이 불가능하면 38선 이북만이라도 지배권에 넣을 필요가 절실했던 것이다. 이러한 이유로 소련군은 북한에 진주하자마자 위성국 건설을 서둘렀다.

해방 당일인 8월 15일에 북한에서는, 석방된 좌익 정치범 송성관(朱成寬) 등이 함경남도 인민위원회를 결성했고, 소련군은 같은 방식으로 도와 군 단위 인민위원회를 구성하여 9월 2일엔 황해도 인민위원회를 끝으로 지방 조직 정비를 일단 완료했다. 소련군은 이해 11월 19일에는 조선의 연락 기구라 하여 북조선 5개 도(함경남북도, 평안남북도, 황해도)로 '북조선행정국'을 만들고, 책임자로 조만식(曺晩植) 선생을 임명했다. 이들은 1946년 2월 북조선 인민위원회를 결성하여 김일성(金日成)을 그 최고지도자로 임명하고, 그간 소련군이 전국을 장악하기 전 단계에서 조선민주당(朝鮮民主黨) 당수 등으로 이용한 조만식 선생은 실각시켰다.

소련군이 북조선에서 이 같은 별도 위성국 체제를 확립하고 있는 것과는 대조적으로 남한은 근 400여 개의 정치 사회 단체들이 우후죽순처럼 난립하며 혼돈에 빠져 있었다. 여운형(呂運亨)의 건국준비위원회,

박헌영(朴憲永)·허헌(許憲)·정백(鄭栢) 3인의 조선인민공화국, 안재홍(安在鴻)의 조선국민당, 김성수(金性洙)·송진우(宋鎭禹)·장덕수(張德秀) 등의 한국민주당이 대표적인 움직임이었다.

북한처럼 조이면 하나의 단체가 되고 남한처럼 풀어놓으면 400여 개가 되는 것이 우리의 정치 행태였다. 이러한 사태를 미국에서 전해 들은 이 박사는 귀국을 서둘렀다. 그러나 미 군정은 남북한에서 점령군의 질서, 특히 남한 내에 미군 질서가 확립되기 전에 고집이 센 이 박사를 포함하여 조선민족의 정치 중심이 될 임시정부의 간부들이 집단으로 귀국을 하면 독자 정부수립 등으로 점령군 질서 — 모스크바 3국 외상 회담에 따른 신탁통치와 미국 주도 정치 구조 확립 등 — 확립에 차질을 빚지 않을까 우려했으며, 한편으로는 소련의 눈치를 보느라 이 박사의 귀국을 허락하지 않았다.

이 박사는 미국 정부를 상대로 투쟁한 끝에 해방 2개월 후인 9월 5일에야 겨우 미국 국무성으로부터 여권을 받았고, 10월 10일경에야 미국의 하지 중장이 군정 사령관으로 있는 한국에 귀국해도 된다는 허락을 했다. 그나마 '개인 자격'으로 입국할 수 있었던 것은 같은 해 10월 16일이었다.

이 박사가 임시정부 대통령 자격이 아닌 개인 자격으로 귀국할 수밖에 없었던 것은 한국의 정치질서에 커다란 후퇴를 의미하는 것이며, 임시정부의 법통(法統)을 세울 수 없도록 한 것임을 말할 필요도 없다.

점령군이 이 박사뿐 아니라, 김구(金九) 선생에게도 '개인 자격'의 귀국만을 허용한 것은 같은 맥락에서였다. 임시정부의 법통을 인정해 주지 않고 고위 간부들을 모두 '개인 자격'으로 귀국하도록 한 탓에, 북쪽에선 지도자들의 공백을 이용해 김일성이라는 소련군 대위가 지도자로 등장할 수 있었다. 이것은 미국의 대 한반도 정책에서 최대이자 최초의 실책이었다. 미국은 이때까지 한국을 아시아의 미개한 약소국가로만 생각해서 프랑스와 비교해 하늘과 땅 차이만큼의 차별 정책을 썼던 것으로 이해된다. 이정식 교수의 『해방 전후의 이승만과 미국』에는 미국이 한국에 대해 신탁통치를 해야 하는 이유의 일부가 기록되어 있다.

"1942년 2월 10일에 국무성의 다른 직원 윌리엄 랭던(William Langdon)은 한국 사람 대부분이 문맹이고 빈곤하며 정치적 경험이 없다는 점을 들어 한국은 당분간 열강의 보호를 받고 지도를 받아야 한다고 주장한 후, 미국은 중국과 소련과 상의한 후에 한국 문제에 대한 정책을 수립해야 한다고 주장했다. 열강의 보호와 지도성은 그 신탁통치로 연결됨으로 랭던은 신탁통치의 창안자라고 할 수 있다."

이어 이 교수는 "랭던이라는 사람은 1914년부터 일본과 만주에서 보냈고, 1933년부터 1936년까지는 서울에서 총영사로 일했기 때문에 한국과 아시아 전문가로 알려졌다. 그는 한국 민족은 자치 능력이 없는 것으로 판단했고, 동시에 한국은 중국과 소련의 이익이 교차하는 곳임으로 미국이 독단적으로 처리해서는 안 된다"고 적고 있다.

이러한 과정을 거쳐 한국의 신탁통치는 1943년 3월 루스벨트 대통령에 의해 미국의 대한(對韓) 정책으로 확정되었고, 이 사실은 같은 해 4월 〈시카고선(Chicago Sun)〉지에 보도되었다고 밝혔다.

한국 임정 요인들의 개인 자격 귀국은, 나치 독일로부터 해방된 프랑스의 '자유 프랑스 조직'이나 개선한 샤를 드골 장군의 귀국과는 너무도 큰 대조를 보이는 것이었다. 우리의 상해 임시정부에 비해 크게 조직적이라고는 할 수 없는, 프랑스 임시정부 수반이었던 드골 장군이 온 프랑스 국민들의 열렬한 환영을 받으며 개선문을 통해 파리 시가를 행진함으로써 프랑스 국민들을 하나로 단결시켰던 것과 비교해 볼 때, 우리의 해외 지도자들은 너무나 초라하게 귀국했다.

이것은 우리가 2차 세계대전 때 연합군의 승리에 아무런 기여를 못 했기 때문이었을 수도 있다. 1차 대전이나 2차 대전 때 우리도 연합군의 일원으로 참전했어야 했다. 임시정부의 국무 총리였던 이동휘(李東輝)의 주장대로 광복군을 조직하여 만주나 중국, 남양 등지에서 일본군과 싸웠거나 독립 소부대로 참전을 했더라면 훨씬 나은 대우를 받았을지도 모른다. 이승만 외교가 이를 간과한 것은 큰 실책으로 평가된다.

2000년대에 들어와서도 파병과 참전문제는, 과거와 시각을 달리한 것이지만 여전히 우리에게 새로운 현안으로 부각되고 있다. 솔직히 말해 우리가 국제 사회에서 조금이라도 발언권을 확보하는 길은 세계 문제에 몸으로 부딪히는 방법밖에 없다는 것이 역사의 교훈이 아닐까 생각된다.

이범석(李範奭)이 쓴 회고록 『우둥불』을 보면 1910년 청산리(靑山里) 전투에 참가했던 한국 광복군 숫자만해도 2천여 명(일본군은 4개 사단)이었으며, 그 밖에 청산리 전투에는 참전하지 않았지만 러시아령과 만주 등 동북 지역에 산재해 있던 광복 무장세력은 약 3만 명으로 추산되었다. 이들은 세계 정세에 어두웠고, 연합군 측에 서서 대일본 항전에 참여할 기회를 얻지 못했다. 1910년에 상해 임정의 대통령으로 취임했던 이승만이 임정과 보다 긴밀한 교류를 갖고 광복군의 이름으로 대일본 전투 참전을 교섭했더라면, 소련 참전을 그렇게 갈구했던 미국, 중국을 비롯한 연합군 측이 이를 받아들일 여지는 충분히 있었을 것으로 상상된다. 당시 미국은 자국민의 전투력 손실을 우려해 소련에 참전을 요청하고 있었던 상황이었기 때문이다. 한국 광복군의 참전이 이루어졌을 경우, 2차 세계대전이 끝난 뒤 한국문제의 처리 양상은 상당히 달라졌을 것이다.

여하간 전쟁이 끝나자 피 흘리지 않고 공짜 점심을 얻어먹은 자에 대한 대가는 서러운 푸대접이었다. 점령군, 특히 미군 측의 존 하지 중장은 24군단장으로 오키나와 전투를 끝내고 사전 준비 없이 한국의 점령군 사령관으로 군정 장관직을 맡았다. 그의 24군단이 남한 접수의 주력 부대로 선정된 것은 지리적으로 한국에 가장 가까운 지역에 있었다는 이유에서였고, 하지 중장은 "최대한 빨리 부대를 이동시키라"는 작전 지시를 받은 것이 전부였다(『이승만 연구』· 유영익 편 중 『이승만과 5·10선거』· 전상인). 하지 중장은 맥아더 사령관을 최고 정점으로 하고 그 밑에 일본 정부가 국내 정치를 담당하는 일본의 제도를 참고해서, 한국에서도 점령국인 미국과 소련을 정점으로 하고 그 밑에 조선 정치인들에게 국내 정치를 담당토록 하려는 구상을 가지고 있었다. 그렇기 때문에 임시정부를 인정치 않고 '개인 자격' 귀국만을 허용했던 것이다. 이러한 발상은 연합군이 승리했을 때의 전후 처리문제를 협의하기 위해 옛 소련 영토인 크림반도의 얄타에서 열린 회담에서 출발한 것이다. 당시 회담에서 종전 후 조선을 5년간 신탁통치(信託統治)에 위임한다는 데 합의가 이루어졌던 것이다. 이는 더 거슬러 올라가면 앞에서 언급한 미국 국무부가 오래 전에 결정한 정책이기도 했다. 그러나 이것은 연합군, 특히 미국이 한국을 몰라도 너무나 모른 결과였다.

이미 70세의 고령으로 서울에 돌아온 이 박사는 민족 세력을 통합시키기 위해 할 일이 너무 많았다. 미국과 소련 간의 구두 합의에 따라 비공식적으로 나돌던 신탁통치 문제가 1945년 12월 28일 모스크바에서 열린 미국·소련·영국의 3개국 외상 회담에서 "5년간 한반도를 미국·영국·중국·소련의 신탁통치 아래에 둔다"고 공식 발표되었다. 곧이어 소련의 몰로토프 외무장관은 신탁통치에 반대하는 정당이나 사회단체는 조선의 임시정부 수립이나 그 전 단계인 미소(美蘇) 공동위원회에 참석시킬 수 없다고 발표했다. 이 박사는 이 발언을 "조선 민족의 언론 자유를 무시한 처사"라고 직접 서신을 보내 공박함으로써 소련은 더 이상 이 일을 문제 삼지 않기로 했다.

남북의 모든 세력은 열화와 같이 신탁통치 반대운동에 참여했다. 이때의 신탁통치 반대운동은 민족 자주권 수호의 범국민적 운동이라는 점에서 3·1운동에 버금가는 것으로 평가된다. 그런데 북조선 지지 세력인 공산당은 1946년 1월 3일 공산당 책임비서 박헌영의 평양 방문 귀환 후 돌연 태도를 바꾸어 신탁통치 찬성으로 돌아섬으로써 민족 진영과 날카롭게 대립하기 시작했다. 박헌영은 소련에 신탁통치를 단독 위임하자는 주장인 일국탁치론(一國託治論)까지 들고 나와 속셈을 내보이기도 했다. 공산당의 속셈과 소련의 의도가 너무나 뻔히 보이는 태도였다. 혼자 신탁통치해서 혼자 먹자는 속셈이었다. 신탁통치를 둘러싼 찬반 세력은 연일 대립과 갈등, 유혈 충돌로 해방 정국은 폭력과 유혈, 욕설과 비방으로 혼란을 거듭했다.

이 박사는 이런 해방 후 혼란 속에서 자신의 입장을 뒷받침할 세력이 필요했다. 그것이 1946년 2월에 탄생한 독립촉성국민회(獨立促成國民會)였고, 김구와 그가 이끄는 임정의 탁치반대국민총동원위원회를 끌어들여 대한독립촉성국민회의를 발족했다. 그리고 이철승(李哲承)이 이끄는 전국학생연맹(全學聯), 문봉제(文鳳濟)가 이끄는 서북청년회 같은 우익세력과 제휴했다. 전학련 세력은 오늘날까지 존속하면서 자신들이 이 나라 건국에 기둥 역할을 했던 일을 매년 기념하고 있다. 세력들 간의 대립으로 인해 심지어 3·1운동 기념식도 좌우세력이 별도로 거행했을 정도였으며, 집회도 대부분 따로 열었다.

전 국민의 통일 기원 속에 1946년 3월 20일 조선반도의 신탁통치 문제를 협의하기 위해 열린 미국과 소련 간의 미소공동위원회도 서로의 입장 차이로 공전만 거듭했다. 조선공산당 측에서는 이 부진의 이유가 민족진영의 반탁 활동에 있다고 비난했고, 민족진영에서는 소련의 무성의와 공산당 측의 찬탁에서 이유를 찾고 있었다.

공동위원회의 성과 부진과 함께 정가 일각에선 남한만의 임시정부 수립과 정치 구심체 구성안이 고개를 들기 시작했다. "공동위원회가 공전만 하고 있으니 우리가 직접 나서 우리의 정부를 세우자"는 여론이 일기 시작했고, 이 박사는 전라북도 정읍(井邑)에서 시국 강연을 통해 "남한만이라도 임시정부, 또는 위원회 같은 것을 조직하여 38이북의 소련군이 철수하도록 요구해야 한다"고 역설함으로써 최초로 남조선 단독 정부 가능성을 제기했다.

북한에선 이미 소련군 지원 아래 김일성 정부가 단독으로 군대를 창설, 훈련시키는 등 독자적인 행동에 들어갔음이 공공연한 사실로 전해졌다. 이 박사를 중심으로 한 단정단선(單政單選)파와 김구 선생을 중심으로 한 남북협상파의 대립이 시작되었다. 김규식(金奎植)은 민족자주연맹을 결성하여 중간 입장을 취했다. 이 박사는 1946년 12월에 38선 철폐 등 조선반도 주요 문제는 현지 군정사령관인 하지 중장에 의해 해결될 수 없는 것으로 판단, 미국무성 정책 수립자들과 직접 담판을 짓기 위해 도미했으나 실패했고, 이런저런 이유로 이 박사와 김구,

청와대에서 하야한 뒤 이화장에서 이승만 대통령이 프란체스카 여사의 손을 잡고 산책하고 있다.

하지 중장의 사이는 멀어졌다.

하지 장군은 이 박사와 사이가 벌어졌을 뿐 아니라 미국인 사이에서도 많은 문제가 있었다. 로버트 올리버가 쓴 『이승만』 전기에 따르면 "하지 장군은 일본의 맥아더 장군과 긴밀히 협조해야 할 입장이었음에도, 1954년 가을부터 '남한은 일본과 다른 별개의 작전 지역'이라면서 맥아더 장군의 지시와 협조를 거부했다."고 써 있다.

맥아더 장군은 이런 연유로 하지가 물에 빠져 허우적대도록 내버려 두었다. 한국에 대한 모든 보급은 일본을 경유했기 때문에 한국은 모든 면에서 마지막 보급을 받는 위치였다. 맥아더 사령부는 필요한 것들을 제한 나머지를 한국에 보냈다. 그래서 한국의 미군 PX는 텅텅 비었고, 미국에서 보낸 물자 중 주일 미군이 쓰지 않는 잉여 물자만이 주한 미군들 차지였다. 일본에서 근무하던 미군들이 가장 두려워했던 것은 "한국으로 보낸다"는 말이었다고 한다. 한국에서의 미소 공동위원회는 1947년 10월 19일 제62차 회의를 끝으로 결렬되고, 조선 문제는 이해 11월 공식적으로 유엔 총회에 넘겨졌다. 유엔 총회는 미국 대표의 제안에 따라 유엔 임시 위원회의 감시 아래 남북한에서 인구 비례로 대표를 뽑아 국회와 정부를 구성하고 방위군도 구성한 다음 점령군은 철수한다는 결의문을 채택했다. 그러나 '인구 비례'(북한 3분의 1, 남한 3분의 2)에서 불리한 소련이 이를 받아들일 리 없었고, 조선 문제는 유엔에서도 해결 가능성이 희박해졌다. 결국 남과 북은 미국, 소련의 이해관계에 따라, 이미 그들이 조선 정책 입안 때부터 구상했던 각자의 길을 가게 되었다.

건국의 아버지가 될 수 있었건만

유엔 임시위원회는 총회의 결의에 따라 이를 실천하기 위해 1948년 1월 8일 9개 국으로 구성된 위원단(대표 메논 인도 대표)이 한국에 도착, 26일부터 각계 인사를 접견하면서 조선인들의 공통분모를 찾기 시작했다. 이승만은 선거를 통한 정부수립과 국방군의 조직 필요성을 강조했고, 김구는 선거가 실시되면 특정 정당만 이득을 보게 될 것이라며 점령군 철수만을 요구했다. 김규식도 김구와 같은 의견을 보였다. 김구와 김규식이 말한 '특정 정당'이란 민족 정당으로서, 이미 경찰력(경무부장 조병옥, 수도청장 장택상)과

이승만 대통령 부인 프란체스카 여사가 1988년 6월 15일 『대통령의 건강』(조혜자 옮김)을 출간했다. 평소 왕래가 있던 필자가 이를 축하하기 위해 이화장을 방문했다. 프란체스카 여사는 감사의 뜻으로 양아들 이인수 교수와 며느리 조혜자(옮긴이)가 지켜보는 가운데 정성들여 자기 책에 사인을 해 서 주었다.

든든한 재정 능력, 거기에 전국적인 저명인사(김성수, 송진우 등)를 많이 갖춘 민족진영 대표 정당인 한국민주당(韓國民主黨)을 말하는 것이었다. 김구는 적극적인 행동에 나서, 이제까지 이승만과 한울타리에서 같은 보조를 취해온 대한독립촉성국민회의 부총재직을 사임했다. 그

리고 1948년 2월 5일 김규식과 함께 유엔 위원단의 메논 의장을 방문해 미·소 두 나라 점령군의 철수와 남북 요인 회담을 요구했다. 유엔 위원단은 북쪽에서도 남쪽에서와 같이 공통분모를 찾으려 했으나 소련에 의해 입국이 거절되었다. 유엔 총회는 이런 사태를 맞아 '조선반도의 가능한 지역에서 선거를 실시할 것'을 결의했고, 위원단은 3월 12일 이 총회 결의안을 받아들이기로 결정하고, 1948년 5월 10일을 총선거일로 확정했다.

유엔 위원단의 이 같은 결정에 대해 거센 반발이 일었다. 가장 크게 반발한 것은 기회 있을 때마다 남조선과 유엔이 남반부에 반동 정권을 세우려 한다고 비난해온 북조선이었다. 1946년 2월 8일 비밀리에 이미 실질적인 단독 정부를 세워놓은 북한은 1948년 4월 29일 조선민주주의인민공화국 헌법 초안을 북조선 인민회의에서 만장일치로 통과시켜놓고도 이를 숨긴 채 남조선에서의 단독 선거를 집중적으로 성토했다. 이 단독 정부 음모를 분쇄하기 위한 것이라며 북조선은 남북 요인 회담을 제의했다.

유엔의 한국위원단과 북한의 이 남북 요인 회담에 대한 태도는 아시아의 지도 색깔을 결정하는 중대한 갈림길이었다. 이승만은 독립운동 당시부터 중국의 국공합작(國共合作)에서 드러난 공산당의 비인간성과 이중성, 국가보다 당을 앞세우는 팽창 자세 등에 대한 생생한 교훈을 살려 조선반도 적화(赤化)의 흉계를 항시 경계해왔다. 그는 유엔 감시 아래 가능한 지역에서의 총선거를 실시하여 국제적으로 주권을 인정받는 것이, 통일의 최선책은 아닐지라도 공산주의로부터 나라를 구하는 차선의 방안이라고 확신했다. 바로 이 점에서 이승만은 초대 대통령이라는 구체적 절차에 앞서 민족진영의 존경을 받을 여지를 만들어놓은 것이다.

　올리버는 이승만에 대한 그의 저서에서 이승만의 결단을 지지하면서 '모두 잃느니 반만이라도'라고 기술했다. 이 박사의 이 같은 결단은 무력 침공을 포함해 공산당이 그 뒤 남조선 전복과 반도 전체의 적화를 위해 취한 일련의 태도에서 적중했다. 만약 당시에 남북 협상안이 힘을 얻어 독립 후의 국가 건설이 협상으로 기울어졌다면, 남북 연립체제의 통일은 이루었을지 몰라도 얼마 가지 않아 지도의 색깔은 달라졌을 가능성이 높다. 최근 일부에서 김구를 새삼 내세우는 것을 통일 지상주의에서인지 아니면 다른 어떤 이유에서인지 우리는 눈여겨볼 필요가 있다.

　올리버가 쓴 『이승만』 전기에서 "이승만은 김구의 용기와 애국심은 크게 존경했지만, 그의 상황 판단력에는 심각한 우려를 갖고 있었다. 영어를 못하는 김구는 세계정세에 어두웠다. 그는 미국이 숭대한 국제문제에 당면해 있으며, 한국문제 해결도 세계정세에 맞추어 서서히 풀어갈 것이라는 이승만의 주장을 납득하지 못했다. 김구는 거시적 안목이 부족했고, 미국의 세계 전략에 따라 한국문제가 영향을 받을 이유가 없다고 생각했다"고 썼다.

　북한은 이해 4월 27일부터 30일까지 남북 요인 회담을 평양에서 열 것을 결정하고 김구, 김규식을 비롯하여 남한 단독 선거를 반대하는 인사들을 초청했다. 이승만을 위시해서 민족진영의 인사들은 대부분 김구의 평양 회담 참석을 만류했다. 이유는 평양행이 김일성의 통일전선을 도와주는 것밖에 안 될 것이라는 결과에 대한 회의론 때문이었고, 또한 민족진영의 약화를 우려해서였다.

　남측의 평양 회담 참가 규모는 57개 정당 사회단체에, 인원으로는 2

백여 명에 달했다. 김구는 비서 선우진(鮮于鎭)을 대동하고 19일 오후 자동차 편으로 떠나면서, "내가 이번 회담에서 성과가 없으면 38선을 베개 삼아 배를 가르겠다"고 장담했다. 북으로 간 일행은 북쪽에서 여러 형태의 회의를 갖고 단독 정부수립의 부당성과 외국군 철수 등을 역설하는 성명을 발표했다. 김구, 김일성, 김규식, 김두봉 등 네 김씨는 따로 만나 남조선의 단독 선거, 단독 정부안을 끝까지 반대하기로 다짐했다.

　듣는 사람이 없거나 들을 태도가 아닐 때 성명처럼 공허한 것은 없다. 성명을 내놓는 측은 무엇인가 하는 것 같으나, 듣는 측은 추호의 감동이나 태도 변화가 없다. 생산성 없는 정치판의 명분 놀음에 지나지 않는다. 북에 갔던 일행은 배를 가른 사람도 없이, 구체적 성과도 없이 17일 만에 돌아왔다. 이들은 북측으로부터 "절대 내전에 침입하지 않겠다"는 허위 선전과 소련군 칭송과 엄청난 군사 퍼레이드만을 듣고 보고 왔다. 평양행으로 인해 남조선 지도급 인사들 간의 인간관계는 돌이킬 수 없을 만큼 험악해졌다. 서로 애국 동지로서 존중하고 '형님' '아우님' 하던 이승만과 김구는 이 일로 사이가 벌어져 김구가 피살될 때까지 만나지 않았다.

　인간의 합의가 없어도 태양은 돈다. 혼란이 소용돌이치는 해방 정국에서 여운형, 장덕수, 송진우, 김구 등 지도자들이 암살되었다. 남북은 돌이킬 수 없이 어긋난 채 1948년 5월 10일 한국 역사상 최초의 선거가 유엔 한국위원회 감시 아래 남한에서 실시되었다. 전국에서 948명의 후보가 난립한 가운데, 북한 의석 100석을 비워둔 상태에서 선거 실시가 가능한 남한 지역에서 투표가 진행되었다. 의석은 무소속 85명, 독립촉성국민회 55명, 한국민주당 29명, 대동청년단 12명, 민족청년단 6명에 더해 조선민주당, 한국독립당, 공화당, 대한노총 등의 7명이었다. 전국 유권자 788만여 명 중 투표자 등록률은 94퍼센트, 투표율은 95.5퍼센트였다. 이승만은 동대문 갑구에서 출마하여 무투표로 당선되었다. 이승만은 5월 31일에 개원된 제헌국회에서 재석의원 189명 중 188표를 얻어 의장에 당선되었고, 부의장엔 신익희(申翼熙), 김동원(金東元)이 당선되었다. 이제 남은 일은 헌법 제정과 대통령 선출 등 정부를 구성하는 일이었다.

정부 수립과 함께 시급한 것은 정부의 청사진을 담은 헌법을 제정하는 일이었다. 초대 헌법은 신익희의 입김 속에서 유진오의 실무 작업으로 이루어졌다. 자유당 말기 '못 살겠다 갈아보자'라는 구호를 내걸고 민주당 대통령 후보로 나서 전례 없는 국민적 지지를 받다가 급서한 해공 신익희가 제헌헌법 입안을 주도했던 경위는 이렇다.

상해 임정의 내무부장을 지낸 해공(海公. 신익희의 아호)은 당시에 이미 독립운동과 건국운동을 구분하고, 건국운동의 일환으로 정치 조례를 작성하여 앞으로 탄생하게 될 새 나라의 구도를 나름대로 예측하기도 했다. 해방과 함께 귀국 직후에는 건국 준비를 위해 사설 단체인 내무위원회를 구성하고, 그 밑에 행정연구위원회와 정치공작대를 운영했다. 해공은 건국 사업에는 국내에서 공부한 행정에 밝은 인재가 필요하다고 판단하고, 일본 고등문관시험에 합격하여 법 운영과 행정 실무를 맡아보던 인사들인 법조계통의 장경근(張暻根, 전 국방차관, 내무부장관), 조선총독부 총무과장이었던 최하영, 일본 고등문관시험 합격자이며 일선 군수 등의 행정 경험이 있는 윤길중(尹吉重, 전 국회 부의장) 등 7명으로 헌법기초전문위원회를 구성하여 헌법 연구에 들어갔다. 이 기초위원회는 미군정의 의도에 따라 설치된 입법 기관인 곧 제헌국회의 공식 기구로 편입되었다.

이들은 자료가 부족하여 맥아더 사령부가 마련한 일본 헌법, 패전 후의 이탈리아 헌법, 전후의 프랑스 헌법, 바이마르 헌법 등을 참고했다. 이들이 기초 작업에 한창일 무렵에 인촌 김성수 측과 이야기가 되어 공법학자인 유진오(兪鎭午)를 영입했다. 유진오는 이미 독자적으로 연구한 상당한 수준의 헌법안을 가지고 있었다. 헌법안은 이밖에도 나라가 독립되면 헌법이 필요하다는 생각에서 임정에서 반 공식적으로 작성한 헌법안, 사법부에서 만든 헌법안 등이 제헌국회에 제출되어 있었다. 기초 전문위원회는 이 여러 헌법안을 참고해서 6월 3일부터 6월 22일까지 1개월도 안 돼 16차에 걸친 회의를 열어 전문 10장 102조의 새 나라의 헌법안을 만들어 23일 국회 본회의에 보고했다.

이렇듯 우리 헌법이 어느 특정 단체에서 만든 것을 토대로 했다고는 할 수 없지만, 헌법 전문 등 유진오의 안이 많이 채택됐다. 헌법 기초 전문위원들은 당초 한국민주당의 뜻대로 내각책임제를 골자로 한 헌법을 성안했다. 이승만 박사가 의원내각제를 반대했음에도 불구하고 기초위원회가 6월 12일 내각책임제를 채택하자, 이 박사는 6월 15일 기초위원회에 출석하여 대통령중심제로 바꿀 것을 요청했다. 이 박사는 이어 "만일 국회가 내각책임제를 하면 나는 정부에서 아무 책임도 안 맡고 정부를 공격하겠다"고 협박했다(헌법 기초 전문위원이었던 윤길중의 증언).

당시 국가 형편으로나 여론으로 볼 때 새 나라의 최고지도자는 이승만인데 본인이 대통령중심제를 절대적으로 원하고 있었으며, 끝내 내각책임제가 되면 본인은 야인으로 남겠다는 강경한 입장을 밝혔으니 난처해진 것이다. 일이 이렇게 되자 헌법 기초 전문위원회를 이끌던 해공 선생도 당초의 의견을 바꾸어 이 박사의 의견을 따르기로 함으로써 내각책임제에서 하루아침에 대통령중심제로 뒤바뀌고 말았다. 이런 급조 때문에 대통령중심제의 대통령을 국민의 직접선거가 아닌 의원내각제에서와 같이 국회에서 간접선거로 선출하게 되었다. 그리고 미국식 대통령제에는 없는 국무위원 개인에 대한 불신임권인 해임 건의안이 남아 있었다. 이를 놓고 후에 노무현 대통령이 구속력이 있느냐 없느냐를 따지기에 이른 것이다.

이 같은 체제의 졸속 변화로 신생 대한민국은 곧바로 대통령중심제의 단점을 겪게 되는 진통을 맞보았다.

대통령 중심제에서는 우리가 알듯이 임기 동안 대통령은 국회를 비롯해서 누구의 간섭도 받지 않는 전권을 가진다. 그러나 그 권한은 '절대 임기'라는 제한을 받기 때문에 집권자들은 '우선 먹기에는 곶감이 달다'는 식으로 통치 행위 불간섭 제도인 대통령중심제를 우선 택하지만, 임기만료가 다가오면 이를 연장하려 든다. 이 때문에 갈등이 빚어지고, 독재자 소리가 나오게 되는 것이다. 이승만 대통령도 대통령중심제를 택했기 때문에 이러한 숙제를 안고 출발한 셈이다. 독일의 아데나워 수상이나 이스라엘의 벤 구리온 수상은 수상직만 각각 14년을 했으나 통치자로서 임기 연장의 진통이나 부작용 없이 국정을 수행했다.

새 헌법은 1948년 7월 17일 공포되어 이 날짜로 시행되었으며, 이 헌법에 따라 7월 20일 대통령 선거가 실시되어 이승만이 재석의원 196명 중 180표라는 압도적 표차로 대한민국 초대 대통령에 당선되었다. 부통령에는 이시영(李始榮, 1868~1953)이 당선되었다. 이시영은 구한말 개화내각의 총리대신이었던 김홍집(金弘集)의 사위로 한성 재판

소장을 지냈고, 한일합방 후 만주로 망명하여 신흥무관학교(新興武官學校)를 설립하여 독립군을 양성했다. 상해 임시정부가 출범하자 법무총장과 재무총장을 지내고, 해방 후 귀국해서는 이 박사의 독립촉성회에 참여했다. 그가 상해 임시정부의 재무총장으로 있을 때, 임시정부의 집세가 밀려 집주인에게 쫓겨났을 때 임시정부는 한때 이시영의 2층 셋집으로 자리를 옮긴 일도 있었다.

이승만 국회의장이 대통령이 됨으로써 후임에는 신익희, 부의장엔 김약수(金若水)가 보선되었다. 이승만 대통령의 국가 운영 자세가 처음 드러난 것은 대통령 취임 후 첫 국무총리 지명에서였다. 국무총리에 대한 기대는 여러 정당들이 각각 달랐다.

이 대통령의 제휴세력이며 민족진영의 중추세력이었던 한국민주당 측은 김성수(金性洙)를, 부통령인 이시영(李始榮) 측은 한독당(韓獨黨)의 조소앙(趙素昻)을 각각 염두에 두고 있었다. 한국민주당 측은 조각 명단을 이 대통령에게 전한 상태였다. 그러나 막상 국회에 임명동의안이 나간 것은 한민당, 한독당 등 강력한 정당적 배경이 없는 이윤영(李允榮) 목사였다. 이윤영은 북한에 있어서 한국의 현실 정치의 실질적 영향을 주지 못하고 있던 조선민주당(朝鮮民主黨, 당수 조만식)의 부당수였지만 지명도와 세력기반은 미약했다. 한편으로 생각하면 북한 출신인 이윤영의 총리지명은 총선에 참여하지 못한 북한 국민에 대한 배려로 볼 수도 있었다. 그러나 이 대통령의 여타 인사 행위를 종합해보면 '허수아비' 국무총리를 두고 권력을 독점하려한 마키아벨리 수법이라는 의심을 갖게 한다. 이것은 나중 일이긴 하지만 제2대 대통령 선거 때 당이 부통령 후보로 결정한 초대 국무총리 이범석(李範奭)을 버리고 등록 며칠 전에 전격적으로 북한 출신의 노목사 함태영(咸台永,

1873~1963)을 지명한 사실과 유사하다.

　이 대통령이 권력에 접근하는 모습을 보면, 독립운동 과정에서나 귀국해서나 그는 스스로 조직에 순응해가는 '순종형'이 아니라, 조직을 자기에게 맞추는 '지배형' 또는 '창조형'임을 알 수 있다. 그 대표적 경우가 헌법의 권력구조를 내각책임제가 아닌 대통령중심제로 바꾸도록 한 것이다.

　해방이 되어 귀국한 뒤에는 수백 개에 달하던 정당 사회단체를 모두 외면하고 자신을 중심으로 한 독립촉성중앙협의회(獨立促成中央協議會)를 구성했다. 국무총리 지명에서는 대통령의 권한을 넘보지 않을 목사님 출신의 이윤영을 지명하고, 그 후 부통령 선거에서는 연로하고 정치 발언권을 갖지 않을 것으로 전망되던 함태영을 선택한 것도 모두 조직의 역학관계와 무관하지 않은 듯하다. 이 같은 이 대통령의 자기중심주의와 자기 우월적 사고가 집권 후에는 원내자유당(院內自由黨)—원외자유당(院外自由黨)이라는 희한한 장면을 연출했고, 종국에는 '나 아니면 안 된다'는 오만한 독재적 가치관을 싹틔운 것이 아닐까 추측된다. 또한 이 박사는 의원내각제는 비능률적이며 민의를 직선적으로 반영하지 않는다는 생각을 가지고 있었던 것 같다.

　이 대통령은 국회에 출석, 국무총리 지명에 앞서 지명 이유를 밝혔다. 국회 속기록을 보면 '정당의 선도자(先導者)를 뽑으면 현 시국 하에서 다시 난편(難便)한 일이 있으므로 한민당의 영도자인 김성수의 총리 임명을 피한 것'이라고 했고, 신익희에 대해서는 '입법부의 중책을 맡기는 데 더 적임'이라고 했으며, 조소앙에 대해서는 '남북협상에 참여했기 때문'이라고 씌어 있다.

　이윤영에 대한 초대 국무총리로 지명은 국회 인준에서 133명 중 찬성 59표, 반대 72표, 기권 2표로 부결되었다. 국회의 구성이 무소속까지를 포함해 한민당(韓民黨)의 우세였으니 당연한 결과였다.

다음 지명자는 민족청년단(民族靑年團, 약칭 족청)을 이끌던 철기(鐵驥) 이범석이었다. '국가 지상, 민족 지상'을 내건 족청은 전국적으로 군사 조직처럼 불길같이 확산되어 공칭 단원이 1백 30만 명이던 광대한 조직이었다. 정당원을 싫어했던 이 대통령이 왜 이런 인사를 했는지 의문의 인사조치로 받아들여졌으나, 그 의문은 이듬해에 풀렸다. 철기의 국무총리 인준은 재석의원 197명 중 찬성 111표로 인준되었다.

며칠 간격으로 발표된 조각에서 한민당 출신은 12명의 각료 중 4명뿐이었다. 그나마 내무의 윤치영(尹致暎), 외무의 장택상(張澤相), 재무의 김도연(金度演)은 당 공천이 아닌 개인 자격으로 참여하여 조각 명단이 발표되자마자 탈당했다.

해방 정국의 주도 세력이었던 한민당은 완전히 정치적 패배를 당했다. 이를 계기로 지주, 일제 관료, 항일 투쟁의 명망가로 구성된 보수주의와 반탁세력의 중심이었던 한민당은 야당의 길을 가게 되었다. 그러니 이 대통령은 독립운동 시절부터 해오던 식으로, 험난한 정치 역정을 돌파하기 위해 자기중심의 새 정치 세력의 집결에 나설 수밖에 없었고, 이것은 73세의 나이로는 무리한 정치 작업이었다.

고령의 나이에 이런 작업을 하려니 얼마나 버거운 일인가. 특히 우리 민족의 고질병인 아첨배의 등쌀을 견뎌내어야 했으니……. 이로부터 54년 후 같은 70대 후반의 김대중 정권에 와서도 아첨배들이 '아첨도 능력'이라는 말을 공공연히 떠벌리고 다니는 모습을 볼 때, 그것에서 벗어나기 힘들었을 것임은 불을 보듯 뻔하다. 정권 초기인 이때부터 집권 12년을 후 4·19혁명으로 하와이에서 망명생활을 하고 있을 때의 회고에서, 이승만이 가장 뼈아프게 느낀 점이 바로 '잘돼 갑니다. 잘돼 갑니다' 라고 말하던 아첨배들의 말을 곧이들은 것이었다.

이범석의 퇴장과 유진산의 등장

본격적으로 정권을 요리하기 시작한 1949년 1월 15일, 이 대통령은 이범석 총리의 기반 세력인 민족청년단(약칭 : 족청)에 대해 뜻하지 않은 성명을 발표했다.

"모든 청년단체를 해산하고 통일단체를 만드는 것은, 그 목적이 곧 전국 청년의 통일 조직으로 (중략) 그런데 유독 민족 청년단만이 시일을 지연하여 국가 대사 진행에 지장이 되기에 이를 유감스럽게 여겨 해산토록 하는 것이니……"

족청의 해산 명령이었다. 대통령 측근들로부터 이 총리는 민족청년단의 해산이냐 총리직 사임이냐의 양자택일을 강요당하고 있었다. 이범석 총리는 각 도(各道) 단장 연석회의를 거친 뒤 대통령 성명 5일 뒤인 20일, 울먹이는 목소리로 KBS 마이크를 통해 족청 해산을 선언했다.

일제 치하의 무력 독립투쟁에 있어서 북한 김일성은 무력 활동의 가장 큰 성과로서 만주 접경 마을(혜산진〔惠山鎭〕인근) 보천보(普天堡) 전투를 들었다. 보천보 전투는 1937년 6월 4일 김일성이 이끄는 약 200명 규모의 제1로(路)군 제2군 제6사 소속 군이 이 마을을 공격하여, 지방 관서를 파괴하고 일본 경찰지서와 지방 소학교, 우체국을 방화하고 이 마을을 접수하여 하루 동안 머물면서 지방 주민들로부터 4천 엔을 징수하고 철수한 사건이다.

이에 비하면 이범석의 청산리 전투는 우선 규모 면에서만 봐도 광복군 2천 명과 일본군 4개 사단 2만 명에 이르는 대대적인 항쟁이다. 음력 7월 하순에 계곡 길이 80여리, 너비 4, 5리의 청산리에서 펼쳐진 전투로서, 백운평(白雲坪) 전투 등 일련의 전투로 이어지는 3일간의 백병전에서 일본군을 거의 전멸시킨, 독립운동사에 우뚝 솟은 무력시위였다.

어느 대일(對日) 무력 독립 전쟁과도 비교할 수 없을 만큼 큰 규모로 일본 정규군을 기습하며 독립운동사상 찬란한 업적을 세운 청산리 전투의 영웅 이범석도 정치에서는 이 대통령의 맞수가 되지 못했다. 하나의 조직은 그 생명력이 오래가지만, 국무총리는 한 번 해임되면 그 날로 영광이 끝난다는 뻔한 사실을 이범석은 총리 권력에 취해 잊고 있었다.

1백만 명을 넘는 자기 세력을 해산한 그는 머리카락 뽑힌 삼손처럼 이 대통령의 눈치를 보며 살아가는 신세가 되었다. 그는 후에 내무부 장관으로 다시 등장하지만, 명예를 지키지 못하고 역사의 악역으로 끝났다. 이범석 총리의 이러한 처신과는 달리 족청이 해산되고 그 대신 대한청년단(大韓靑年團 약칭 한청 : 총재 이승만)이 창단되는데, 준비위원장으로서 그 산파역을 담당했고 한청 최고위원이 되었으며 후에 야당 실세가 된 유진산(柳珍山)의 등장은 흥미로운 일이었다.

전쟁은 물질과 인명의 손실을 초래하지만, 그보다 더 무서운 것은 정신의 황폐화다. 한국전쟁과 월남전에서 우리는 이런 사례를 많이 보았다.

한국전쟁 때 거창(居昌) 양민 학살 사건이 바로 한 예이며, 사후 잘못된 처리는 이 대통령을 구제할 수 없는 독재자의 길로 들어서게 했다.

거창 사건은 맥아더 장군의 인천 상륙 작전이 성공한 후 북진하던 국군 제11사단 9연대 3대대가 거창군 신원면 지역을 포위 공격했을 당시, 일부 주민들이 인민군에 동조했다 하여 신원면에 들어서자마자 6개 부락 700여 호를 불사르고, 부락민 5천여 명이 피난하는 가운데 미처 피난하지 못하고 부락에 남아 있던 노약자와 어린이 604명을 초등학교에 집합시킨 뒤 어린이까지 총살하고 산허리에 매몰한 사건이다.

이 사건은 국무회의에서 논란이 되었다가 주무장관이었던 신성모(申性模) 국방장관이 이를 완강히 부인하여 국회로까지 번졌다. 국무위원들의 신 장관 인책 요구에 대해, 이 대통령은 "당신들이 신 국방장관이 물러날 것을 바라지만 그렇게는 되지 못 할 것"이라고 일방적으로 신 장관을 두둔했다. 결국 외국 신문에까지 문제가 실리게 된 이후에야 이 대통령은 신 국방장관에게 책임을 묻는 동시에, 한국전쟁 중 국민 단합을 위해 거국내각으로 참여시켰던 조병옥(내무), 김준연(金俊淵, 법무) 장관도 함께 해임했다. 이 대통령의 왜곡된 국사 처리에 불만을 품은 이희영 부통령은 대통령 비난 성명을 내고 사임했다. 신장관은 영국의 상선(商船) 학교를 졸업한 항해사 출신으로, 일제 때 마도로스로 세계를 순항할 때 하와이에 가끔 들려 이 박사를 상면하고 세계 정세를 이야기하면서 약간의 용돈도 내놓았던 사람이다. 신 장관은 이러한 인연과 서구식 매너로 이 박사와 프란체스카의 절대적 신임을 받고 있었다.

신 장관 한 사람만 해임했으면 끝날 수도 있었던 사안을 대통령이 잘못 처리하여 몇십 배로 문제가 확대된 것이다. 마치 끝내 대통령직 사임으로 치달은 미국 대통령 닉슨의 경우와 흡사하다고 할 수 있다. 이런저런 사건들이 겹쳐 대통령을 선출할 국회에서는 "이 대통령이 애

55

국자이기는 하지만 행정능력이 없으니 이를 보완할 책임정치가 필요하다"는 책임정치(內閣責任制) 찬성 분위기가 짙어갔다. 대통령의 임기가 만료되는 1952년 7월 23일까지 내각책임제 개헌을 매듭짓자는 세력이 압도적이었다. 이러한 분위기를 알아차린 대통령 측은 1952년 1월 18일 대통령 직선제와 양원제 개헌안을 국회에 제출했다. 절차를 거쳐 이 개헌안이 표결에 붙여진 결과 찬성 19표, 반대 143표, 기권 1표라는 압도적 표 차이로 부결되었다.

문제의 심각성을 알아차린 이 대통령은 순순히 물러날지, 아니면 불법과 비리를 저질러서라도 기어이 대통령 자리를 고수할지 생각 끝에 후자, 즉 대통령 자리는 내놓을 수 없다는 결론을 내리고 칼을 뽑아 들었다. 동란에 시달리던 정계는 '막가파'로 치닫기 시작했다.

부산의 피난 국회 의사당 앞에는 연일 '백골단' '국민자결단' 등의 폭력 조직들이 나타나 공포 분위기를 조성하고, 각지에서는 "민의를 배반한 국회의원들을 송환하라"면서 '개헌안 부결 반대 민중 대회'라는 집회를 열었다. 국회의원 개개인에게 각종 협박이 가해진 것은 말할 필요가 없다. 그러나 이들 폭력배가 체포되었다는 말은 없었다. 이같은 공포 분위기 속에서도 내각제 개헌 세력은 해공 신익희의 민국당(民國黨) 39명 전원, 민우회(民友會) 21명, 공화구락부(共和俱樂部) 48명, 무소속의 조봉암(曺奉岩), 서민호(徐珉濠) 의원 등 중진들을 포함하여 개헌안 통과 정족수인 3분의 2가 넘는 123명의 서명을 받은 뒤, 곽상훈(郭尙勳) 의원이 제안자가 되어 내각제 개헌안을 국회에 접수시켰다. 원리대로라면 내각제 개헌안은 국회를 통과한 것이나 다름없었다. 이승만의 대통령직은 죽느냐 사느냐의 갈림길에 선 것이었다. 곳곳에서 "유권자의 뜻에 어긋난 행동을 한 국회의원은 소환할 수 있다"는 법에도 없는 소환 이론을 내세운 관제 시위로 의원들에게 압력을 가했는 가 하면, 민의(民意)를 저버린 국회는 해산하라는 벽보와 유인물이 도처에 뿌려졌다. 그러나 이 같은 시위로는 문제를 해결할 수 없다고 판단한 이 대통령 측은 2단계의 강도 높은 전략을 썼다.

그것은 계엄령 선포였다. 이 계엄령 선포는 20년 후인 1972년 박정희 대통령이 유신을 통한 간접선거로 장기 집권을 할 때 요긴하게 우려먹은 방법이었다. 그리고 이로부터 다시 8년 뒤인 1980년 전두환이 이 방법을 통해 대통령이 되었다. 정치 계엄령은 이때부터 변칙 정권 창출에 있어서 한국의 고전이 되었다.

직선제 개헌의 2단계로 들어선 정부는 초대 국무총리였던 이범석을 내무부 장관에 임명하고, 이튿날 경상남도와 전라북도에 공비가 침투했다는 명목으로 계엄령을 선포했다. 계엄령이 선포된 정국은 짐작할 만한 것이었다. 계엄령이 선포된 비상시국에서는 모든 기존 제도와 권위는 일단 정지되거나 부인된다. 그 중에 국회의원의 권위도 포함됨은 두말할 필요가 없다. 헌법을 지킨다는 의미로 내각책임제 서명 의원들을 호헌파(護憲派)라고 불렀는데, 이들 중 10여 명은 국제공산당 자금을 썼다는 명목으로 구속되었고 여타 의원들은 숨어 지내는 등 야당의 존립 자체가 위태로운 지경이었다. 이러한 위기의식에서 서로의 견해를 다지기 위해 국제구락부에서 열린 '독재호헌구국선언대회'는 개회와 동시에 회의장에 폭력배가 난입해 무산되었다. 걸상이나 화분 등을 마구 던져 야당 간부들이 부상을 당하고, 회의는 열리지도 못한 채 유회되고 만 것이다. 모든 것이 파국이었다. 그나마 국회에 출석하고 있던 야당 의원들은 호신책(護身策)으로 국회버스를 타고 집단 등원했다. 한 번은 버스 문을 안에서 잠근 채 등원하던 의원들이 무장 헌병들에게 '전원 하차' 요구를 당했다. 이를 거부하자 한동안 실랑이가 벌어졌고, 헌병들은 군(軍) 견인차로 국회의원들이 탄 버스를 견인해서 헌병대로 연행하는 웃지 못할 사건이 발생했다.

이것이 세계 비리 역사에 남을 5·26 정치파동이다. 국회의원의 권위를 눈곱만큼이라도 인정했다면 어찌 이런 일이 일어날 수 있었겠는가. 이것은 당시 이승만 정부가 국회를 보는 시각의 표현이었다. 이 시각의 배후에는 헌병 사령관이며 부산지구 계엄사령관인 원용덕(元容德) 장군이 있었고, 그 배후로는 사주를 했건 안했건 간에 이승만 대통령이 지목될 수밖에 없었다.

이 대통령은 힘의 원천인 군을 견제하기 위해 김창룡(金昌龍) 특무부대장과 원용덕 헌병사령관이라는 쌍두마차를 타고 있었다. 독재자가 언제나 그러하듯 권력분리에 의한 통치(Divide and Control)와 상호감시체제를 운용하고 있었다. 이러한 분리통치의 충성 경쟁으로 국회의원 차량 견인이라는 '악의 축'과 같은 무모한 일이 저질러진 것이다. 이것은 후에 박정희 대통령이 군과 정보부, 경호실을 나누어 권력 유지를 위한 '3권 분립'을 했던 것과 흡사하다.

김 특무대장과 원 헌병사령관은 이 대통령의 조정에 의해 사이가 나빴고, 서로를 불신하며 경쟁을 벌였다. 이 대통령은 당초 제도에 없던 헌병사령부를 만들어 의사 출신인 원용덕을 앉혔다. 원 사령관은 이 은혜에 보답하기 위해 국회의원에 대한 강경 대처를 행사한 것이다.

정국이 이렇게 되자 이 대통령의 불법성을 비난하고 사퇴한 이시영 부통령의 후임인 김성수 부통령마저 이승만 대통령을 비판하며 사임했다. 김 부통령의 사임서에는 유념할 두 가지 메시지가 담겨 있다. 첫째는 직선제 개헌은 집권자의 재선(再選), 삼선(三選)을 가능케 하여 급기야 종신 대통령을 가능케 한다는 지적이다. 둘째는 부통령 당선 직후 부통령에 대해 각하라는 말을 쓰지 않도록 했으나 일부 국민은 심지어 각하, 폐하라는 말까지 쓴다고 지적하며, 국민에 대한 민주화 교육과 대통령의 권한축소를 강조한 대목이다.

당시 김 부통령이 지적했듯이 고위직에 대한 국민의 과대 호칭은 국민의 비민주적 태도에 더 문제가 있다. 최근에 제왕적 대통령이란 말을 많이 쓰지만, 그것은 대통령이 제왕적이기 때문에 제왕적이 되었다기보다 국민이 대통령을 제왕적으로 만들었기 때문에 제왕적이 된 것이라고 생각한다. 부통령을 각하, 폐하라고 부른 것과 같다고 할 수 있다. 김 부통령의 첫째 지적, 즉 한 번의 예외 인정은 권력 집중을 초래하고 결국 종신 대통령으로 간다는 경고는 이승만 대통령과 그 후 박정희 대통령 때 적중했다. 3선개헌으로 3선을 허용한 것이 결국 종신을 향한 대통령이 되게 했다.

대통령중심제냐 내각책임제냐를 놓고 두 진영이 힘의 대결을 벌일 즈음, 이 틈새를 비집고 또 하나의 세력이 등장했다. 바로 장택상(張澤相)이다. 이런 유형은 정국이 어려울 때 해결사를 자처하고 나섬으로써 실익을 챙기는 어부지리형의 정치인이다. 정치가 어려운 고비를 맞으면 온갖 아이디어와 술책을 내놓으며 감투를 따먹는 유형은 예나 지금이나 마찬가지다. 내각책임제를 소신으로 했다가 대통령중심제로 변심한 장택상은 국무총리로 임명받자 대통령중심제의 핵심인 대통령 직선제를 채택하고 내각책임제의 주요 골자인 내각 불신임을 전체 불신임에서 개별 불신임으로 바꾸는 등 일종의 짜깁기 개헌안인 소위 발췌개헌안(拔萃改憲案)을 만들었다. 공고 기간(1개월)도 생략한 채 관제 시위대가 국회를 포위한 가운데 7월 4일 밤 기립 표결을 한 결과, 전원 찬성에 기권 3표, 반대자 없이 통과시켰다. 이는 후진국에서 집권자나 대통령이 마음만 먹으면 어떤 일이든 할 수 있다는 사실을 단적으로 보여주는 사례다. 이는 도덕적 한계나 상식적인 권력의 한계를 훨씬 능가하는 것이다. 이는 1967년 박정희 대통령의 3선개헌 때나 1972년 박 대통령의 유신헌법 제정 때, 많은 여야 의원들이 '설마'를 믿고 확실하게 처신하지 못하고 중간에서 우물쭈물하다가 박 대통령의 충신도 못되고 야당의 투사도 되지 못하는 바람에 호의호식도 못하고 이름도 빛내지 못한 채 중간 지대에서 소멸했던 것과 같다.

개헌안이 통과되자 정부는 8월 5일을 대통령 선거일로 공포하고 자유당은 대통령 후보에 이승만, 부통령 후보에 이범석을 각각 공천했다. 이범석은 내무부 장관으로서 직선제 개헌안 통과에 큰 공로가 있었고, 원외 자유당 부당수였으니 개헌 논공행상에서나 당의 서열에서나 초대 국무총리를 지낸 경력으로나 부통령 후보로 무리 없는 인선이라는 평을 들었다. 그러나 이 대통령은 후보 등록 며칠 전에 부통령 후보를 이범석에서 북한 출신의 목사이며 당시 79세의 노령인 함태영(咸台永)으로 전격 교체했다. 하늘에 태양은 하나면 족하지 별이 밝을 필요는 없었다. 77세의 노 대통령으로서는 자신의 대안이 될 만한 젊은 이범석(당시 52세)을 옆에 두는 것이 불안했을 것이다. 이 대통령의 이러한 조처에 대해 이범석은 자유당을 탈당해 무소속으로 부통령에 출마했고(낙선), 1956년 선거에 다시 부통령에 출마(낙선)한 것을 보아도 그가 1952년 부통령 후보 교체에 얼마나 배신감을 느꼈는지 짐작할 수 있다.

진보당과 죽산(竹山)의 새

　1952년 선거의 또 하나의 문제는 진보정당(進步政黨)의 태동이었다. 제헌의원, 제2대 국회 부의장이었으며 초대 농림부장관이었던 죽산(竹山) 조봉암이 대통령 후보로 나와서, 이 대통령의 523만 표에 비해 79만 표를 얻음으로써 민국당의 이시영-조병옥 팀보다 20만 표나 더 얻었다. 조봉암은 1925년 조선공산당 조직에 참여했고 모스크바 동방노력자공산대학에서 2년간 수학했으며, M-L당 조직 관계로 일본 경찰에 체포되어 7년간 옥고를 치렀다. 그러나 1946년 공산당을 탈당하고 1948년 제헌의원과 2대 국회 부의장, 초대 농림부장관을 지냈다. 그가 이 대통령 표의 6분의 1을 약간 넘는 표를 얻은 것은 산술적으로는 대수롭지 않지만, 대통령 선거운동을 거의 할 수 없었던 그가 민국당 후보의 표를 능가했다는 것은, 정치적으로 이 대통령 이후 문제를 생각할 때 보수정계에 적지 않은 충격이었다. 진보정당(進步政黨)을 결성하여 1956년 선거에서 후보로 나서 더 많은 표를 얻은 조봉암이 1958년 국가보안법 위반으로 구속되어 전격적으로 처형된 비극의 싹은 이미 1952년 선거에서 시작된 것으로 보는 사람이 많다.

　무리한 개헌을 통해 치러진 2대 대통령 선거였지만, 이 대통령은 한국전쟁 문제에 있어서 자신의 장기인 외교능력을 발휘하여 전쟁 수행에 큰 기여를 했다. 이에 앞서 이 대통령은 한국전쟁 전에 주한 미군을 철수시키려는 미국에 경고를 한 적이 있었다. 그는 미국의 책임 있는 이사에게 "미군이 향후 60일이나 90일 이내에 철수할 계획을 수립하고 있다는 말을 들었습니다. 우리에게는 군을 정비할 시간이 필요합니다. 그 후에는 아무래도 좋습니다. 그러나 우리는 미국에 대해 외세의 침략으로부터 우리를 보호해달라고 요청하거나 애걸하지는 않을 것입니다. 미국은 한국 내 자국의 이익 수호를 확고히 결의해야 할 것입니다. 그것은 첫째 도덕적 의무감 때문이며, 다음으로는 미국의 보호를 위해서입니다. 미국이 이런 점들을 분명히 인식한다면 소련이 남한을 점령하도록 미군 철수에 동의하지는 않을 것입니다"라고 전했다(『이승만』 올리버 지음).

이 대통령은 전쟁중에 때로는 식사 준비를 하는 사람들의 일을 간소화하기 위해 날달걀을 먹으며 근무하기도 했다『대통령의 건강』. 그러나 정치 대통령으로서 가장 큰 결단은 1953년 6월 18일 0시를 기해 전국에 수용되어 있던 반공 포로 3만 7천 명 중 2만 7천 명을 일방적으로 석방한 것이다. 한국전 휴전과 동시에 반공 포로에 대해서는 휴전협정 조인과 함께 유엔군과 남북 관계자들이 심사를 하여 거취를 정하기로 되어 있었다. 이 대통령은 자유를 원하는 포로들을 심사에 넘길 수 없다는 충정으로 반공 포로들을 유엔군 측과 상의 없이 석방했다. 유엔군 측이나 북한 측은 놀라고 분해서 원상회복을 요구했으나 받아들여지지 않았다. 2만 7천 명에게 자유를 찾아준 이 조치는 전쟁 협상 이전에 인도주의적 결단이었다. 한국전쟁 와중에 정치력이 강한 이승만 대통령만이 할 수 있는 지고의 결단이었다.

범죄 과정을 연구하는 전문가의 말을 들어보면, 초범 때가 어렵지 재범, 삼범은 별 가책 없이 습관적으로 범행을 저지른다고 한다. 엄청난 국가 이미지 손상과 대통령의 리더십 손상(한때는 미군이 개입한다는 이야기도 나왔고, 개헌을 위한 계엄령 선포 때는 미8군 사령관 밴 플리트 장군도 군 이동에 반대하는 등 이 대통령의 의도에 반대했다. 그러나 국내 정치에서는 강한 집념의 소유자라는 이미지 강화 효과도 있었다)으로 끝난 직선제 개헌 역시 대통령 임기를 재선에 그치도록 했다는 문제를 안고 있었다.

 1954년 5월 20일 실시된 제3대 국회의원 선거에서 또다시 개헌(改憲)을 하기 위한 전초전을 벌이기 시작했다. 이 대통령이 이끄는 자유당은 3대 국회에 나서는 당 공천 후보들에게 앞으로 있을 개헌에서 당 방침을 따르겠다는 각서를 쓰도록 했던 데서 자유당이 개헌을 계획하고 있었음을 알 수 있다. 그 개헌이라는 것은 이승만 대통령에게 3선과 그 이상을 허용토록 하는 것이었다. 이것은 이미 이시영, 김성수 전임 두 부통령이 사임하면서 '직선제 개헌을 하면, 이것은 결국 영구집권으로 가는 것'이라고 경고한 그대로였다. 권력이란 고지 하나를 차지하면 다음 고지를 향해 폭력적으로 진출하는 팽창의 잠식성이 있음을 간파했다는 점에서, 이들의 경고는 권력의 속성을 뚫어보는 혜안이었다. 이것은 1961년 쿠데타로 집권한 박정희 대통령의 경우에도 똑같이 적용되었다.

 박 대통령은 1963년 대통령이 된 후 1967년 3선을 허용하는 개헌을 했고, 1971년 선거 때는 "다시는 국민들에게 표를 달라는 호소를 않겠다"고 몇 번이나 공언해놓고도, 당선 뒤에는 국민에게 표를 달라고 할 사이도 없이 3권 위에 군림하는 총통적 대통령이 되어버렸다. 뿐만 아니라 대통령 임기가 명시되지 않아, 말 그대로 죽을 때까지 재임하는 종신 대통령이 가능한 처지였다.

 이러한 정치적 사태는 한국의 두 부통령뿐 아니라 역사적 안목을 지녔던 미국의 초대 대통령 조지 워싱턴에 의해 이미 경고되었다. 워싱턴 대통령은 8년간의 대통령 임기를 끝내고 고향으로 돌아가면서 국민들에게 보낸 고별사에서 "단순한 가정과 견해만을 신뢰하여 안이하게 헌법을 개정하게 되면, 그 가정과 견해란 부단히 제기될 수 있기 때문에 끊임없이 개정을 초래하게 된다는 점을 유념해야 한다"고 경고했다. 그리고 헌법 개정 방법에 대해 "명시된 개정방식에 따라 시정되어야지 결코 강압적인 방법으로 변경해서는 안 된다. 왜냐하면 그런 식으로 개정을 한다면 한 번쯤은 유용한 목적을 위한 방편이 될 수 있을지 모르지만, 결국은 자유로운 정부를 쓰러뜨리는 무기가 될 수 있기 때문이다. 그러한 선례라는 것은 어느 때이건 그것이 끼칠 수 있는 부분적이고 일시적인 혜택을 압도하고도 남을 만큼 지속적인 해악(害惡)을 남기게 마련인 것이다"라고 말했다.

얼마나 명쾌한 경고인가. 그는 마치 한국의 일그러진 개헌 역사를 200년 전에 꿰뚫어보기라도 하듯, 정략에 따른 개헌의 해독성과 변칙 개헌의 위험성을 분명히 경고했다. 미국에서 정치학을 공부했던 이승만 대통령이 조지 워싱턴의 이 고별사를 읽지 않았을 리 없고, 더군다나 독립 대한민국에서 초대 대통령을 꿈꾸었을 그로서는 이 경구가 남달리 마음에 와 닿았을 것이 분명하다. 그럼에도 간선제 헌법을 직선제로, 재선에 한정토록 규정한 헌법을 다시 3선으로, 또다시 초대 대통령에 대해 영구 대통령의 길을 터놓았다는 것은 이 박사에게도 법은 멀고 권력은 가깝다는 표시로밖에 풀이할 수 없다. 더구나 개헌 방법에 있어서도 계엄령이라는 변칙을 연출하면서 감행했다는 것은 스스로 국부(國父) 자리를 포기한 것이나 다름없다. 이러한 계엄령 개헌의 전례에 따라 이후 박정희 전두환으로 이어진 변칙 헌법 개정 단행에 있어서, 이승만은 초대 대통령으로서 그 선례를 만들었다는 책임에서 자유롭지 못하다. 오늘날에도 일부 정치인들이 여건의 변화에 따른 불가피한 개헌보다는 단순히 개인 인기용으로 개헌을 논의하는 것은 유감스러운 일이다.

이승만 대통령에 한해 3선을 허용토록 한 개헌안이 1954년 11월 19일 이재학(李在鶴) 자유당 원내총무에 의해 자유당 소속 의원 136명의 이름으로 국회에 제출되었다. 11월 27일 재적의원 203명 중 201명이 참석한 가운데 표결에 붙여진 개헌안은 찬성 135표, 반대 60표, 기권 7표로 부결되었다. 개헌안에 대한 의결 정족수는 재적의원 3분의 2이상이어야 하므로 135.333명의 찬성이 필요하다. 135.333명은 사람을 쪼갤 수 없으므로 136명이 되어, 찬성 135명은 부결인 것이다. 이것이 무리 없는 계산법이다. 사회자도 이 상식에 따라 개헌안의 부결을 선포했다. 개헌안 부결은 곧 서울 시내 곳곳에 긴급 벽보로 나붙었고 호외가 뿌려졌다. 이기붕(李起鵬) 국회의장은 노(老) 대통령에게 엄청난 충격을 줄 이 개헌안 부결소식을 경무대에 즉각 보고하지 못했다. 이를 틈타 후에 장관까지 한 L의원이 서울대학교의 한 수학교수를 대동하고 경무대를 예방, '사사오입' 처방을 제시했다고 한다.

이 일이 있은 후 이기붕 의장이 사회자였던 최순주(崔淳周) 부의장을 대동하고 개헌안 부결결과를 보고하기 위해 경무대를 방문했더니 이 대통령은 "한 수학자에게 알아보았더니 사사오입 원리로 하면 개헌안은 통과된 것이다"라고 하면서, "그렇게 알아야 할 것"이라고 말했다는 것이다. 자유당은 일요일에 일련의 작업을 마쳤고, 이튿날인 월요일에 국회 본회의가 열리자 전날 표결에서 사회를 맡았던 최 부의장이 나섰다. 그는 "회의 결과를 정정하겠다"고 전제하고 "개헌 통과 정족수 135.333명은 0.333명이 한 인격체로 성립될 수 없기 때문에 이를 한 사람으로 인정, 136명으로 계산한 것인데, 수학의 일반적 원칙인 '4는 버리고, 5는 계산에 넣는다' 고 보면 135.333명은 곧 135명이 되어 개헌안 찬성 135명은 부결이 아니라 통과된 것"이라고 말을 바꾸었다.

　수리적 논리로는 맞을 수도 있다. 그러나 정치는 전통과 형식의 세계이다. 의안의 통과 정족수는 수학적 계산에 앞서 이미 자명하게 정해져 있는 것이다. 이것을 뒤집은 것이 유명한 '사사오입 개헌'인 것이다. 이 개헌 표결에 대비해 자유당은 무소속 의원 5~6명을 더 포섭했던 것으로 알려졌는데, 이렇게 사사오입이라는 상황까지 연출하게 된 것은 자유당 의원 중 고양군 출신 한동석(韓東錫) 의원이 안 되겠다고 판단, 몇몇 동지를 모아 반대표를 던졌기 때문이었다. 한 의원은 그 후 당 내외의 압력과 규탄으로 곤욕을 치렀다.

　악법도 법이 된 이상 그에 따른 질서가 자리를 잡는다. 1956년 5월 15일 제3대 정부통령 선거의 막이 올랐다. 자유당에서는 이승만을 대통령 후보로 이기붕을 부통령 후보로 내세웠으며, 민주당은 신익희를 대통령 후보로 장면(張勉)을 부통령 후보로 했고, 진보당에서는 조봉암을 대통령 후보로 의사 출신인 박기출(朴己出)을 부통령 후보로 결정하고 선거 태세에 들어갔다.

　야당은 사사오입 개헌을 계기로 '이래서는 안 되겠다'는 공감대를 이루어, 60여 명 의원 중 33여 명이 호헌동지회(護憲同志會)를 중심으로 1955년 9월 18일 전설적 단일 야당인 민주당(民主黨)을 창당했다. 여기에는 무소속의 곽상훈(郭尙勳), 전 주한미국대사 장면(張勉), 홍사단의 최희송(崔熙松), 여성계의 박순천(朴順天) 등이 참여했다. 민주당 창당 과정에서 민주대동파인 장택상(張澤相), 서상일(徐相一), 신도성(愼度晟), 윤제술(尹濟述), 김달호(金達鎬) 등은 조봉암의 신당 참여에 적극 찬성했고, 김준연, 조병옥, 유진산 등 자유민주파는 이에 반대하며 결국 자유민주파만으로 신당을 결성했다. 부산의 정치 파동 주역이었던 이범석은 참여가 거부되었다.

　이 당시 민주당의 선명성이나 국민의 지지도는 그 후 4반세기나 지속되었다. 이때 소장 의원 또는 청년 당원으로 참여했던 김영삼(金泳三), 김대중(金大中) 두 전임 대통령은 그 후 정치 생활을 하면서 새 정당을 만들 때 당 이름을 ○○민주당, **민주당이라는 식으로 당 이름에 민주당이라는 이름 석 자를 넣으며 1950년대 말의 국민 지지를 회상하곤 했다. 이전 선거운동에서는 이승만을 국가 원로로 대접해 직접 공격은 피해왔다. 그러나 5·15선거에서는 모든 비리와 국정 책임이 이승만에게 있다는 뜻에서 민주당(民主黨)은 '못살겠다. 갈아 보자'라고 행동을 촉구하는 선동적인 선거구호를 내걸었다. 이에 대해 여당인 자유당(自由黨)은 '갈아봤자 별 수 없다. 구관이 명관이다'라는 대항 구호를 내놓았지만, 선동성과 직감성에서 민주당 구호를 당하지는 못하는 듯했다. 선거 막바지인 5월 3일 한강 백사장에서 벌인 민주당 정견 발표회에는 30만~40만 명의 청중이 운집해서 옥외 강연에 큰 기록을 세웠다. 민주당의 기세는 곧 정권 교체를 이룰 것 같았다.

　신익희 후보는 이 기세를 몰아 5일 전주와 이리에서 유세를 하기 위해 부통령후보 장면, 당 대변인 조재천(曺在千) 등과 함께 호남선 열차에 올랐다. 열차가 전주 근처에 도착할 무렵, 2층에 있던 장면은 아래층의 해공과 잠시 대화를 했다. 그런데 해공의 음성에 이상함을 느끼고 밑을 내려다보니, 해공이 허리를 구부린 채 엎어질 듯이 앉아 있었다. 의아하게 여긴 장면이 해공을 불렀으나 대답이 없었다. 옆 자리에 있던 조재천 대변인이 달려오고 비서진이 위급함을 느껴 의사를 찾았다. 30여분 뒤에 진찰을 한 의사는 심장마비 같다면서 가망이 없다고 했다. 이렇게 해서 정권 교체는 좌절되고 말았다. 민주당은 부통령 선거에 주력을 했고, 진보당(進步黨)도 야당의 부통령 출현을 돕는다는 명분 아래 박기출 부통령 후보를 사퇴시켰다.

제1야당인 민주당 대통령 후보의 급서로 정권교체 가능성이 무산되자, 선거는 맥빠진 양상이 되었고 자유당의 승리로 끝날 것이 분명해졌다. 그만큼 선거부정이 판을 쳤다. 어느 지역에서 여당과 야당의 표를 바꿔치기해 발표했다는 등, 참관인이 연행된 뒤에야 표 계산을 했다는 등 말이 많았다. 개표 결과, 이승만은 5,046,437표, 조봉암은 2,163,808표, 해공에 대한 추모 표로 판단되는 무효표가 1,856,818표나 되었다.

해공의 추모 표 1백 80여만 표는 이 대통령에게 경종을 울리기에 충분한 표였다. 당선자가 거의 결정된 분위기 속에서 치러진 투표 결과가 이 지경이었다면 이 대통령도 민심의 향배를 읽을 수 있었을 터였다. 그럼에도 불구하고 이 대통령은 스스로를 반성하는 적극적 대응이 아니라 상대를 깎아내리는 소극적 방법으로 일관했다. 81세의 이 대통령은 이제 국정을 손수 처리하는 정열보다 제3자를 움직여 대행할 만큼 노쇠해 있었다. 아무리 건강이 좋고 기력이 왕성하다 해도 일흔의 중반을 넘은 인간에게 생리적인 노쇠 현상은 어찌할 수 없는지도 모른다.

이승만 대통령의 노쇠와 함께 정가, 특히 집권 자유당의 고민은 이 대통령 이후의 문제였다. 적극적 대책은 후계자 양성이었고, 소극적 대책은 장애물 제거였다. 후계자로는 이기붕이 내정되어 있었으며, 집권 연장의 장애물로서는 이 대통령의 대안으로 국민 일부 사이에서 부각되고 있던 조봉암 문제가 있었다.

조봉암(曺奉岩, 1898~1959)은 강화농업보습학교를 졸업하고 1919년 3·1운동 때 1년간 복역했다. 1921년 일본 중앙대학에서 수학하면서 비밀결사 흑도회(黑濤會)에 가담했다. 1925년 조선공산당 조직에 참여, 고려공산당(高麗共産黨) 청년회 간부를 지낸 뒤 모스크바의 동방노력자공산대학(東邦勞力者共産大學)에서 2년간 수학했다. 귀국 후 노농총연맹 조선총동맹(朝鮮總同盟)을 조직해 문화책(文化責)으로 활약했으며, 1930년 상해에서 열린 코민테른 원동부(遠東部) 조선 대표로 피임되었다. 이후 M-L 정당을 조직해 활동하다가 일본 경찰에 체포되어 7년간 복역했다. 1945년 조선공산당 중앙간부 겸 인천지구 민전(民戰) 의장까지 지냈으나, 1946년 공산당을 탈퇴하고 우익 진영에 가담했다. 1948년에 제헌 국회의원에 당선되고 초대 농림부장관에 임명되었다. 1950년 제2대 국회의원과 국회 부의장에 당선되었다. 이러한 경력을 가진 죽산(竹山. 조봉암의 호)은 1952년 8월 5일에 실시된 제2대 대통령 선거에서 이승만 대통령에 맞서 출마를 함으로써 전국적 인물이 되었다.

1952년 당시 조봉암 대통령 후보의 선거 사무장이었으며 후에 진보당 간사장으로 조봉암과 함께 구속되어 복역까지 한 윤길중(尹吉重)의 회고록과 옥중 수기 등을 엮은 『이 시대를 앓고 있는 사람들을 위하여』에서 조봉암과 진보당 사건 내용을 간추려 보면 다음과 같다.

"나와 죽산(竹山) 조봉암(曺奉岩) 부의장(국회부의장)과는 나와 해공(海公) 선생(申翼熙) 같이 친밀한 사이는 아니었다. 조 부의장은 대통령에 출마를 한다고는 했으나 선거사무장을 맡아줄 사람조차 없었다. (중략) 나는 그의 선거사무장을 맡기로 했다. 7월 4일 직선제 개헌, 7월 18일 대통령 및 부통령 선거법 공포와 선거 일자 공포, 7월 26일 입후보 등록 마감, 8월 5일 투표하는 식으로 정치 일정은 숨 가쁘게 진행되고 있었다. 조(曺) 후보 측은 '우리는 또 어떻게 이대로 사는가' 라는 구호를 내걸었다. 10일간의 선거운동이 허락된 선거에서 조 후보 측은 벽보도 제대로 붙이지 못했다. 나는 친척인 팔십 노인 한 분을 선거운동을 위해 지방에 보냈는데 그 분은 선거가 끝난 후에야 돌아왔다. 얘기인즉 벽보를 갖고 집을 나서다가 문밖에서 청년들에게 잡혀 경찰 유치장에 갇혔다가 선거가 끝난 후에야 풀려났다는 것이다.

이런 선거 속에서도 조 후보가 얻은 표는 79만여 표로 이 대통령이 얻은 523만 표에 비하면 15퍼센트밖에 되지 않았지만, 초대 부통령을 지낸 국민당(國民黨)의 이시영(李始榮) 후보보다는 20만 표나 더 얻은 것이었다. 투표와 개표 참관인을 두지도 못한 상태에서 보수 야당을 제치고 2등을 했다는 것은 조봉암의 정치 행로에 하나의 '가능성'을 준 것이며 이 대통령과 보수우파에 현실적인 위협이 되었다. 이때부터 조봉암은 50년대의 정치 기류에서 위험한 고갯길로 접어들었다.

이승만 대통령에게 3선의 길을 터준 사사오입 개헌안 통과를 계기로 헌법수호를 목표로 구성된 호헌동지회를 모체로 하여 1954년 말부터 여러 갈래로 새로운 정당들이 태동되고 있었다. 제1세력은 국민당계(國民黨系)로 신익희, 조병옥, 김준연 등, 제2세력은 장면, 정일형 등 원내자유당계(院內自由黨系)와 흥사단계(興士團 系), 제3세력으로 조봉암계(曺奉岩系) 등 3파전으로 창당작업이 진행되었다. 이렇게 세 갈래로 진행된 신당 창당작업은 이를 하나로 묶는 작업에서 조봉암을 포함시킬 것인지를 놓고 난산을 거듭했다.

제1세력으로 추종자가 많은 국민당계의 조병옥, 김준연 등과 제2세력의 장면 등이 조봉암의 참여를 반대하고 나섰다. 이들은 조봉암의 과거 공산당 전력과 당시에도 진보적 색채가 짙어 보수정당과는 색채가 다르다는 문제를 제기했다. 이에 맞서 인촌 김성수는 죽산을 참여시키자고 주장했으나 받아들여지지 않았다. 결국 신당 추진세력은 모든 인사를 다 포함시키자는 민주대동파(民主大同派)와 죽산을 제외하자는 자유민주파(自由民主派)로 양분이 되었다가 자유민주파만으로 민주당을 창당했다. 죽산을 제외하자는 주장의 배경에는 이념적 차이 이외에 대통령 출마문제가 연관되어 있어 더욱 복잡했다.

일이 이렇게 되자 죽산 계열은 한민당(韓民黨)에서 중도 좌파로 통하던 서상일(徐相日), 신도성(愼道晟) 그룹과 함께 '혁신대동운동'에 나서게 되었다. 혁신운동 세력은 자유당, 민주당의 두 정당보다는 좀더 진보적인 당을 만들자는 데 합의하고 그 기초를 이동화(李東華), 신도성(愼道晟), 나, 윤길중(尹吉重) 이렇게 3인에게 위임했다. 3인은 죽산과 자주 접촉하면서 1955년 12월 23일 진보당 발기 취지문을 만들고, 1956년 3월 31일 전국대표자대회를 열고 폭력배가 난무하는 등 온갖 방해를 무릅쓰고 5월 15일의 정·부통령 선거에 대비해서 대통령 후보에 조봉암, 부통령 후보에 박기출을 선임했다. 진보당이 대통령과 부통령 선거에 나설 수 있었던 것은 자유당이 야당 분열의 효과를 위해 허용한 것이었다. 선거일이 공고되고 선거운동이 벌어지자 정계에서는 야당 후보 단일화 문제가 제기되어 몇 차례의 곡절 끝에 선거일 10일을 앞둔 5월 6일 죽산의 대통령 후보 사퇴서를 서상일, 윤길중 두 사람이 제출하고 조봉암은 생명 보전을 위해 잠적키로 합의했다.

이런 가운데 불행히도 신익희 후보가 5월 5일 급서하는 바람에 모든 계획이 수포로 돌아갔다. 필자는 오랜 기간 신익희와 교분이 있어 그의 성격을 잘 알지만, 그가 대통령이 되면 혁신세력을 정계에서 몰아내지는 않을 것으로 믿고 이 협상을 적극 추진했다.

이승만 대통령이 경쟁 없이 남게 된 선거전은 갖은 불법 속에서 진행되었으며 많은 진보당 운동원이 구속되었다. 민주당은 조봉암을 위해 운동을 하는 것이 아니라 추모표라는 무효표를 호소했다. 투표 결과는 총 투표자 9백 6만 8천여 표 중 이승만 후보가 대략 5백만 표, 조봉암 2백 16만 표, 무효표 1백 85만 표가 나왔다.

이 선거 결과가 여당에게 충격적이었던 것은 절대 표 차이도 그렇거니와 각종 부정에도 불구하고 전국 24개 시(市) 선거에서는 조봉암이 모두 이겼다는 것이었다. 여당은 시골에서 이기고 야당은 도시에서 이겼다는 뜻으로 '여촌야도(與村野都)'라는 표현이 처음으로 쓰였다.

조봉암은 제3당의 지도자일 뿐 아니라 이 대통령 후의 대안으로 국민들에게 인식되기 시작한 것이다. 장기 집권자들에게는 이것이 문제였다(1971년 대통령 선거 결과 김대중이 박정희의 대안으로 인식되기 시작한 것과 조봉암의 경우가 같은 점이었으며, 김대중의 고난은 바로 여기에서 출발되었다고 보여졌다).

진보당은 1956년 10월 시공관에서 정식 창당대회를 열고 1958년에 있을 국회의원 선거에 대비할 준비를 했다. 당 정강 정책으로 평화통일론을 결정하고, 대통령 선거 결과를 분석하며 독자 교섭단체 구성 가능성까지 전망했다. 진보당에 대한 분열 공작, 간부에 대한 감시와 회유 그리고 압박이 상상 이상으로 심했다.

1957년 내내 진보당에 대한 수사와 구속 소문이 정가에 무성했다. 진보당을 정치권에서 밀어내려는 계획이 진행됨을 느낄 수 있었다. 당원들은 조봉암에게 잠시 해외에 나가 있을 것을 권유했으나 그는 받아들이지 않았다. 당 재정 위원장은 그의 친구들이 모두 연행되어 가는 곤욕을 치르기도 했다.

1958년 초 진보당 간부들에 대한 구속이 시작되었다. 구속된 진보당 간부들 중 핵심인물은 물론 죽산 조봉암 당수였다. 그에 대한 주요 죄목은 평화통일론과 간첩 양명산(梁明山)과의 접촉이었다. 양명산은 원래 평안북도 강계(江界) 출신으로 집배원이었는데, 우편 행랑에 들어 있던 거액의 일본 돈을 훔쳐 중국으로 도망갔다. 그 돈을 밑천으로 그는 사업에 성공하여 임시정부에 후원금도 냈다. 해방 후 귀국한 그는 한국의 첩보대원으로 있으면서 남북 교역에도 관여해서 어느 정도 돈을 모았다. 양명산은 상해에서부터 조봉암이 국제공산당원으로 항일운동을 할 때 만나 그를 뒷받침해 주기도 했다. 그러던 중 죽산이 신의주 감옥에서 복역하고 있을 때, 우편물 절도죄와 치안유지법 위반으로 수감된 그를 신의주 감옥에서 또 만났다. 죽산은 해방 후 그와 다시 만나 5.15선거 때 지원을 받았다. 1958년 3월에 열린 재판과정에서 진보당 변호인단은 양명산이 간첩혐의에 대해 거짓말을 하고 있다고 주장하고, 사건에 의문을 제기했다. 2심재판에서 양명산은 '간첩혐의는 특무대에서 만든 것이며 조봉암의 간첩혐의는 모르는 일'이라고 주장했다. 그러나 재판은 속결로 진행되어 7월 2일 선고공판에서 평화통일론은 무죄가 확정되고, 조봉암의 간첩죄는 무죄가 되고 불법 무기 소지에 대해서만 징역 5년이 선고되었다.

재판은 상고심에서 속행되어 10월 14일 조봉암과 양명산에게 사형이 구형되었고, 10월 25일 선고공판에서 조봉암과 양명산에게는 사형이 선고되었다. 2심 심리 42일 만이었다. 1959년 2월 20일 대법원 공판이 시작되고, 2월 27일에 선고공판이 열렸다. 조봉암에 사형이 언도

되었다. 사형이 언도된 조봉암은 외부와 차단된 채 형무소로 실려 갔고, 법정 대리인인 김춘봉(金春鳳) 변호사에게 다음과 같은 말을 남겼다. "판결은 잘되었다. 무죄가 안 될 바에야 차라리 죽는 것이 낫다. 환갑이 다 된 사람이 징역을 살고 나면 무슨 희망이 있겠는가. 정치란 다 그런 것이다. 이념이 다른 사람이 서로 대립할 때에는 한쪽이 없어져야만 승리가 있는 것이며, 그럼으로써 중간에 있는 사람들의 마음이 편안하게 되는 것이다. 정치를 하자면 그만한 각오는 해야 한다."

죽산은 감옥 안에서 무죄 판결로 석방된 윤길중으로부터 그의 구명운동이 있다는 말을 듣고 "절대 비루한 짓은 하지 말아주게. 내가 정치운동을 하다가 죽는 것은 어쩔 수 없는 일이다. 내가 어떻게 비루하게 생명을 빌겠는가"라고 말했다.

대법원은 7월 30일 죽산의 재심 청구를 이유 없다고 기각했다. 기각 결정문은 이날 오후 5시쯤 변호인단에 송달되었다. 변호인단은 다음 날 모여 이를 검토키로 했다. 그러나 다음날 죽산 집으로부터 '이상한 기미가 보인다'는 전갈이 왔다. 수소문을 해보니 죽산은 재심이 기각된 다음날인 31일 형무소 안에서 극비리에 처형되었다는 것이었다.

그가 처형된 뒤 관계자들의 증언을 모아보면 31일 오전 10시 30분, 형무관이 죽산의 감방으로 왔을 때에 그는 단정한 자세로 책을 읽고 있었다. 죽산의 손목에 수갑이 채워졌다. 그는 이 순간 죽음을 보았다. 평소와 다름없이 조용한 자세로 사형집행 장소로 가는 길목에 들어섰다. 길가에는 몇 송이 꽃들이 피어 있었다. 죽산은 무상하게 꽃들을 바라보며 한 마디 말을 흘리었다. '이곳에도 꽃이 피는구먼.'

그는 감옥에 있을 때 밥에 있는 콩을 골라 창가에 두면 창 밖의 새가 와서 먹고 푸른 하늘로 날아가는 것을 보곤 했다. 감옥 동료들은 이것을 '죽산 새'라고 이름 붙였다. 이 새는 죽산이 처형된 후 더 이상 감옥에 나타나지 않았다.

진보당 사건 처리를 전후해서 간첩죄 처벌을 강화한 국가보안법 개정안이 국회에 제출되었다. 자유당 의원들은 정부의 제안 설명 청취부터 원천적으로 반대하는 야당이 예비심사를 위한 법제사법위원회 회의에 참석하기 전에 모든 절차를 생략하고 단 3분 만에 안건을 처리했다. 우리 의정 활동에 영원한 명물(?)로 지적되는 '날치기' 통과가 첫 선을 보였다. 자유당은 농성중인 야당 의원들을 무술경위를 동원하여 힘으로 제압한 뒤 보안법을 국회 본회의에서 통과시켰다.

민주당 원내총무였던 유진산은 법안이 국회에서 이런 과정을 거쳐 통과되자 자신의 의회 철학을 밝히는 연설을 했다. 이때 발표한 그의 의회 철학은 오늘에 이르기까지 수십 년간 '사쿠라 론'을 유발시키는 숱한 쟁점이 되었다. 유진산이 그 뒤 야당권의 실세로 또는 당수로 있을 때도 세인들이 그를 '사쿠라'라고 부른 이유이기도 했다. 이 견해는 아직도 우리 사회에 남아 있는 숙제다. 그의 말은 이렇게 시작되었다.

"우리는 자유당의 보안법 개정안을 원칙적으로 거부하는 태도를 취했습니다. 그러나 그 법안은 우리가 몸담고 있는 이 국회에 정식으로 제출된 법안입니다. 그렇다면 우리는 제안자로부터 제안 설명을 들어 주는 것이 민주주의를 신봉하는 자세라고 봅니다. 거기에 우리가 용납할 수 없는 내용이 있으면 질의와 토론을 통해 얼마든지 부당성을 지적하고 규탄할 수 있다고 봅니다. 그런 과정을 통해 우리는 그것을 온 국민들에게 알리고, 상대방의 반성을 촉구하고 강력하게 철회를 요구할 수도 있습니다. 문제를 원내로 끌어들여 쟁취할 것은 쟁취해야 합니다. 우리가 처음부터 제안 설명조차 거부하고 옥쇄와 강경과 극한을 내세움으로써, 야당에서 희생자 한 명 내지 않고 단막극으로 끝장을 내는 것은 정치를 하는 사람으로서 반성의 여지가 있습니다. 강경투쟁을 하여 결국은 자유당이 하고자 하는 의도대로 원안을 그대로 통과시켜주었을 뿐, 우리로서는 무엇 하나 국민들에게 가져다준 것이 없지 않습니까? 국민들에게 송구한 일입니다. 옛 글에 '흥분으로 죽기는 쉽지만 조용히 의로운 일을 하는 것은 더욱 어렵다'고 했습니다."

그는 일생 동안 이러한 철학을 가지고 살았다. 한번은 그가 야당 당수로 있을 때 취재 기자였던 필자와 마주한 일이 있었다. 화제가 당시 절대권을 가지고 있던 박정희 대통령에 대한 그의 태도에 대해 세상에서 사쿠라라고 한다는 내용에 미치자, 그는 이에 대한 자신의 정치적 소신을 말했다. "펄펄 뛰는 붕어는 물속에서 그물로 잡아야 하네. 이를 도마 위에 올려 놓고 여러 사람이 지켜보는 가운데서 칼로 잡으려 한다면 많은 사람에게 피가 튀게 마련일세." 그의 이러한 타협과 대화의 태도는 김영삼과 김대중 등 당시 야당의 두 김 씨로부터 많은 비난을 받았다. 그러나 양 김 씨가 주장했듯이 강경한 원내투쟁으로 의안들은 수정 없이 정부안대로 통과되는 경우가 허다했음은 사쿠라 발언을 음미케 하는 대목이다. 여당이 의안의 원안통과를 위해 야당에게 '강경투쟁'을 주문한다는 이야기도 의사당 주변에 나돌 때도 있었다.

제3대 대통령 선거에 이어 1958년 5월 2일에 실시된 제4대 국회의원 선거에서도 민주당은 종전의 42석에서 79석으로 의석이 거의 두 배나 증가했다. 부통령에 당선된 장면은 저격까지 받은 일이 있지만, 자유당의 구박 속에서도 부통령 직무를 수행했다. 민주당의 시국강연회에는 조직 폭력배가 공공연히 동원되어 대회를 방해했다. 이정재(李丁載), 유지광(柳志光) 등 동대문파 조직 폭력배는 정치 세력과 결탁하여 야당을 탄압했다. 자유당 정권은 길가의 늙은 소나무 같은 이승만 대통령에 의지하여 명맥을 유지해가고 있었으나 민심은 이미 떠나 있었다.

바보 같은 이 늙은이가 맞았어야 할 총알

1960년 제4대 정부통령 선거를 맞아 민주당 대통령 후보로 선출된 조병옥은 후보로 선출된 뒤 미국으로 종합진단을 받으러 갔다. 조 후보는 이 대통령을 예방하고 신병치료차 도미(渡美)하게 되었음을 알리고, "사적으로는 집안 어른처럼 모시지만, 이번 선거에서 야당 후보로 국민의 신임을 겨루게 되었습니다. 저에게 공정한 게임을 할 기회를 주십시오."라고 인사를 전했다. 조 후보가 집에 돌아오자 이기붕 의장이 찾아와서 인사를 했다. 이 의장과 조 후보는 같이 미국 유학을 했고 해방 후에는 함께 이 박사를 모신 인연 등으로 개인적 친분이 두터웠다. 사석에서 이 의장은 조병옥에게 "유석(維石 조병옥 아호)이 이 대통령의 후계자가 되어야 하는데……"라는 말까지 건네는 사이였다.

조 후보는 요로에 대통령 선거를 일찍 치르지 말아달라는 부탁을 한 뒤 공항에서 "낫는 대로 달려오리다"라는 유명한 성명을 발표하고 미국으로 떠났다. 그는 수술 직전인 2월 6일에 대통령 선거일이 3월 15일로 정해졌다는 보고를 받았다. 조 후보는 보고를 들은 후 '등 뒤에서 총을 쏘는 격'이라고 흥분하기도 했다. 수술 경과는 한때 양호한 듯했으나, 갑자기 악화되어 사망했다. 선거의 관심사였던 야당 후보의 사망은 또 한 번 이 대통령에게 힘 안 들인 집권을 허용하는 행운을 가져다주는 듯했다. 선거는 부통령 후보로 압축되어 자유당의 이기붕이냐 민주당의 장면이냐로 좁혀졌다. 선거의 주무장관인 최인규(崔仁圭) 내무부 장관은 "세계적으로 대통령 선거에 소송이 걸린 일이 있소?"라며 전국의 시장과 군수들을 독려했다. 그에게는 선거는 국민을 동원한 하나의 요식행위 정도였다. 그는 자신의 행위가 국민에게 어떻게 비칠 것이며, 대선이 법원에 의해 기소된 일은 없었을지 몰라도 국민에 의한 정의의 혁명 소송은 얼마든지 있었다는 사실을 알지 못했다. 37세의 젊은 나이로 신익희와 대결함으로써 자유당의 호감을 샀고, 이기붕의 처 박마리아의 천거로 입각한 최 장관에게 보은의 길은 어떻게 해서든지 이기붕을 당선시키는 일이었다.

선거 당일인 3월 15일 마산에서 부정 선거에 항의하는 시위가 일어났다. 경찰의 총격으로 26명이 사망하고 86명이 부상을 당했으며, 220여 명이 감금되었다. 이런 가운데 대통령에 이승만, 부통령에 이기붕이 당선되었다는 발표가 나갔다. 3월 24일에는 부산에서 다시 시위가 일어났고, 4월 10일에는 눈에 최루탄이 박힌 시체가 물위로 떠올랐다. 4월 18일 시위를 하고 돌아가던 고려대 학생들이 종로 4가에 이르렀을 때, 대기하고 있던 정치 깡패들이 몽둥이를 들고 습격했다. 이 소식이 전해지자 각 대학은 분개하여 자발적으로 시위에 나섰다. 당시 필자는 대학교 졸업반으로(서울대학교 사범대학) 도서관에서 책을 보고 있었다. 몇몇 학우들은 "학원까지 관에 의해 짓밟히는 것은 더 참을 수 없다"라는 사발통문을 돌렸고, 우리는 책가방까지 도서관에 둔 채 밖으로 나와 대오를 지어 시위대를 형성했다. 방향은 일단 국회의사당으로 정했다. 그러나 국회에서 신통한 답변을 듣지 못하자 자연스레 "경무대(景武臺)로 가자"는 외침이 터져 나왔다. 경무대로 향하는 도중에 진명여고를 지나는데 경찰이 길을 막고 있었다. 여러 대학의 시위대가 "이 대통령은 하야하라"고 구호를 외치며 잠시 대기하고 있었는데, 길 옆에 하수도 수리를 위해 늘어놓은 대형 하수도관이 눈에 띄었다. 우리는 하수도관을 길 가운데로 끌어내어 그 뒤에 몸을 숨긴 채 하수도관을 굴리며 조금씩 앞으로 나아갔다. 경무대로 돌아드는 어귀에 가까이 왔을 즈음 요란한 총성이 들렸다. 옆에 있던 같은 과 학우 손중근(孫重瑾)이 쓰러졌다. 학생들은 일제히 길옆의 인가로 뛰어들었다. 우리는 손(孫) 군을 함께 가려고 끌었다. 그 와중에 그의 윗옷이 벗겨졌다. 이미 피로 흥건히 젖은 송 군의 가슴에서 울컥울컥 피가 솟아오르고 있었다. 총알이 심장을 뚫고 간 듯했다. 이때 경찰이 "와!" 하면서 학생들을 잡으러 달려왔다. 옆집이라고 뛰어 들어간 곳이 (후에 알았지만) 자유당 국회의원의 집이었다. 손 군은 이 자리에서 즉사했다. 이것이 청와대 앞의 4·19 학생 시위였다.

긴급 국무회의가 열렸다. 이 대통령은 이 자리에서 "젊은 사람들이 나더러 나가라고 하는 것 같은데, 나는 무슨 이유인지 무슨 까닭인지 알아야겠어. 그래야 해결될 것이 아닌가?"라고 말했다고 전해진다. 전후 관계와 하와이에서 망명생활을 할 때의 이야기 등을 종합해 보면, 이 대통령은 이때까지 사태의 진상을 모르고 있었던 것 같다. '잘돼갑니다'라는 말을 너무 믿었던 것 같다. 며칠 후에야 그는 외국 신문과 보고를 통해 진상을 알았고, "부정 선거를 했다면 선거를 다시 해야지! 부정을 보고서 항거하지 못하는 민족은 죽은 민족이야. 내가 그만두면 돼"라며 이미 사퇴를 생각하고 있었다. 그는 이때까지 등잔밑을 보지 못했던 셈이었다.

4월 23일 이 대통령은 4·19 부상 학생을 위로하기 위해 서울대 병

실에 들어섰다. 대통령을 보자 부상당한 학생들은 '대통령 할아버지'
라고 부르며 손을 잡으며 얼싸안고 눈물을 흘려 병실은 온통 눈물바다
가 되었다. 경무대로 돌아온 대통령은 침통한 음성으로 "이 늙은이가
맞아야 할 총알을 우리 소중한 애들이 맞았어. 이 바보 같은 늙은 것이
맞았어야 할 총알을 말이야"라며 비통해했다. 대통령은 이날 밤 취침
전 기도에서 죄 없는 아이들의 고통을 덜어달라고 기도했다. 그는 이
무렵 사퇴를 결심을 한 것 같았다. 이와 함께 노대통령에게 큰 충격을
준 사건이 일어났다. 이 대통령이 사임을 발표하고 사임서를 국회에
제출한 27일 밤, 사랑하던 양아들 강석이 권총으로 아버지 이기붕과
어머니 박마리아 그리고 동생 세 가족을 경무대 구내 부속 건물에서
쏘고 자신도 자결했다는 소식이었다. 정치적 충격에 더해 가정사의 비
극에 경악한 대통령은 실어증을 보였고, 이 일로 유창했던 영어를 대
부분 잊어버리고 한국말을 주로 썼다. 대통령이 경무대를 떠나는 날
프란체스카 여사는 주방으로 내려가 대통령의 숟가락과 젓가락, 병에
반쯤 남은, 대통령이 즐겨 마시던 호밀겨 차를 챙겼다. 그리고 이화장
으로 가서 가끔 산책을 나설 때 신을 수 있도록 경무대에 두었던 헌 신
발과 대통령이 읽었던 성경을 챙겨 나왔다『대통령의 건강』.

정치라는 꺼풀을 벗으면 너무나 순수한 할아버지이고 평범한 노부
부였다. 그는 하와이에 망명해 있으면서도 밤이나 낮이나 귀국을 원했
고, 어느 때는 한국에 간다면서 신발을 찾기도 했다. 본인이 하도 원하
는 데다 더 있으면 비행기 여행은 어렵다는 의사의 말을 듣고 대통령
일가족은 조용히 지낸다는 원칙 아래 1962년 3월 17일로 귀국 일정을
잡았다. 귀국에 앞서 비행기 예약을 마치고 짐도 다 꾸려졌다. 대통령
은 17일 아침에 인사차 찾아온 교포들에게 "여러분, 서울 가서 만나

세"라며 어린아이처럼 즐거워했다. 대통령은 어느 사이 외출복을 입고 있었고, 9시 반경 하와이 총영사가 찾아왔다. 처음에는 인사차 온 줄 알았다. 그러나 총영사의 방문은 귀국을 하지말라는 정부의 뜻을 전하기 위한 것이었다. 조용히 전언을 듣던 대통령은 벌겋게 충혈된 눈으로, "모두들 일을 잘해주기 바라오"라고 한 마디 하고는 휠체어에 몸을 기대었고, 이후 다시는 혼자 일어서지 못했다. 87세의 노인에게는 감당하기 어려운 충격이었을 것이다.

이 대통령의 집권 12년은 햇수로 보면 그리 장기집권은 아니다. 독일 아데나워 수상의 14년(의원생활까지 합하면 17년), 이스라엘의 벤 구리온 수상의 14년(의원생활까지 합하면 15년)에 비하면 짧다. 더구나 이들은 수상직을 물러난 뒤에도 국회의원으로 있으면서 계속 영향력을 행사했다. 문제는 아데나워 수상이나 벤 구리온이 내각책임제의 수상직을 맡고 있었던 까닭에, 임기를 둘러싸고 당내 경쟁자들의 문제제기는 있었어도 국민들 사이에서는 전혀 이론(異論)이 없었다. 처음부터 상당 기간의 집권을 구상했던 이 대통령이 뚜렷한 경쟁자도 없는 상태에서 엄격한 임기 제한을 받는 대통령중심제를 고집할 필요가 있었는지는 생각해볼 문제였다. 결국 유감스럽게 그는 임기의 장벽 앞에서 계엄령 개헌, 사사오입 개헌, 직선제 개헌 등 일련의 억압적 수단을 동원함으로써 세계적 독재자로 낙인찍힌 것이었다.

『이승만 연구』를 편집한 유영익은 이 대통령이 대통령중심제를 고집한 이유에 대해 이렇게 기술했다. "이 대통령은 의원내각제는 군주국에나 알맞은 제도로서 독재화의 길을 터주는 비민주적인 제도라고 파악하고 있었으며, 대통령 제도야말로 민중의 의사를 가장 잘 반영할 수 있는 진정한 민주제도라고 보았던 것이다." 유 교수는 이어 "이승만 박사는 한국민의 즉각적 자치능력에 대해 유보적인 태도를 취하면서, 이제 갓 해방된 한국민이 완벽한 민주주의 정치를 구현하기에는 난점이 많다고 보았다. 따라서 자신과 같은 노련한 민주주의적 정치가가 선의의 강력한 통치를 베푸는 것이 한국민 전체를 위해서 보다 이롭고 국가 발전을 위해서도 필요한 것이라고 판단했을 것이라는 주장도 있다"고 했다.

이 대통령이 제헌의회에서, 헌법 기초 단계에서 대통령제를 채택하여 중앙집권식으로 대통령에게 힘을 집중시켰다가 국민의 경제교육 수준이 향상되면 권한을 서서히 국민에게 확대해 준다는 구상을 했을 가능성도 있다. 당시 이 원칙은 회의 결과였을 뿐 아니라 이승만이 심중에 품었던 의견으로 보인다. 이 대통령은 상당 기간 자신이 전권을 행사하며 건국에 필요한 국정을 처리한 뒤 서서히 국민들에게 권한을 넘겨준다는 생각을 했던 것 같다. 그러나 아첨배들의 현실 왜곡, 행정에 대한 무지, 좋은 참모의 부재 등으로 인해 군주는 군림하는 자체로 통치한다는 노인 특유의 시대착오적인 자만심에 취해 있지 않았나 싶다. 이원순(李元淳)이 오래 전 신태양사에 기고한 내용(권영설의 『이승만과 대한민국헌법』에서 재인용)에 따르면, 이승만 대통령은 근대 국사의 세분화된 행정자료를 참고하지도 않고 국무회의 석상에서 "내무부장관은 공산당이 없도록 하라"고 하명하는 식이었다고 한다. 이어 농림부장관에게는 "쌀값이 올라가지 않도록 하라", 재무부 장관에게는 "물가도 오르지 않도록 하라"며 추상적이고 권위주의적인 지시를 내렸다는 것이다. 그러니 아첨배들이 얼마나 활개를 쳤으며, 그런 가운데서 정치와 행정이 어떻게 돌아갔을지 짐작할 수 없었을 것이다.

그는 임시정부 때부터 우월의식을 가져 대통령직에서 면직되었음에도 미국에서 계속 '대통령' 직함을 사용했으며, 후임으로 선출된 박은식(朴殷植) 정부에 대해 '불법 정부'라고 부르며 폐지 지시를 받은 구미위원부를 존속시켰다. 이런 요소들은 이후 그가 대통령으로서 보여준 독주와 독재의 징후였다고 할 수 있다.

상해 임시정부는 당초 약법(約法)에 실린 '구 왕실을 우대함'이란 표현은 이 박사의 눈에 시대착오적 조항으로 비쳤을 것이다. 후에 삭제되었지만 공산당 식으로 '유일당(唯一黨)으로 통치한다'는 내용에 이 대통령은 의구심을 품었을 것이고, 이런 강령으로 통치하겠다는 지도자들을 무시했을 법도 하다.

여하간 이 대통령은 집권 기간에 한국을 굳건한 반공국가로 육성했고, 자유 세계의 힘을 결집시켜 공산주의자들의 침략을 물리쳤다. 반공국가로 국시를 확고히 한 것은 물론 임기중에 한국전쟁이라는 공산권의 도발 행위가 있긴 했지만, 이 일이 아니었더라도 그가 반공정책을 썼던 것은 의심의 여지가 없다. 이 대통령이 해방 후 공산주의자들과의 협상을 통한 한반도 통일정부 수립을 포기하고 단독 정부를 세운 것이라든지, 앞서 임시정부 때에도 공산주의의 속성을 허위선전과 기만으로 파악하고 일체의 협상을 배격했던 점, 미국의 꾸준한 남북 협상 권유를 듣지 않고 도리어 미국에게 공산주의의 위험성을 설득했던 점 등으로 보아 반공 정책을 확립했을 가능성은 충분하다. 그러나 이 대통령도 초기에는 공산주의자들을 포용하려는 시도를 했다. 1945년 11월 21일 중앙 방송 연설을 통해 '공산당에 대한 나의 신념'이라는 제목으로 "악독한 왜적의 압박 하에서 지하공작으로 절불굴(折不屈)하고, 배일항전(排日抗戰)하던 공산당원들을 나는 공산당원으로 보지 않고 애국자로 인정한다. 왜적이 침략한 후에 각국의 승인을 얻기 위하여 인민공화국을 세운 것이 사욕이나 불의의 생각이 아닌 줄로 믿는다"라고 전제하고, "공산정부만 수립하기 위하여 무책임하게 각 방면으로 선동하는 중 국사에 손해를 끼치는 이들과는 협동할 수 없지만 경제 방면으로 근로 대중에게 복리를 줄 목적으로 공산주의를 주장하는 인사들과는 협조할 용의가 있다"고 밝혔다『이승만의 삶과 꿈』. 이데올로기를 떠나 경제와 복지정책에서는 공산주의와 타협할 용의가 있음을 밝힌 것이었다. 그러나 공산주의자들의 대결 자세를 간파한 이 대통령은 같은 해 12월 19일 다시 방송을 통해 "한국은 지금 공산당을 원치 않는 것을 세계 각국에 선언합니다"라고 공산주의자들을 향한 정치적 제스처를 걷고 반공 자세를 확고히 했다.

국민들 사이에서는 아직도 초대 대통령 이승만의 역사적 위치에 대해 많은 견해들을 있다. 국회에서는 그의 흉상을 국회 로탄다에 세우는 문제를 협의한 적 있지만 결론을 내리지 못했다. 무엇보다 문제가 되는 점은 우리나라 헌법 전문(前文)이다. 현행 헌법 전문엔 '4·19 이념의 계승'이 명백히 규정되어 있다. 4·19는 이승만 대통령이 범한 선거부정을 타파하기 위해 젊은이들이 일어선 유혈 의거였다. 이러한 헌법을 가지고 있는 우리가, 더구나 헌법을 제정한 국회가 이 대통령의 흉상을 세우려는 것은 깊이 생각해볼 문제다.

이승만 대통령은 한학과 서예에 출중한 재능을 보였다고 이미 언급했다. 그가 경무대에서 틈틈이 파지 뒷면에 쓴 붓글씨나 각종 현판에 써준 글씨는 가히 명필이라는 칭송에 부끄럽지 않다는 것이 서예계의 공통 견해다. 그가 건국에만 기여한 뒤 은퇴하여 정계 원로로 처신하면서 서예에 심취했더라면 우리는 한국의 조지 워싱턴뿐 아니라 근대의 유수한 명필가도 함께 얻을 수 있었을 것이다.

참고 자료

『이승만의 삶과 꿈』· 유영익 지음 · 중앙일보사 『**대통령의 건강**』· 리 프란체스카 지음 · 조혜자 옮김 · 보건신문사 『**이승만 연구**』· 유영익 편 · 연세대학교 출판부 중 『이승만과 대한민국 임시정부』· 한시준 지음, 『이승만과 이동휘』· 반병률 지음 『**이승만**』· 로버트 올리버 지음 · 황정일 옮김 · 건국대학교출판부 『**이승만과 나라 세우기**』· 조선일보사 편 · 조선일보사 『**옥계 유진산 생애와 사상과 정치**』· 옥계 유진산 선생 기념 사업회 · 사초 『**이 시대를 앓고 있는 사람들을 위하여**』· 윤길중 회고록 · 호암출판사 『**북한 지도자 김일성**』· 서대숙 지음 · 서주석 옮김 · 청계연구소 『**우둥불**』· 이범석 · 삼육출판사 『**한국정치 100년을 말한다**』· 김성진 · 두산동아 『**대한민국의 건국**』· 이인수 · 도서출판 촛불 『**건국의 아버지 이승만**』· 이도형 · 한국논단 『**나의 회고록**』· 조병옥 · 도서출판 해동 국회 속기록 조선일보 등 일간 신문

참고

조지 워싱턴 (George Washington, 1732. 2 ~ 1799. 12)

미국의 초대 대통령 조지 워싱턴은 신생 미국의 초석을 닦은 인물로서, 누구도 그를 미국 건국의 아버지라 부르는 데 이견이 없다.

영국과의 독립전쟁 때는 미국 최고사령관으로 오합지졸이었던 민병대를 이끌고 영국군과 싸웠다. 대대장은 대장간 주인이고 중대장은 약방 아저씨나 사냥꾼 등, 간부들의 전직도 다양했다.

정규 영국군을 상대로 의욕은 넘치지만 체계가 잡히지 않은 독립군을 이끌고 7년간 여러 차례 전멸의 위기를 넘기며 투쟁한 역전의 용장이었다. 그는 추호도 군의 후광을 업거나 영향력을 이용하지 않았다. 이 점이 바로 조지 워싱턴의 워싱턴다운 점이기도 하다.

워싱턴 집안은 국왕에 충성하는 상인이던 증조부 때 신대륙 미국으로 건너와서 담배 재배와 토지 매입, 대륙으로부터의 백인 하인 수입 등으로 상당한 부를 쌓았다. 증조부는 버지니아 지방식민지의회 의원에 선출된 적도

있다. 당시 신대륙에서는 정부로부터 토지를 임대해서 사용했는데, 그는 이에 착안해 임대 시한이 만료되는 포토맥 강가의 사냥터 헌팅 크릭 일대를 재빨리 임대해, 일생의 터전이자 현재 워싱턴 대통령 기념관이 세워진 마운트 버넌(Mount Vernon)의 토대를 마련했다. 그러나 잘 나가던 이 증조할아버지는 44세에 작고했고, 그의 아들 즉, 조지의 할아버지도 37세에 별세했다.

조지의 아버지 거스 워싱턴(Gus Washington; 본명은 오거스틴 Augustine 이다)은 둘째 아들로서 아버지(조지의 할아버지)가 죽었을 때 세 살이었다. 거스는 새 아버지를 따라 한때 유년시절을 영국에서 보냈다. 미국으로 돌아온 후 21세 때 법률가의 딸과 결혼하여 세 자녀를 두었다. 철광 탐험가였던 거스는 광석 탐험하거나 영국으로 수출도 했지만 크게 성공하지는 못했다. 이후 상처를 한 거스는 영국에서 만난 22세의 처녀 메리 발(Mary Ball)과 재혼했고, 그녀와 사이에 사내아이를 얻었다. 바로 이 아이가 조지 워싱턴이다. 그러니까 조지는 거스에게는 네 번째 자식이고, 메리에게는 첫 번째 자식인 셈이다.

워싱턴 대통령이 세계적인 위인으로 평가받는 거인이 될 수 있었던 것은 학문의 양 때문이 아니었다. 높은 도덕성과 용기, 어떤 어려운 지경에서도 자신에 대한 신뢰를 저버리지 않는 인격, 아는 것을 실천에 옮기는 확고한 양식, 그리고 청렴성 때문이었다.

우리가 잘 아는 조지의 『벗나무와 도끼』이야기는 당시 저술가들이 조지의 정직성을 과장하기 위해 만들어졌다는 것이 그 후 고증에서 밝혀졌다.

미국이 독립을 쟁취하고 워싱턴이 초대 대통령으로 선출되었을 때, 청중 앞에 그를 어떻게 소개해야 되느냐는 문제가 참모들 사이에서 제기되었다. 자유의 옹호자니 민권의 실현자 같은 근사한 형용사들이 많이 제안되었다. 그런데 이를 조용히 듣고 있던 워싱턴 대통령은 정중하게 말했다. "평범한 사람인 대통령에게 그렇게 아첨하는 단어들을 쓸 필요가 없습니다. 그냥 간결하게 '미국의 대통령'(The President of the United States)으로 합시다"라고 말해 그렇게 결정되었다. 대통령 호칭에서도 그럴싸한 의견(YOUR HIGHNESS, YOUR MAJESTY 등)이 나왔지만, 대통령의 의견에 따라 단순히 '미스터 프레지던트'(Mr. President)로 결정지었다. 대통령은 문서에서도 불필요한 형용사를 쓰지 말라고 지시했다. 대통령에 대한 이 간결한 표현과 호칭은 오늘날에도 미국 사회에서 기자회견 등에서 대통령을 부를 일이 있으면 일반 국민들은 물론 비서나 기자, 장관 등 가리지 않고 '미스터 프레지던트'라고 부르는 전통이 확립되는 계기가 되었다.

워싱턴 대통령은 이밖에도 군 교본이나 일반상식, 격언을 생활화하여, 결과는 좋지 않지만 최선을 다한 부하를 격려했다는 등의 많은 일화를 가지고 있다.

워싱턴 대통령이 어렸을 때 어머니 메리는 여행이나 외부 행사를 즐기기보다 교회에 더 열심이었다고 한다. 이들 모자의 관계가 어떠했는지는 조지가 아내로 선택한 마르타 쿠스티스(Martha Custis)의 성품이 어머니의 성격과 정반대였다는 데서 짐작이 간다. 마르타와의 결혼은 뒤에 다시 서술하겠지만, 이 여인은 조지의 어머니가 다소 독단적이고 지배적인 성격이었던 데 비해 수줍음을 많이 타고 소극적이었던 것 같다. 조지는 이런 마르타를 만나 몇 마디 말을 해보고 반해버렸다. 어머니와의 관계야 때에 따라 멀어질 수도, 가까워질 수도 있는 것이기에 그 관계를 글로 정확히 설명하기는 어렵다. 하지만 두 사람 사이를 암시하는 몇몇 일화가 있다. 워싱턴의 어머니는 만년에 왕당파로서 아들이 사령관으로 활약한 독립운동에도 반대했다고 한다. 일설에는 대통령으로 선출된 워싱턴이 취임 전에 인사하러 찾아갔을 때, 81세의 이 어머니가 면회를 사절하여 만나지 못했다는 이야기까지 있다.

어떠했던 간에 조지는 거스와 메리의 5남매 중 맏이로, 거스와 전부인 사이에 태어난 세 명의 이복자매를 더한 8남매의 대가족 속에서 자랐다. 어린 조지는 조용하고 목가적인 분위기를 좋아했던 것 같다. 그가 접할 수 있었던 것들은 숲과 농장, 말이나 닭 같은 가축, 담배 정도였으며, 이런 전원의 기억과 환경은 워싱턴 대통령의 일생을 지배하는 원천이 되었다.

조지는 어머니의 영향 때문인지 유년시절부터 승마에 남다른 취미와 재능을 보였으며, 그는 67세로 죽는 바로 그날까지 승마를 즐겼다.

워싱턴이 버지니아 식민지 정부가 모집한 민병대(Militia) 간부로 선임되면서 그의 인생에 일대 전기가 찾아왔다. 민병대 간부로서 인디언과 전투를 벌이고 프랑스를 상대로 식민지 쟁탈전을 벌이는 과정에서 상사의 명령을 끝까지 이행하는 용맹성으로 인해 조지의 명성은 서서히 버지니아 전역에 번져나갔다.

신대륙에서의 생활은 거친 환경에 폐결핵, 수두, 황열병 등 전염병이 많아 40세 전에 죽는 사람이 허다했고, 이민을 오는 사람은 5년간을 잘 넘긴 후에야 생존이 보장되었던 시절이었다.

16세가 된 조지는 영국에서 이민 온 귀족이자 대부호인 페어팩스(Fairfax) 가의 아들 조지 페어팩스(George Fairfax)의 두 살 위인 약혼녀 샐리(Sally)를 죽도록 짝사랑하게 되었다. 미모와 교양을 겸비한 샐리는 프랑스 어에도 능통한 재원이었다. 조지가 여인에게 관심을 보였거나 사랑했던 것은 샐리가 처음으로, 이 여인은 조지의 첫사랑이었던 셈이다.

조지와 샐리의 관계는 자세히 살펴보면 일방적 짝사랑만도 아닌 것 같다. 두 사람은 함께 카드놀이도 하고 만나서 몇 시간씩 어울리기도 했으며, 때로는 약혼자이자 나중에 남편이 된 조지 페어팩스와 셋이 춤까지 추곤 했다.

이들의 사랑은 샐리와 페어팩스가 결혼한 후에도 지속되었다. 조지는 전방에서도 기회가 있으면 샐리에게 열렬한 사랑의 편지를 보냈다. 조지 측근에서는 결혼한 여인에게 편지를 보내지 말라고 충고까지 했다. 샐리의 남편 페어팩스가 영국으로 출장을 가면 조지와 샐리는 함께 있을 기회가 더 많았다. 조지가 한때 건강이 나빠져 집에서 요양을 하고 있을 당시, 샐리의 지극한 간호로 건강을 되찾기도 했다.

21세가 되자 조지는 버지니아 북부의 군사담당 국장과 행정부지사로 승진되었고, 프랑스의 침략방지 전투에서는 버지니아 주 전체 민병대의 선임 지휘관이 되었다.

이제 조지는 아버지로부터 상속받은 많은 재산과 더불어 군인으로서의 출세도 눈앞에 두고 있었다. 조지의 아버지는 상속재산 중 조지의 몫은 그가 21세가 되어야 상속이 유효하도록 해놓았고, 상속자가 상속자격을 잃으면 상속 분은 다음 자격자에게 넘어가도록 유언했다. 그래서 아버지가 죽자 워싱턴 가의 터전이자 조지 워싱턴 대통령의 생가가 있는 마운트 버넌은 장자인 이복형 로렌스에게 상속되었고, 로렌스가 죽자 그의 부인인 조지의 형수에게 다시 상속되었다. 그러나 그 형수가 재혼해서 떠나버리자 마운트 버넌은 조지에게로 상속이 넘어가게 되어, 일생동안 그의 안식처가 되었다. 그리고 오늘에도, 바로 그 자리와 생가 건물이 워싱턴 대통령의 기념관으로 보존되어 있다.

신대륙에서는 남녀 모두가 단명하다 보니 죽은 배우자로부터 많은 유산을 상속한 독신자들이 많았다. 마르타도 바로 그런 돈 많은 과부였다. 이미 대령으로 승진해 있던 조지는 윌리엄스버그의 주치의를 방문하기 위해 윌리엄스에 도착했고, 마르타도 마침 친척을 만나기 위해 이곳에 와 있었다.

조지는 그 친척의 주선으로 마르타와 저녁만 먹기로 약속하고 만났다. 한 번의 사교적 만남에서 두 사람은 화끈하게 일생을 걸 만큼 의기투합했다. 서로 어떤 점에 매력을 느꼈다고 단언할 근거는 빈약하지만, 조지에게는 어릴 적부터 가지고 있던 행복론이 있었다.

일반인보다 머리 하나는 더 키가 큰 조지는 분위기를 깨지 않고 수줍고 조용하게 자신의 말에 귀기울이는 아담한 체구의 마르타에게서 독선적이고 지배적인 어머니와도 다르고, 세련되고 샐리와도 다른 매력을 발견했던 것으로 그 후 많은 문서들은 전하고 있다. 26세의 조지와 27세의 마르타는 이 만남이 있은 후 1759년 1월 11일 결혼을 함으로써 40년간의 길고 영광 많은 부부 생활을 시작했다. 조지는 결혼식장에서 당시의 군인들의 관습과는 달리 군복이 아닌 평복을 입어 많은 사람들을 놀라게 했다. 조지가 새벽 4시에 기상해서 독서와 편지쓰기 등의 일상생활 리듬을 지키지 않은 것은 이 신혼 기간뿐이었다.

조지와 마르타의 금슬은 좋았지만 가정생활은 순탄치 못했다. 조지의 어머니 메리는 조지가 결혼한 후 마운트 버넌을 한 번도 방문하지 않았고, 고부간의 사이도 좋지 않았다고 전해진다. 마르타와 결혼 15년 후인 1774년 당시 조지 워싱턴의 연간 수입은 30만 달러 정도로 손꼽힐 만한 부자였다.

1774년, 보스턴항의 티파티(Tea Party) 사건 발생과 함께 조지의 일생은 또 한 번 큰 전기를 맞았다.

티파티 사건이 발생했을 때 조지는 사랑하는 부인과 안정된 생활을 하고 있었다. 또한 준장으로 승진하여 신대륙에서 미국인으로서는 최고의 계급자가 되어 있었다. 보스턴 사건이 발생하고 영국군이 진격하면서 식민지 정부는 대항군을 편성하게 되었다. 군 최고책임자를 누구로 할 것인지에 대해 많은 후보들이 물망에 올랐다. 이들 중 워싱턴은 신대륙 미국에서 출생해 풍부한 군 경험과 최고의 계급을 가졌고 나이도 43세로 적당하다고 판단되어 대륙의회(식민지 의회)에서 군 최고사령관으로 선출되었다.

그러나 워싱턴은 사랑하는 부인과 헤어져야 할 뿐 아니라 버지니아를 떠나야 하며 사령관으로의 역할이 너무 벅차다고 느껴 이를 극구 사양했다. 그러나 너무 사양하는 것은 도리어 의무를 저버리는 것이라는 주변의 강력한 권유를 받아들였지만, 의회에서 정한 봉급은 끝내 사양하고 후에 실비만을 정산하기로 했다.

7년간 지속된 이 독립전쟁은 영국이 질과 양에서 우수하게 훈련된 군대, 다양한 무기, 신대륙 주민 상당수가 아직도 영국을 지지하고 있다는 사실 등으로 훨씬 유리한 입장에 있었다. 워싱턴 군대는 한때 궤멸 직전에까지 몰렸었다.

워싱턴 장군은 행동하기 전에 심사숙고하는 형이고, 승리의 확신이 설 때에만 공격을 했으나, 일단 공격원칙이 서면 전광석화처럼 빠르게 행동하여 부하의 희생을 최소화했다.

독립전쟁에서 유리한 여건에 있던 영국군이 패한 것은 식민지 민병대군을 너무 얕보았기 때문이다. 영국군은 이 전쟁을 본토에서 귀족들이 취미로 하는 여우사냥 정도로 보고, 식민지 군대에 대한 모독을 겸해 군중 신호를 할 때 여우사냥 때 부는 나팔을 사용했다.

이에 비해 식민지 군은 죽기 아니면 까무러치기라는 결심과 역사의식으로 무장되어 있었다. 영국군과 민병대가 충돌하여 영국군의 첫 전사자가 발생한 보스턴 근교의 콩코드(Concord) 지역에는 현재 조그마한 표시판이 서 있다. 그 표시판엔 "여기 역사의 흐름을 되돌려놓으려다 실패한 한 영국군이 전사했다. 그의 죽음은 멀리 떨어진 영국에 있던 그의 어머니만이 슬퍼했다"라고 기록되어 있다. 당시 식민지 군대는 이 독립전쟁이 역사의 흐름이라고 확신했던 것이다.

영국이 패한 또 다른 이유는 프랑스의 참전이다. 이때 시작된 프랑스 군대 장군이던 라파예트(Lafayette)와 워싱턴 장군의 우정은 계속 이어져 프랑스 혁명 당시 라파예트 가족이 투옥되었을 때 워싱턴 대통령은 그들의 구조에 큰 기여를 했다.

워싱턴 장군은 "무력은 인간 간에 평화적인 대화가 안 될 때 의존하는 최후의 수단이며, 그 집행자가 군인이기 때문에 군인은 그 업무가 끝나면 본래 모습인 평민으로 돌아가야 한다"는 생각을 가지고 있었다. 그러기에 그는 항시 평민이 군인보다 더 본질적이고 군은 국민의 주체인 평민이 다스려야 한다고 생각했다. 오늘날의 문민통제인 셈이다. 그는 영국과 미국 간에 전쟁 마무리를 위한 평화조약이 체결되어 독립전쟁이 끝난 뒤에도, 영국군이 점령하던 뉴욕 시를 인수할 때 많은 부하들을 기다리게 한 채 뉴욕 주지사를 불러 함께 말을 타고 앞장서서 가도록 함으로써 모든 권한이 군에서 민간으로 넘어간다는 것을 몸소 보여주었다.

영국 군함이 마지막으로 뉴욕 항구를 떠나고 완전히 뉴욕 시를 독립군이 인수하고 나자 이번엔 워싱턴 장군이 떠날 차례였다. 그날 오후 워싱턴 장군은 부인과 함께 이미 마운트 버넌 집으로 돌아갈 준비를 했다. 장군은 집에 가서 읽을 몇 권의 책과 안경, 포도주를 사고, 마르타는 모자, 양말, 우산 등을 사고, 시골에 있는 고아가 된 손녀딸들에게 줄 선물을 샀다.

오후 4시, 군 장교들과의 예정된 만찬 장소에 워싱턴 장군이 들어서자 아무 예고 없이 단순히 저녁 초대만을 받은 장군의 참모들은 모두 기립했다. 전쟁 회고담과 농담이 섞인 평범한 저녁이었다.

식사 내내 침묵을 지키던 장군이 일어났다. 그리고 그는 말을 시작했다. "그동안 여러분들이 목숨을 아끼지 않고 본인과 동고동락해준 데 대해 온몸으로 고마움을 느낍니다. 이제 영국군도 완전히 떠나고 전쟁도 끝났으므로 본인은 집으로 돌아갑니다. 여러분의 앞날이 전쟁 전과 같이 평온하고 번영하기를 바랍니다."

연설을 마친 뒤 장군은 마차에 타고 본부를 떠났고, 이어 소문을 듣고 몰려온 군중들의 환호에 답하면서 허드슨 강가에서 배를 타고 4주 만에 마운트 버넌에 도착했다.

다음에 남은 문제는 독립군 최고사령관직 처리문제였다. 세태가 어수선했고, 제대 군인들은 밀린 봉급과 승전 군인에 대한 진로보장문제 등으로 분란을 일으켰다. 대령급 이상의 장교들은 별도의 회의체를 구성하자 정치인들과 국민들은 군인들이 쿠데타를 일으키지 않을까 전전긍긍했다. 대륙회의는 이런 두려움 때문에 회의 장소가 필라델피아에서 프린스턴으로 옮겼다. 권위 있는 미국사 저술가 앙드레 모로아는 "이 시기가 미국 독립 과정에서 가장 위험한 시기였다"고 지적하고 있다.

국민의 이목이 다시 한 번 조지 워싱턴에 쏠렸다. 1783년 12월 23일, 크리스마스가 임박했지만 온 국민들은 무거운 압박감에 짓눌려 있었다. 그런 분위기 속에서 어느 날 워싱턴 장군이 탄 마차가 대륙의회가 있는 아나폴리스 항구 언덕을 오르고 있었다. 마차가 의사당 앞에 서자 의회 측 사람이 마차에서 내리는 워싱턴 장군을 맞아 회의장 의석 앞자리로 안내했다. 회의장의 2백여 석의 방청석엔 대부분 장군과 함께 전쟁을 치른 퇴역 군인들이 자리를 잡았고, 장군에 대항해 싸웠던 군인도 일부 참석해 있었다. 전쟁과 미움, 이념과 승리 등 모두가 지나간 일이라는 듯이 적과 동지가 함께 섞여 있었다. 그만큼 상처는 빨리 아물기도 했다.

한때 워싱턴 장군의 보좌관이었던 의회의장 미플린(Mifflin)이 앞으로 나와 장군에게 이야기를 하려는 듯 목례를 보냈다. 장군과 의회 사이를 오가며 문서로 정식 사임하는 것이 좋겠다는 원칙과 이에 따른 절차를 마련한 토머스 제퍼슨의 제의에 따라, 의원들은 존경의 뜻으로 손에 들었던 모자를 가볍게 책상 위에 올려놓았다. 장내에는 기침 소리 하나 없이 무거운 침묵이 흐르고, 난로에는 장작 타는 소리만이 장군의 위엄을 한층 돋보이게 했다. 장군이 위엄이 넘치는 모습으로 준비한 원고를 안주머니에서 꺼낼 때는 대영제국의 군대를 무찌른 호랑이 같은 그의 손도 떨리고 있었다. 장군은 가라앉은 목소리로 "여러분들이 나에게 보여주었던 신뢰를 이제 되돌려 드립니다. 이와 함께 본인은 8년 전 이 자리에서 머뭇거리며 수락했던 군 최고사령관직을 사임하는 바입니다."

이로써 워싱턴 장군은 완전히 사임한 것이다. 사임식이 진행되는 동안 방청석에 있는 모든 사람은 손수건을 적시며 소리 내어 울었고, 의원들도 흐르는 눈물을 감추지 않았다. '역사상 영원히 지워지지 않을 감동적인 장면'이었다고 후대 사람들은 한결같이 기록하고 있다.

사령관직을 사임하고 마운트 버넌으로 돌아온 장군은 중국의 시인 도연명의 귀거래사를 연상시키듯, 평범한 농부로 돌아와 가벼운 마음으로 한껏 자유를 누리는 생활을 시작했다. 그는 전쟁 기간 우정을 쌓았던 프랑스 장군 라파예트에게 보낸 편지에서 "모든 공직에서 은퇴했을 뿐만이 아니라 나 자신으로부터도 은퇴했습니다. 마음 가득한 만족감을 가지고 예전에 홀로 거닐던, 고독하리만큼 조용한 길을 다시 걸을 수 있습니다. 누구도 부러워하지 않고 스스로에 만족하면서 살아갈 것입니다. 조용히 인생의 물결을 타고 가다가 어느 땐가는 잠들어 선조들 곁으로 가겠지요"라고 썼다.

워싱턴 장군이 만족한 전원생활을 하는 동안 독립된 새 국가의 헌법이 제정되었고 장군은 그 제정위원회 의장이 되었다. 새 헌법에 따른 대통령 선출 문제가 제기되었으나, 56세의 조지 워싱턴은 너무도 뛰어난 존재여서 맞설 사람이 없었다. 대통령 선거인단의 만장일치로 워싱턴이 대통령에 선출되었다. 국민 누구도 이상하게 생각하지 않았다.

그러나 워싱턴 장군 자신은 세계 역사상 어떤 전례도 없는 새 정부가 과연 제대로 기능을 할 수 있을 것이며, 그 정상에 서서 자신이 제대로 운용할 수 있을 것인지, 군사령관과 공직 사퇴를 이미 발표했는데 이제 다시 공직을 수락한다면 스스로가 한 대국민 약속을 저버리는 것이 아닌지, 새 정부에 참여하면 기왕에 쌓은 명예만 무너뜨리는 것이 아닌지, 오랜만에 찾은 행복한 생활을 다시 접어야 하는 것인지 등등의 생각으로 수락을 망설였다.

장군은 가까운 친구들과 상의하고 홀로 곰곰이 생각한 뒤 대통령 취임은 명예가 아니라 의무라는 결론을 내렸다. 이젠 총을 들지 않고 신생국에 제2의 혁명을 수행해야 할 의무, 전례와 전통이 없는 새 정부에 확고한 전통을 세울 의무, 나쁜 의도로 명예만을 추구하는 정계 주변의 아첨배들을 배제해야 할 의무 등을 생각했다.

이러한 의도를 가지고 취임했기 때문에 새 정부의 대통령은 스스로가 확신하지 않는 사람은 누구도 임명하지 않았다. 이것은 장군이 직업정치인이 아니고 소명의식이 강했기 때문에 가능했을 것이다. 대통령은 오른팔 격으로 국무장관에 친구이자 당시 파리 대사로 있던 토머스 제퍼슨을, 재무장관에 왼팔 격으로 영국 해군제독의 사생아이며 법률가이고 신문 발행인인 알렉산더 해밀턴(Alexander Hamilton)을 각각 임명했다. 하지만 이 두 사람은 모두 유능했지만 성격과 이상이 달라서 각료 간의 불화를 조성했다. 대통령은 각료들의 건의에 따라 주거지 밖에서 사사로운 식사는 하지 않는 등의 일상생활의 규칙과 이미 설명한 적이 있는 대통령 호칭문제 등을 결정해갔다.

워싱턴 대통령은 국회를 존중해서 다섯 개밖에 없던 각료 자리인 국무, 재무, 전쟁, 검찰, 체신 장관의 임명은 예의상 국회에 통고해주었으며, 육해군 지휘관 임명은 주둔지 상원의원들의 견해를 참조했다. 이 관행이 굳어져 국회의 인사청문회와 고위인사에 대한 상원인준제도가 확립되었다. 워싱턴 대통령은 국회에 국가 상비군의 필요성을 강조했다.

대통령은 여론에 귀를 기울여 개인 비서를 통해서 여론을 수렴했다. 또 부통령 애덤스에게나 비서들에게 수시로 기탄없는 충고를 요청했고, 그런 충고는 반드시 국정에 반영했다. 대통령은 각료들이 모두 함께 있으면 서로 진실한 속내를 이야기하기가 어렵다고 판단하여 개별적으로 만나든지 편지로 지시를 하고 답변을 듣는 방식을 애용했다. 첫 임기 4년간 전체 각료회의를 다섯 번밖에 열지 않았는데 이것은 대통령의 업무 스타일을 보여주는 단적인 예였다. 그는 대통령 임무수행 중에도 가끔 마운트 버넌을 방문하여 전원생활에 대한 애착을 보였다.

대통령 임기 4년이 거의 끝나갈 무렵 1792년 봄부터 마르타는 고향으로 돌아가기 위해 짐을 꾸리기 시작했다. 그리고 60세가 된 대통령은 자신의 가문에서 가장 오래 산 기록을 세우고 있었지만 기억력과 청각은 쇠퇴하고 있음을 느끼기 시작했다. 대통령은 이미 문장가인 제임스 매디슨(James Madison, 제4대 대통령)에게 임기를 끝내며 발표할 고별사 원고를 부탁하고 있었다.

이 무렵 새 정부의 심각한 문제는 국무장관 제퍼슨과 재무장관 해밀턴의 불화였다. 농민에 애정을 갖고 신생국을 농업국가로 육성하려는 제퍼슨은 농업 우선주의 정책으로 일관했고, 외교적으로는 친 프랑스 성향이었다. 이에 비해 신생국은 공업국이어야 한다고 확신한 해밀턴 장관은 농민들이 직접 주조하는 위스키까지 세금을 부과했으며, 고율 관세 제도, 특히 공업 지원을 위해 중앙은행 설립 등은 국가의 정책 기조를 결정하는 중요 사항이라고 생각했다. 외교정책에 있어 그는 영국 중심주의였다. 이러한 정책에 대한 각료 간의 심각한 불화와 이견, 여기에 싹트기 시작한 공화파, 연방파,

반연방파 등 정당 간의 견해 차이는 확고한 전통이 뿌리내리지 못한 이 신생국의 장래를 매우 위태롭게 하는 것이었다. 확고한 전통을 다지기 위해서는 시간이 필요했고, 그것은 워싱턴 대통령의 재임이었다. 그의 재임은 선거인단 135명 중 찬성 132표, 기권 3표로 확정되었다.

워싱턴의 재임 기간은 첫 임기 때와 달랐다. 언론에서도 거침없는 비판을 가했다. 정치인들 사이에서도 그가 친 영국 정책을 쓴다고 해서 '창녀에게 삼손의 머리를 잘렸다'는 야유까지 들어야 했다. 언론들은 (특히 저지 크로니클Jersey Chronicle) "대통령은 마치 왕처럼 접견을 하고 왕처럼 조약을 맺으며 칭찬은 삼키고 공격은 뱉는다. 결국 워싱턴 대통령과 그 정부는 민주주의의 적이다"라는 비판까지 서슴지 않았다. 이러한 비판에 대해 대통령도 화를 참지 못하고 사석에서 "기자들은 심한 말로 표현하면 악마와 같다"라고까지 발언했으나, 이를 밖으로 표현하지는 않았다. 대통령은 애덤스 부통령에게 "이젠 공공 유인물에게 얻어맞는 게 진저리가 난다"고도 했고, 또 다른 사람에게는 "나보다 더 피곤한 사람은 없을 것"이라고도 했다. 이러한 어려움 속에서 대통령은 임기 만료 1년을 앞두고 해밀턴에게 고별사를 부탁했다. 그 내용은 대통령이 하나하나 검토하고 첨삭을 가해 완전한 대통령의 뜻이 담겼다.

이 고별사를 필자는 직접 읽지는 못하고 일간지에 실린 것을 접했는데 장문의 내용으로 대통령 재임 8년 동안 느낀 점을 상세히 기록했다는 점에서 의미를 갖는다.

대통령은 이 고별사에서 연방정부의 필요성을 특히 강조하며 "국가를 하나의 정부와 국민으로 묶어주는 연방정부는 매우 소중한 것"이라고 전제하고, "연방제는 진정한 독립과 국내적 평온, 국외적 평화, 국민의 안전, 번영 그리고 여러분이 그토록 소중히 여기는 바로 그 자유를 지켜주는 중요한 지주이기 때문"이라고 말했다. 고별사는 헌법 준수의 중요성을 강조하여, 일시적 논리의 가정과 견해만을 신뢰하여 안이하게 헌법을 개정한다면 가정과 견해란 부단히 제기될 수 있으므로 끊임없이 헌법 개정을 초래할 것이라고 경계했다. 그리고 변칙적 방법으로 헌법을 변경하면 한 번쯤은 유용한 목적을 위한 방편이 될 수 있을지 모르지만, 결국은 자유로운 정부를 쓰러뜨리는 일상적인 무기가 될 것이라고 지적했다. 대통령은 또 공공 재정의 견실화의 중요성, 국가 간의 신뢰성 유지, 유럽 분쟁에 대한 중립성 유지를 당부했다. 그리고 결론으로 "정계 은퇴 후에 내가 향유하리라 스스로 다짐했던 생활을 즐거운 마음으로 기대하고 있다"면서 "나의 벗인 국민들과 더불어 자유 정부 아래서 선한 법률의 자비로운 혜택을 누리며 순수한 마음으로 흡족한 생활을 누릴 것"이라고 말했다.

이 고별사처럼 대통령은 퇴임 후에 마운트 버넌으로 돌아가 67세의 죽음을 맞이할 때까지 농부로 지냈다.

그 후 워싱턴 대통령을 3선 대통령으로 추대하는 문제가 일각에서 제기되었으나, 그는 "전혀 나와 관계없는 일"이라고 한마디로 단호하게 일축했다.

참고 자료
GEORGE WASHINGTON, Willard Sterne Randall, Owl Books
GEORGE WASHINGTON, William MacDonald, The Mount Vernon Ladies Association
George Washington : Citizen Soldier, Charles Cecil Wall, University of Virginia Press
Papers of George Washington, W.W.Abbot, University of Virginia Press
『미국 역사의 기본사료』· 미국사 연구회 · 소나무 『미국사』· 앙드레 모로아 · 신용석 옮김 · 기린원

> 참고

콘라트 아데나워 (Konrad Adenauer, 1876~1967)

시대가 인물을 만드는지 인물이 시대를 만드는지의 의문은 역사의 영원한 숙제일 것이다. 2차 세계대전 후 독일 수상이었던 아데나워를 생각할 때마다 우리는 이런 문제에 부딪힌다.

쾰른에서 출생한 콘라트 아데나워는 젊었을 때는 너무 허약해서 군 복무도 면제되었으며, 심지어 28세 때 생명보험에 가입하려 했을 때는 폐가 나빠 거절당하기까지 했다. 그가 분단된 전후 독일의 총리로 취임할 때의 나이는 73세로, 의사조차 일할 수 있는 연령은 2년뿐이라고 말했다. 그래서 일부 젊은 후보들은 흔쾌히 수상직을 양보했으나, 그의 임기는 무려 14년간이나 계속 됨으로써 젊은 후보들을 기다림에 지치게 했다.

2차 세계대전이 끝났을 당시만 해도 그는 전국적 인물은 아니었다. 그러나 용기, 행운, 책략, 독일인 성격을 직관적으로 파악할 수 있는 통찰력으로 그는 장기 집권을 가능하게 했다.

아데나워는 대학 졸업 후 쾰른 시청에 평범한 직원으로 취직했다. 그런 그의 첫 번째 행운은 1917년 바이마르 정권 하에서 12년간 시장을 지낼 수 있었다는 사실이다. 그는 시장 재직 시 도로망 확대, 전기 시설 확충, 대학의 내실화, 시 주변에 그린벨트 설정 등으로 쾰른 시를 근대화했다. 그러나 시는 빚더미 위에 올랐고, 정상적으론 수습하기가 곤란한 지경에 이르렀다. 바로 이때 나치가 정권을 잡으면서, 시청 위에 나치문장의 깃발을 잘 달지 않는 등 비협조적 자세를 보여 해직되었다. 이 해직은 아데나워에게 두 가지 이익을 주었다. 나치에 의해 해직되었다는 영광의 전력과 전직 시장으로서의 뚜렷한 업적은 남아 있으나 도시 운영의 빚은 남지 않게 되었다는 점이다.

2차 세계대전이 끝나자 라인 강변에 있던 쾰른 시와 그의 자택이 있던 뢴도르프(Rhendorf) 지역은 영국 점령지가 되었고, 그는 영국 점령 당국에 의해 다시 시장으로 임명되었다. 영어를 전혀 할 줄 몰랐던 아데나워는 영국군 당국과 사이가 좋지 못했다. 1차 세계 대전 후인 1918부터 1919년까지 독일 점령 사령관이었던 찰스 퍼가슨 퇴역 장군은 영국군 당국이 아데나워를 시장에 재임명했다는 소식을 듣고 영국 외무성에 아데나워에 대한 편지를 보냈다. 이 편지는 다시 현지 점령군에게 보내져 영국군으로 하여금 아데나워에 대해 나쁜 감정을 갖게 했다.

퍼가슨 장군은 "십 년이 가도 우리는 우리의 원수들을 잊어서는 안 될 것"이라고 전제하고, "본인이 확신하는 바로는 아데나워가 지난 25년간 크게 변하지 않았다면 그의 영국 증오심은 어떤 감정보다 강할 것이며, 그는 영리하나 교활하며, 음모형이고 위험한 존재로서 결코 신뢰해서는 안 된다"고 적었다. 그러면서 영국 당국자들에게 그와 협의할 때 각별히 조심하라고 당부했다.

영국군 당국이 그에게 나쁜 감정을 가지고 있던 반면, 아데나워는 미국 점령군은 아주 얕보았다. 그는 고향인 뢴도르프에 있던 한 스위스 외교관에게 "미국인은 행정에 있어서는 유치한 아이들이나 다름없다"고 털어놓은 적이 있었다. 그는 미국 사람들을 때로는 선량한 아이들이 아니라 나쁜 아이들이라고까지 했다.

아데나워는 때때로 엉뚱하기까지 해서 영국이나 미국과 불편한 관계 때문인지, 프랑스 측에게 점령군의 손이 닿지 않는 라인란트 일부, 웨스트팔리아 일부, 루루 지방 등등을 합쳐 별도의 소연방국을 발족시키자고 제의했다. 이 제의가 누설되어 영국군 귀에 들어가자 영국은 자기들을 소외시킨 음모라고 크게 분노했다. 영국 점령군은 아데나워를 본부로 불렀는데 당시의 분위기가 어떠했는지는 다음 상황 설명으로 짐작할 수 있다. 아데나워가 소환 통보를 받고 영국군 본부로 들어갔을 때 영국 책임자 바라클록 장군은 자리에서 일어나지도 않았다. 아데나워가 자리에 앉으려 하자 바라클록 장군은 앉지도 못하게 하고 세워놓은 채 시장에서 해임한다는 통보를 낭독했다. 인간 이하의 대접이었다. 당시 독일인이 점령군으로부터 겪은 대우를 짐작케 하는 대목이기도 하다. 후에 수상이 된 아데나워의 정치 목표인 '힘 길러 통일' 주장이 왜 나왔는지 이해가 가는 부분이다.

시장에서 해임된 아데나워는 정치로 방향을 돌려 정당(독일 기독교민주당연합-CDU) 창당작업에 몰두했다. 동지들을 모으고 대체적인 강령을 만들고 기초 작업을 했다. 하지만 이미 70세의 고령에 접어들었다는 것은 큰 흠이 아닐 수 없었다. 아데나워도 이를 의식하고 있었다. 당 결성 분위기가 무르익어갈 무렵에 주요 간부 후보 26명을 자택으로 초청, 자신이 의장(즉 수상)을 하고 싶다는 뜻을 밝히고 대체적인 내락을 받았다. 이때 참석자들은 대부분 그가 2년 정도 수상을 할 것으로 생각했었다고 나중에 털어놓았다.

더 극적인 것은 영국 점령지 전체의 기민당 대의원 총회 때였다. 총회 의장이 선출되지 않은 상태에서 영국군 주도로 이 날 회의에 참석한 대의원들은 누가 의장이 될지 모르고 있었다. 다만 회의 개최지인 헤르포르트(Herford) 시 시장 홀츠아펠(Holzapfel)이 의장이 될 것으로 예상했다. 그런데 회의 시작 직전에 한 노인이 앞으로 나와 "나이 70이니 이 회의장에서 제일 늙은 것 같소. 그러니 연장자인 내가 의장의 소임을 맡으리다"라며 의장석에 앉아 사회를 보기 시작했다. 많은 대의원들이 농담 반 진담 반으로 이 노인을 받아주었다. 이 노인이 바로 아데나워이며, 그날의 의장은 바로 기민당의 정식 의장을 거쳐 연방의회 수상으로 직행하게 된 것이다.

의장 자리는 이런 과정을 거쳐 결정되었지만, 그는 정작 수상 선출에서 402명이 투표한 가운데 한 표차 당선이라는 아슬아슬한 관문을 통과했다. 아데나워는 수상이 되어 새 정부의 조각을 마친 후 각료를 대동하고 점령군 본부로 인사를 갔다. 이때 인사를 받는 점령군들은 양탄자 위에 서고 인사를 온 아데나워 수상 일행은 양탄자 아래에 서도록 하는 또 한 번의 모욕을 당했다.

시장 해임 당시에는 개인적으로, 그리고 이번엔 정부 각료들과 함께 집단적으로 멸시를 당했으나, 국가가 나아갈 길은 친 서방이라는 것을 분명하게 깨달았다. 그리고 친 서방 정책을 통한 주권 회복을 당면 과제로 삼았다.

주권을 회복하려면 우선 서방 점령국인 미국·영국·프랑스의 신뢰를 얻어야 함은 두말 할 필요가 없고, 바로 이런 이유 때문에 아데나워는 외무장관을 스스로 겸임했다. 소련에 의해 베를린 위기가 조성되었을 때, 일부에서 베를린의 서방 점령국인 미·영·프의 점령지를 합쳐 새로운 주로 편입하자는 운동이 있었다. 이에 대해 아데나워 수상의 답변은 "힘없는 민족주의는 안 된다"고 일축했다.

한국에서 한국전쟁이 터지자 서방은 동독의 침략 가능성이라는 전제 하에 서독의 재무장 문제를 제기했다. 그러나 전쟁의 피해를 피부로 느끼고 있던 서독 국민들은 재무장이란 말만 들어도 알레르기 반응을 일으킬 때였다. 아데나워 수상은 안으로는 점령군과 재무장을 추진하면서 국민들에겐 "재무장은 없다"고 거짓말을 했다. 내각에서도 재무장의 낌새를 챈 일부 각료가 점령군과의 교섭 내용 공개를 요청하자 "지금 사본을 가지고 있지 않다"면서, 문제가 되지 않을 몇 대목만 읽어주고 넘어 갔다. 그러다가 재무장 교섭이 완결되자 기자회견에서 이를 밝혔다. 그의 국정 운영은 이처럼 가부

장적이었다. 그러나 그는 국가에 이익이 되는 일은 서슴없이 실행했다. 그는 미국 측이 나치 잔재를 씻기 위해 요구한 '국민 재교육법' 시행에도 큰 비중을 두지 않았고, 죄가 있으면 처벌한다는 원칙만 가지고 있었다. 그는 나치 전력을 가지고 있어도 심하게 지탄을 받지 않는 사람이면 기용해서 인재로 활용했으며, 국가의 상처를 봉합하는 데 소리 없이 최선을 다했다.

아데나워는 평상심을 잃지 않음으로써 권력에 취하지 않았고, 집권 기간에 엉뚱한 발상도 하지 않은 것 같다. 그는 언제나 기계처럼 정확히 움직였고, 주변 인사에게도 그렇게 하기를 당부했다.

내각책임제의 수상으로서, 중요 사안은 모두 그의 조정과 결심을 요하는 체제 아래서 일상의 궤도를 잃지 않고 생활을 할 수 있었다는 것은, 그가 평범한 사람과 다른 극기력과 자제력을 가졌다는 뜻이기도 하다.

이미 70세 중반에 들어선 그에게는 친구가 많지 않았고, 굳이 새 친구를 사귀지도 않았다. 그는 시간을 절약했고, 고독하리만큼 혼자만의 생활을 유지했고 그 모든 것을 이 혼자의 시간에 생각하고 기획하고 검토했던 것이다.

그는 여름 휴가와 크리스마스 휴가 때엔 늘 가족과 어울렸다. 딸 가족과 어울릴 때는 사위가 제외되었는데 이유는 긴장감 없이 지낼 수 있는 분위기를 원했기 때문이다. 그는 두 번 상처를 했고 첫째 부인에게서 세 명의 자녀를, 두 번째 부인에서 네 명의 자녀를 두었다. 이러한 가정적 불행으로 말미암아 그는 한때 우울증에 시달린 적도 있었지만, 가족들을 엄격하게 통솔했다. 그는 밖에서나 안에서나 흔들림 없는 일관된 생활을 했다. 일상생활에선 평상심으로 차분한 생활을 한 아데나워였지만 국가문제에 대해서는 열을 올리고 단호했다.

1952년 3월 10일 세칭 스탈린 각서라고 불리는 소련의 자유선거 제의가 있었다. 소련은 동독과 서독 간에 자유선거를 실시해 통일하고, 통일된 독일은 중립국이 되어야 한다는 제안을 했다. 내각의 일부 각료도 찬성했을 뿐 아니라 기민당 안에서도 찬성이 많았다. 서독 신문뿐 아니라 미국의 영향력 있는 〈뉴욕 타임스〉까지도 통독의 좋은 기회라며 이 기회를 활용하라고 강조했다. 연정 파트너인 일부 사민당 의원들도 합세했다. 가히 국가가 들썩거렸고 세계의 관심이 집중되었다. 그러나 아데나워는 시종일관 'NO'였다. 중립화가 되면 힘의 공백이 생기고, 그 공백을 이용해 공산당이 주도권을 잡을 것이라는 것이 그의 논리였다. 그의 단호한 태도는 서방 점령국의 지지를 받았고, 이러한 지지는 서독의 주권 회복과 후에 빌리 브란트 수상의 동방정책을 가능케 한 위대한 '남남정책(南南政策)'의 기본이 되었다.

만약 한국에서 어느 날 남북 정상이 만나서 합의 서명으로 통일 헌법을 만들고, 이에 따라 통일되는 한반도는 동과 서에 중립을 지킨다는 전제아래 남북한 통일선거를 실시하기로 한다면 우리 국민은 어떤 반응을 보일까? 이를 찬성할까 아니면 반대할까? 중립을 지키기로 결정한다면 주한미군은 물론 철수해야 하고, 남북한 선거 결과는 남한이 북한보다 인구는 많지만 통일 지상주의자, 좌파 인사, 요즘도 북한 의도만 확인하면 벌겋게 찬성 대자보를 붙이는 일부 대학생들, 체제에 불만을 가진 인사 등을 합치면 반드시 인구비례대로 되지 않을 수도 있다. 이 점 때문에 북측이 이런 안을 선택할 여지가 있을 것이고, 남측은 '내가 통일을 달성했다'는 명예욕 때문에 최고권력자도 이에 솔깃할 것 같다. 남북정상회담 가능성이 또다시 거론되는 시기에 독일의 이야기를 그저 남의 나라의 지나간 역사로만 치부할 수 있을까?

1955년 서독은 북대서양조약기구(NATO)에 가입함으로써 점령군과 대등한 위치를 확보했고, 독일군이 창설되면서 주권의 대부분을 회복했다. 대약 10년 만에 패전국이라는 쓰라림의 막을 내린 것이다.

프랑스는 이때도 계속 물고 늘어져 나토 가입과 루르(Rhur) 지방 귀속을 결정하는 주민투표를 실시하기로 동시 타결했으나, 주민투표 결과는 독일 귀속으로 결정되어 아데나워에게 정치적 승리를 안겨주었다.

이해 흐루시초프 시대를 맞은 소련은 아데나워를 모스크바로 초청했다. 서독 정부로는 새로운 공세일 것이라고 분석했으나 아데나워로는 굳이 피할 이유가 없었다. 서독으로서는 2차 세계대전 때 소련에 포로로 잡혀간 군인들의 송환문제가 현안이 되어 있었다. 반면 소련으로서는 영토로나 인구 면에서 취약한 동독의 안보를 서방으로부터 인정받고 싶어했다. 그러려면 소련과 서독 간에 국교를 트고 대사를 교환, 두 개의 독일을 현실화하는 것이 절실했다. 소련은 독일 포로의 귀국에 관해서는 내부적으로 이미 골칫거리로 판단하고 돌려보내기로 결정하고 있었다. 흐루시초프와의 회담에서 아데나워가 억류중인 독일 포로문제를 꺼내자, 흐루시초프는 "포로들 중에는 나치 범죄자는 있어도 독일 포로는 없다"고 강경하게 나왔다. 아데나워도 지지 않고 "소련 군대도 점령지에서 많은 범죄를 저질렀다"고 응수하자 흐루시초프는 "그런 일이 어디서 있었느냐"고 책상을 치며 일어섰다. 아데나워도 같이 책상을 치고 일어나 서로 주먹질이라도 할 듯 마주보았다. 회담은 이런 곡절을 겪었지만 결국 양측이 의도한 대로 결실을 거두어 서독은 동독 승인을, 소련은 포로 석방을 단행했다.

독일은 나토에 가입은 했으나 회원국으로의 권한이 제한적이었다. 가령 프랑스는 자국 영토에서 미국의 핵사용에 대한 비토권을 가지고 있었으나 서독은 그렇지 못했다. 회원국 중에서도 미국 영국 프랑스 간의 회합에 독일이 제외되는 경우가 많았고, 소련 수상이 베를린 지위 재협상을 위한 점령국 회의를 제의했을 때 등, 중요한 경우에도 서독의 의견은 빈번히 무시되곤 했다. 당시 미국 수뇌들이 소련과 핵전쟁 가능성을 공공연히 말하고 있어 독일은 핵전쟁의 피해를 당하는 것이 아닌가 하는 불안감까지 가지고 있었다.

독일의 통일문제와 관련해 미국이 유럽 중심부에 중립지대 설치 가능성을 밝히기도 해, 아데나워 수상은 각국에 나가 있는 외교관을 소환해 독일이 중립화 통일을 반대한다는 방침을 분명히 하도록 하는 특별전략을 짜기도 했다. 당시에 드골 프랑스 대통령이 독일의 동부 국경선이 동독 국경선에서 훨씬 후퇴한 오데르-나이저 강이 되어야 한다고 회견에서 밝히는 등 모두가 자국 이익 확보에 급급했다. 아데나워 수상은 국제 정치가 이처럼 국익에 따라 숨가쁘게 움직이자, 독일도 대통령이 주요 안건처리에 전권을 갖는 드골식 대통령제에 매력을 느끼고 독일 대통령에게 이 같은 권한을 부여하는 문제와 자신이 대통령직을 맡는 문제를 검토하기 시작했다. 이때가 1959년으로 수상 취임 후 10년인 83세의 나이였다.

이해 4월 초순 아데나워는 자기당인 기민당과 연정 파트너인 기독교사회당(CSU)의 합동집행위원회에 출석해 스스로 연방정부의 대통령에 나서겠다고 선언함으로써 정계에 큰 충격을 주었다. 이것은 아데나워의 반 은퇴를 의미하는 것이라는 해설과 함께 가장 유력한 후계자이며 아데나워가 그에게 총리직 인계를 철저히 거부해온 루드비히 에르하르트(Ludwig Erhard)를 자연스럽게 후임자로 선임한 것이라는 해설까지 곁들여 보도되었다. 그러다가 6월 초 그는 갑자기 대통령 출마를 포기한다고 발표했다. 신문들이 일제히 비난을 퍼부었다. 아데나워가 국가의 최고위직을 농락했다고 비난했고, 영국 등 우방 신문들도 '권력에 집착한 과도한 욕심'이라고 비난했다.

사실 이때부터 아데나워는 정치적으로, 인간적으로 내리막을 걷게 되는 것 같았다. 미국의 케네디(John F. Kennedy) 대통령을 비롯한 세계 지도자 그

롭에도 세대교체 바람이 불고 있는 때에 이 노인은 은퇴를 거부하고 후계자의 출현을 방해하는 데 혼신의 힘을 기울이다가 역부족으로 패하고 말았다. 부자연스러운 오만이 부자연스러운 결과를 불러오는 것은 동서의 구분이 없는 것 같다.

그가 독일이 이제 겨우 밥을 먹게 되었다고 판단하자 학생 시위가 연이어 일어나고, 사회당에서는 빌리 브란트(Willy Brandt)를 선두로 정권 쟁탈에 도전장을 내고 있었다. 두터웠던 우파사회, 그것도 엄격했던 아데나워 체제에서 좌파의 등장은 그로선 이해할 수 없는 노릇이었다. 그의 언론관은 독특해서 내부 각료들에게 "옆에 있는 아이들(기자들)을 조심해야 한다. 그들은 면전에선 수줍어하지만 뒤로 돌아서면 돌을 던진다"고 했을 정도였으니 전후 혼란기도 아닌 1960년대에 언론과 충돌은 예상되었던 것이었다. 그러한 예상은 〈슈피겔(Spiegel)〉지를 법정에 고소함으로써 현실화되었다.

아데나워가 후계자 문제로 처음 받은 모멸은 1961년 총선 후 제3당과 연정 협상 때이다. 제3당은 아데나워가 임기 4년의 중간에 사임하든지 아니면 최소한 다음 총선 전에는 사퇴해야 한다는 조건부 연정 참여였다. 이미 국민들은 아데나워에게는 표를 주지 않겠다는 모습이 분명했다. 이때도 아데나워는 에르하르트에게 "통치권을 맡기기에 부족하다"면서 바통을 넘기기를 한사코 거부했다.

노쇠해가는 아데나워는 순발력도 떨어지기 시작했다. 1961년 8월 13일(일요일) 아데나워가 미사에 갈 시간인 아침 6시 직전에 보좌진으로부터 베를린의 동서독 국경선에 동독이 담을 쌓고 있다는 보고를 받았다. 뒤이어 전 독일문제담당 장관으로부터 현장에 가서 이 만행을 공격해야 한다는 건의를 받았으나 묵살했다. 그리고 다음날 텔레비전에 출연한 것이 전부였다. 이에 비해 사회당의 브란트는 즉각 현장으로 날아가 베를린 방위를 약속했던 미국에게 대책을 촉구함과 동시에 "야만적이고 반인도적인 처사"라며 전 세계에 고발한다고 외쳤다.

브란트에 대해 감정이 좋지 않았던 아데나워는 1962년 선거 때에는 브란트가 사생아로 출생한 점을 강조하고자 "프람 씨인(프람은 브란트의 사생아 때의 이름) 브란트 씨"라고 불렀다. 이에 대해 신문들은 "아무리 선거전이라 해도 브란트를 그렇게 부를 수 있느냐"고 비판했지만, 아데나워는 그 후에도 여러 번 브란트를 이렇게 불렀다. 아데나워는 베를린 장벽을 소련이 사회당을 선거에서 돕기 위해 전략적으로 건설한 것이라고 주장하기도 했다.

드디어 아데나워는 선거에서 과반선 획득에 실패했고, 많은 의원들이 노골적으로 그를 배척했다. 기민당 의원 대표단은 아데나워에게 총리 사퇴뿐 아니라 후임에 에르하르트를 임명하라고 요구하며, 만약 이 요구를 거부하면 총리 불신임을 내겠다고 통고했다. 아데나워도 지지 않고 에르하르트의 문제점을 지적했으나, 의원들은 비밀투표로 225표 중 에르하르트에게 찬성 159표, 반대 47표, 무효 19표로 아데나워의 의사를 꺾었다.

그는 선거에서는 패배하지 않았지만 당내 싸움에서 패배했다. 그것도 아주 처참하고 모욕적으로. 그가 무엇 때문에 에르하르트의 총리 취임을 그렇게 강하게 반대했는지 여러 이유가 있지만 한마디로 2인자를 싫어하는 노인의 시기심으로 설명하는 것이 설득력 있어 보인다.

그는 1949년 9월 총리에 취임해 한때 선출된 군주라는 강력한 통솔력을 과시하기도 했다. 그러나 1963년 10월에 소속 의원들에 의해 불신임을 당한 뒤 퇴임하는 그의 모습은 쓸쓸했다.

그는 만년에 인간으로서 실수도 많았지만, 전후 독일을 재건하고 프랑스 드골 대통령과의 각별한 우정을 바탕으로 26회나 프랑스를 방문해 두 나라 관계를 개선했다. 역사적으로 오랜 기간 대립관계에 있던 프랑스와 독일 관계를 우호적으로 발전시킴으로써 유럽 통합의 기반을 다진 그의 공로는 쉽게 잊혀지지 않을 것이다. 그의 일생은 정치인에게 소신은 무엇인가를 보여주는 것이기도 하다.

참고 자료
Adenauer, the father of the New Germany, Charles Williams, John Wiley & Sons
A History of West Germany, Dennis Bark And David Gress, Blackwell Publishers
『통일을 이룬 독일 총리들』· 귀도 크놉 지음 · 안병억 옮김 · 한울

참고

벤 구리온 수상 (David Ben-Gurion, 1886~1973)

1948년 5월 14일 금요일 정각 오후 4시, 텔아비브(Tel Aviv)에 있는 2층 짜리 흰색의 예술 박물관에서 백 명의 유대 단체 대표들과 귀빈들, 회의 참관자들이 모두 기립해서 우렁찬 목소리로 시온 운동의 노래였던 '하틱바(희망)'를 힘차게 부르고 있었다. 건물 옥상에는 이제까지 잘 볼 수 없었던, 오늘날 '다윗의 방패'라고 불리는 흰 바탕의 깃발이 나부끼고 있었으며, 깃발 밑에는 무장한 사람들이 삼엄한 경계를 펴고 있었다. 바깥 분위기만 보아도 무슨 중대한 일이 이곳에서 일어나고 있음을 실감할 수 있었다.

노래가 끝난 4시 6분, 흰 머리카락에 평소 와이셔츠 차림을 즐기던 모습과는 달리 검은 정장에 넥타이를 맨 유대 단체 의장인 벤 구리온(Ben Gurion)이 히브리 어로 이스라엘의 탄생을 전 세계에 선포했다.

그는 "이곳 이스라엘 땅은 유대인의 탄생지였으며, 유대인의 정신과 종교 그리고 정치적 정체성이 형성된 곳도 바로 여기에서 입니다"라고 시작되

는 이스라엘 국가 탄생을 선언했다.

2천 년이 넘게 세계인들로부터 갖은 박해를 당하고, 심지어 히틀러에 의해 무려 6백만 명이 가스실에서 죽임을 당하는 등 어느 민족이나 인류 역사에서도 유례를 찾아 볼 수 없는 고초를 겪은 이스라엘 민족이 비로서 자신들의 국가를 갖게 된 것이다.

세계사의 한 페이지를 차지할 이 중대 결정이 이루어진 1948년 5월 14일 금요일은, 밤 12시를 기해 영국의 신탁통치가 끝나고 팔레스타인의 유대 민족 자치가 시작되는 순간이었다. 영국은 1차 세계대전 이후 이 지역을 400년간이나 점령해온 오스만 투르크를 대신하여 1918년에 점령했다. 2차 세계대전이 끝난 뒤에는 유엔의 결의에 따라 1945년까지, 그리고 다시 3년간 신탁통치를 하여 결국 40년간의 영국 통치가 끝나는 순간이었다.

1947년 유엔은 이 팔레스타인 지역을 두 개로 나누어 한쪽에는 유대 민족의 이스라엘을, 다른 쪽에는 아랍 민족의 팔레스타인 국가를 세우도록 했다. 그러나 이 발표가 나자 아랍 민족의 팔레스타인 국가가 설 땅을 이집트와 요르단 등 주변 아랍 국가들이 점령해 자국 국토에 병합해버리는 바람에 아랍 국가 설립은 무산되고 이스라엘만 설립되었다.

62세의 한창 나이인 벤 구리온은 이제까지 유대인협회 의장 자격으로 민족대표처럼 활동해왔지만, 어떤 정치 기구나 국민 대의 기구에서도 그를 정식 국가대표로 선출한 일이 없기에 어디까지나 비정치적 민족대표였다. 그러나 이스라엘 국가 탄생이 임박했고, 새로 서는 이스라엘 국가에 대해 아랍권에서 반발이 심했으므로, 벤 구리온은 이 신생국의 안전 보장에 각별한 신경을 써야 했다. 이집트, 요르단, 시리아, 사우디, 예멘 등 아랍권 국가들은 '이스라엘이 창건되면 지중해로 쓸어넣겠다'는 협박 아닌 협박을 이스라엘 창건 전부터 공공연히 해온 실정이었다.

이런 와중에서도 한 가지 큰 위안은 벤 구리온이 이스라엘 탄생을 선언하고 이날 밤 자정을 기해 이스라엘을 떠나는 마지막 영국 배가 출항한 뒤 11분 만에 미국의 해리 트루만 대통령이 이스라엘을 국가로 승인했고, 뒤이어 소련 등이 잇따라 승인했다. 이 같은 미국과 소련의 이스라엘에 대한 신속한 국가 인정은 미국의 유엔 대표부까지 몰랐을 정도였다.

이 소식이 전해지자 이스라엘 수도 텔아비브에서는 기쁨을 이기지 못한 시민들이 거리로 뛰쳐나와 국가 탄생과 강대국의 이스라엘 국가 인정에 대한 자축 행진이 이루어지면서 전국적으로 축제 분위기였다. 그러나 이러한 이스라엘의 축제 분위기는 이날 밤 인접 아랍국가들의 전격 침입으로 산산조각이 났다. 축하 분위기는 삽시간에 공포 분위기로 변했다. 아랍은 북쪽으로부터 시리아와 레바논 군대가, 서쪽으로부터 이라크와 요르단 군대가, 남쪽으로부터는 이집트 군대가 침입해왔다. 이 침략에 앞장 선 이집트는 이스라엘의 네게브(Negev) 사막으로 진격하면서 수도 텔아비브와 인근의 이스라엘 정착촌을 포격하여 많은 피해를 주었다. 텔아비브에는 일부 가옥이 불타고 있었다.

벤 구리온은 거의 같은 시간에 자택에서 보좌관들로부터 미국의 승인과 아랍의 침략을 보고받았다. 그가 급히 방송국으로 달려가 대국민 연설을 할 때에도 텔아비브 시가지에는 폭탄이 떨어지고 있었다.

다음날 아랍연맹 사무총장은 기자회견에서 "이 전쟁은 칭기즈칸이 그랬고 히틀러가 그랬듯이 민족 몰살 작전이다"라고 아랍 측의 의도를 분명히 했다. 아랍 측은 이스라엘을 몰살하고 그들의 땅과 소유물을 차지하자는 말까지 숨기지 않고 내놓고 있었다.

이스라엘 측으로는 독립기념일에 멸망과 생존, 그리고 생과 사를 건 비장한 전쟁에 돌입하게 되었다. 벤 구리온은 불가항력적으로 생존 전쟁의 최고사령관으로 활동하지 않을 수 없게 되었다. 아랍 측은 군의 지휘 계통이 잘 섰고, 무장도 잘 된 3만여 병력이 주축인데 비해 이스라엘은 그 절반도 채 안 되는 숫자일 뿐 아니라 무장은 개인 화기로도 60퍼센트 정도에 불과했다. 지휘관들도 급조될 수밖에 없었다. 참모총장에는 49세의 북쪽 항구 도시 하이파이 시의 기술자 출신이, 작전 사령관에는 32세의 예루살렘 고고학자 출신이, 예루살렘 방위 사령관엔 젊은 나이 때부터 자위대 물을 먹은 33세의 모세 다얀이 각각 맡은 상태였다. 거기에 최고사령관인 벤 구리온은 학자이며 정치가로서 명성은 높을지언정 군인으로서의 역량은 미지수였다. 그가 과연 이 중대한 전쟁을 효과적으로 지휘할 수 있을 것인지는 전 군민 뿐 아니라 세계인들의 관심사였다.

아랍과의 전쟁에서는, 2천 년의 박해 속에서 세운 내 나라를 지키겠다는 이스라엘 국민들의 높은 사기로 침략군은 뜻대로 전투를 하지 못했다. 겉으로는 허름하게 보이던 정착촌 주민들이 수제품 폭발물을 들고 대항하는가 하면, 차량과 군대 진군 길에 장애물을 설치하여 도처에서 아랍 군을 고전을 면치 못하게 했다. 아랍으로부터, 동유럽 난민 수용소로부터, 독일의 나치 수용소에 억류되었던 사람 등 5천여 명은 이스라엘 땅을 밟는 순간부터 이스라엘의 새 공용어인 히브리 어를 배우기도 전에 총 다루는 법부터 배워야 했다. 벤 구리온이 독립 선언 직후에 법으로 발표한 '유대인 귀환법'은, 유대인이면 세계 어느 곳으로부터건 사전 승인 없이 이스라엘에 들어와 살 수 있고, 이스라엘에 도착하는 즉시 국민으로 인정한다는 내용이어서 이스라엘에 도착하는 유대인들 중에는 서로 말이 안 통하는 경우가 많았다.

아랍 측은 그들이 포위하고 있는 예루살렘이 함락되면 전쟁이 끝날 것으로 생각하고 포위망을 굳게 지켰다. 특히 요르단의 압둘라 왕이 지키는 지역은 병력이 총집중되어 있었다. 이스라엘의 특공대들이 이런 상황을 역이용하여 밤에 포위망을 분쇄함으로써, 물과 무기가 이 포위된 시내로 반입할 수 있게 되었다. 전선 상태는 역전되기 시작했고, 전쟁에 지친 양측은 유엔의 주선으로 4주간의 휴전에 합의했다.

이 싸움에서 이스라엘 측이 생존하기는 했으나 특히 고전한 이유는 3년간 신탁통치를 한 영국이 신탁통치 중에 팔레스타인 지역에 유대인의 유입을 봉쇄했고, 팔레스타인 내부에서 유대인의 무장을 철저히 금지시켜 독립국인 인근 아랍국에 비해 방위 능력이 훨씬 뒤떨어져 있었기 때문이었다. 벤 구리온은 이러한 상황 아래서 앞으로 탄생될 국가를 위해 자위대인 '하가나(Haganah)'를 조직했던 것은 이 싸움에서 간신히 버틸 수 있었던 근거였다.

개인이나 국가나 어려워질수록 사공이 많으면 배가 산으로 가는 법이다. 이스라엘이라고 예외는 아니었다. 보수 강경파들은 독자적으로 무기를 수입해 독자적인 전투 태세를 갖추려고 했다. 이러한 분파 작용에 대해 벤 구리온은 군의 통합과 전쟁 중 국민 분열은 인정할 수 없다는 원칙 아래 무기 도입선을 폭파해버리는 강경한 태도를 보이기도 했다.

이 전쟁 후의 이스라엘은 영국도 철수한 후여서 명실공히 독립국으로서 마음대로 무기를 수입할 수 있었다. 군의 최고 통수권자로서 벤 구리온은 구약성서에 나오는 예리고 성과 가나안 땅을 함락시키는 지혜와 심리 전법 등 옛 선지자들의 전술도 연구하고, 영국군이 구사하던 과학적 군 운영과 전략도 체득하여 군사 전략가로의 소양을 키웠다. 군 지도자들의 자질 향상에서나 무장의 정도, 군 내부의 질서 확립 등 마음가짐 못지않게 전투력이 크게 향상되었다.

4주간의 휴전이 끝나기도 전에 아랍 측은 휴전을 깨고 다시 침략을 해왔으나, 이번에는 한 달 전의 이스라엘군이 아니었다. 아랍 연합군은 모조리 패하여 달아났고, 유엔이 제의하는 휴전협정을 이의 없이 수락했다. '양보다 잘'이라는 글귀가 이처럼 잘 적용되는 경우도 드물 것이다.

전쟁을 치르면서 벤 구리온이 마음속에 품은 생각은, 세계 유대인들이 계속 신생 이스라엘로 유입되게 하는 문제와 국내에 이질 세력을 정리하는 문제, 하루 속히 총선을 치러 민주국가로 거듭나게 하는 문제였다.

지도자들 간에는 이 신생국의 국체를 공화국으로 하고, 국회는 옛날 바빌론 포로 생활에서 돌아왔을 때 부르던 이름인 '크네세트(Knesset, 히브리 어로 집회라는 뜻)'로 하여 120명의 단원제로 하고(이 숫자는 현재까지 변화가 없다), 행정부는 국무총리가 행정집행권을 갖는 의원내각제를 택한다는, 대체적인 합의가 이루어져 있었다. 의회에서 간접선거로 뽑은 대통령은 상징적 존재로 임하며, 선출 절차와 권한에도 이론이 없었다.

전쟁은 계속되고 있었으나 신생국의 민주화도 미룰 수 없는 과제였다. 벤 구리온은 1949년 초에 총선거 실시를 발표했다. 총선에는 21개 정당이 참가했고, 벤 구리온이 이끄는 노동당이 35퍼센트를 얻어 단연 제1당으로 나서면서 벤 구리온은 수상 겸 국방장관이 되었다. 초대 대통령으로는 지역 협의회 의장으로 있던 와이즈맨이 선출되었다.

벤 구리온의 노동당은 영국 노동당과 같은 성격의 정당이었으며, 이 정당은 이스라엘 건국 후에 수십 년간 집권당이 되었다. 국기로는 오래 전부터 사용되어 오던 흰 바탕에 푸른 줄의 다윗의 별과 방패가 있는 기를 택했다. 그리고 50년 전에 시온 운동을 제창했던 테오도르 헤르츨(Theodor Herzl)을 영원한 민족지도자로 추앙했다. 이로써 이스라엘은 완전한 국가 면모를 갖추게 되었으며, 50여 년에 걸친 시온 운동은 결실을 보았다.

이스라엘과 유대 민족을 이해하려면 영어로 '시오니즘(Zionism)'이라 불리는 시온운동을 결코 빼놓을 수 없다. 이스라엘 땅 혹은 예루살렘을 의미하는 '시온(Zion)'에서 명칭을 따온 시온운동은 한마디로 팔레스타인 지역에 유대인 국가를 세우자는 운동이며, 후에는 유대 민족의 문화를 부활시키자는 데까지 승화해갔다. 고국 땅에 돌아가고 싶어하는 유대 민족 감정에 처음 불을 붙인 것은 오스트리아의 희곡 작가이며 저널리스트인 테오도르 헤르츨이었다. 그는 19세기 말엽『유대인 국가(Der Judenstaat)』라는 소설을 출간했다. 세계에서 박해 받는 유대인들은 대동단결하여 유대 민족 발생지인 가나안의 옛 땅, 팔레스타인에 유토피아와 같은 전원 국가를 세우자는 내용이었다. 뒤이어 1897년에는 스위스에서 제1차 시오니즘 회의를 열었다.

시오니즘 회의는 박해가 심했던 동구 유럽에서 뿌리를 내려가다가 미국으로까지 불붙었다. 매년 열리는 시오니즘 회의 참가자들은 헤어질 때면 논리가 서든 안 서든 "내년에는 예루살렘에서 만납시다"라고 간절한 뜻을 담은 작별 인사를 한다. 이들의 결의와 움직임은 자발조직으로 세계에 전파되었다. 소련의 박해가 심해지자 일부 젊은이들이 움직이기 시작하면서, 시오니즘의 실천을 위해 점차 전 세계 젊은이들이 팔레스타인 지역으로 이주하기 시작했다. 시오니즘 운동의 구체적 실천으로 유대 민족 사이에 '알리아(Aliyah)'라 불리는 팔레스타인 귀환 운동이 벌어졌다.

1차 세계대전에는 오스만 투르크가 통치하던 팔레스타인 지역에 만 명 정도의 유대 민족이 살고 있었다. 그러던 것이 터키를 상대로 싸우던 영국이 1917년 외상 밸푸어(Balfour)의 이름으로 유대인의 팔레스타인 국가 건설을 지지한다고 선언하자(1917년의 밸푸어 선언) 시오니즘이 결실을 볼 수 있다는 확신이 유대 민족 사이에 확산되었다. 당시 밸푸어 외상은 터키 지역의 유대인을 반 터키 세력으로 이끌기 위해 이런 선언을 했다. '밸푸어 선언'이 있은 뒤 팔레스타인을 향한 귀화민이 급증했다. 1919년부터 1939년 사이에 러시아로부터 3만 5천 명이 집단으로 도착했는데(제1차 알리아), 이들은 주로 농업에 종사하면서 팔레스타인 지역의 성격과 조직을 많이 바꾸어놓았다. 이들은 이 지역에 '키부츠(Kibbutz)' 또는 '모샤브(Moshav)'라는 집단 거주 형식을 만들고 주택과 도로 건설에 기여했다. 이런 건설은 이스라엘 발전의 기본 모델을 형성했다. 이어 1924년부터 1932년 사이에 6만여 명의 폴란드인이 유입되었으며, 이들은 예루살렘, 텔아비브, 하이파 등 도시 건설에 기여했다. 가장 최근의 인구 유입은 2차 세계대전을 전후한 시기로서, 히틀러가 집권하여 서서히 유대인 탄압을 시작한 전후인 1930년대였다. 대략 6만 5천 명의 사람들이 중부 유럽으로부터 이주한 것이다. 이들 지식인, 전문 직종인, 학자, 교육가, 기업인 등은 이스라엘의 문화 공동체 구성의 특징을 형성했다. 이렇게 해서 1930년대에 팔레스타인 지역에 이주해 사는 유대인은 10만 명을 넘어섰다. 이런 것들은 시오니즘 운동이 얼마나 맹렬히 유대 민족 사이에 번지고 있었는지를 보여주고 있다.

이 시오니즘 열풍을 이스라엘 학자들은 유대 민족이 역사적으로 나라 없는 설움을 뼈저리게 느끼게 된 데서 연유했다고 말한다. 성서의 아브라함 시대를 제외하면, 이스라엘은 313년~636년엔 비잔틴의 지배를, 636년~1099년에는 무려 400여 년간을 다마스쿠스와 이집트 등 아랍의 지배를, 1099년~1291년에는 동서 교회를 통합하려는 교황 우르반 2세의 제안으로 구성된 십자군의 지배를, 1291년~1516년에는 맘루크의 지배를 받으면서 가난과 지진의 재앙으로 거의 폐허가 되었다. 그러다 1517년~1917년에 다시 400년간 오스만투르크의 지배 아래에서는 상업 발달과 세계적인 성지 복원 움직임 등으로 예루살렘은 도시로서의 기능을 조금씩 회복해갔다. 이 무렵에 유대인들의 종교의식과 연구가 시작되었지만, 팔레스타인 지역은 오스만 제국의 가혹한 세금과 부재지주의 횡포로 고통받고 있었다. 마지막 이민족 지배는 1차 세계대전에서 터키를 굴복시키고 이 지역에 상륙한 영국군에 의한 지배였다. 이 영국군 중에는 대전중에 영국군 일부로 참전한(대대 단위는 유대인으로만 구성하지만 지휘와 부대 운영은 영국군이 하기로 했음) 유대인 3개 대대가 섞여 있었다. 이처럼 유대인의 역사는 이민족에 의한 피지배의 역사였다.

밸푸어 선언이 유대인들에게는 팔레스타인 지역으로 이주하는 촉진제가 되었지만, 반대로 아랍 민족으로서는 이 지역에 유대라는 이단 국가가 건설되리라는 점에서 긴장할 수밖에 없었고, 따라서 유대인과 아랍 민족 간에 갈등이 심화되어갔다.

1947년, '엑소더스의 비극'이 일어난 것도 이때였다. 프랑스 항구에서 엑소더스라는 조그만 배에 유대인 4천 554명이 타고 팔레스타인을 향해 가고 있었다. 이를 발견한 영국함이 정선을 명하고 수색을 하려고 했다. 그러나 엑소더스 선의 젊은 함장은 이를 거부하고 그대로 빠져 나가려고 했다. 강제로 배를 세우고 수색하려는 순간, 배에 타고 있던 유대인들이 영국군에게 덤벼들면서 결국 세 명의 유대인이 피살되고 다수의 부상자를 낸 참극이 벌어졌다. 이 소식이 전해지자 세계의 여론은 유대인에 대한 동정론으로 기울었다.

시오니즘 참가자들은 1909년 드넓은 바닷가의 텅 빈 모래사장을 일부는 사고 일부는 개척하여, 사상 처음으로 유대인을 위한 유대인 촌을 건설하기 시작했다. 이것이 오늘날 이스라엘의 수도인 텔아비브 형성의 시발이 되었다. 이스라엘이 탄생한 뒤 취재차 이곳을 방문한 서방기자들의 르포를 보면, 이스라엘 시민 중에 팔에 문신으로 죄수 번호가 새겨진 사람들을 볼 수 있었다는 기사가 나온다. 죽음 일보 직전에 구출된 사람임을 알 수 있게 하는 대목이다.

폴란드에서 출생한 데이비드 벤 구리온은 고등학교 학생이던 14살 때 시온운동 이야기를 들었다. 이에 깊은 감명과 충격을 받은 그는 친구들과 많은 협의를 했다. 데이비드 벤 구리온은 동조하는 친구 두 명과 함께 청년 시오니즘회를 조직했다. 그는 마르크스도 읽고 공산주의 이론도 연구했으나, 모두 새나라 건설의 이론은 되지 못했다. 그는 이스라엘식 노동운동이 필요했다. 획일주의식 사회주의가 아닌 자유, 평등, 사회정의라는 유대인의 전통과 가치관에 바탕한 시오니즘적 사회주의의 필요성을 느꼈다. 이를 기기본으로 그는 후에 노동당을 결성했다. 벤 구리온은 땅과 노동을 중시했다. 특히 팔레스타인 땅은 수천 년 전 조상이 살던 곳이며, 이 땅과 사람을 연결해주는 가장 확실한 수단은 노동이라고 생각했다.

데이비드 벤 구리온은 1886년 10월 폴란드에서 11명의 형제 중 여섯 번째로 태어났다. 그의 아버지 빅토르 그루엔(Victor Gruen)은 법률자문과 법률보조로 생활하는 사람이었으며, 그의 사상은 항시 유대주의를 벗어나지 않는 시오니스트였다.

폴란드 사회에서는 유대인들을 흔히 방랑자라고 불렀다. 유대인이 지구를 떠도는 방랑자의 대명사가 된 것은 나라가 없기 때문이며, 이 불명예를 벗어나기 위해서는 유대인의 나라를 세우는 방법밖에 없다고 시오니스트들은 믿고 있었다. 벤 구리온의 아버지도 이런 믿음을 가진 사람 중의 한 사람이었으며, 이는 어린 벤 구리온에게도 그대로 이어졌다. 벤 구리온은 나이가 들면서 시오니즘에 대해 확신하게 되었다. 그는 친구들과 신문을 발행하고 글을 쓰기도 했다. 데이비드 그루엔(David Gruen)이라는 평범한 이름 대신 데이비드 벤(Ben ; 아들) '구리온(Gurion ; 사자 또는 용기)' 이라는, 다분히 정치색이 짙은 필명으로 바꾸었다.

1906년 19세의 벤은 친구들과 함께 3개월 비자를 받아 팔레스타인에 입국, 시오니즘을 현실적으로 실현시킨 감격의 생활을 체험했다. 바로 이때부터 수십 년에 걸친 벤 구리온의 나라 사랑과 민족 부활 운동이 시작된 것이다. 그는 팔레스타인 지역의 여러 곳을 여행하면서 유대인들의 생활을 관찰했다. 이 관찰에서 그는 같은 유대민족이면서 의사소통이 잘 안 된다는 점에서 히브리 어를 공용어로 쓰도록 해야 하며, 농민의 생활 향상을 위해서는 단체가 절실히 필요하다는 것을 마음에 새겼다. 이것은 그가 국가 탄생 후에 노동당을 구성하게 된 동기가 되었다. 그는 또 유대인촌이 아랍인들로부터 수시로 약탈당하고 심한 경우 습격까지 당하는 데 대한 대책으로, '하쇼머(Ha-Shomer, 경비)'를 구성해 자위에 나서야겠다고 생각했다. 후에 만든 경비제도는 침입한 아랍군을 물리치고 국가를 보전하는 원동력이 되었다.

　팔레스타인 지역에서 벤 구리온의 이 같은 활동은 바로 오스만 투르크 당국의 눈에 띄게 되고, 그는 체포되어 감옥에 들어갔다. 오스만 투르크 당국은 벤에게 '팔레스타인 지역에 영원히 들어오지 못한다'는 엄한 조건을 붙여 추방했다. 추방당한 벤은 시온운동이 자유롭게 전개될 수 있는 미국을 선택했으며, 미국에서는 저술과 신문 기고를 통해 유대인 간의 결속을 강화했다.

　1차 세계대전중에 벤은 영국 측에 유대인 참전을 제안했으며 이에 영국은 독립 부대로서가 아니라 영국 지휘관 아래서 참전한다는 조건으로 승낙했다.

　벤은 결혼 정령기인 31살이 되었다. 벤은 어느 날 한 시오니즘 지도자로부터 24세 된 폴란드계 유대인 이민자의 딸을 소개받았다. 폴린(후에 '폴라'로 개명)이라는 이 처녀는 아버지를 따라 미국에 왔다가 아버지가 사망하는 바람에 미국에 남아서 간호사를 준비하고 있었다. 그녀는 벤과 몇 번 데이트한 후, 벤의 애국심과 조국에 대한 정열에 반해 결혼해서 팔레스타인 지역에 가서 살 것을 약속하고, 1917년 12월에 결혼했다.

　결혼 후 벤은 곧 군에 입대했지만 실전에 참가해보기도 전에 1차 세계대전이 끝났다. 팔레스타인 지역을 점령했던 영국은 국제연맹의 위임 통치 결정에 따라 민간 행정기관을 설치했지만, 영국은 소수인 유대인들보다 다수인 아랍 측을 우선하는 정책을 펴서 유대인들의 불만을 샀다.

1933년 벤은 유대인 회의의 집행위원장으로 선출되었으며, 이때쯤 히틀러는 유대인 학살 구상을 실천에 옮겨가고 있었다. 당시 중부 유럽에 거주하던 150만 명의 유대인과 특히 독일에 살던 750만 명의 유대인은 다가오는 비극적 운명을 피할 방법이 없었다. 이러한 추세를 안 벤은 팔레스타인의 문호를 개방하여 독일을 중심으로 한 대략 6만 명의 유대인을 받아들였다. 하지만 많은 유대인이 끝내 히틀러에게 학살당했다.

한편 벤은 아랍 측으로부터 유대인들을 보호해야 할 책임을 절감하고 팔레스타인에서 유대인 자위대인 '하가나'를 조직했다. 군사 조직을 금지하던 영국의 눈을 피해 군사 훈련과 무기 공급 등을 비밀리에 지원했다. 군대의 비밀 조직이었다.

벤은 그 자신 신념과 냉정한 인간으로서 주변 사람의 신념도 중시했다. 2차 세계대전 당시 이미 성장하여 영국군에 입대한 장남 아모스가 부상당해 군 병원에 입원하던 중 기독교도인 간호사와 사랑에 빠졌다. 종교 문제를 중시하는 유대인으로서 더구나 유대협의기구 의장인 아버지의 입장을 생각하지 않을 수 없었다. 아모스가 벤에게 자초지종을 말하고 결혼할 수 있느냐고 조심스레 물었다. 이에 벤은 "네가 옳다고 생각하면 머뭇거리지 말거라" 하고 허락한 뒤 결혼식에 참석했다. 식이 끝나 벤은 아들에게 말했다. "결혼으로 인해 군인 신분을 잊지 말아라. 군부대로 돌아가거라. 너의 처는 우리 가족들이 돌볼 것이니 걱정 말아라" 하고 관용과 냉정을 보였다.

유엔의 결의로 팔레스타인 지역에서 영국군이 철수하고 신생 이스라엘이 탄생했지만, 아랍권의 끊임없는 이스라엘 말살 정책으로 전쟁은 계속되었다. 더욱 심각한 문제는 '유대인 귀환법'에 따라 이스라엘로 귀환하는 세계 유대인들의 처리였다. 1947년 독립 당시 60만 명이던 인구는 계속 불어나 4년이 지난 1951년에는 두 배로 팽창했다. 주로 귀환에 의한 증가였다. 이스라엘 정부는 세계 각국으로부터 유대인이 귀환하면 즉각 합법적인 국민으로 인정했다. 이처럼 집과 모든 생활 대책을 강구해야 할 의무를 갖도록 한 것은 귀환법의 정신이었다. 이 경우 문제가 되는 것은 '누가 유대인이냐'라는 점이다. 이 문제는 복잡해서 오늘까지 논란의 여지를 안고 있다. 과거에는 통상적으로 어머니가 유대인이면 자식을 유대인으로 인정하는 모계혈통주의였고, 어떤 경우는 유대교를 믿는 사람을, 또 어떤 경우는 부모가 자식이 유대인이 되기를 원하면 유대인으로 인정했다. 그러나 이 문제로 연립 정당 간에 의견이 대립되어 정부가 붕괴된 일도 있었다. 현재는 이스라엘의 의회인 크네세트의 입법 조처로 종교, 부모의 탄생과 인종학적 근거, 국적 등을 종합해서 결정하도록 하고 있다.

총선으로 수상과 국방장관을 겸하고 있던 벤 구리온은 한국이 그랬듯이 '싸우면서 건설'해야 하는 어려움을 안고 있었다.

그는 60세가 넘은 정치인이었지만 밤 12시를 넘겨가며 일하는 것이 일상화되었다. 아침 7시에 기상하면 국내 신문과 함께 〈뉴욕 타임스〉와 〈런던 타임스〉를 빼놓지 않고 읽었다. 강대국들의 동향에 신경을 써야 하는 것이 그의 입장이었기 때문이다. 그는 매일 일기를 썼고, 어려운 일이 생기면 홀로 기도와 명상으로 문제에 몰입했다.

1950년대는 이스라엘로서 어려운 일이 많은 시기였다. 나라를 뒤흔든 사건은 독일과의 배상 협상이었다. 우리가 36년간의 강점 상태를 해결하기 위한 한일협상에서 겪은 어려움을 생각하면 6백만 명이 가스실에서 죽었고, 사망자를 포함한 7백 50만 명의 인명 피해 및 재산 피해를 합산한 배상은 어쩌면 물질적으로 배상이 불가능한 것일 수도 있다. 그러나 산 자는 살아야 했고, 국가가 살려면 서방 측 기둥의 하나인 서독과 이 문제를 풀고 가지 않을 수 없다. 배상은 대략 10억 달러 선에서 타결되었고, 강경한 야당은 극렬 반대를 했다. 이 자금은 이스라엘의 주택, 농경지 개간, 학교 건립 등 사회간접자본에 충당되었고, 당시 동독은 이 배상에 한 푼도 내지 않았다.

1952년에 이스라엘의 초대 대통령이 사망했다. 벤 구리온 수상은 다각도로 후임을 물색한 끝에 미국 체류 기간에 몇 번 만나 안면이 있는 73세의 유대인 알베르트 아인슈타인을 내심으로 결정하고 교섭에 나섰다. 그러나 프린스턴 대학 교수로 있던 아인슈타인은 자신은 연구실에서 홀로 조용히 연필로 계산에 몰두할 때가 제일 행복한 순간이기 때문에 대통령직은 맡을 수가 없다고 거절했다.

1953년 겨울 벤 구리온 수상은 느닷없이 수상 사임을 발표하고, 의회의 석을 가진 채 미개척지 네게브 사막의 키부츠로 들어가버렸다. 이스라엘은 갑작스러운 수상의 사임으로 큰 혼란에 빠졌다. 그는 며칠 뒤부터 키부츠의 농부로 지내며 사임 심경에 관해 입을 열었다. 사임 이유로 휴식을 갖고 명상하면서 생을 정리해보고 싶었고, 이스라엘의 장래를 먼 거리에서 내다보고 싶었으며, 안일에 빠져가는 국민의 관심을 아직도 개척의 여지가 많은 네게브 사막으로 돌리고 싶었다는 점 등을 들었다.

사막으로 이주할 당시 그곳에서 2년 정도 지낼 작정이었으나, 중앙의 급변하는 안보와 군사적 상황은 그를 오래 놓아두지 않았다. 만 1년이 조금 넘은 1955년 초에 그는 정계로 복귀했으며, 이해 가을에 실시된 선거에서 소속 정당이 승리함으로써 그는 다시 수상에 취임했다.

1950년대 초부터 아랍 측은 대 이스라엘 보복에 나서, 남쪽으로 난 유일한 항구인 에일라트(Eilat)를 봉쇄하고 이스라엘 선박의 수에즈 운하 통과를 금지했다. 이집트의 새 강자가 된 나세르(Nasser) 대통령은 소련과 체코, 동독의 군사 기술자들을 초청하여 군사력을 증강하고 있었다. 결국 이스라엘은 앉아서 목이 조여지는 형편이었다.

또다시 민족의 사활과 국가의 존망이 걸린 문제에 직면한 것이었다. 1956년 10월 25일 벤 구리온 수상은 조용히 전군에 동원령을 내렸다. 그리고 4일 뒤인 29일 아랍의 맹주인 이집트로 진군을 명령했다. 아랍 측의 낡은 무기와 훈련이 안 된 군인들에 비해 이스라엘 군은 최신무기로 무장했을 뿐 아니라 고도로 훈련된 군인이었다. 이제 18세 이상 남녀 모두 병역 의무를 지는 국민 개병제인 이스라엘군은 1947년 독립일에 침범을 당한 당시의 군이 아니었다. 한국인에게도 잘 알려진 모세 다얀(Moshe Dayan) 장군이 지휘하는 이스라엘군은 전쟁 발발과 함께 수에즈 운하 근처에 낙하산 부대를 투입하여 아랍의 허를 찔렀고, 100시간이 채 못 되어 이집트 군사력의 3분의 1을 파괴했다. 이스라엘군은 시나이(Sinai) 반도를 석권했으며 수에즈 운하를 건너 이집트 국경에 접근했다. 이대로 전쟁을 방치하면 나세르(Nasser) 정권은 붕괴될지도 몰랐다. 세계전쟁사에서 가장 짧은 기간에 가장 효과적 승리를 거둔 것으로 기록되는 이 군사 행동은 실제로 5일 안에 모든 것을 끝내고 있었다. 이스라엘은 이 전쟁이 일정한 범위를 벗어나지 않게 하기 위해 비행기 포격을 스스로 제한하고 있었다. 그러나 중동의 석유 이권을 노린 미국과 소련 등 강대국들은 서둘러 유엔을 통해 휴전을 강권했다. 이러한 강권으로 이스라엘은 점령지를 돌려주고 휴전했지만, 이스라엘의 힘에 대한 아랍권을 비롯한 세계의 평가는 달라졌다. 20배가 넘는 아랍권의 사기는 떨어진 반면, 이스라엘은 비아랍권으로부터 공업화, 전투력, 군사훈련 등에 있어서 하나의 새로운 교본이 되었다.

1956년의 이스라엘 군사 행동으로 권위가 크게 실추된 아랍권은 '눈에는 눈, 이에는 이'라는 아랍국의 원칙대로 군사 보복을 벼르면서 다시 전쟁 준비에 들어갔다. 이집트의 나세르 대통령은 공공연히 말했다. "우리는 이스라엘을 멸망시킬 날을 기다리고 있다." 이러한 전쟁 준비는 결국 1967년 이스라엘의 생존 자위권을 자극하여 또다시 6일 전쟁을 촉발시켰다. 이 6일 전쟁에서 이스라엘은 상상도 못할 만큼 신속한 전투를 벌여 개전 세 시간 만에 이집트의 공군력을 무력하게 만들고 시나이 반도를 점령했는데, 이 정보를 듣지 못한 아랍 방송들은 '우리가 승리하고 있다'라는 방송을 계속했다는 웃지 못할 에피소드를 연출하기도 했다.

끝없는 전쟁과 긴장 속에서 1963년 벤 구리온은 또 한 번 총리직을 사임하고 네게브 사막의 키부츠로 옮기는 곡예를 벌였다. 이번에는 현실 정계로 돌아오지 않을 것이라고 추측했다. 그러나 그는 다시 돌아왔다.

이러한 행동은 그도 노쇠했다는 반증이었다. 1965년 총선거에서 그는 자기가 창설한 노동당과 충돌하여 별도의 '이스라엘 노동당'이라는 신당을 결성하고, 기존의 노동당과 스스로 후임자로 지명한 에쉬콜(Levi Eshkol) 수상을 맹렬히 비난하며 수상을 목표로 선거운동에 나섰다. 격분한 노동당은 그를 제명해버렸다. 선거 결과 벤 구리온의 신당은 소수당에 그쳤다. 그는 자기가 이스라엘을 탄생시키고 성장시켰다는 것은 역사적 사실이라고 생각했고, 국민이 자신이 하는 일에 지지를 보내줄 것으로 여겼으나 세상은 이미 변해 있었던 것이다. 국민들은 그에 대해 감사는 하지만, 그가 어떤 행동을 하건 따라가겠다는 것은 아니었다. 그의 정신은 이미 피로해 있었으며, 한국의 이승만 대통령 등 많은 건국 독재자들이 그랬던 것처럼 권위주의에 도취해 있었다.

1968년 76세의 부인 폴라가 세상을 떴다. 1남 2녀를 기른 그는 친구들이나 이웃 그리고 주변 정치인들이 남편을 '수상님'이라고 부르기보다 벤 구리온이라고 부르는 것을 좋아했다. 그 이유에 대해 폴라 여사는 "수상은 여러 사람이 될 수 있지만, 벤 구리온은 나의 남편 한 사람뿐 아니냐"는 의견을 말하던 여성이었다.

부인도 세상을 떠나면서 벤 구리온은 이즈음 포용력을 잃고 한층 더 고집스러워졌던 것 같다. 1969년 에쉬콜 수상이 죽고 그 후임으로 선임된 골다 메이어(Golda Meir) 여성 수상이 새 내각을 구성하여 의회의 인준을 요청했다. 그 과정에서 벤 구리온은 "새 내각에 국론 분열자가 있다"면서 기권했다. 이런 일들로 인해 그는 신임 골다 메이어 수상과 말을 하지 않고 지냈다.

이런 가운데에서도 세상은 변해가고 있었다. 이집트에서는 나세르 대통령이 죽고 사다트(Anwar Sadat) 대통령이 뒤를 이었으나 이스라엘에 대해 협상하지 않고, 그 존재를 인정하지 않고, 평화를 추구하지 않는다는 아랍권의 정책을 그대로 표방했다.

1973년 10월 6일 세상에서는 흔히 4차 중동전이라고 부르고, 이스라엘은 욤 키푸르(Yom Kippur) 전쟁이라고 부르는, 종전에 비해 훨씬 큰 규모의 전쟁을 아랍 동맹군이 일으켰다. 이집트 군은 남쪽 시나이 반도를 넘어서, 시리아 군은 북쪽 골란 고원을 넘어서 일시에 침략해왔다.

욤 키푸르란 유대교의 속죄의 날로서 금식을 하게 되어 있다. 이 유대 민족 최대의 성스러운 날에는 모두들 기도와 명상으로 하루를 쉬면서 지낸다. 이런 날을 골라 침략한다는 것은 이스라엘 측으로 보면 치사하고 무례한 일이지만, 아랍 측에서 보면 바로 이 점이 전략인 것이다.

이스라엘은 수천 명의 인명 피해를 내고, 1년 분의 GNP를 소진하는 희생을 치렀지만, 침략이 시작된 지 3주가 지나면서 전세는 역전되었다. 이스라엘군은 수에즈 운하를 넘어 이집트 본토로 진격해 시나이 반도의 이집트 주력 부대인 3군단을 포위하고 있었으며, 시리아 쪽으로는 수도인 다마스쿠스 지점까지 육박하는 전세를 보였다. 전쟁 16일 만에 유엔이 중재해 휴전 되기는 했지만, 이집트와 시리아는 2년간 미국의 키신저를 중간에 넣고 이 스라엘과 직접 협상해야 하는 입장이 되었다. 이스라엘의 존재를 인정하지 않던 종래의 아랍 정책을 수정하고 새로운 평화와 협상의 길을 연 셈이다.

벤 구리온은 독서와 저술에 침잠해갔다. 83세에 정계로부터 완전히 손을 뗐다. 더 이상 정치를 할 수 없게 되었다는 것이 더 정확한 표현일 것이다.

욤 키푸르 전쟁이 끝난 뒤인 1973년 11월 18일 벤 구리온은 뇌출혈로 병석에 누웠다. 병원으로 이송되었으나 병세는 더 나빠져 12월 1일 87세로 운명했다. 그의 시신은 헬기로 텔아비브의 의사당으로 이송되어 마이어 수상을 비롯한 각료, 군인, 시민들의 애도 속에서 다시 헬기로 네게브 사막으로 이송되어 부인 폴라 곁에 묻혔다.

그가 죽은 지 4년 후인 1977년 총선거에서 보수당과 중립 정당의 연합 세력은 30년간 집권한 벤 구리온의 노동당을 물리치고 정권을 잡았으며, 이해 11월 이집트의 사다트 대통령이 평화협상을 위해 예루살렘을 방문함으로써 중동에서 천지개벽이 이루어졌다.

참고 자료
B-G; Fighter of Goliaths, Gertrude Samuels, Ty Crowell Co
Fact About Israel ;Land and Peaple and History, ISRAEL INFORMATION CENTER
Democracy, Israel Pocket Librar, Keter Publishing House Jersalem LTd.
THE ENCYCLOPEDIA OF JEWISH LIFE AND THOUGHT(Revised and expanded from the Hebrew Editions.), Editor Dr.Chaim Pear, Peter Halban Publishers
A day in the life of ISRAEL, Directed and Edited DAVID COHEN, Collins Publications Chino Hills.
『세계현대사 1』· 폴 존슨 지음 · 이희구 · 배상준 옮김 · 한마음사

II

제4대 대통령
윤보선
(尹潽善 | 1960. 8~1962. 3. 2)

새로운 시도

8 · 15 해방은 우리가 나라를 되찾았다는 감격을 갖게 했다. 이에 비해 제2공화국은 4 · 19학생 의거에 의한 정부이기에 진정 우리 스스로가 세운 정부로 다가왔다. 많은 지식인들이 참여를 위해 발 벗고 나섰다. 이런 여건 속에서 제2공화국은 새로운 시도로 의원 내각제를 채택했다. 그 의원내각제는 연일 시위로 지샜고, 정치인들은 이해타산을 좇아서 동분서주하며 이합집산을 거듭했다. 그러면서 정권 담당자들은 사태를 장악하지 못하고 있었다. 일부 국민들은 제2공화국을 무능 정권으로 인식하고 있다. 과연 그렇게 무능한 정권이었나?

자기 보호 능력이 없었다는 점에서는 무능했다. 그러나 국가를 끌고 갈 비전과 설계, 그리고 방향만은 정확했다. 다만 시간이 주어지지 않았고 민주주의라는 것을 너무 과신했다고 보는 것이 더 정확한 평가가 아닐까 생각된다.

민정 시찰중인 윤보선 대통령

윤보선 대통령(1897~1990)과 장면(張勉) 국무총리(1899~1966) 집권 시기를 '시대'라는 단어를 붙여 '윤보선 시대 또는 장면 시대'라고 하기에는 어색하다. 윤 대통령은 대통령중심제가 아닌 내각책임제 하의 대통령으로서, 통치자이기보다 상징적 국가원수로 봉직했기 때문이며, 장면 국무총리는 한 시대를 이끌어 나가면서 자신의 철학과 가치관을 정치에 반영했다고 보기에는 집권 기간이 너무 짧았기 때문이다.

윤 대통령의 재임 기간이 19개월이었고, 장면 총리는 불과 8개월 23일(1960.8.27~1961.5.18)로 제도와 법체계 등을 미처 정비하지 못했고, 더구나 통치를 위한 작업이 준비 단계에 머물렀다는 점에서 더욱 그렇다. 윤 대통령의 재임 기간은 19개월(1960.8~1962.3.22)이었는데 이 중 10개월이 5 · 16 군사혁명으로 기능이 거세된 후였으므로, 좁아진 입지 속에서 싫어도 싫다고 할 수 없는 '포로상태'에서 집무했다.

그러나 윤 대통령은 대통령직을 사임한 뒤 제5대 대통령과 6대 대통령에 출마해서 박정희 후보와 치열한 접전을 벌였고, 그 후엔 한국의 제1야당 당수로 근대 정치의 발전과 양태에 깊은 영향을 끼쳤다. 그것은 결코 대통령의 정치 행위에 못지않은 영향으로서, 비록 대통령은 아니었을지라도 그의 사상과 여당을 대하던 야당의 자세 등은 충분히 연구할 가치가 있다.

장 총리가 재임과 그 과정에서 겪은 크고 작은 사건들을 우리 정치사에서 면밀히 분석해볼 의미가 있다. 이 사건들을 통해 권력의 속성을 투영해볼 수 있는데, 비록 이 두 사람의 재임시기가 정치적으로 짧았다 하더라도, 형식을 떠난 실제의 비중은 훨씬 더 크다. 정치적 정통성이란 과연 무엇이냐 하는 문제와 정치에서의 정의는 어디서 찾아야 할 것인지, 정치와 종교는 양립할 수 없는 것인지 등과 관련해서 각별한 의미가 있다.

윤보선 대통령은 5·16을 지지했나

윤 대통령은 재임 기간에 5·16 군사 쿠데타를 맞았다. 쿠데타가 일어난 16일의 윤 대통령의 처신을 어떻게 평가해야 하느냐 하는 문제가 우선 제기된다. 여기에 대한 견해는 아직도 분분하다. 일부에서는 윤 대통령이 쿠데타를 지원했다고 말하고, 다른 인사들은 불가피한 조처이며 사실과는 다르다고 말하기도 한다. 이러한 두 갈래의 해석이 나오는 것은 윤 대통령과 장면 국무총리의 사이가 좋지 않았기 때문이라는 데 일차적인 근거를 두고 있다.

정치적으로 윤 대통령은 전통적인 민주당 당료 출신이 중심이 된 신익희(申翼熙), 조병옥(趙炳玉), 김도연(金度演), 김준연(金俊淵), 소선규(蘇宣奎), 유진산, 양일동(梁一東), 고흥문(高興門), 김영삼(金泳三), 서범석(徐範錫), 민관식(閔寬植) 등과 함께 구파(舊派)에 속했다. 장면 총리는 관료 출신과 외부 영입자들이 중심이 된 곽상훈(郭尙勳), 박순천(朴順天), 홍익표(洪翼杓), 현석호(玄錫虎), 주요한(朱燿翰), 김영선(金永善), 이철승(李哲承), 김대중(金大中), 김재순(金在淳), 이석기(李錫基) 등과 함께 신파(新派)에 속했다.

구파와 신파는 이승만 대통령의 자유당 때는 민주당 내 파벌에 불과했지만, 이 대통령이 하야하고 정권이 민주당으로 넘어오자 대립 양상은 본격적인 집권경쟁으로 바뀌었다. 이승만 대통령의 하야와 함께 구파는 집권을 위해 자유당의 온건파이며 이 대통령 때부터 은밀히 소통하던 이재학(李在鶴) 측과 대략적인 정국 운영 구도의 밑그림을 그렸다. 이들은 먼저 내각제로의 개헌을 하고, 그 내각제 헌법에 따라 선거를 해서 정국을 풀어가자는 '선개헌 후선거(先改憲 後選擧)' 원칙의 수순을 세우고 있었다. 구파가 '선개헌 후선거' 원칙을 선호한 것은 신파에는 장면이라는 강력한 대통령 후보가 있는데 비해, 구파에는 신익희, 조병옥이 죽은 뒤여서 장면에 맞설 대안이 없는 까닭에 신파의 집권을 좌절시키기 위해서는 내각제 개헌이 필요했던 것이다. 이 상황에서 자유당(自由黨) 입장은 내각제 개헌이 이루어지지 않으면 장면이 대통령에 당선될 가능성이 크고, 장면이 대통령이 되면 그 동안 장면 부통령을 홀대하고 살해하려고 저격까지 시도했던 사실 등으로 신파로부터의 정치 보복을 당할 우려가 컸다. 따라서 내각책임제로서 원내 세력으로 남아 있는 것이 안전하다고 판단했다. 또한 일단 민주당 신파(民主黨 新派)가 정권을 잡으면 굳이 개헌할 이유가 없어서 결국 개헌이 어려워질 것이라는 판단 아래 민주당 구파와 '선개헌 후선거'에 합의했던 것이다.

   이러한 민주당 구파와 자유당 온건파 간의 합의에 앞서 장면 부통령은 4·19의거 직후인 4월 23일 일방적으로 부통령직을 사임했다. 부통령직 사임은 당 공식 기구에서 논의된 일이 없었을 뿐 아니라, 구파에게는 일언반구 내비친 일이 없었다. 구파에서는 장면의 이 부통령직 사임을, 첫째로 이승만 대통령에게 하야를 촉구하는 압력이라는 점과, 둘째로는 이승만 대통령이 하야하면 즉각 선거로 들어가 대통령직을 쟁취하려는 이원적인 전략이라고 파악했다. 구파는 총선 전략이라는 후자에 더 비중을 두고 있었다. 그런 연유로 구파 측은 자유당 온건파와 합의를 서둘렀던 것이다(『못다 이룬 민주의 꿈』· 고홍문 · 도서출판 무애).

정국은 결국 구파의 당초 계획대로 '선개헌 후선거'로 가닥을 잡아갔지만, 신파와 구파 간의 골은 점점 깊어갔다. 총선 결과 의석의 3분의 2가 넘는 압승을 거둔 민주당의 양대 세력은 서로 우위를 장담하면서 당을 달리하는 분당 사태에까지 이르렀다. 일부 정치 관계자들은 5 · 16 군사혁명이 없었더라면 이때 신파와 구파의 분당은 보수 양당 제도를 확립하는 계기가 될 수도 있었을 것이라고 아쉬워했다.

곡절 끝에 민주당은 구파의 윤보선 대통령, 신파의 장면 국무총리로 정권 담당 세력이 확정되었다. 그러나 윤 대통령과 장 국무총리 간의 갈등이 계속되었다. 윤 대통령은 초대 국무총리 후보로 신파 측의 기대와는 달리 구파의 김도연(金度演)을 지명했다. 신파 측은 신구파가 비등한 세력으로, 구파 측에서 대통령이 나왔으면 총리는 신파가 해야 한다고 생각했고, 구파 측은 구파가 다수파이기 때문에 구파 총리가 불가피하다고 주장했다. 장면으로 총리가 확정된 뒤에도 윤 대통령은 때로는 '국가적 위기'와 '거국내각', '새 인물 교체론'의 발언으로 정국에 파장을 불러왔다. 이러한 파벌 싸움은 군에서 쿠데타가 모의되고 있다는 정보에도 불구하고 철저한 조사에 나서지 못한 채 현상 유지에 급급했다.

당의 내분과 시국을 보는 견해가 신파와 구파 간에 이렇게 차이가 있었던 탓에, 쿠데타 소식을 처음 접한 윤 대통령의 "올 것이 왔구면"이라는 반응은 쿠데타 지지냐 아니냐 하는 묘한 의미를 줄 수밖에 없었다. 윤 대통령의 발언 전후 사정을 시간대 별로 정리해보면 사안(事案)을 이해하기가 좀더 간결해질 것 같다. 당시 청와대에서 윤 대통령의 대변인으로 근무했던 김준하(金準河)가 최근에 쓴 『대통령과 장군』이라는 책에 윤 대통령의 당시 행적이 자세히 기록되어 있다(당시 윤 대통령은 5·16에 대해 상세한 내용은 모른 채 대체적인 보고만 받고 있었다 함).

16일 아침 8시경, 장도영(張都暎) 육군 참모총장으로부터 9시 경에 청와대를 방문하겠다는 전화가 옴.
9시, 장도영 장군과 박정희 장군이 점퍼 차림으로 권총을 차고 청와대를 방문(동행한 김재춘(金在春) 대령은 옆방에서 쿠데타를 설명하며 "장면 총리를 놓쳤습니다. 그를 잡아 인천 앞바다에 있는 섬에서 재판을 해서 처단하려고 했는데 장관들이 도망가는 바람에 일을 그르쳤습니다.").
윤 대통령, 장군들을 만나기 직전 자탄의 목소리로 "올 것이 왔구나."(대기했던 장군들과 주변 인사들이 들을 정도의 큰 목소리로)
박정희 장군, "근심을 끼쳐 대단히 죄송합니다. 저희도 처자가 있는 젊은 몸으로 오직 국가와 민족을 위해 인조반정(仁祖反正)을 하는 심정으로 목숨을 걸고 이 혁명을 일으켰습니다.""선포한 계엄령을 인준해 주십시오."
윤 대통령, "헌법상 대통령이 계엄을 인준하게 되어 있지만, 그것은 계엄을 선포하기 전에 있어야 하는 것인데 계엄령을 이미 선포한 뒤에 인준하라는 것은 있을 수 없는 일입니다. 애국에서 나온 거사라면 절대 피를 흘려서는 안 되고, 장(張) 정권 각료들에 대해 보복을 해서도 안 됩니다."
박정희 장군(잠시 밖에 나갔다 유원식(柳原植) 대령과 함께 들어온 후) "앞으로 대통령에 대해 변함없는 충성을 다하겠습니다. 혁명을 지지한다는 성명을 발표해 주십시오."
윤 대통령은 이에 대해 혁명 세력이 누군지도 모르고 군인들의 쿠데타를 인정할 수 없으며, 국민들이 대통령과 군인들이 내통했다고 생각할지도 모른다는 이유를 들어 거절했다.
오전 11시경, 주한 미국 대리대사 마샬 그린과 매그루더 유엔군 사령관이 청와대 도착.
매그루더 장군, "시내에 들어온 혁명군 병력은 3천 6백 명입니다. 제1군 산하 병력 가운데 4만 명을 동원하면 혁명군을 진압할 수 있습니다." 그러면서 매그루더 장군은 대통령이 1군 동원령을 내려 달라고 했다.

그린 대리대사, "대통령은 국가원수로서 헌법을 지켜야 할 책임이 있고, 법질서를 유지하기 위해 반란군을 격파해야 합니다."

윤 대통령, "매그루더 장군! 반란군을 진압해주시오."

그린 대리 대사, "외부로부터의 적(敵)은 진압할 수 있지만 국내 군인 간의 문제에 관여하는 것은 명백한 미국의 내정간섭이 됩니다. 미국은 다른 나라에 대해 내정 간섭을 안 하는 것이 전통입니다."

결국 한국군 동원은 윤 대통령에 의해 거부되었고, 미군 동원은 그린 대리대사에 의해 회피된 것이었다. 사태를 명백히 파악하지 못한 가운데서 서로 책임을 회피했다.

여기에서 한 가지 덧붙일 것이 있다. 박정희 장군이 5월 16일 두 번째로 청와대에 들어왔을 때 동행했던 유원식 대령은, 유 대령 본인이 윤 대통령을 잘 알 뿐 아니라 5·16에 대해서도 사전에 귀띔을 했었다고 말해 윤 대통령과 5·16 세력 간의 사전 내통설이 그럴듯하게 유포된 일이 있었다. 그러나 윤 대통령 자신은 5·16 전까지 그를 만난 기억이 없고 그가 사전 밀통설을 발설한 것은 자신의 영달을 위해 허위로 퍼뜨린 날조된 내용이라고 완전히 부인했다.

박정희 장군과 함께 청와대에 들어온 것도 사전에 계획한 것이 아니라, 박 장군이 청와대에 올 때 길목에서 우연히 만나 동행을 하게 되었다는 것이 관계자들의 말이었다. 윤 대통령은 장도영 혁명위원회 의장의 강력한 권유에 따라 1군 사령관과 그 예하 부대장들에게 친서를 보내, 이 중대한 사태를 수습하는 데 불상사가 발생하거나 조금이라도 희생이 나서는 안 된다고 경고했다.

민주적으로 세워진 합법 정부가 쿠데타에 의해 전복된다는 것은 정치인으로서는 당연히 묵과할 수 없는 사태다. 책임 있는 정치인으로서 이의 정상회복을 위해 목숨까지도 내건 선례를 우리는 동서양에서 많이 보았다. 이런 과정, 즉 쿠데타라는 지극히 비합법적인 사태가 발생했을 때, 우리는 능동적으로 행동을 벌인 측과 수동적으로 당하는 측이 충돌할 경우에 이를 어떤 시각과 가치 기준으로 봐야 할 것인가가 문제다. 혁명은 일어났고 혁명군은 진입해 있는데 '불상사가 없게 하라'고 지시하면, 그런 친서를 보낸 사람의 의도야 어떠했건 간에 받는 사람의 입장은 움직일 수가 없는 것이다. 윤 대통령은 그 당시 군에 대한 친서에서 혁명을 지지하지도 반대하지도 않았다고 하지만, 혁명군을 직접적으로 반대할 용기가 부족했던지 아니면 혁명으로 장면 정권이 무너진 것을 속으로 자축하고 있었던지, 혹은 군의 기세에 눌려 무작위의 작위(無作爲의 作爲, 아무 일도 하지 않음으로써 일을 한 효과를 낸다)로 대세를 양보하고 있던 것이 아닌지 생각된다.

  5·16과 관련한 윤 대통령과 장면 총리의 행동에 대해 김영삼 전 대통령은 그의 회고록 제1편에서 "당시 해위(海葦. 윤 대통령의 아호) 선생과 장면 박사는 지도자다운 처신을 하지 못했다"고 전제하고, "나는 정치인은 최소한 국민으로부터, 역사로부터 수임을 받은 책무가 있다고 생각한다. 내각책임제 하에서의 국무총리라든가 대통령은 죽음을 각오하고서라도 국민을 지켜야 한다는 생각을 하지 않으면 안 된다. 그러나 두 사람은 박정희의 쿠데타로부터 국민을 지킬 책임을 저버렸다"고 그들의 처신을 비판했다. 그러면서 김 전 대통령은 "만약 그때 두 사람 중 한 사람만이라도 분명한 태도를 취했다면 쿠데타는 막을 수 있었다고 생각한다"고 덧붙였다.

  책임론과 관련해 김대중(金大中) 전 대통령은 그의 회고록 『나의 삶

나의 길』에서 "나는 그 점에서 윤보선 대통령은 쿠데타 성립에 대해 작위적인 책임이 있고 장면 총리는 부작위의 책임이 있다고 믿는다"고 했다. 김 전대통령은 이어 "훗날 윤보선은 대통령 선거에서 패배하고 나서 그야말로 뼈저리게 후회를 했을 게 틀림없지만, 쿠데타는 엄연히 그가 인정한 것이었고 또 지지한 것이기도 했다. 어쩌면 그는 허울뿐인 내각제의 대통령직에 불만이 고조되어 있었는지도 모른다"고 분석했다.

윤 대통령이 5·16혁명 당일 장도영, 박정희 두 장군을 만나기 전에 "올 것이 왔구나" 하고 말한 것은 이를 환영했거나 사전에 내통했던 것이 아니라, 민주당 정권이 윤 대통령의 '시국 수습안' 등을 소홀히 하여 이런 결과를 초래했다는 일종의 탄식이었다는 것이 해명이다『대통령과 장군』(김준하 지음). 여기에서 말하는 윤 대통령의 '시국 수습안'이라는 것은 대략 다음과 같다.

윤보선 대통령은 장면 총리가 당내의 노장과 소장 간의 갈등, 언론의 비판, 학생과 노동자 등의 불만 시위 사태 등에 효과적으로 대처하지 못하고 있다고 판단했다. 그러면서 대통령 자문회의를 설치하여 여론 청취와 대책 수립을 하기로 했다. 그러나 정부 조직법에는 대통령은 상징적인 존재일 뿐으로 비서실 외에는 일체의 보좌기구를 두지 못하게 되어 있었다. 따라서 비공식 기구로 고려대 김상협(金相浹) 교수(정치), 윤세창(尹世昌) 교수(법률), 연세대 신태환(申泰煥) 교수(경제), 동아일보의 백광하(白光河) 편집국장(언론), 대통령실 비서실장 이재항(李載沆, 외교)으로 자문기구를 구성해 한 달에 2~3회씩 회합을 갖고 시국 대책 등을 협의했다. 여기서 헌법 제57조에 규정된 '대통령의 긴급조치 발동' 문제, 헌법 제64조에 따른 '계엄령 선포' 문제까지도 진지하게 논의되었고, 이 논의 결과는 장면 정권에 전달되었다. 뿐만 아니라 윤 대통령은 이러한 조처들을 하려면 야당의 협조가 필요하다고 보고, 야당인 신민당(분당 전의 구파)의 김도연(金度演) 당수와 유진산 간사장을 불러 사전 정지 작업까지 했다『대통령과 장군』. 그러나 당시 이러한 윤 대통령의 행적이 밖으로 알려지면 상징적인 대통령의 정치 관여라고 해서 큰 파란을 일으켰을 것이며, 장면 총리가 이 비상 시국안을 받아들여 실행에 옮기기는 더 어려웠을 것 같다.

당시의 윤 대통령의 처신에 대해 이용원(李容источник)은 그의 저서 『제2공화국과 장면』에서 다음과 같이 썼다. "윤보선은 구파 정치인들을 청와대로 자주 불러들여 모임을 가졌으며, 장면 내각의 정책과 배치되거나 그것을 정면으로 비난하는 성명을 불쑥불쑥 내곤 했다. 허정(許政) 과도 정부 때 임명된 시·도지사를 경질하자 윤보선은 '유감'을 표시하는 담화를 발표했다. 이는 정치와 거리를 두어야 할 대통령의 태도가 아니라 구파 리더로서의 입장 표명이었다. 내각에서 "왜 정치에 관여하는가?"라고 항의하자, 그는 국가적 잘못에 대해 국민의 한 사람으로서 말했다고 대응했다. 이런 사태에 대해 그가 성명을 내면 일반 시민들이 과연 국민의 한 사람으로 그를 보겠는가 하는 문제는 상식적인 일이었다."

장면 정권이 발족한 지 몇 달 안 되어 새해를 맞았다. 윤 대통령은 민의원, 참의원 합동회의에서 신년 치사를 하면서 시국을 '국가적 위기'라고 규정하고, "한 당파나 한 개인이 당면한 난국을 타개할 수 없는 것은 공지의 사실이라고 전제하고, 당파 이익을 위해 이를 부정한다면 우리는 역사의 죄인이 될 것"이라고 주장했다. 장면 정권에 거듭 거국내각을 촉구했다.

새해에는 정국이 점차 안정을 찾을 것을 기대하고 있었던 터에 이런 발언은 장면 내각을 흥분시키기에 충분했다. 장면 내각의 핵심 각료였던 김영선, 주요한 등은 윤 대통령이 내각을 붕괴시킬 명분을 쌓으려 한다고 분개했다.

당시의 상황이 이러했기 때문에 윤 대통령의 "올 것이 왔구나" 발언은 자탄의 표현이었다. 그러나 정계의 다른 인사들은 이 '자탄론'에 대해 이론을 보였다. 고흥문은 자신의 회고록 『못다 이룬 민주의 꿈』에서 "박정희 최고회의 의장이 1961년 8월 12일 성명을 발표, 1963년 여름쯤 정권을 이양하겠다고 발표했다. 박 의장은 미국에서 케네디 대통령과의 회담이 끝난 뒤에도 성명을 통해 이를 확인했다. 많은 사람들, 특히 연금 상태에 있던 구(舊) 정치인들은 이 말을 액면 그대로 믿는 사람은 거의 없었다. 다만 청와대를 지키고 있던 윤보선 대통령만은 그 말을 믿는 듯했다. 당시 나는 남대문 그랜드 호텔에 사무실이 있었는데, 한 달이면 7, 8번씩 나를 청와대로 불렀다. 그때마다 해위(海葦)는 민정 이양 시기가 되면 '내게 정권이 올 것'이라는 요지의 말을 자주 하곤 했다"고 기술하고 있다. 고흥문은 윤 대통령의 이런 태도에 대해 "절대로 그들의 말을 곧이곧대로 믿지 마십시오"라며 해위의 오산(誤算)을 염려했지만, 그는 내 말에 귀를 기울이는 것 같지는 않았다"고 밝혔다. 윤 대통령은 쿠데타 세력이 자기에게 권력을 넘겨줄 것을 믿었고, 처음부터 장면 정권을 넘어뜨린 그들에 대해 배타적이지 않았다는 견해다.

그러나 윤보선 본인의 해명은 이와 약간 다르다. 윤보선은 그의 회고록 『외로운 선택의 나날』에서 자신이 한 말은 "올 것이 왔구나"가 아니라 "온다던 것이 왔구나" 즉 달갑지 않은 일이 기어이 터지고 말았다는 한탄의 심정에서 나온 말이었다고 했다. 여기에는 다른 뜻이 없다고 단언했다.

윤 대통령은 혁명군의 충성을 기대하던 중에 정치정화법(政治淨化法) 제정을 맞았고, 본인 해명대로라면 '마지못해' 이에 서명한 뒤 대통령직을 사임했다. 사임을 하면서 윤 대통령은 성명을 발표해 "과거에도 기회 있을 때마다 이런 취지의 입법을 반대한 것은 국민의 인화(人和)와 단결에 금이 가지 않을까 우려했기 때문"이라고 말해 간접적으로 입법에 반대했음을 시사했다.

윤 대통령이 정치정화법에 서명하게 된 배경에 대해 윤 대통령 자신은 그의 회고록에서 다음과 같이 기록했다.

"하야의 명분을 찾고 있던 나에게는 정치정화법이 좋은 기회일 수 있었다. 다만 하야에 앞서 요식 행위로나마 서명을 하느냐, 아니면 반대 의사 표시로 서명을 거부하고 하야하느냐가 문제였다. 나는 곧 법률 전문가들로부터 자문을 구해보았으나 그들의 의견은 한결 같았다. 그 법에 반대한다는 것은 윤보선 개인의 의견이고 대통령으로서는 서명을 해야 한다고 했다. 그렇지 않으면 대통령 스스로 헌법을 어기는 결과를 초래한다는 결론이었다. (중략) 결국 대통령 공인(公人)으로서 부득이하게 결재하기는 했지만 정치정화법에 불복하는 자연인의 강력한 의지의 표현으로 대통령직에서 용퇴함으로써, 대의명분도 세울 수 있고 도의적인 양심도 살릴 수 있다는 법리적 해석에 따라 공(公)과 사(私)의 양립이 가능하다고 보았다. 이렇게 해서 가까스로 서명을 했다."

윤 전 대통령은, 정치정화 대상자 3천 600명을 심판하는 정치정화법 제정을 극비에 붙여졌다가 어느 날 박일경(朴一慶) 법제처장이 "이것을 결재해주십시오" 하고 봉투에 든 것을 내놓을 때에야 처음으로 그런 것을 만들었다는 사실을 알게 되었다고 말했다.

선거 패배 후 박정희 대통령 인정 안 해

윤 대통령은 민주당 정권을 무너뜨린 쿠데타 초기에 이를 적극 저지할 위치에 있었음에도 그렇게 하지 않았다는 이유로 군정에서 민정으로 넘어갈 때의 선거에서 결정적인 손해를 보았다. 정권을 빼앗긴 민주당계는 윤보선의 캠프에서 이탈하여 허정의 신당에 참여했다. 윤보선 후보가 박정희 후보에게 15만 6천여 표 차이라는 근소한 패배를 당하는 하나의 원인이 되었다.

군정에서 민정으로 가는 길목에서 박 장군과 윤 후보 간의 승패를 가른 이 15만 6천 표는 한국 정치사에 엄청난 결과를 가져왔다. 대통령 선거가 끝나자 윤 후보 측은 일단 선거에 승복한다는 뜻으로 축하를 보내기도 했지만, 선거로부터 약 1개월 후인 11월에 중앙선거관리위원회 위원장을 피고로 하여 선거 무효소송을 제출했다. 박 후보의 후보 자격과 피선거권에 하자(瑕疵)가 있고, 입후보 등록이 무효이며 대통령 선거 때 개표 부정이 있었다는 주장이었다.

개표 부정이란 개표 전에 이미 15만 표 차이라는 결과가 결정되어 있었으며, 윤 후보 자신이 투표하고 집에 오는 길에 모씨가 "좀 보자"면서 15만 표 차이로 낙선할 것이라고 알려주었다는 점 등을 열거했다. 이 같은 법적 투쟁과 함께 곧이어 실시된 국회의원 선거 유세에서 윤보선은 "나는 정신적 대통령이다"라고 말해 대통령 선거에서 표에 의한 대통령은 박정희이지만, 정신적으로나 실질적으로는 자신이 대통령이라는 뜻의 발언을 했다.

그리고 이듬해 1964년 1월 14일 6대 국회에서 윤보선은 제1야당 당수로서 자신의 정당 입장과 한해를 맞는 자세를 밝히는 국회 기조연설에서 "반공을 위해, 부패일소(腐敗一掃)를 위해, 부정선거 근절을 위해, 민생고 해결을 위해, 박 정권을 타도할 혁명을 정당화할 사태인가 아닌가?"라고 물었다.

여당인 공화당은 이러한 제1야당 당수의 선동 발언에 대해 강력 대응해야 한다고 흥분했으나, 면책권이 있는 국회에서 행해진 제1야당 당수의 발언을 현실적으로 어쩔 수 없다는 결론으로 흐지부지되고 말았다. 이런 사태 이후 윤보선은 박정희 대통령을 '대통령'이라는 호칭을 쓰지 않고 '박정희 씨(氏)'라고 불렀다. 이 같은 사례들을 종합해 보면 1963년 대통령 선거에도 불구하고 윤보선은 박정희 대통령을 대통령으로 인정하지 않았던 것이다.

윤보선이 박정희를 대통령으로 인정하지 않고 있었음은 더 근본적으로 5·16을 '부정한 무력 수법'으로 규정하고, 이 정권을 '있어서는 안 될 정권'으로 단정『윤보선 회고록』했기 때문이다. 이러한 사실은 그가 대통령직에서 하야한 1962년 3월 22일 이후의 행동에서 두드러지게 나타나고 있다.

그는 대통령직에서 하야한 뒤 제1야당을 이끌면서 박정희 대통령의 소속 당인 공화당과 일체의 협상을 배격하고 강경일변도로 치달았다. 이는 단순히 그의 고집스러운 성격에서 찾기보다 박정희 대통령에 대한 극한적인 증오심과 그가 이끄는 공화당 정권에 대한 거부감이 작용해서가 아닌가 생각된다.

이의 대표적 표본이 유진산의 제명과 신한당(新韓黨) 창당으로 볼 수 있을 것 같다. 유진산은 한때 청년 운동도 했으며, 해방 후에 미군정 아래서 구속된 주먹계의 일인자 김두한을 이인(李仁) 법무장관을 통해 석방시킴으로써 그의 세력을 흡수해서 정계의 별동대로 활용하기도 했다. 그는 야당에 참여해 조병옥 박사를 모셨고, 원내에 들어와서는 지모(智謀)와 뱃심으로 서서히 두각을 나타내기 시작했다. 특히 정치자금 동원에서는 어떤 야당 인사보다도 유능했다. 5대 국회 때는 유진산이 지역구를 버리고 전국구로 옮기자, 당내에서 "지역구를 팔아 먹었다"는 비난과 함께 청년 당원들이 그의 집을 습격한 일이 있었다. 한쪽에서는 아우성치면서 집을 부수는데, 유진산은 응접실에서 한복을 입고 당당하게 앉아 있어 취재 기자들을 어리둥절하게 한 일도 있었다.

1964년 공화당 정부는 학생 시위로 계엄령까지 선포했던 후유증을 안고 정국안정을 이유로 언론윤리법과 학원보호법을 통과시키려 했다. 두 법안에 대해 야당인 민정당(民正黨)은 격렬히 반대했다. 이런 가운데 언론윤리법은 야당이 총퇴장한 뒤 여당 단독으로 통과되었다. 언론계와 국민으로부터 질타를 당한 민정당의 윤보선 당수는 이 난국의 책임을 유진산에게 돌렸다. 공화당과 '야당이 전원 퇴장하에 법안을 통과시키기로' 사전 묵계를 했다는 것이었다. 물론 유진산은 근거도 없고 묵계할 성격도 아니라는 이유를 들어 이에 반발했다. 이런 일이 있은 전후 유진산은 여당에게 유리한 사회를 본다는 이유로 윤보선 당수가 민정당 출신 나용균(羅容均) 국회 부의장을 징계하려 했을 때도 "같이 당을 하면서 한 중진의원의 정치 생명을 끊을 수 없다"면서 반대했다.

구체적인 예를 들지 않더라도 윤보선은 쿠데타로 시작된 공화당은 '있어서는 안 될 정권'으로 생각했으며, 이와는 반대로 유진산은 정치는 현실이며 현실적으로 존재하는 정권과 협상과 타협을 해 가는 것이 불가피하다는 생각을 하고 있어(후에 상술) 두 사람의 충돌이 불가피했다.

이런 연유로 당내 제1파벌의 대표격인 유진산은 윤보선 당수의 미움을 샀고, 드디어 윤 당수는 유진산을 당에서 제명하기로 결심했다. 유진산의 제명 과정에서 벌어진 또 하나의 비극은 '사쿠라 논쟁'이었다. 사쿠라는 가짜를 의미하기도 하고 겉과 속이 다른 경우를 지칭하는데, 2차 세계대전 후 고기가 부족했던 일본에서 말고기를 소고기로 팔았다는 데서 연유된 말이다. 하여튼 유진산을 제명하는 과정에서 윤보선 측에서 '진산은 사쿠라'라는 말을 공공연히 입에 담아, 한때 사쿠라라는 용어가 야당 가에서 유진산의 대명사처럼 쓰이기도 했다.

윤 당수는 유진산의 사과도 받아들이지 않고, 유진산 계열의 청년당원들의 '월장사건(越墻事件)'이라는 소란을 겪으면서도 제명 징계를 강행했다. 그는 소속 국회의원 한 사람 한 사람을 불러 제명에 찬성하도록 하는, 정당에 유례가 없는 '서면 결의(書面決議)'(이러한 서면 결의는 후에 정당법을 개정하여 금지했음)를 하도록 했다. 소속 의원들의 결의에 이어 최종 제명결정을 하는 당 중앙상무위원회에서 윤보선은 "순수하고 선명한 야당을 하기 위해 유진산 씨를 제명하기로 한 것이며, 만약 표결에서 내가 그에게 진다면 나는 당을 그만둘 각오"라고 밝히며 '윤보선이냐 유진산이냐' 둘 중에 하나를 택할 것을 요구했다. 결국 비밀투표 결과 찬성 189표, 반대 171표, 무효 4표, 기권 1표로 제명을 결정했다. 이 표 분석에서 보듯이 제명에 상당한 반대가 있어서, 이러한 파동으로 당이 얼마나 멍이 크게 들었나를 짐작하게 한다. 두 사람의 시국관 차이가 이처럼 당을 못 쓰게 만들어버린 것이다.

거의 절반을 차지한 제명 반대 입장의 진산계 인사들은 이때의 제명에 따른 윤보선에 대한 증오심을 풀지 않고 있다가, 민정당이 1967년의 대통령 선거를 앞두고 재야세력을 결집해 민중당을 창당할 때 집단지도 체제의 대표최고위원에 박순천(朴順天) 여사를 뽑는 보복을 했다. 당수를 빼앗긴 윤보선은 한일회담으로 당이 회담 반대 방법으로 결의한 '의원직 총사퇴 결의'를 이행하지 못할 뿐 아니라, 박순천 대표가 이를 관철하지도 못한 점에 실망했다. 박순천 대표를 떠받치고 있는 옛날 민주당의 신파와 윤보선의 민주당 구파 간의 갈등이기도 했다.

윤보선은 박순천 대표가 박정희 대통령을 만나 정국 운영에 합의하는 것 자체에도 불만이었다. 흑과 백의 양자택일을 정치관으로 삼았던 당시의 윤보선은 한일회담 반대 때에 국민 앞에 공언했던 의원직 사퇴자들만으로 새로운 야당을 구상했다. 그에게 정치는 공화당과의 타협이 아니라 공화당 정권을 타도하는 구국운동이며 애국운동이었다. 그러기에 오로지 비타협 선명 일변도의 전진만이 올바른 정치 자세였다. 그는 이런 자세는 강경이 아니라 정의라고 생각했다. 이 기준에서 볼 때 한일회담으로 얼어붙은 정국을 풀어가려는 민중당이 그의 눈에 찰 리가 없었던 윤보선은 "박 정권에 끝까지 대항하여 군정을 종식시키고 민정을 회복할 수 있는 선명한 야당이 필요하다"고 말했다 『윤보선의 회고록』. 박정희 대통령의 1차 임기 4년이 지나도록 공화당 정권을 민정이 아닌 군정으로 치부하고 있었음을 알 수 있다.

그는 자신이 말한 '선명 야당'이라는 정의를 이렇게 내리고 있었다. "민주 정치의 방법에 있어서나 대여 전략을 구상하고 실천하는 입장에서 야당으로의 자세가 확고해야 한다는 뜻이다. 야당으로서 가질 태도를 분명히 해야 한다는 뜻이며, 국민과의 공약과 신의를 지킬 줄 아는 정치인의 자세가 요청되는 것"이라고 기록하고 있다『윤보선의 회고록』.

윤보선의 대통령 후보 출마와 야당 영도로 인해 여야 관계는 극도로 악화되었으며, 타협 없는 이러한 여야 대치 형국은 한국 정치 풍토의 한 형태가 되어버렸다. 현실을 처리하는 정치가 탄력성을 잃으면서 입지도 그만큼 좁아졌으며, 자연히 정치인의 역할도 왜소해졌다. 야당이 말로만 요구하던 민주주의는 후퇴했고, 그 자리에 '정치' 아닌 '행정'이 자리 잡았다. 1960년대 후반의 야당 전략이 '강경 저지'와 '원천 봉쇄' '극한 투쟁' 등으로 점철된 것도 이것의 연장이었다. 여당은 이런 야당을 상대하려니 날치기로 맞설 수밖에 없는 비극적 관행을 만들어냈다.

반대로 야당 입장을 보면 그만큼 공화당 정권이 야당 파괴라는 고도의 '마이너스 정치'를 한 것이며, 정보정치로 야당 간의 불신을 키운 것으로도 해석된다. 야당을 간접적으로 매

정치 일선에서 물러난 뒤 서울 안국동 자택에 칩거했던 해위 윤보선 전 대통령은 손님맞이도 가려 했다. 1983년 필자에게 써준 글은 그의 성격을 말해주듯 획 하나 하나에 정성이 들어 있다.

수했으며, 전화 도청, 미행 등의 정보정치를 극성스럽게 한 결과이기도 했다. 심지어 대통령 선거 때 소매치기를 이용해 야당 후보자의 찬성 연설을 위해 단상에 올라가는 찬조 연설자의 안주머니에 든 연설 원고까지 빼내어 찬조 연설자가 단상에까지 올라갔다가 허탕을 치게 하는 등의 야비한 수법까지 동원한 일도 있었다.

윤보선은 자신과 함께 의원직을 사퇴한 김도연(金度演), 윤제술(尹濟

述), 정성태(鄭成太), 정해영(鄭海永), 정일형(鄭一亨), 김재광(金在光) 등을 주축으로 선명을 기치로 내걸고 신한당을 창당했다. 신한당은 강령 제1조에 '정직과 신의로서 국민에 대한 일체의 공약을 준수하고'라고 내걸었다. 이 대목에서 나타나듯, 같이 정치를 하기 위한 정치 정당이 정직과 신의라는 도덕률을 강조한 것이 특색이었다.

윤 대통령 시대를 언급하면서 지나칠 수 없는 것이 있다. 비단 윤 대통령 한 사람의 문제는 아니지만 윤 대통령과 장면 국무총리 간에, 그리고 민주당 신파와 구파 간에 상징적으로 표출되었고 지금까지도 고질적으로 남아 있는 한국 정치인들의 편협성과 비타협성이다.

1963년 1월 1일부터 금지되었던 민간인들의 정치 활동이 재개되면서, 군정종식(軍政終熄)이라는 대의 아래 모인 민간 정치인들은 김병로(金炳魯), 윤보선(尹潽善), 이인(李仁), 전진한(錢鎭漢) 네 명의 '4자 회담'을 출발점으로 구심점을 마련했다. 이 4자 회담은 그 후 발전적 대화로 민주계의 박순천(朴順天), 구(舊) 자유당계의 김법린(金法麟)이 참가해 6자 회담이 되었다가, 박순천의 탈퇴로 변화를 맞기도 했다. 민주계는 1963년 4월 29일 허정(許政)을 중심으로 이상철(李相喆), 조재천(曺在千), 현석호 등이 신정당을 결성하고, 허정을 대통령 후보로 선출했다. 곡절 끝에 민주당 구파 계열은 1963년 5월 14일 김병로(金炳魯)를 대표로 백남훈(白南薰), 김도연(金度演), 이인(李仁), 전진한(錢鎭漢), 서정귀(徐廷貴), 김법린(金法麟) 등이 참여하여 민정당을 만들고 윤보선을 대통령 후보로 선출했다.

이들은 단일 야당을 위해 '국민의 당'을 만들어 통합한다는 원칙에 합의하고 12인으로 조정토록 했다. 그러나 대통령 후보를 조정하지 못하고 세계 정당사에 유례가 드문 '제비뽑기'로 하기로 하고 제비까지 뽑는 추태를 보였다. 비민정계가 당첨이 되었으나 8월 1일에 열린 전체 통합 전당대회에서는 이것마저 받아들여지지 않고 실력 대결을 벌여, 대회장에서 마이크가 부서지고 고함과 야유가 빗발치면서 회의는 깨지고 말았다.

이런 혼란 속에서 군사 정부가 민정 이양 스케줄에 따라 대통령 선거를 10월 15일에 실시한다고 발표하자, 야당은 불과 45일의 시간 여유밖에 갖지 못하게 되었다. 대통령 선거가 이렇게 시간에 쫓기다보니 야당 진영에서 신인의 등장이 어렵게 되어 기성 명망가가 등장할 수밖에 없게 되었다. 신인은 늘 국민 앞에 검증 받을 기회를 가지기가 어렵다.

시간에 쫓기던 야당은 쿠데타 군인들로부터 '구 정치인의 추태'라는 등 숱한 모멸을 받은 끝에 민정당의 윤보선 후보를 내세웠고, 군정에서 탈바꿈한 공화당의 박정희 후보에게 9백만 명이 넘는 투표자 규모에서 15만 6천 28표라는 아슬아슬한 표차로 패배했다. 당시의 선거 양상은 치열해서, 비단 15만 표 차이라는 결과뿐 아니라, 개표 중간중간에 박 후보와 윤 후보가 서로 우열을 가릴 수 없을 만큼 엎치락뒤치락했다.

당시 선거를 총관리했던 중앙선거관리위원회 위원장이던 사광욱(史光郁)을 선거관리위원장의 임기가 만료된 후 자택에서 회견한 일이 있었다. 대법원 판사였던 사광욱은 1963년도의 선거를 회상하면서 "박정희 후보가 뒤로 처지자 정부의 권력 기관에서 개표를 중단하라고 압력을 넣습디다. 이 압력을 받아주지 않았더니 나중엔 사람이 직접 찾아왔어요. 내가 개표 진행을 엄히 지시하고 슬그머니 자리를 뜨기도 했습니다. 개표 진행과 더불어 박 후보가 표를 만회했기에 망정이지 끝내 그의 표가 회복을 못했으면 무슨 일이 났어도 났을 것입니다"라고 말했다.

그는 또 공화당이 대통령 3선개헌을 하기 위해 과열시켰던 1967년 국회의원 선거에 대해, "국회에서 청문회가 열렸어요. 자연 여야 국회의원들이 이번 국회의원 선거에 대해 어떻게 생각하느냐고 물으면 나는 '부정선거였다'라고 대답하려고 준비를 하고 나갔어요. 그러면 의원들이 당신이 주관한 선거가 부정선거였다면 책임을 져야 할 것이 아니냐고 물을 것이고, 그럴 경우 그 책임으로 지금 사표를 낸다면서 시원스레 사표를 내려고 사표를 써서 안주머니에 넣고 나갔는데 의원들의 그런 추궁이 없어요. 그래서 뜻을 이루지 못했어요"라고 할 정도로 강직한 사람이었다.

윤보선은 1963년에 이어 1967년에 다시 제1야당의 후보가 되어 박정희 대통령과 재대결을 벌였다. 그는 통합 야당이었던 민중당을 탈당하여 선명 야당을 내건 신한당(新韓黨)을 창당했다. 그 뒤 1971년에는 다시 통합 야당이었던 신민당을 제쳐놓고 또다시 선명 야당으로 국민당(國民黨)을 창당했으며, 박기출(朴己出)을 대통령 후보로 내세웠으나 참담한 패배를 당했다. 두 번씩이나 통합 야당을 탈당하고 공화당의 정보정치에 맞서는 선명 야당을 창당한 것을 두고, 일부에서는 윤보선 자신은 순수했다 해도 탈당과 신당창당을 거듭한 자체가 정보정치에 놀아난 결과라고 비난하는 사람도 많았다. 특히 1971년 선거는 박정희 대통령과 김대중이 '하늘과 땅을 가르는' 한국 역사상 최대 접전을 벌인 선거였는데, 이 틈새에서 국민당(國民黨)을 창당해 또다시 야당 분열을 일으켰기 때문이었다.

윤보선은 1971년 5월에 정계를 완전 은퇴하고 정치에서 손을 떼었다. 그러한 그에게 새로운 전기가 닥쳐왔다. 박 대통령이 유신(維新)을 선포하고 '민주주의를 말살하려고 기도하기 때문에' 『회고록』더 이상 참고 있을 수가 없었던 것이다. 그의 생각은 그가 재야인사들과 함께 대통령에게 보낸 건의서에 잘 드러나고 있다. (1)국민 기본권 보장 (2)3권 분립 체제 확립 (3)평화적 정권교체의 길 보장 등을 요구하는 내용으로 그와 당시 재야인사들의 유신관을 알 수 있었다. 유신 폐지에 맞서기 위해 윤보선이 일어선 것은 그의 과거를 볼 때 어쩌면 당연한 일이다. 이번 그의 투쟁은 정치 행위가 아닌 긴급조치라는 실정법(實定法)에 대한 투쟁이었다. 많은 재야 동료들이 구속되고 옥고를 치렀다. 민주회복국민회의, 가택연금, 3·1민주구국 선언, 명동사건, 민주주의국민연합 등 숱한 곡절과 사건을 통해 그는 줄기차게 박정희 개인과 그리고 그가 주도한 제도에 맞서 투쟁했다. 이번에는 부인 공덕귀(孔德貴) 여사까지 참여한 대열이었다.

윤보선이 박정희 대통령에 대해 비타협 자세로 반생을 바쳐 투쟁한 에너지는 어디서 나온 것이며, 그 이유는 어디에 있었던 것일까?

그는 박 대통령에 대해 (1)젊었을 때 일본 사관학교를 졸업한 일본 군인으로 (2)해방 후에 남로당 사건으로 (3)5·16쿠데타로 (4)다시 유신으로 나라를 망치고 있다고 판단했기 때문이다.

윤보선의 이러한 박 대통령에 대한 시각의 배경으로는, 5·16 이후 대통령직을 사임하고 하야할 당시 손때 묻은 개인 재산이었던 청와대 안의 기화요초를 돌려주지 않은 서운함, 청와대 관계자들의 계속된 비우호적 자세, 두 차례의 대통령 선거가 공정히 치러졌다면 자신이 틀림없이 당선되었을 것이라는 확신, 계속되는 주변의 충동(대표적으로 정계 은퇴 후 1971년 국민당을 창당케 한 예), 박정희 대통령과 여당 주도로 세상이 바뀌어가고 있음을 간과한 편견, 권위주의적이고 고집스러운 그의 개성 등을 꼽을 수 있을 것이다.

1979년 10월 26일 이날도 윤보선은 습관대로 아침 일찍 약간 불편한 몸으로 자택 정원을 산책했다. 그리고 거실에 돌아오니 조간신문 대신 대문짝 만한 글씨로 '박 대통령 유고(有故)' 라는 호외가 있었다. 호외를 집어들면서 그의 입에서는 자기도 모르게 한 마디가 나왔다. "드디어 올 것이 왔구나."

금방석에서 출생, 일생 돈 걱정 안 해

윤보선 자신이 회고록에서 밝힌 성장과정은 대략 다음과 같다. 윤보선은 구한말인 1897년 8월 26일 충남 아산에서 3백석지기 부농에서 태어났다. 그의 집안은 선조(宣朝) 때 영의정을 지낸 윤두수(尹斗壽)의 후손으로(윤보선은 10대손) 대대로 벼슬자리에 올라 집안은 부유했고 뼈대가 있었다. 조부는 어린 윤보선에게 충성과 효도를 강조했으며, 특히 술을 먹지 말라는 가르침에 따라 윤보선은 정치를 하면서도 전혀 술을 입에 대지 않았다. 그의 조부는 갑신정변 후에 관직에 진출했으며, 만주에 인접한 국경 도시인 강계(江界)에 방어사 겸 부사로 부임하여 성공리에 국경 도시의 치안을 확보했다. 이런 성과를 인정받아서 동학란 등으로 민심이 흉흉하고 도적 떼가 들끓던 경상, 전라, 충청의 삼남 지방의 토포사(討捕使)겸 안성(安城)부사로 임명되었다. 이는 박영효(朴泳孝) 등이 고종황제에게 진언하여 특별히 임명된 것이었다. 그의 조부는 이곳의 민심 안정에 큰 기여를 해, 한때는 안성 일대에 조부의 성덕비가 40여 개에 이른 일도 있었다고 윤보선은 기억했다. 그의 아버지는 인촌 김성수(仁村 金性洙)의 '경성방직'에도 많은 돈을 투자했을 만큼 명망가였다.

1910년 한일합방이 되던 해, 그는 초등학교를 마치고 일본으로 유학을 갔다. 일본에서 한국의 독립에 눈을 뜬 그는 중국의 신해혁명에 영향을 받아 귀국했고, 여운형(呂運亨)을 만나 상해로 떠났다. 20대의 젊은 나이였다. 상해에서 일찍이 안면이 있던 김규식(金奎植) 선생을 비롯해 이시영(李始榮), 이동령(李東寧), 신석우(申錫雨), 박찬익 등 독립지사들을 만나면서 자연 임정에도 관여하게 되었다. 임정의 대통령 이승만 박사와도 전부터 잘 알고 있었던 터라 자연스럽게 안면이 두터워졌다.

어느 날 상해에서 이 박사가 윤보선에게 자금조달을 부탁했다. 상해 임정이 격심한 자금 궁핍에 처해 있다는 것은 이미 잘 알려진 사실이었다. 그러나 자금을 조달할 묘안도 없을 뿐더러 일본 경찰의 감시가 심해 국내에 잠입했다가 돌아오기란 결코 쉬운 일이 아니었다. 그렇지만 모처럼 큰 어른의 부탁이었고 또 그 일이 한국의 독립을 돕는다는 자부심도 있어서 일본에서 공부를 하고 있던 동생을 통해 집 서너 채 값에 해당하는 돈을 조달한 일이 있었다.

윤보선은 이처럼 임정에 참여하는 일을 큰 보람으로 알았고, 자부심도 있었다. 민정 이양을 위한 제5대 대통령 선거 중 박정희 후보가 윤 아무개는 민주주의를 할 자격이 있느니 없느니 하면서 그의 행위를 자극하여 사상논쟁이 시발되었다고 윤보선은 자신의 회고록에서 밝혔다. 박 후보가 대통령 후보 라디오 연설에서 "윤 모 씨는 참다운 민주주의를 하는 사람이 아니고 애국하는 사람은 더더욱 아니다"라고 발언을 하자 그는 몹시 격분했다고 한다. 자신은 20대에 조국 독립을 위해 상해까지 가서 활동했는데, 일본의 육군사관학교를 졸업하고 천황을 위해 목숨을 바치겠노라 서약한 박정희가 이런 말을 할 자격이 있느냐는 것이다. 여기에서 윤보선은 박 후보가 여순반란사건(麗順反亂事件)에 관여했다고 주장하면서 그의 저서인 『국가와 혁명과 나』에서 "서구적 민주주의는 한국에 맞지 않는다"고 했는데 이것은 무슨 의미냐고 문제를 제기하며, 박 후보를 이질적 신념을 가진 사람이라고 사상논쟁에 불을 붙였다. 이 사상논쟁은 5대 대통령 선거의 가장 특징적인 것으로 기록되고 있다.

꺾이지 않는다는 바다갈대 해위(海葦)

윤보선이 상해에서 4년여 동안을 머물 당시 신규식, 신익희, 이시영 등이 그에게 "국가와 민족을 위해 좀더 보람된 일을 하려면 공부를 더 해야 한다"며 유럽으로 가서 공부할 것을 권유했다.

이들 가운데 신규식은 특히 윤보선과 자주 어울리며 연령 미달인 윤보선을 임시정부 의정원(議政院) 의원에 천거하여, 윤보선이 의원으로서 임시정부 기구에 참여토록 해주었다. 윤보선은 신규식과 산책을 즐겼는데, 어느 날 그가 불쑥 "자네 호를 바다갈대라는 뜻으로 바다 해(海) 자와 갈대 위(葦) 자를 합해 해위(海葦)라고 하면 어때?"라며, "바다갈대는 약한 듯 하면서도 억센 바다 바람에도 꺾이지 않지" 하고 덧붙였다. 그 후부터 윤보선은 '해위'라 불렸다.

윤보선은 상해 선배들의 권유를 연유로 유학을 가 고고학을 전공하게 되었다. 처음에는 지질학에 매력을 느꼈으나 차츰 공부하다 보니 고고학을 전공하게 되었다. 영국 에든버러 대학에 다닐 때 그곳에 유학하던 일본인 학생이 몇 명 있었지만 그들과는 말도 하지 않고 지냈다. 윤보선은 6년 만에 대학을 졸업하고, 상해 시절까지 10여 년을 외국에 머물다가 귀국했다. 귀국 당시 부산에 내린 윤보선은 일본인이 경영하는 여관을 피해 한국인이 경영하는 숙소에 들었을 정도로 대일 감정이 나빴다. 그의 아버지는 귀국한 아들을 보고 "10여 년간 외국에 있으면서 겨우 고고학을 배우고 왔느냐"면서 탐탁지 않게 여겼다. 그는 귀국 후 특별히 하는 일 없이 소일하다가 해방을 맞았다.

윤보선은 고향 아산에서 해방 후 처음 실시된 선거에서 국회의원에 입후보했으나 낙선했다. 초대 대통령에 취임한 이 대통령이 과거 임정 때부터 안면이 있는 데다 영어도 잘하고 예의 바른 윤보선에게 처음 권한 자리는 중국대사였다. 오랫동안 집을 떠나 있던 그로서는 다시 외국에 나가 근무한다는 것이 내키지 않았다. 이어 일본대사, 미국대사 자리를 차례로 권했으나 모두 거절했다. 그러다가 서울 시장에 취임했고, 깔끔한 그의 성격대로 청소를 열심히 하고 주력하다보니 청소시장이라는 별명을 얻었었다.

이 무렵 그는 원만한 가정을 꾸미지 못했던 첫째 부인 민 씨와 관계를 정리하고 신학대학 교수로 있던 공덕귀(孔德貴) 여사와 재혼했다. 공 여사는 윤보선 자택 앞에 있는 덕수교회 목사의 요청으로 교회 일을 보며 신학대학에서 학생들을 가르치고 있었고, 호주 유학을 준비하던 중 혼사가 이루어져 30세의 나이로 늦은 결혼을 했다.

뒤이어 윤보선은 상공장관에 기용되었으나, 대통령의 말을 잘 듣지 않는다는 이유로 해직되었다. 한국전쟁 때는 부산에서 피난 생활을 했다. 그때 그는 대한적십자사 총재를 맡았는데, 국민방위군 사건으로 전국 청년들이 도보로 부산까지 왔다가 다시 도보로 고향으로 돌아가는 도중에 많은 사람이 얼어죽는 참상을 목격했다. 그는 이것을 이 대통령에게 사실대로 보고했으나, 대통령은 이를 수용하지 않고 "아, 윤 총재도 나쁜 사람들의 모략에 걸려들었구먼" 하며 오히려 핀잔을 주었다. 내심 이때 부산에서 정치 파동이 일어났고, 이 대통령의 독재가 강화될 것으로 생각한 윤보선은 적십자사 총재를 사임했다. 그 후 이 대통령과는 4·19 혁명이 날 때까지 만나지 않았다.

윤보선은 휴전 이후 제3대 국회의원 선거에 종로에서 출마하여 당선되었고, 이후 인맥을 따라 신익희, 조병옥 등과 교류하면서 야당에 깊숙이 참여했다. 신익희가 급서한 뒤에는 민주당 구파의 리더가 되었다. 그는 평소에도 영국에서 공부한 체취가 물씬 풍기는 영국신사로 통했다. 평소 말이 없고 한번 결정한 사항은 끝까지 고집스레 밀고 나갔다. 또한 이해타산을 넘어 이를 관철했다. 주변에서 권위주의라고 말할 정도로 원칙주의자이며, 비서관들조차 집에서 넥타이를 매지 않은 모습을 보기 어려울 정도로 항시 옷매무새를 단정히 했다. 영국 신사처럼 단추가 세 개 달린 신사복을 즐겨 입었다. 그가 일생을 걸고 박정희 대통령과 투쟁한 이유는 그를 겪어본 사람이면 쉽게 이해할 수 있다. 필자가 그와 여러 번 인터뷰를 할 때도 그는 한 마디 한 마디 분명히 말하고 확인해주어 자신의 뜻이 잘못 전해지지 않도록 했다. 그는 인사예절이 밝아서 필자가 가끔 안국동 자택에 들러 문안 인사를 겸해 큰절을 하면 꼭 앉은 자리에서 일어나 반절을 하며 받았다.

III
장면
(張勉 | 1960.8~1961.5)

장면 국무총리 공식사진

취임 초부터 무리한 설계

장면 정권은 무능하고 부패했으며, 파벌 싸움으로 일관한 것으로 인식되고 있다. 우선 파벌 싸움이란 노장과 소장 간의 싸움이었다. 은행가 출신으로 장면 정권의 정치자금 상당 부분을 조달한 오위영(吳緯泳) 국무원 사무처장 중심의 노장파와 해방 후 건국 과정부터 전국학생연맹 위원장으로 활약한 이철승(李哲承) 간의 대립이 그 첫째였다.

이철승은 3대 국회 때 원내에 들어갔으나 해방 직후부터 이승만, 김구와 협조하면서 학생 반탁운동을 주도해 이미 전국적인 인물이 되어 있었다. 그는 리더십이 강해 많은 소장 세력이 그를 따랐다. 그는 장면 내각이 발족한 1960년 8월 23일에 구파의 소장파 의원이던 김영삼과 회동하고 정치발전을 위해 소장파의 단결에 합의했다. 이 의원은 그 뒤 주로 신파를 중심으로 30여 명의 의원을 규합, 소장동지회(少壯同志會)를 구성했고(대변인 김재순(金在淳), 간사 조연하(趙淵夏)), 곧이어 신풍회(新風會)로 확대하여 정식 정파의 모습을 갖추었다. 이철승의 전학련 세력과 우파 인맥은 반공, 반탁, 건국의 신념 아래 어떤 이데올로기보다 더 끈끈한 인간관계를 유지했는데, 그 유대감은 50년이 지난 현재까지 매년 '학련동지회(學聯同志會)의 밤' 행사를 개최할 만큼 특이했다. 소장파의 끊임 없는 자리 요구는 내각을 쓰러뜨리는 운동으로까지 번져 약체인 장 정권에 적지 않은 골칫거리였다. 소장파는 구파 소장파와 함께 청조회(淸潮會)라는 청신한 정치 풍토 조성 운동을 벌이기도 했으나 큰 실효는 거두지 못했다.

장면 정권은 정권 내부의 이러한 파벌과 함께 실질적으로 정권을 지탱해주는 군과 경찰을 제대로 장악하지 못했다. 장 정권이 무능했다는 것은 이를 두고 하는 말이었다.

장면은 총리에 취임하여 민의원에서 행한 취임연설에서 여섯 가지 긴급 과제를 발표했다. 이 긴급 과제에 군(軍)의 개혁과 감군(減軍) 추진이 들어 있었다. 감군 계획은 국가 예산의 40퍼센트를 차지하는 국방비를 20퍼센트 삭감하여 이를 경제 건설비로 전용한다는 것이었다. 그 대신 미국의 지원을 얻어 삭감된 국방비는 군의 장비현대화로 대체한다는 것이었다.

국방비는 자유당(自由黨) 정권 10여 년 동안 그대로 지속되어오던 것인데, 이를 20퍼센트 감축한다는 것은 그야말로 충격이었다. 이 발표가 나가자 장 총리는 국방부와 미국 측으로부터 항의와 이의 제기 등 강한 반발을 샀다. 군 내부에서는 장 총리가 임명한 최경록(崔慶祿) 육군 참모총장이 공개적 비판에 나섰고, 주한 유엔군 사령부 · 미국 대사관 · 미국 국방부에서도 한결 같이 '전투력 상실의 우려'를 들어 반대했다. 육사 8기생 중 정군파(整軍派)는 군의 인사 적체를 들어 이를 반대했다. 육사 1기생은 군 입대 5년 만에 절반쯤이 장군이 되었는데, 8기들은 12년이 지나도록 한 명의 장군도 없었던 것이다. 장군은커녕 대령 승진률 10퍼센트에도 못 미치는 형편이었다.

왜 이런 반대가 나왔는가? 장 총리가 군과 관련된 이 민감한 문제를 미국군, 정치계 등 주변과 충분한 상의 없이 자신의 원칙적인 희망 사항을 밝히는 무모함을 보였기 때문이다. 감군과 국방비 감축을 발표하면 각 당사자들로부터 어떤 반응이 나올 것이며, 그럴 경우 어떻게 설득하고 홍보하고 반대논리를 구사하여 감군의 정당성을 확산시킬 것인지 대처방안도 전혀 생각지 않고 발표했던 것이다.

주변에서 일제히 반대하고 나서자 장 총리는 권중돈(權仲敦) 국방장관으로 하여금 감군문제를 고의로 애매하게 발표하여 유야무야로 만들었다. 그러나 이미 총리가 한번 발표한 사안이기 때문에 군의 불만은 고조되어갔고, 총리의 신뢰와 리더십은 땅에 떨어졌다.

이런 감군 정책의 실수 이외에 장 총리는 군 인사에서 또 한 번의 실수를 했다. 군부 최고 수장인 국방부장관 임명에서 군을 잘아는 측에서는 이승만 대통령 때 부산 정치파동 당시 계엄령 선포에 끝내 반대했던 이종찬(李鍾贊) 예비역 장군을 추천하는 측이 많았다. 하지만 장 총리는 미국처럼 국방부장관은 민간 출신이어야 한다는 문민통제(Civilian Control)를 강조, 군의 내용을 잘 모르는 현석호(玄錫虎)를 임명했다. 군을 민간 출신이 관장하는 문민통제는 군과 관점이나 이해를 달리하는 민간인이 정책을 결정케 함으로써 군으로부터 자유로운 입장에 설 수 있다는 장점은 있으나, 그것은 어디까지나 국정 운영이 정상적이고 군이 안정되어 있을 때의 원칙적인 이야기다. 4·19 혁명 후와 같이 정국이 술렁이고 질서가 밑바닥부터 흔들리고 있을 때에 군을 전혀 모르는 인사를 최종책임자로 앉힌다는 것은 무모하기 짝이 없는 일이다. 장면 총리는 이런 면에서 '옷 잘 입고 스타일 좋게 가다가 쿠데타라는 시궁창에 빠진 격'이 되었다.

장 총리에게는 미국의 국방장관 시스템에 대한 지식은 있었지만, 이를 활용하는 지혜는 없었다. 장 총리의 이 장관 인사는, 민주당 내 노장파와 소장파의 대립에서 노장파가 내세운 사람을 선정했기 때문이기도 했다. 앞서 언급했듯이 최경록 참모총장은 감군 문제의 의견 충돌로 물러났고, 현 장관 후임으로 역시 민간인 출신인 권중돈이 임명되었다가 다시 현 장관으로 교체되었다. 물러난 최경록 총장 후임에는 현석호 장관 친구의 사위인 장도영(張都暎) 장군이 임명되었다. 장 장군은 5·16 혁명 당시 최후까지 장 총리를 속여 기회주의자라는 평가를 받은 사람이었고, 참모총장 운동 시에는 민주당 박순천 의원을 '어머니'라고 부르며 찾아다녔다고 전해진다(『장면·윤보선·박정희』·정신문화연구원 편·백산서당).

장 장군은 또 장면이 5·16 이후 잠적했을 당시 장면의 고문이었던 미국인 위태커(후에 상술)가 매그루더 사령관을 만나 신변안전을 보장받은 뒤 장 총리 측 인사로 생각하고 있던 그를 만났을 때 불손한 언동으로 위태커를 몹시 놀라게 했다. 그는 위태커로부터 "장 총장 은신처로 가봅시다. 신변보장도 책임져주시고"라고 하자 "그럼 가야죠"라고 말한 뒤 권총을 차면서 중얼거리는 것이었다. "숨은 쥐를 잡으러 가야지."

이 소리를 언뜻 들은 위태커는 놀라서 "이런 말을 서슴없이 하는 당신이 한국의 합법정부를 지지하는 사람이요?" 하고 항의를 하면서 삿대질이 오가는 언쟁이 벌어졌다『윤보선의 회고록』.

장 총리가 막중한 육군 참모총장에 분명한 자기 사람을 쓰지 않고 주변의 추천에 의존한 것은 그가 평소 군의 힘을 빌려 나라를 이끌어간다는 것이 민주주의 원칙에 어긋난다는 생각을 가지고 있었고, 한편으로는 미군을 지나치게 믿고 있었기 때문이다. 민주당 정권 때 조폐공사 사장을 지낸 선우종원(鮮于宗源)의 증언에 따르면 장 총리는 국내 정치에 군을 동원해서는 안 된다는 굳은 생각을 가지고 있었다고 한다.

장 총리는 부산 출신 민주당 의원인 김응주(金應柱)가 박정희가 쿠데타를 음모하고 있으니 관련자를 빨리 구속하자고 하자 "민주 국가에서 의심이 있다고 잡아넣으면 어떻게 하느냐?"고 하면서 이에 반대했

대통령 후보 선출을 앞두고 페어플레이를 다짐하고 있다(1959년).

다. 광주 출신 이필호(李弼鎬) 의원도 비슷한 정보를 입수하고 장 총리 측에 전했으나 유야무야되고 말았다.

장 총리는 또 선우종원이 장도영(張都暎), 박정희(朴正熙), 김종필(金鍾泌), 김동하(金東河) 장군의 쿠데타 계획 정보를 상세히 입수해서 보고했으나(후에 밝혀진 바로는 이 정보가 정확했다), 장 총리는 이의 확인 과정에서 장도영이 눈물을 흘리며 "이것은 모두 나를 모함하기 위한 것"이라는 해명을 듣고 불문에 부쳤다. 그리고 격화되는 시위를 방지하기 위해 계엄령이라도 펴서 시국을 안정시켜야 되지 않겠느냐는 선우종원의 건의에 대해 "이 사람아, 민주국가에서 시위가 있다 해서 계엄령을 내리면 어떻게 하느냐"고 반문하고, "작전권을 가지고 있는 미군이 있는데 우리 군이 어떻게 쿠데타를 하겠느냐"라며 낙천적으로 사태를 관망했다. 선우종원은 장면이 이승만 대통령 밑에서 국무총리를 지낼 때 그의 비서실장이었으며, 장면을 대통령에 추대하려다가 자유당 정권의 미움을 사 8년간 일본에 망명해 있다가 민주당 정권 때 귀국해 조폐공사 사장을 지냈었다. 선우종원은 해방 후 유명한 사상 검사로 반공 전선에 공을 세웠고, 장면의 비서실장이 되기 전에는 치안국 정보수사과장으로 재직하여 정보에 정통했다.

장 총리는 인품이 온화하고 신앙심이 두터워 사람을 한번 믿으면 그가 무슨 말을 하든 믿는 스타일이었다. 쿠데타에 참여하고 있던 장도영의 부인 발언을 철석같이 믿고 "장도영과 미군이 있는데 무슨 쿠데타 걱정이냐"고 말하며 많은 쿠데타 정보를 묵살했으니, 교육자로서는 격이 맞을지 모르지만 정치인으로는, 더구나 격동기의 총리로는 낙제인 셈이었다. 이쯤 되면 한 나라는 고사하고 한 정권도 지키지 못하는 자기 보호 능력이 전혀 없는 인물로 보아야 할 것이다.

장 총리는 부통령 시절에 미국 CIA직원으로 가까운 거리에서 자기를 도와주던 위태커를 총리행정고문에 임명하고 총리실 바로 옆방에 사무실을 두어 총리비서실장의 통제도 받지 않고 총리실을 출입하게 했다. 또한 CIA의 한국 지부장 드 실바와는 한 달에 한 번 이상 만났는데, 그는 유엔 군사령관의 특별보좌관으로 군사부문의 자문에 충실히 응했다. 장도영 장군의 참모총장 임명에도 미국의 천거가 있었다.

그는 5·16이 나서 피신을 하려고 총리 숙소를 나섰을 때 제일 먼저 찾은 곳도 미국 대사관과 CIA 숙소였다(『장면은 왜 수녀원에 숨어 있었나』·정대철·동아일보사, 『장면·윤보선·박정희』에서 재인용).

5·16쿠데타 정보에도 불구하고 이를 철저히 추적하지 못한 주요 원인은 장도영의 속임수와 미국에 대한 신뢰 때문이었지만, 그 밖에 여러 복합 요인이 있었다. 박정희 소장이 여순반란사건에 관여한 사실을 원만하게 처리토록 배후에서 건의하고 김종필 중령 등의 하극상 사건을 무마시킨 것이 소장파의 공이라면, 5·16거사의 정보를 알면서도 단호하게 처리하지 못하고 그 쪽에도 한 다리를 걸치고 있던 장도영 장군을 참모총장에 밀어 붙인 것은 노장파였다(『대통령과 장군』. 한 정권에서 이렇게 전환기에 권력의 핵심을 이루는 자리의 인사에 대한 견해와 이해가 천양지차였으니 정권이 넘어가는 것은 시간 문제였다.

한편 장면 정부가 이렇게까지 무능하고 자신들의 정권을 뒤엎으려는 세력에 냉철하게 대응치 못했던 것은 신뢰할 만한 정보가 없었기 때문이었다. 이는 장면 정부가 발족과 함께 선거부정과 시위대 과잉 진압 등과 관련해 경찰관 4,500명을 처벌하면서, 경찰 정보망이 무기력하게 파괴되었을 뿐만 아니라 잔존하던 정보팀도 장 정권을 충성스럽게 보필하지 않았던 데에서 기인한 것이다. 예나 지금이나 집단적으로 일을 처리하는 팀에게는 그 팀을 이끌고 갈 사기가 제일 중요한 법이다. 경찰 정보팀도 예외는 아니었다. 당시 정보팀에게는 최소한의 회생만 내고 일할 수 있도록 해주는 조처가 필요했지만, 장면 정부는 준법만 강조했으니 경찰들로서는 사실 일할 맛이 나지 않았다.

  정권 담당자들이 정권의 안위는 생각지 않고 파벌의 이해에만 급급했던 것은 조선왕조의 사색당파를 무색케 하는 것으로서, 국가경영의 능력이 없었던 것이다. 정부의 고위 인사들은 중종(中宗) 치세의 조광조(趙光祖) 등 사림파(士林派)처럼 법과 공정성만을 내세우는 순진함으로, 감군의 충격 속에서 정보팀마저 사기가 땅에 떨어진 군과 경찰 실무자들로부터 충성을 확보하지 못했다. 정권의 부패문제는 집권 기간이 짧았기 탓인지 모르겠지만, 5·16세력이 끈질기게 조사한 데 비해서는 그리 큰 부패는 찾아내지 못했다.

경제개발 5개년 계획의 원조

  장면 총리는 취임 후 민의원에서 행한 첫 시정연설 겸 인사를 통해 "당면한 민족적 과제인 경제건설을 수행해야 할 중대한 책임을 통절하게 느껴마지 않는다"라며 경제건설이 제일 중요하다고 강조했다. 그는 그 후 회고록을 통해 "경제의 안정을 기한 후에야 정국안정을 바랄 수 있고, 참된 민주주의 실현이 가능해진다고 믿었기 때문에 경제 제일주의를 내걸었다"고 밝혔다(『제2공화국과 장면』·이용원).

장면 정부의 경제 제일주의는 단기적 공공사업인 국토건설사업과 장기적인 경제개발 5개년 계획으로 나뉜다.

장면 정부는 1960년 11월 28일 '국토건설사업'이라는 공공사업 계획서를 국회에 제출했다. 이 계획서에는 소양강(昭陽江)댐, 춘천(春川)댐, 남강(南江)댐 건설과 도로건설, 농지 개간, 수자원 개발, 발전과 농업용수 확보를 위한 다목적댐 건설 등 국토의 효율적 관리와 사용을 위한 혁명적 구상이 열거되어 있었다. 장 정권은 이를 추진하기 위해 추가경정예산을 편성할 방침도 밝혔다.

월간 잡지 〈사상계〉 사장이었던 장준하(張準河)가 실질적으로 이끌었던 국토건설사업은 그 필수요원 모집에서부터 화제였다. 자격요건을 '병역을 마친 30세 미만의 대학 졸업자'로 하여 공개모집을 했는데 후보자들이 폭발적으로 모였다. 3개월간 건설현장에서 근무하면 당시 직급으로 국가공무원 4~5급이나 지방 공무원 3~4급을 준다는 파격적인 조건이었기 때문에 취업 기회가 많지 않았던 당시로서는 젊은이들에게 인기가 높을 수밖에 없었다. 이들은 대부분은 애국심과 사명감에 차 있었으며, 건국 이래 공무원 공개 채용 시험의 첫 사례였다. 이들의 교육에는 당시 한국의 최대 지성으로 꼽히던 박종홍(朴鍾鴻) 서울대 교수, 종교지도자이며 사상계의 명망 있는 필진이었던 함석헌(咸錫憲) 등이 강사로 나섰다.

건설 요원은 사무직과 기술직을 합쳐 모두 2천 66명이 합격했다. 이 공개 채용은 관료사회에 새 바람을 불어넣었고, 젊은이들에게 새 활로를 제시했다. 주요한(朱曜翰) 부흥부장관은 국토건설사업의 요원을 선임하고, 사업에 착수하는 담화를 발표해 "구체적인 효과에 못지않게 중요한 것은 국토건설운동을 통하여 국민에게 우리도 하면 된다는 생생한 신념을 얻게 하는 데 있다…… 경제건설을 위하여 요구되는 계기는 무엇보다 자조(自助)정신이며……"라고 강조했다(『제2공화국과 장면』에서 재인용). '우리도 하면 된다'는 신념과 '자조정신'을 강조한 것은 박정희 대통령 때의 새마을 사업에서 처음 등장한 것 같지만 사실은 장면 정권 때 이미 등장했던 것이다. 다만 기간이 짧아서 국민들의 뇌리에서 오래 남지 못했을 뿐이다. 장면 정권 시절 국토건설사업이 한국의 최고 두뇌에서 짜낸 것인 만큼, 새마을 사업의 아이디어가 여기서 크게 벗어나지 않았을 것이다. 곧 자세히 설명할 '경제개발 5개년계획'이 장면 정권 때의 내용과 다르지 않다는 데서도 그렇다.

장 정권 때의 이들 공채 인원들은 5·16혁명으로 당초 목표대로 소화는 되지 않았지만, 혁명 정부에서도 이들의 신원을 공채 1기로 보장하고 신진 공무원으로 임용했다『제2공화국과 장면』. 1960년대 필자가 신문기자로 정부 부처를 출입하면서 취재활동할 때 간혹 공무원 중에는 '장면 정권 때 공채 출신'이라며 자부심을 가지고 일하는 사람도 있었다.

국토건설사업과 공공사업의 취지나 의미는 우리나라 국토개발에 있어서 최선의 방안 중의 하나였던 것 같다. 경제개발 5개년 계획은 제3공화국 때 박정희 대통령의 전유물처럼 기술되지만, 이런 계획이 태동하고 구체화된 것은 이승만 정권 때로 거슬러 올라간다.

1957년 중반 자유당 말기에 미국은 당시 부흥부장관인 김현철(金顯哲)에게 한국이 장기적인 경제개발계획을 내놓아야 경제원조를 해주겠다고 통고했다. 국내에서도 미국에서 수학하고 돌아온 학자들을 중심으로 장기 경제개발계획의 필요성이 강조되고 있던 때였다. 유창순(劉彰順, 헤이스팅스 대학), 이한빈(李漢彬, 하버드 경영대학), 차균희(車均禧, 위스콘신 대학), 정재석(丁渽錫, 반더빌트 대학), 최창락(崔昌洛, 반더빌트 대학), 정소영(鄭韶永, 워싱턴 주립대학) 등이 대표적 인물이었다. 당시 부흥부 기획과장이었던 이기홍이 이 그룹의 핵심 멤버였다. 이기홍은 밤을 새워가며 경제개발계획서를 만들었다. 이해(1957년) 11월 경제 4부 장관들이 청와대를 방문, 경제개발계획의 필요성을 설명했다. 그러자 이승만 대통령은 "그것은 스탈린식 사고방식 같은데, 불구대천의 원수인 공산주의 방식을 따르자는 얘기냐?"면서 한마디로 거절했다(이기홍 회고, 『제2공화국과 장면』에서 재인용).

이 대통령에 의해 거부된 경제개발계획은 공개적으로 추진되지 못하고 미국대외원조처(USOM)와 함께 산업개발위원회를 만들어 간접적으로 추진되었다. 위원 22명과 보좌진으로 구성된 산업개발위원회는 처음엔 송인상(宋仁相, 전 재무부장관. 부흥부장관)이 위원장으로 있었으나, 1958년에 부흥부장관의 자문기관으로 정식 출범하였다. 그 후로 주원(朱源, 전 건설부장관)이 위원장으로 취임하여 당시 한국 최고 경제연구 단체가 되었다. 엄청난 비용을 써가며 작업을 계속한 끝에 1959년 봄 경제개발 5개년 계획이 아닌, 3개년 계획서(1960~1962)를 국무회의에 제출했다. 그러나 대통령은 관심을 보이지 않았고, 정국은 이 대통령의 후계자 문제로 들끓고 있을 때여서 누구도 이 경제계획서에 관심을 나타내지 않았다. 그러다가 1960년 4월 15일에야 국무회의 심의를 거쳐 채택키로 한 것이다.

산업개발위원회는 4·19와 허정 과도정부, 그리고 장면 정부에서도 굳건히 존재하며 경제개발계획을 연구해나갔다. 그러다가 장 정권 아래서 김영선(金永善) 재무부장관으로부터 그 필요성과 연구결과를 인정받아서 장 정권 출범 1개월 후인 1960년 9월 '제1차 경제개발 5개년 계획'이 정부 시책으로 채택, 공고되었다. 3개년 계획이 5개년 계획으로 바뀌었고 짜임새도 한층 충실해졌다.

산업개발위원회의 3개년 계획과 장면 정권의 5개년 계획을 실무적으로 다듬는 작업에 참여했던 런던 대학 경제개발론 전공자 김입삼(金立三, 전경련 고문)은 "거시적인 면에서 3개년 계획은 산업 각 부분을 고루 발전시킨다는 균형이론에 근거를 두었고, 5개년 계획은 특정 부문에 투자의 중점을 두어 전략 부문의 우선 성장이라는 중점 성장이론에 기초를 둔 것이 다르다"고 말했다. 이 5개년 계획은 자본은 부족하지만 노동력은 풍부한 여건에서 유효한 계획이라고 설명했다(『제2공화국과 장면』에서 재인용).

1957년부터 22명의 전문 인력과 보조원들이 참여해 작성된 경제개발계획이 3년이 지난 후인 1960년도에야 대체적인 틀을 잡아 장면 정권의 시책으로 채택되었다. 그런데 5·16 군사혁명 정부가 혁명 후 불과 2개월 만인 1960년 7월 22일에 경제종합개발계획을 발표하고 1962년부터 1967년까지를 제1차 경제개발 5개년 계획연도로 채택할 수 있었던 그 신속한 추진 작업의 배경과 비결은 무엇이었나?

장면 정권에서 채택한 경제개발계획은 외국 전문가들의 검증을 받는 단계에 이르렀다. 일종의 타당성 조사인 셈이었다(이하 부분은 『제2공화국과 장면』에 기록됨). 1961년 3월 미국 사회과학연구 기관인 랜드연구소 소속 울프 박사 일행이 장기 경제계획을 점검하기 위해 한국에 왔다. 김입삼이 울프 박사에게 브리핑을 했고, 각 부서별 거시경제 분야는 한국은행에서 파견 나온 이경식(李經植, 전 경제부총리)이 했으며, 최각규(崔珏圭, 전 경제부총리)도 행정관으로 지원 출석하는 등 한국의 최고 엘리트들이 참여했다. 당시 이 개발계획에서는 성장률을 6.1퍼센트로 높게 잡았는데, 이는 한국에는 높은 교육을 받은 우수한 인적 자원이 풍부하다는 점을 고려했기 때문이었다.

한국의 개발계획에 대한 설명을 들은 울프 박사 일행은 대체적으로 높은 평가를 해주었고, 이에 따라 1961년 4월 11일 미국 정부는 한국의 장기경제개발계획에 대해 원조를 발표했다. 이후 한국과 미국 실무진들은 구체적으로 개발계획을 현실성 있게 다듬기 시작했다. 이러한 내용은 당시 신문에 일부 보도되기도 했다.

그러나 장면 정부는 이를 정식으로 발표하지는 않았다. 1961년 7월 10일 장 총리가 미국을 방문하여 케네디 대통령과 정상회담을 갖기로 되어 있었기 때문이다. 정상회담에서 경제원조와 함께 이 개발계획을 논의한 뒤 격식을 갖추어 발표하려고 구상하고 있다가 5·16혁명을 맞았던 것이다. 이 작업의 일환으로 재무부 예산국장 등의 실무진들은 미국에 가서 구체적인 교섭을 벌이던 중에 혁명을 맞았던 것이다.

혁명 정부는 5·16에 성공한 뒤 국민에게 무엇인가를 보여주어야 할 필요성을 절실히 느꼈다. 혁명 정부는 부흥부를 건설부로, 7월 22일에 건설부를 다시 경제기획원으로 이름을 바꾸어 이날 종합경제재건 5개년 계획(1962~1966)을 발표했다. 이 종합계획이 어떻게 작성되었는지에 관해서는 설명이 없었다. 그러나 5·16이라는 시퍼런 세력 앞에서 약 2개월 만에 국민에게 선보인 이런 거창한 경제계획의 실현 가능성이라든지 계획서의 작성 경위 등은 물을 수도, 물을 필요도 없었다. 아는 사람만 알고 추측할 뿐이었다.

　어느 정도 시간이 흐른 뒤에서야 진상이 밝혀졌다. "혁명 세력은 장면 정부의 계획을 그대로 가져다가 발표했다. 방법론은 물론이고, 세부 항목까지 거의 같았다. 달라진 것은 성장목표 6.1퍼센트를 7.1퍼센트로 높인 것뿐이었다." 계획 수립에서 실무를 맡았던 김입삼의 말이었다(『제2공화국과 장면』에서 재인용). 엄밀히 말하자면 혁명 세력이 발표한 내용과 장 정권의 계획서는 두 군데에서 차이가 난다. 하나는 경제 성장목표치를 6.1퍼센트에서 7.1퍼센트로 높인 것이다. 이는 경제 발전을 보다 빨리 이룩하려는 의욕 때문이었을 것으로 풀이되었다. 두 번째는 혁명 직후의 바쁜 와중에도 손을 댄 것을 보면 이것은 단순히 외양만 다르게 만든 작업이 아니라 혁명 세력의 진의가 반영된 것이 아닌가도 생각된다. 총론의 경제 근간을 장 정부에서는 '자유 경제 체제'라고 한 데 비해 혁명 세력은 "한국 경제 체제는 자유 기업 제도와 정부에 의한 경제정책의 병존이며, 이는 지도 받는 자유 경제 체제"라고 규정했다. 초기에 혁명 세력에 대해 '좌파 요소가 많다' 느니 '사회주의 인사가 있다' 느니 하는 이런저런 이야기가 있었던 것도, '지도 받는 자유 경제 체제'라고 하는 것과 무관하지 않다.

　수식어가 많이 붙을수록 본질이 훼손되는 경우가 많다. 예를 들어 '지도민주주의' '행정민주주의' '대중민주주의' 등은 우리가 흔히 말하는 자유민주주의와 상당한 거리를 두는 개념이다. 그래서 일반적으로 "민주주의 앞에 수식어가 붙으면 민주주의가 아니다"라고 말하는 것이다.

3공화국의 5개년 계획은 자금 조달 방법이 다르다

경제개발계획이 장면 정부의 것이냐 아니냐보다 더 중요한 것은 그 추진 방법이 혁명세력과 장 정부 간에 크게 달랐다는 점이다. 이러한 거대한 국책 프로젝트를 추진할 때는 무엇보다 자금 조달을 어떻게 하느냐가 성패의 관건이다. 장 정권은 자금을 주로 미국 원조에 의존했던 것 같다. 장 정권은 초기 단계부터 미국의 원조를 염두에 두고 울프 박사 일행 등 미국 연구소의 검증을 받았으며, 1961년 4월 11일 미국 정부가 한국의 경제개발계획 원조를 결정하자, 장 정권은 대단히 고무되었다. 장 정권이 이 개발계획을 장면 총리와 미국 케네디 대통령 간의 정상회담 뒤로 미룬 것도 한국과 미국의 두 정상 간에 경제 원조계획을 확정한 뒤에 추진할 방침이었기 때문이다.

이에 비해 혁명 세력은 처음부터 자본 조달을 미국이 아닌 경제인들을 통한 외국 자본의 국내 조달, 즉 차관(借款)을 생각했고, 한일회담을 통한 청구권 자금(請求權資金) 등을 고려했다. 미국과의 관계가 껄끄러웠으니 돈을 빌리거나 원조를 해달라고 요구하기도 어려웠을 것이다.

5·16 직후 혁명의 민간 주체였으며 국가재건최고회의 경제고문이었던 김용태(金龍泰)는 당시 상황을 다음과 같이 말했다(《월간조선》 2002년 4월 호). "민주당 정부에 의해 부정축재자로 규정되어 구속된 기업인들에게 본인들한테는 이야기도 안 하고 구라파 반, 미주 반, 아주 반, 이렇게 편성한 후 '당신들이 전문가이니 나가서 선진국의 공업발전 상태를 봐라. 우리나라도 산업발전의 기초를 만들자'고 했죠. '산업발전을 하는 데 필요한 것은 뭐냐. 돈 아닌가? 돈은 어떻게 꾸면 되느냐. 이

안양교도소를 방문한 장면 총리(왼쪽 인사는 이회창 전 국무총리의 부친인 이홍규 법무부 행정국장).

것들에 대한 해답을 내달라'고 했습니다." 이렇게 해서 동참한 기업인이 이병철(李秉喆), 이정림(李庭林), 정재호(鄭載護), 남궁련(南宮鍊), 김주인(金周仁) 등이라고 했다.

김용태는 경제개발계획의 민주당 작품 문제에 대해 "민주당에서 만들어 놓았는지는 모르겠어요. 그런 게 있었다 하더라도 추진할 수 있는 동력과 동기를 제공한 것은 군사 정부입니다. 민주당이 그걸 만들었다 해도 추진할 힘은 없었던 것 아닙니까"라고 했다.

혁명세력이 민주당 정권에서 부정축재자라고 죄인 취급하던 기업인들을 활용해 외국 차관 교섭을 하고, 설계 구상 단계의 경제개발계획에 활력을 불어넣었으며, 구상 단계의 계획을 현실화시킨 것은 틀림없다. 이 점에서 혁명 정부는 민주당 정부에 비해 훨씬 더 실용적이었고, 어쩌면 더 현명하고 자주적이었는지도 모른다. 혁명세력과 그 연장선에 놓인 혁명 정부가 미국에 의존하기보다 외국 차관에 눈을 돌렸기 때문에 한국은 우리의 구상대로 경제개발을 할 수 있었지 않나 생각되기도 한다. 미국 원조에 의존해 경제건설을 추진했더라면 한국 경제의 미국 의존은 한층 컸을 것이다. 그렇다고 하더라도 민주당 정권에 첫 설계자의 명예는 줄만 하지 않을까?

정치와 종교의 갈등에서 종교를 택해

헌정사의 새로운 시도였던 의원내각제로 출발한 제2공화국의 장면 총리(1899~1966)는 인천 해관(海關, 세관)에 다니던 아버지 장기빈(張箕彬, 후에 부산 세관장으로 퇴임)과 어머니 황(黃)누시아 사이에서 7남매 중 맏이로 태어났다. 그의 집안은 대대로 가톨릭 신자였으며, 이 영향으로 장 총리도 평생 독실한 가톨릭 신자로 살았다. 그는 수원 농림학교와 YMCA의 영어 학교를 거쳐 미국으로 유학했다. 장 총리는 YMCA에 수학하면서 용산 천주교 신학교 강사를 했는데, 여기서 평생 교우 관계를 유지한 노기남(盧基南)을 선생과 학생 신분으로 만났다. 장면은 미국 맨해튼 대학을 졸업한 뒤 귀국해서 가톨릭 평양교구에서 활동했으며, 해방 때는 동성(東星)상업학교 교장이었다. 1948년 "한 평생 교육계에서 활동하겠다"는 그를 주변에서 강력히 권유하여 정계에 입문하게 되었다. 제헌의원에 당선된 뒤, 파리에서 열린 유엔총회에 참석하여 한국이 국제 승인을 받는 데 기여했다. 이어 주미대사가 되어 한국전쟁 때 미국의 참전(유엔군 참전)과 미국의 한국 지원에 큰 역할을 했다. 그의 대외 활동에는 가톨릭계의 지원이 컸다.

1951년 2월 3일 국무총리가 되었으나 4월에 사퇴했다. 이승만 대통령은 국회 내 지지기반이 취약한 것을 알고 간선제인 대통령 선출 방식을 직선제로 바꾸려 했다. 직선제 개헌안이 발의되어 국회에서 표결에 부쳐졌으나 부결되었다.

국회는 그 대신 장면 국무총리를 제2대 대통령에 선출하기로 하고, 동시에 개헌을 해서 내각책임제로 한다는 원칙에도 합의하여 개헌에 필요한 의원들의 서명을 완료한 상태였다. 이 사태를 그대로 수용하면 이승만은 정계의 주역에서 물러설 수밖에 없었다. 그는 출근 버스에 탄 국회의원들을 버스째 끌고 가는 '세기적 만행'을 벌여 소위 부산 정치 파동을 일으켰으며, 국회를 군경이 포위한 상태에서 직선제 개헌안을 기립 표결로 통과시켰다. 장면 총리는 이해 4월에 총리직을 사임했으며, 이승만 초대 대통령은 직선제 개헌을 수단과 방법을 가리지 않고 국회에서 통과시켰다. 이로써 이승만은 다시 대통령을 할 수 있었지만, 앞장서 대한민국을 세웠다는 '국부'의 자리를 포기해야 하는 값비싼 대가를 치러야 했다. 4년의 대통령직과 영원한 역사의 존경을 너무 쉽게 맞바꾼 것이다.

이를 계기로 장면은 정치 일선에서 물러나 있다가, 1955년 통합 야당에 참여하여 이듬해 총선에선 대통령 유고 시 승계권을 갖는 부통령에 당선되었고, 이해 9월의 민주당 전당대회에서 저격당했으나 경상에 그쳤다. 1960년에는 조병옥과 러닝메이트로 부통령에 출마했으나 낙선했다. 그후 4·19후의 민주당 정권에서 실권자인 국무총리가 되었다.

그는 1951년 국무총리 때나 1960년 국무총리 때에도 특별한 약속이 없으면 집에서 준비한 점심식사를 들 정도로 가정적이었다. 저녁 식사도 집에서 준비해오는 경우가 많았는데, 격무에 시달리다보니 혼자 밤 11시까지 일을 끝내고서야 저녁을 드는 경우도 허다했다고 한다. 지방 촌락까지 누벼야 하는 선거 때는 침구가 깨끗하지 않으면 혼자 덮지 않고 잤으며, 시골에서 바가지에 떠주는 막걸리나 술은 기생충이 있다고 여겨 잘 먹지 못하는 성격이었다. 1961년 총리 취임 8개월 만에 5·16혁명이 터지면서 실각했고, 석방 후에는 종교활동에 전념하다가 간염으로 사망했다.

5·16 혁명이 나던 16일 새벽, 그는 숙소 겸 사무실로 쓰던 반도호텔에서 혁명군 체포조가 도착하기 직전인 오전 4시경에 잠적했다. 통치자인 장 총리가 없는 상황에서 유일한 헌법기관이었던 윤보선 대통령이 혼자 혁명군과 미국 측을 상대로 대책에 부심했다. 17일 오후 2시에 윤 대통령은 "군사혁명위원회가 정부기능을 대신한다"고 성명을 발표해 사실상 군사혁명을 인정했다.

　이렇게 혁명이 진행되는 동안 장 총리는 갈멜 수녀원에 있었다. 수녀원에서 장 총리는 "빨리 부대에 연락하시지요"라는 권유에 대해 "그렇게 하면 서로 피를 흘리게 돼서 절대 안돼요"라고 했다는 것이 그의 공보비서였던 송원영(宋元英)의 회고였다. 그러나 누가 그 권유를 했는지에 대해서는 말하지 않았다. 장 총리는 18일 아침 수녀원에서 나와 낮 12시 국무회의를 열고 내각 총사퇴를 결정했다.

　세월이 흘러서 어느 기회에 민주당 신파 의원이었던 장경순이 장면에게 수녀원에 있을 때 무슨 생각을 했느냐고 물었다. 이에 대해 장면은 "정치인과 종교인이라는 갈림길에서 정말 고심했다. 결국 종교를 선택했다. 권력을 빼앗겼다거나 무능한 정치인이었다는 낙인은 내가 감내하기로 했다"고 대답했다(『제2공화국과 장면』에서 재인용). 상실한 정권을 되찾기 위해 정치인으로서 피를 흘리고 투쟁해야 할 것인지, 아니면 종교인으로서 피를 흘리지 않고 비난을 감수해야 할 것인지 고민했다는 말로 해석된다.

　장면은 국무총리로 많은 쿠데타 정보에도 불구하고 군인들에게 정권을 빼앗긴 정권 운영의 무능력자였지만, 민주주의를 신봉했던 신념을 지닌 인물이었고 종교인으로서 또 교육자로서 훌륭한 인격자였다.

　그는 이승만 대통령 밑에서 부통령으로서 말할 수 없는 수모와 모독을 당했지만, 대통령 유고일 때 부통령이 대통령직을 승계한다는 제도 하나만을 의지해 인내하는 것도 민주주의의 신장이며 정권교체를 이룰 수 있는 방법이라고 확신하고 모든 어려움을 참아냈다. 바로 이 승계 조항 때문에 자유당으로서는 이 대통령의 나이를 생각할 때 장 부통령의 존재가 눈엣가시였다. 1956년 8월 15일 제3대 정부통령 취임식에서 이승만은 내외 귀빈 소개에서 부통령 소개를 빼놓는 기이한 태도를 보였으며, 남산 의사당 기공식에서 다른 인사들의 자리는 마련하면서 부통령 자리는 만들지 않아서 참석하러 온 장 부통령은 되돌아가야 했다. 이런 수모에도 불구하고 장면 부통령이 굳건히 버티자 이번에는 저격이라는 음모가 도사리고 있었다. 최후의 수단으로 살인을 시도한 것이다. 취임 한 달 만인 9월 29일 민주당 전당대회에 참석하여 격려사를 마치고 내려오는 도중 저격을 당했다. 다행히 총알은 왼손 옆을 관통하고 지나갔기에 생명에는 이상이 없었다. 저격자 김상붕은 저격 후에 "조병옥 만세"를 외쳐 이 저격이 민주당 내분에 의한 것처럼 행동했으나, 국민들은 이 어설픈 저격 시나리오에 대해 코웃음을 칠 뿐이었다. 이후에도 이와 비슷한 정치 시나리오들이 많은 국민들을 웃겼다.

　장면 부통령은 사형 선고를 받고 복역중인 저격범 세 명에게 개인적으로 감동의 편지를 보냈으며 겨울에는 따뜻한 옷을 넣어주었다. 또한 사형에서 무기로 감형되도록 힘을 써주었으며, 이 감형은 이루어졌다. 장면은 진정으로 이들을 불쌍히 생각하고 '원수 사랑'을 실천했다.

　장 총리는 민주주의에 대한 신념 때문에 쿠데타 정보와 관련자 구속 건의에 대해 "민주국가에서 확실한 증거도 없이 어떻게 구속하느냐"고 말했다. 계엄령 선포 건의에도 시간이 가면 해소될 것으로 보고 이를 묵살했다. 이에 대해 전 동아일보 기자였던 김진배(金珍培)는 〈월간조선〉 1986년 1월 호에서 "장면 총리의 상황인식과 문제의식에는 혁명적 진단이 포착되지 않고 있었다. 4·19 혁명에 의해 세워진 정부라는 점에서 스스로 혁명 실천의 수임자라는 의식이 강했어야 했는데 오히려 미약했다. (중략) '4월 혁명'의 완수를 첫 번째 선거공약으로 내걸었지만, 부정선거 원흉 처단이나 부정축재자의 재산환수 같은 구체적인 조처는 외면했고, 관련 헌법개정안의 심의에서도 이러한 문제를 제기한 의원은 한두 사람에 불과했다."

그는 혁명적이었던 당시 상황을 비혁명적으로 인식했고, 그것을 민주주의로 착각하여 완전한 자유를 부여하면 스스로 자유 속에서 질서를 찾을 것이라는 낙관론을 가지고 있었다. 일본의 압제와 전쟁 그리고 자유당 독재 정권을 체험한 국민들이기에, 자유의 한계를 넘어 시위를 벌이거나 욕구 분출을 억제하지 못한 경우라도 계엄령 등의 법적 규제보다는 스스로 자숙하고 절제하는 자세를 회복되기를 바랐다. 그는 시간을 갖고 자유의 바탕 위에 질서가 확립되기를 소망했다. 한국을 근대화시키고 민주주의 국가로 성장시키겠다는 강한 정열을 가지고 있었지만, 그러한 시간은 그에게 주어지지 않았다. 그는 큰 이상을 품었지만, 정치인에게 제일 중요한 한국 사회에 대한 현실인식 능력이 부족했다.

국민들은 그가 바람과는 달리 자율로 가기보다는 무질서와 방종으로 내달았다. 대학생과 노동운동가, 정치인, 언론들은 또다시 혁명적 분위기를 만들어갔으며, 끝내 군의 간섭을 받고 타율에 의한 질서를 받아들여야 했다.

1960년 11월에 서울대학교의 일부 급진 학생들이 학생통일연맹을 구성하고 신세대의 통일운동을 억압하지 말 것과 북한과의 통일 경쟁 등을 요구했다. 교원들은 전국교원노조를 구성하여 교권확립을 위한 투쟁을 전개하고, 혁신계는 그들대로 횃불시위까지 벌이며 정국을 혼미 상태로 몰아갔다. 이럴 때마다 장 총리는 주변의 충고와 대책 강구 건의에 오히려 반발하는 모습을 보였고, 알아서 처리하겠다는 식으로 일관했다. 급박한 현실의 상황에 대한 인식이 없었으며, 정치인으로 바른 자세를 보이지도 못했다.

장 총리는 철두철미한 신앙인이었고 또 정치를 하는 중에도 신앙인이고자 했다. 그의 정계 진출 자체가 가톨릭계의 영향이었으며, 정치 생활을 끝내면서도 가톨릭 정치인으로서 인간의 존엄과 정직이라는 목표에서 결코 벗어나지 않으려 했다.

신파와 구파 간의 격렬한 싸움 속에서도 그는 한 번 한 약속은 어기지 않았다. 그래서 일하기가 더욱 어려웠다. 경찰과 군을 다루는 데 있어서도 주변에서 '융통성'을 강조하면 "그런 융통성이란 결국 임시 장면을 호도하는 것이 아니냐"면서 거부했다. 이미 논술되었지만 5·16 직후 피난처인 수도원에서 외부와 연락을 끊고 잠복했던 것도 신앙적으로 모든 희생을 혼자 지고 가겠다는 결심 때문이었다고 했다.

이런 여러 결함에도 불구하고 그는 단군 이래 처음으로 국민들에게 민주주의를 선사했으며, 국민들은 그때 체험한 민주주의를 잊지 못했다. 김영삼(金泳三), 김대중(金大中)이 후에 말한 민주주의는 이때의 자유 개념을 한편으로 깔고 하는 말 같기도 했다.

장면은 정치는 무엇이고 종교는 무엇인지에 대한 의문을 우리에게 남겨놓고 갔다. 그는 한국의 정치 여건으로 볼 때 20년을 앞서 태어난 조숙아였다는 것이 개인이나 국가의 불행이었다. 그는 훌륭한 인격자였지만 반면에 무능한 정치인이었다.

참고 자료

『대통령과 장군』· 김준하 · 나남출판 『옥계 유진산, 생애와 사상과 정치』· 옥계 유진산 선생 기념사업회 · 사초 『김영삼 회고록』· 김영삼, 백산서당 『나의 삶 나의 길』· 김대중 · 도서출판 산하 『못다 이룬 민주의 꿈』· 고흥문 · 도서출판 무애 『제2공화국과 장면』· 이용원 · 범우사 『장면 · 윤보선 · 박정희-1960년대 초 주요정치 지도자 연구』· 한국정신문화연구원 · 백산서당 『민족을 이끈 거성』· 조학래 · 원휘출판 『외로운 선택의 나날』· 윤보선 · 동아일보사 『나의 회고록』· 조병옥 · 민교사 **조선일보 월간 조선**

IV

제 5·6·7·8·9대 대통령
박정희

(朴正熙 | 1963. 12. 17 ~ 1979. 10. 26)

박정희 대통령이 홀로 사색에 잠겨 있다.

인간에게 '한계'가 있다는 것은 한편으로 안타깝지만 다른 한편으론 다행스러울 때도 있다. 박정희 대통령이 우리 민족을 경제력과 국방력 그리고 정신문화에 있어서 세계 상위 대열로 끌어올리고 이어 장기 계획으로 무한의 발전을 구상하던 때에 세상을 떠났다는 것은 안타까운 일이다. 그러나 그가 만년에 술과 여자에 빠져 비밀 안가에서 오랜 시간을 보내는 등 도덕적 해이를 보인 와중에 생을 마감한 것은, 거인의 뒤를 더럽힐지도 모를 더 이상의 타락이 없다는 점에서 다행한 일이다. 사람은 죽을 장소와 죽을 때를 잘 잡아야 한다는 말처럼, 어찌 보면 박정희 대통령은 죽을 때를 잘 타고 났다고 할 수 있지 않을까?

기록을 검토해보면 박정희 대통령은 여러 번 대통령 자리에서 물러날 생각을 했던 것 같다. 그러나 대통령직에 얽힌 여러 부담 때문에 이를 단행하지 못하고 시해(弑害)를 당한 것 같기도 하다. 이것은 박 대통령이 지닌 인간적 한계이자 동시에 우리 민족의 숙명적 한계인지도 모르겠다.

박정희라는 이름이 우리 역사에 처음 기록으로 나타난 것은 1961년 5·16혁명부터다. 본인의 말을 빌면 '목숨을 걸고' 한 혁명이었지만, 당시 장면 정권과의 관계에서 보면 장도영(張都暎) 참모총장의 배신, 장면 정권 하의 신파와 구파 및 노장과 소장파 간의 싸움으로 자기보호 능력을 상실한 가운데 쿠데타가 추진되어, 쿠데타라는 용어가 갖는 긴박함은 크지 않았다.

민주당 소장파는 배후에서 노장파의 반대를 무릅쓰고, 박정희 소장이 여순반란사건에 관여한 사실과 김종필 중령 등 정치 장교들의 하극상 사건을 원만하게 처리되도록 정부에 강력히 압력을 행사했다. 한편 배신의 장본인이었던 장도영 중장을 군 참모총장으로 밀어붙인 것은 노장파였다. 쿠데타 소문에 대한 장면 총리의 직접 추궁에 대해 장도영 총장은 사실을 알고 있으면서도 "내가 있는데 무슨 걱정을 하십니까?" 하고 오리발을 내밀거나 눈물을 흘리면서 "이것은 나를 음해하기 위한 것"이라는 변명으로 속셈을 감추었다고 했다『대통령과 장군』.

이런 사태에서 쿠데타를 감행한 박정희 장군은 군정(軍政)을 민정(民政)으로 변화시키는 데 연착륙했다. 쿠데타의 악순환을 초래하지 않고 민정으로 들어섬으로써 일차적인 성공을 거둔 셈이다.

그러나 쿠데타는 늘 본질적으로 힘에 의한 무력 정변이기에 민주 질서에 정면 배치하는 독재의 전초전이 된다. 한국의 5·16군사 쿠데타도 같은 범주이지만, 이 5·16 이후 민정인 제3공화국이 출범했고 이를 계기로 우리가 이제까지 체험하지 못한 근대화의 출발을 했다는 데 의미를 찾을 수 있다.

박정희 장군은 혁명 당시 혁명공약이 있었지만, 혁명이 성공하자 무효로 돌아간 공약이 많듯이 그것은 다분히 혁명을 성공시키기 위해 내건 그야말로 혁명을 위한 공약이었다. 혁명이 일단 성공하자 박 장군은 좀더 정리된 이론으로 혁명의 배경과 목표를 정리하여 민정 이양을 앞둔 1963년에『국가와 혁명과 나』라는 책으로 출판했다. 박 장군은 이 책에서 "정의로운 애국 군대는 감내나 방관이란 허명(虛名)을 내세워 부패한 정권과 공모할 수는 없었다"고 전제하고, "불원한 장래에 망국의 비운을 맛보아야 할 긴박한 사태를 보고도 감내와 방관을 미덕으로 국토방위 임무만을 고수하여야 한단 말인가?"하고 물었다. 이러한 그의 쿠데타관은 그때나 지금이나 젊은 장교들의 피를 끓게 하는 것이다.

그러면서 박 장군은 신정치 풍토의 마련하기 위한 (1)사람 중심 정치에서 이념 중심으로 (2)한국적인 신지도 이념의 확립 (3)세대교체 와 자립경제의 건설과 산업혁명 등을 내세웠다. 박 장군은 일차로 정치 풍토 개선, 그 중에서도 혁명 초기에 유행어가 되다시피한 '세대교체'를 위해 쿠데타의 세력을 배경으로 '정치정화법'을 제정, 과거 정권의 공직자와 일체의 구정치인으로 분류되는 4천 369명의 인사들이 정치를 못 하도록 묶어놓았다. 그런 다음 혁명에 적합한 인사 천 336명을 선별적으로 풀어주고, 정치를 허용하기 전에 이들을 주축으로 공화당(共和黨)을 창당했다.

박 장군은 조카사위이며 혁명 핵심주체인 김종필(金鍾泌) 중령의 보좌를 받으며, 점조직을 통해 비밀리에 공화당을 창당하여 집권을 뒷받침하게 했다. 공화당 비밀조직은 입당에서 당원 교육까지 개개인을 완전히 차단하는 간첩 교육 같은 밀봉교육이어서, 교육받는 사람끼리도 누가 참여하고 있는지 몰랐다. 나중에 일부 사람들은 이 교육이, 마침 이 즈음에 검거된 거물 간첩 황태성(黃泰成)의 아이디어로 이루어진 것이라고 비난하기도 했다.

그 후 공화당은 정예 당원을 대상으로 전례 없던 정치훈련과 집권교육을 실시했다. 초창기에는 이러한 조직과 훈련이 밖으로 알려지지 않았으나, 내용이 밝혀진 뒤 당 사무국을 핵심으로 지구당위원장과 간부들이 사무국의 지시와 조종을 받게 된다는 점에서 당내에서조차 반발이 컸다. 공산당 조직과 같다는 비난도 많았다. 여기에 김종필의 독주 문제까지 겹치면서 신당은 김종필을 따르는 '친김(親金)' 세력과 이에 반대하는 '반김(反金)' 세력으로 나뉘어 공화당 자체가 존폐를 둘러싼 심한 내분을 겪어야 했다.

이 내분은 김종필이 외유를 떠남으로써 일단 해소되었다. 이념 차이가 아닌 감정 차이 때문이기도 하지만, 우리 민족의 특성인 망각증세와 '좋은 게 좋다'는 적당주의 때문에 시간적 공백을 지낸 후 서서히 사라졌다. 이것은 1993년 대통령 선거에서 패한 김대중이 정계은퇴를 선언했다가 서서히 정계에 복귀한 것과 흡사한 양상이었다.

 박 장군이 내세운 공약도 '조국근대화'였지만, 그의 공화당에 의해 국민은 남의 일로만 여겨왔던 정치가 이제 자신의 일일 수도 있다는 주인의식을 가지고 참여할 수 있었다. 5천 년 역사라고 스스로 자랑하지만, 항시 지배와 속박을 받아온 터라 근대적 정치훈련을 받은 것은 이번이 처음이다. 그런데 여기에서 문제가 되는 것, 또 이렇게 거창하고 의미 있는 사업이 오래 지속되지 못한 것은 비용을 당원들이 부담하지 않고 중앙당이 부담함으로써 자율성 없이 시작되었다는 점이다. 중앙당은 이 운영비를 조달하기 위해 이권에 개입해야 했다. 증권 파동과 3분 폭리, 새나라 자동차, 파친코 사건 등 민정이양과정에서 터진 수많은 의혹사건이 민정을 뒷받침하는 정당 자금과 직간접으로 연관 있는 것으로 밝혀져 첫 단추가 잘못 끼워졌다. 정당 조직은 독재국가의 것을 모방하고 운영비 조달은 국가 예산 지원이 아닌 자본주의 방식으로 하려니 차질이 생길 것은 불을 보듯 자명한 일이었다.

 박 장군은 5·16쿠데타가 성공한 뒤 국가재건최고회의를 구성, 그 의장에 취임하여 혁명 과업을 수행했다. 그러나 대한민국의 법통문제로 대통령 자리를 유지케 한 윤보선과 정치정화법 제정을 비롯해 의견 충돌이 잦아지면서 윤 대통령은 1962년 3월 22일 사임했다. 윤 대통령이 사임하고 청와대를 떠나자 박 장군을 비롯한 쿠데타 주체들은 이 날 저녁 청와대로 몰려가 청와대 잔디 위에 돗자리를 펴고 술상을 준비해 자정까지 위스키와 소주를 곁들인 파티를 벌이며『대통령과 장군』 박 장군 등 5·16 세력이 권력의 마지막 정상인 청와대까지 차지한 것을 자축했다.

박 장군은 대통령권한대행이 되어 의원내각제 헌법을 한 차례만 연임할 수 있는 대통령중심제로 바꾸고, 윤 대통령이 하야하기 직전에 진급한 대장으로 예편, 민정 참여 준비를 마쳤다. 박 장군은 소장으로 혁명을 일으켜 정권을 잡은 뒤 곧 중장으로 승진했고, 7개월 만에 미국 케네디 대통령과 회담하기 위한 방미 직전 미국에 권위를 보이기 위해 대장 승진을 결정하고 윤 대통령과 기자들이 참석한 가운데 청와대에서 '대장 진급식'을 거행했다.

이 대장 진급의 예에 따라 그 후 전두환 장군도 정권을 잡았을 때 대장이 되었다. 이는 프랑스의 드골 장군이 집권 후, 별을 백 개라도 달 수 있었음에도 일생 동안 과거 군인 시절의 계급인 준장(별 두 개)으로 일관했고, 현재 30년 이상 실권자인 리비아의 카다피 혁명평의회 의장이 혁명 때 계급인 대령으로 행세하고 있는 사례와 크게 달랐다. 군 출신들이 대장 계급을 달고 싶어하는 것은 민간 출신 대통령인 김영삼, 김대중 대통령이 이름도 별로 없는 외국 대학의 박사 학위를 받고 싶어하는 일종의 명예욕과 같은 맥락인 것 같다. 박 장군이 대장 계급장을 달고 방미했을 때에 이 계급으로 케네디 미국 대통령 앞에서 권위가 세워졌는지, '불장난' 정도의 웃음거리가 되었는지는 알 수 없는 일이다.

박정희는 군정을 4년 더 연장할 것이냐 아니면 혁명 공약대로 민정을 출발시키고 이에 불참할 것이냐의 갈등으로 엎치락뒤치락하며 우여곡절을 거친 뒤, 1963년 10월 15일에 실시하는 대통령 선거에 야당 후보인 윤보선을 상대로 선거전에 나섰다. 선거 쟁점은 사상 논쟁이었다.

제5대 대통령 선거의 이슈가 된 박 후보의 사상 배경

사상 논쟁이란 박정희 후보의 과거 남로당 전력을 윤보선 후보가 문제 삼은 것이다. 1948년 10월 19일 전남 여수에서 발생한 여수순천반란사건의 사건 조사 과정에서 박정희 소령이 남로당 고위 간부임이 밝혀졌다. 1948년 10월 15일 제주도 공비 토벌에 동원되기 위해 대기 중인 여수 주둔 육군 제14연대에서 밤 8시 비상나팔을 신호로 반란이 일어났으며, 반란 세력은 20여 명의 장교를 현장에서 사살하고 여수를 점령했다. 이에 동조하여 순천에 파견되었던 2개 중대도 반란을 일으켜 순천을 점령했다. 이 사건으로 일주일 안에 여수에서 국군 천 200명이 피살되고, 천 500명의 중경상자와 9천 800명의 이재민이 생기는 큰 피해를 입었다. 순천에서도 400여 명의 인명 피해가 났다.

이러한 큰 사건이 발생하자 군 당국도 깜짝 놀랐고, 이제까지 소홀히 했던 군 내부 남로당 침투와 군의 사상문제를 전면 재검토하기에 이르렀다. 여수 순천 지역의 군 3천여 명에 대한 조사 결과, 남로당 계열 150여 명을 색출했다. 이들은 총살, 유기, 파면 등의 형을 받았다. 박정희 소령도 이 사건과 관련하여 체포되어 조사를 받았다. 육군본부 정보국과 육군사관학교 등지에 근무했던 박 소령은 남로당 군사부의 중요한 직책을 맡고 있었다. 그는 체포되어 조사를 받는 과정에서 자신이 알고 있는 군 내부에 침투한 남로당 규모와 관련자 명단을 자진

자주국방을 상징하듯 아산 현충사를 방문하면 화살을 당기곤 했다.

해서 모두 밝혀서 군 내부의 남로당을 뿌리 뽑는 데 결정적 기여를 했다. 이런 공로에 더해, 공산당 속성상 동료 명단을 제공한 배신자는 다시 공산당에 돌아갈 수 없다는 점, 남로당 간부로 그가 실질적 행동을 한 것은 별로 없었다는 점 등이 참작되어 그의 죄상은 축소되었다. 또한 그를 실무적으로 조사했던 김창룡(金昌龍), 박 소령을 업무상으로 지휘했으며 남로당의 군 침투 조사 책임자였던 육군 정보국장 백선엽(白善燁) 대령 등이 박 소령의 처벌 면제를 상부에 건의했다. 미군 고문 하우스만도 이승만 대통령에게 양질의 장교를 보호해야 한다는 명분을 들어 직접 건의했다. 이런 연유로 많은 동기생과 유사한 이유로 체포된 군 피의자들이 총살형을 당하는 가운데 박 소령은 가까스로 사형을 면제받고, 처벌로서 군에서 파면되었다. 파면된 박 소령은 민간인 신분으로 육군 정보국에서 갹출해 마련하는 봉급을 받으며 일종의 정보국 문관 신분으로 근무했다.

박정희는 이렇게 근무하는 동안 육군본부 정보국으로 배속된 육군사관학교 8기생들과 인연을 맺었고, 이 인연이 굳어져 김종필, 이영근(李永根), 서정순(徐廷淳), 이병희(李秉禧), 석정선, 전재덕(全在德) 등 영관장교들은 5·16혁명 때 주체 세력으로 참여했다. 민간인 신분으로 남북 정세 분석을 주업무로 하던 박 소령은 한국전쟁이 터진 후 군에 복직되었다. 그러나 박 장군의 배후에는 항시 사상문제라는 꼬리표가 붙어 다녔으며, 장군진급 시에도 신원조회에서 이 문제가 제기되곤 했다. 이 같은 신원상의 결점에도 불구하고 박 장군이 군에서 버텨낼 수 있었던 것은 그가 뛰어난 업무처리 능력을 갖추었으며, 만주의 신경군관학교와 일본 육군사관학교 그리고 한국 육군사관학교를 졸업한 군인으로서는 보기 드문 엘리트 코스를 밟았다는 것이 장점으로 작용했다고 관계자들은 회고했다.

윤보선 후보와 뜨거운 공방을 벌인 선거 결과, 박정희 후보는 윤보선 후보보다 15만 6천 28표의 근소한 표차로 승리했다. 윤보선 후보 측은 선거에 부정이 있었다고 승복하지 않고 '정신적 대통령' 을 자처하기도 했다. 그러나 쿠데타 군이 임명한 관리들이 관리한 가운데 국민의 직접선거에서 15만 표 차이라는 것은 내외적으로 정통성을 확보하기에 충분치 않다 하더라도 최소한의 필요한 조건은 마련되었다. 최근 중동 아랍공화국이나 여러 나라에서 백 퍼센트 출석에 백 퍼센트 지지를 나타낸 대통령 신임투표의 경우처럼 만약 박정희―윤보선 선거가 백 퍼센트 가까운 표 차이가 난 것으로 집계되었더라면 결과 수습은 한층 복잡했을 것이다.

선거에서 당선된 박정희 대통령은 국회의원에 대한 공화당 공천을 통해 세대교체를 시도했다. 이 세대교체에서 내각구성, 주요 정부의 인사, 당 요직, 특히 중앙정보부장과 집권당 사무총장 등에 구정치인을 배제하고 많은 군 출신을 등용했다. 그 후 전두환, 노태우 정권에서도 같은 맥락의 인사가 이루어졌다.

박 대통령은 초기 정부인사 선정에서 가신을 임명했다. 군 사단장 시절 헌병 부장이었던 김시진을 민정수석에, 군의 운전병을 자신의 전용차 기사로, 당번병을 부속실 요원으로 임명했을 뿐 문민정부에서 말썽이 많았던 소위 '가신'은 없었고, 청와대 근무자는 명함 등에도 청와대를 나타낼 수 있는 일체의 표시를 못하게 했다. 그는 친인척 관리에 엄격했다. 서울의 한 선거구에서 박정희 대통령을 많이 닮은 가까운 친척이 대통령을 팔아 국회의원에 출마하려 한 적이 있었다. 당시 여당이었던 공화당은 조심스레 박 대통령의 의견을 타진키로 하고 공천 자료를 올렸다. 박 대통령은 두말없이 그를 낙천시켰다. 그가 승복하지 않자 박 대통령은 '그가 출마하면 구속하라'는 지시를 내렸고, 그는 출마를 포기할 수밖에 없었다.

이렇게 강력하게 단속을 해도 친인척 비리라는 것이 생기는 판인데, 대통령 주변 인사들이 여기저기 전화를 걸어 만나자, 한번 보자는 등의 언사를 하면 그 정권의 부정부패는 불 보듯 뻔하다. 김영삼 정권에서는 경남 지역과 학교 후배 등의 편중 인사라 하여 화제가 되었으며, 김대중 정권 아래에서 호남 지역 편중과 특정 고교 편중이 극심하여 장안의 빈축을 살 정도였다. 또한 노무현(盧武鉉) 정권은 386세대 중 세칭 '코드가 맞는' 인사를 집중 발탁했다.

정치를 하자면 끈이 닿고 자기 약점을 숨겨줄 수 있는 인사를 써야 집권자가 편안한 모양이다. 그러나 프랑스는 2차 세계대전이 끝나고, 독일 나치 점령 아래서 목숨을 걸고 조직적으로 저항했던 레지스탕스들은 정부 인사에서 하나의 세력으로 취급해주는 것을 거부하고 특혜를 받지 않았다. 레지스탕스에 참여했던 인물들이나 드골 정부 당국자들은 불의에 저항해 싸웠으면 그것으로 끝난 것이라고 생각했던 것 같다. 한국에서 선거가 끝나면 으레 "나는 이렇게 집권자를 도왔다"고 거드름을 피우며 돈을 챙기는 것과 다른 모습이다. 지도자에 대한 개인적 친분은 사적인 것이고, 한 국가의 지도자란 것은 공적인 것인데 공과 사를 구분하지 못하는 지도자가 많다는 데 국가적 불행이 있다.

박 장군의 혁명관에서 관심을 끄는 부분은 '한국적인 신지도 이념의 확립'이라는 대목이었다. 그는 당시까지 한국 사회를 지배해온 것이 '전근대적 봉건 사조와 사대적인 의타관념(依他觀念)'이라고 말하고『국가와 혁명과 나』, '의타관념이란 서구적 민주주의에의 의존'이란 설명을 붙였다. 박 장군은 이어 "서구적 민주주의 제도가 우리 한국과 같은 후진국 사정과 조화가 되지 못하고, 갖가지 부작용을 초래하였음은 이미 우리가 절실히 통감하여 왔던 사실"이라고 지적하고, "따라서 우리는 어떠한 형태이든 하나의 새로운 제도를 설정해야 할 것이다"라고 밝혔다. 혁명 초기에 국회가 아닌 행정부를 통해 민의를 수렴하고 민의를 대변한다는 '행정 민주주의'라든지, 10여 년 후에 모습을 드러낸 입법, 사법, 행정 위에 대통령이 위치하도록 한 '한국적 민주주의'라는 유신 체제 등이 하루아침에 이루어진 것이 아니며 오랫동안 박 장군이 마음 깊은 곳에서 음미하고 반추해온 생각임을 느끼게 한다. 박 장군은 "이제까지의 한국 정치의 병폐는 외부의 적 이상으로 나라를 망치고 있는 것이기 때문에 이러한 구정객(舊政客)을 향하여 한강을 건넜다"고 강조했다『국가와 혁명과 나』.

한국의 민주주의라는 제도와 이제까지 이를 운용해온 구정객에 대한 대통령의 인식이 이러했기 때문에 제3공화국 때부터 국회는 '남산 위의 저 소나무'처럼 상징에 불과했다. 국회의원 자신이 스스로를 '애보는 사람'으로, 또 국회를 법률을 통과시켜주기만 한다는 뜻으로 '통법부(通法府)'라고 격하했고, 외국 언론들은 '고무도장(Rubber Stamp)'이란 표현을 쓰기도 했다. 박 대통령은 공화당이 야당에게 끌려다니거나 공화당의 국정 일정이 야당에 의해 차질을 빚는 것을 매우 못마땅하게 생각했다. 당시 원내 대책을 맡았던 공화당의 한 간부의 말을 들으면, 국회 일정에 차질이 생기면 박 대통령은 치미는 화를 참기 위해 옆에 둔 말채찍으로 책상을 탁탁 치는 경우까지 있었다고 한다. 소신이 있어야 할 새 정부의 새 정치인이 구정객에게 끌려다니는 것은 있을 수 없는 일이라는 것이 그의 생각이었다. 여당 간부들이 야당에게 양보하자고 나오면 심히 언성을 높여, "소신이 없으면 물러나라"면서 반발을 해댔다. 그러면서 박 대통령은 "우리가 무엇 때문에 혁명을 했느냐"며 "소신껏 하라"고 지시했다. 여당의 야당에 대한 태도는 당연히 강경할 수밖에 없었다.

경제로 시작되는 조국 통일과 근대화

정치의 위축은 경제가 보상했다. 박 대통령은 기회가 있을 때마다 "가난은 본인의 스승이자 은인"이라고 말했을 정도로 국가적인 가난에서 벗어나야겠다는 강한 집념을 가지고 있었다. 어려서 초등학교에 다닐 때 어머니가 보리밥에 비름나물을 넣어 비벼주시던 밥을 맛있게 먹던 기억 때문에 대통령이 되어서도 비름나물을 해먹는다는 등의 보릿고개 때 농촌에서 고생했던 이야기, 농촌 시찰 때 초등학생들이 공을 차는 모습을 보면서 어렸을 때 공이 없어서 새끼줄을 둘둘 말아서 차고 놀던 이야기 등을 측근들에게 들려주기도 했다.

박정희 대통령은 집권 초기부터 목표를 분명히 했다. 9년 3개월이란 오랜 세월 동안 박 대통령의 비서실장을 지낸 김정렴의 정치 회고록 『아, 박정희』를 보면, 박 대통령의 집권 목표와 그의 신념 등을 잘 알 수 있다. 김정렴은 박 대통령의 통치 철학에 관해, 경제개발과 자주국방을 통치의 2대 지주로 설정하고, 이를 구체화하고 단계화해가는 방식을 택했다고 말했다. 자조정신을 바탕으로 자립경제를 건설하고 자주국방 태세를 갖추며, 이를 바탕으로 민주주의를 뿌리내린 진정한 독립국가를 이룩한 뒤 통일로 간다는 것이 박 대통령의 통치관이며, 또한 이것이 조국 근대화의 대강이기도 했다.

　모든 자료들에서도 그렇지만 이 책에 따르면 박 대통령의 1차 관심은 자립경제의 성취였다. 이에 그치지 않고 통일도 자립경제를 통해 이룰 수 있다는 소신을 가지고 있었다. 박 대통령은 "우리는 전쟁을 통한 적침 분쇄나 실지 회복보다 더욱 차원 높은 승리의 길을 모색해야 한다. 그것은 한 걸음 한 걸음 통일의 기반과 실력을 개척해나가는 일이다. 그것은 적으로 하여금 감히 우리의 경제력과 군사력 앞에 도전을 꿈꾸지 못하도록 하여 침략 의도를 포기하게 하는 것이다.

　다시 말하면 경제적으로나 군사적으로나 실력의 절대우위를 확보하여, 민주주의 체제와 실증(實證) 앞에 굴복하고 승복하게 하자는 것이다. 이것이 내가 평소 '경제개발 5개년계획'은 그대로 조국 통일 운동이요 전쟁을 막는 길이요, 북한 동포를 구출하여 우리 민족의 평화와 번영과 복지를 약속 하는 길이라고 되풀이하는 나의 소신이요, 철학이다"라고 거듭 말했다. 박 대통령의 경제건설은 단순한 경제에서 끝나는 것이 아니라 통일로 이어지고 있다. 그러기에 박 대통령은 월간 경제동향보고회의와 무역확대진흥회의에 빠짐없이 참석해 보고를 듣고 질문을 하며 현장을 확인했다. 박 대통령의 경제정책은 몇 가지로 구분된다.

수출 정책 · 부존자원이 없는 우리 형편으로는 경제 자원과 재원은 수출에서 얻을 수밖에 없음이 자명하다. 박 대통령은 초기에 제1차 경제개발 5개년계획을 추진함에 있어서는 그 종자돈을 외국 차관에 의존했다. 그런 후 경공업 제품 수출과 중화학 제품 수출로 전략을 수립해갔다.

우선 수출증대를 위해 수출진흥확대회의를 몸소 주재했다. 수출진흥확대회의에는 총리와 각 부처장관, 관련공무원, 여당고위간부, 경제 4단체장, 수출 업계의 분야별 품목별 협회 또는 조합장, 수출을 지원하는 금융기관장, 해운 보험 창고업자 대표, 노동계 대표, 평가 교수단 대표 등 수출에 관련된 모든 인사가 망라되었다. 회의는 수출을 품목별로 그리고 해외 지역별로 분석하고, 수출의 문제점과 애로 사항을 토론해 즉석에서 시정 보완했으며 곤란한 사항은 즉석에서 다음 회의 때까지 처리 보고토록 했으니 수출이 진흥되지 않을 수 없었다.

회의에서 제기된 문제 중 중요한 사항에 대해서는 다시 관계자를 차에 동승시켜 청와대까지 가서 토론을 하곤 했다. 1972년의 8·3경제긴급조치는 이 회의에서 김용완(金容完) 전경련회장이 제기한 문제를 그와 함께 청와대까지 동행하면서 질문과 토론한 결과로 만들어진 것이다. 수출이라는 고기 한 마리를 잡기 위해 이중 삼중의 그물을 치는 격이었으며, 수출이라는 '수'자 하나만 붙은 사람은 모두 어부로 등장한 셈이었다.

이렇게 자신이 토론과 질문을 한 뒤에 지시를 내리는 것이 박 대통령의 회의 주재와 통치 스타일이기 때문에, 박 대통령은 회의 참석 때는 소위 '말씀 자료'라는 사전에 시나리오처럼 작성되는 지시사항이 없었다. 그리고 회의 때의 중요 내용과 과제는 박 대통령 자신이 메모

하고 보관했으므로 회의에 일관성이 있었다.

그의 집념어린 경제개발계획은 5·16 다음 해인 1962년~1966년까지를 제1차 경제개발 5개년계획, 1967년~1971년을 제2차 5개년계획, 1972년~1976년을 제3차 5개년계획, 1977년~1981년을 제4차 5개년계획이라는 유도계획과 총량계획 하에 추진되어 나갔다. 혁명 원년인 1961년에 82달러이던 1인당 국민 소득은 마지막 제4차 경제개발 5개년계획이 끝나는 전년도이자 그의 유고(有故)로 계획 추진이 중단된 1980년에는 1,508달러로, 19년 만에 18.39배가 늘어난 기적적인 성과로 거론되고 있다. 그는 1977년 12월 22일 일기에 다음과 같이 썼을 정도로 경제개발에 관한 장기 구상을 가지고 있었다.

"음력 11월 12일 동지인 100억 달러 수출의 날, 100억 달러 수출 목표 달성 기념행사, 오전 10시 장충체육관에서 각계 인사 7천여 명이 참석한 가운데 성대한 행사를 거행하였다. 1962년 제1차 경제개발계획을 추진하던 해 연간 수출액이 5천만 달러를 넘었다. 그 후 1964년 말에 1억 달러가 달성되었다고 거국적인 축제가 있었고, 11월 30일을 '수출의 날'로 정했다.

1970년엔 10억 달러, 7년 후인 금년에 드디어 100억 달러 목표를 달성했다. 그 동안 정부와 우리 국민들의 피땀 어린 노력과 의지의 결정이요 승리다. 서독은 1961년에, 일본과 프랑스는 1967년에, 네덜란드는 1970년에 100억 달러를 돌파했다고 한다. 그러나 10억 달러에서 100억 달러가 되는데 서독은 11년, 일본은 16년이 걸렸다. 우리 한국은 불과 7년이 걸렸다. 우리는 모든 여건이 훨씬 불리한 가운데서도 이러한 성과라는 데서 자부심을 느낀다. 1981년이 되면 200억 달러를 훨씬 넘을 것이다. 1986년쯤 되면 5~600억 달러가 될 것이다. 우리 민족의 무서운 저력이 이제야 폭발적으로 발산될 때가 왔다. 더욱 허리띠를 졸라매고 분발해야 한다. 오늘 이날은 우리 한국 경제사상 길이 기록될 역사적인 날이 될 것이다. 뿐만 아니라 민족중흥의 역사적 과업 수행에 있어서도 길이 부각될 이정표가 될 것이 틀림없다. 100억 달러, 이것을 이제 우리의 새로운 출발점으로 삼자. 새로운 각오와 의욕과 자신을 가지고 힘차게 새 전진을 굳게 다짐하자."(『위인 박정희』·정재경·집문당)

수출 100억 달러 달성의 감격과 이어 전개될 경제발전 방향을 엿볼 수 있다. 이러다보니 대통령은 항시 국정을 세세히 파악해야 했고 자신이 문제의 요점을 숙지하고 있어야 했다. 박 대통령은 이런 일들로 힘들었지만, 부하들로부터 진정한 존경과 협조를 받을 수 있었다. 그는 대통령다운 대통령이었다.

고속도로 건설 · 박정희 대통령이 고속도로에 처음 관심을 가지기 시작한 것은 1964년 서독 방문 때였다. 속도 제한이 없는, 흔히 아우토반이라 불리는 독일 고속도로는 거의 모든 자동차들이 시속 약 160킬로미터로 달렸다. 경제개발에 있어 취약점의 하나로 부각되는 물류 비용 절감과 공단과 원료 생산지의 긴밀한 연결은 하나의 과제로 항시 지적되었다. 그러던 차에 독일 방문중에 차량들이 아우토반을 힘차게 달리는 모습은 대통령의 관심을 모으기에 충분했다. 독일에서 감명을 받고 돌아오는 귀국 길에 동행 인사들에게 당시 우리 도로에서의 속도 제한이 대략 60~80킬로미터였던 점을 들어, "우리가 서울과 부산 사이에 450킬로미터에 고속도로를 건설한다면, 현재 교차점 지체 등으로 6시간 이상 걸리는 시간을 4시간 반이면 달릴 수 있으니 무려 1시간 반을 단축할 수 있는 것이 아니냐"면서 긍정적인 관심을 보였다.

당시의 우리 경제상황에서 수송이 큰 애로 사항이었다. 경제장관회의에서 쌀, 시멘트, 석탄, 비료 등의 수송을 위해 열차의 배정문제를 놓고 격론을 벌이는 예가 많았을 만큼 수송문제가 심각했다. 박 대통령은 귀국 즉시 관계 장관회의를 열고 고속도로의 필요성을 강조한 뒤 "즉시 추진위원회를 구성하고 추진위원장을 선출하라"고 지시하고 "적임자가 없으면 내가 위원장이 되어도 좋다"고 말했다.

그는 서울 수원 간을 1차 건설 구간으로 생각하고 도로 후보지로 세 개 노선을 구상했다. 박 대통령은 시간만 나면 후보 노선을 헬기로 관측하고, 문제가 될 만한 곳에는 조용히 비서관을 보내 답사케 했다. 한번은 청와대 건설담당 비서관이며 경기도 출신인 P씨를 헬기에 동승하고 현지 시찰에 올랐다. 포병 출신인 박 대통령은 독도법(讀圖法)에 익숙하여 노선에 따른 문제점을 익숙하게 분석했는데, 비행관측 경험이 적은 비서관은 말 그대로 동문서답을 하여 땀을 뺀 일도 있었다고 전해진다. 노선을 확정한 뒤 박 대통령은 건설부장관, 서울시장, 경기지사를 청와대로 불러 용지매입을 지시했다. 박 대통령은 이러한 내부 준비를 거쳐, 이를 1967년 4월 대통령 선거의 공약으로 제시했으나 야당은 강력히 반대했다. 당시의 고속도로에는 중간중간에 길을 넓혀 비상시 비행기 이착륙이 가능하도록 한 안보적 배려도 있었다. 그러나 고속도로 건설에는 막대한 자금이 소요되리라는 점과 이 자금이 인플레이션을 유발시켜 경제를 망칠 수 있다는 이유에서 반대도 만만치 않았다. 하지만 가장 큰 문제는 당시 우리나라는 고속도로 건설 경험이 없었기 때문에 공사비가 얼마나 드느냐에 있었다. 이에 대해 고 정주영(鄭周永) 현대건설 회장은 자신의 회고록『시련은 있어도 실패는 없다』에서 다음과 같이 기록하고 있다.

"나와 박 대통령은 한강 인도교 준공 석상과 울산에서 잠시 만났던 것이 전부였다. 하루는 청와대로부터 연락을 받고 불려들어간 적이 있다. 단 둘이서 대면하기는 처음이었다. 박 대통령은 우리가 태국 고속도로 건설 경험이 있다는 것을 알고 있었다. '정 사장, 경부고속도로 건설에 드는 최저 경비를 좀 산출해 주시오' 라며 부탁을 하는 것이었다. 나는 그날부터 토목담당 중역들과 함께 거의 한달 가까이 5만분의 1 지도를 들고 서울과 부산 사이의 강과 산, 들판을 미친 사람처럼 돌아다녔다. 박 대통령은 그때 이미 나 이외에도 건설부, 경제기획원, 재무부, 서울시, 육군 공병감실에 고속도로 건설 계획안을 제출토록 지시하고 있었다. 11월 하순에 각처의 건설 계획안이 제출되었다. 건설비 산출액은 건설부 6백50억 원, 서울시 1백80억 원, 육군 공병감실 기권, 현대건설 3백80억 원이었다. 우리는 태국 고속도로 경험으로 물량 소요 산출에 자신이 있었고, 5만분의 1 등고선까지 조사했기 때문에 실물 측량과는 약간 차이가 있겠지만 거의 정확한 것이었다. 또 태국의 예를 근거로 했으므로 기본 공사 시방(施方)도 가지고 있었다. 어쨌든 기관에 따라 엄청나게 들쭉날쭉한 공사비 책정에서 박 대통령은 고속도로 건설의 경험을 가진 우리의 안에 가까운, 4백억 원에 10퍼센트 안팎의 예비비를 추가해 총 4백30억 원의 공사비를 책정했다. 이 건설비 4백30억 원은 2차선으로 계획되었던 대전-대구 간을 4차선으로 변경하고 그에 따른 용지의 추가 매수와 추풍령(秋風嶺)에서 왜관(倭館)으로 곧장 빠질 계획이었던 것을 구미로 우회시키면서 약 1백억 원이 추가되었다. (중략)
이런 우여곡절의 절차를 거친 경부고속도로는 1968년 2월 1일에 경부고속도로 첫 번째 톨게이트 근처에서 발파음을 터뜨리며 기공식을 올렸다. 박 대통령도 나도 가슴에 벅차오르는 흥분과 감동을 감출 수가 없었다. 4백30억 원의 최저 공사비로 428킬로미터의 고속도로를 3년 안에 건설한다는 것은 국가로도 하나의 모험이었지만, 건설회사로도 자칫하다가 결손을 볼 수 있는 위험 부담이 큰 일이었다. 기업가는 이득을 남겨 소득과 고용을 창출하는 것이지, 국가를 위해 거저 돈을 들이붓는 자선 사업가는 아니다. 고속도로 공사비 책정이 아무리 빠듯해도 기업을 하는 나는 이익을 남겨야 했다.

탈법도 부실공사도 안 된다. 그러면서 이익은 남겨야 한다. 우리가 할 수 있는 일은 역시 공사일정 단축밖에는 없다. 외채와 내자에 대한 이자와 노임 지급은 공사기일에 비례한다. 공사기간 단축이 곧 돈이다. 이것을 전제하면 내가 현장을 독려하며 고삐를 움켜쥐고 서두르는 경영방침을 이해할 것이다. 그러자면 공사를 기계화해야 한다. 나는 당시로는 천문학적이라 할 만한 8백만 달러어치의 중장비를 들여왔다. 경부고속도로가 시공되고부터 나는 거의 잠을 못 잤다. 공사 기간만 단축하고 공사의 질이 부실하면 안 된다. 잠잘 시간에 일하고 지프차에서 잠깐씩 눈을 붙였는데 차에서 자는 습관은 나중에 울산 조선소 건설에서도 계속되어 결국 목 디스크를 앓게 되었다. 이렇게 해도 공사 진척은 하루에 대략 2미터 정도였고 기상이 나쁜 날은 30센티미터가 고작이었다. 낙반 사고도 빈번하여 인부들이 동요를 일으켰고 신령 나무라고 믿었던 나무를 베고 공사를 하다가 사고가 나자 인부들은 더 동요를 했다. 그런 가운데서 작업을 하려니 임금은 더 올라가고 능률은 안 나고, 공사기간에 차질이 생기기 시작했다. 박 대통령의 독촉과 성화는 호되었다. 이한림 건설부장관은 1주일에 한 번씩, 건설부 도로국장은 사흘에 한 번, 나는 매일 현장에 나타났다.

나는 현대건설의 흑자보다 명예를 택했다. 능률에 앞서 잔업 인원을 2개 조에서 6개 조로 증원 투입하고, 두 배나 빨리 굳는 조강시멘트 대체 등으로 개미 떼를 방불케 하는 작업을 했다. 3개월 소요 기간은 한 달로 단축되기도 했다. 1970년 6월 27일 마침내 경부고속도로 428킬로미터 전부가 개통되었다.

경부고속도로 공사에 참여했던 17개 건설회사 가운데 전구간의 5분의 2 거리를 담당했던 현대를 포함한 몇 개 회사만이 결손을 보지 않았고, 일부 회사는 결손을 크게 보아 부도 위기에 몰리기도 했다."

정 회장은 이어 "박정희 대통령은 청와대 안에 상황실을 설치하고 매일매일 공사 진척 상황을 체크했다. 상황실엔 공병장교 세 명과 건설부 사무관 한 명을 상주시키면서 건설상황을 분석 검토토록 했다. 시간이 나면 박 대통령은 도로의 흙 다지기가 완성되는 대로 시간 구분 없이 먼지를 쏘이며 그곳을 차로 달렸다. 모두가 종교와 같은 신념으로 공사를 했고 공사를 할 수 있도록 했다. 애국심 없이 단순히 돈을 위해서라면 이런 공사를 이런 짧은 기간 안에 해낼 수 없었을 것이다"라고 적었다.

고속도로는 24시간 차량이 사용하게 되므로 가로등과 중간중간에 비상 전화의 설치 지반을 공고히 해줄 수 있도록 동토와 해빙을 거친 뒤의 공사 등 선진 노하우가 없는 것은 아니나, 우리의 실정에서 이렇게 시간을 끌 수가 없어 우선 개통을 하고 사용하면서 보완한다는 한국식 고속도로를 건설한 것이다. 정부와 민간이 혼연일체가 되어 경부고속도로는 당시의 세계적 고속도로 건설비였던 킬로미터당 5억 원을 5분의 1인 1억 원으로 건설할 수 있었다.

자주국방 · 1970년대는 미국이 아시아로부터 발을 빼려는 움직임이 활발해졌다. 닉슨 대통령은 주한미군 일부를 철수하겠다는 닉슨 독트린을 발표했다. 닉슨 대통령은 이미 1970년 3월 20일 주한미군 1개 사단 철수를 결정하고, 한국이 총선 뒤로 미뤄줄 것을 요청하는데도 이를 거부하는 등 강경 방침을 고수했다. 그리고 미국 측은 7월에 한국의 최규하(崔圭夏) 외무부장관에게 이를 정식 통고까지 해왔다.

이러한 움직임으로 인해 이제 스스로 국방을 자주적으로 맡아야 할 것이라는 자의식이 강하게 일었다. 이에 앞서 북한은 1960년대 말부터 우리 안보에 노골적인 도발을 해왔다. 경제도 어느 정도 궤도에 오른 처지에서 우리는 더 이상 주변만 바라볼 수 있는 여건이 아니었다. 사태를 관망하던 박정희 대통령은 1970년 7월 경제기획원장에게 250만 명의 향토예비군을 무장시킬 수 있는 공장건설을 지시했다. 대통령 선거를 1년 앞둔 시점에서 이 같은 결정은 가히 폭발적일 만큼 충격이 컸다.

　야당은 이중의 병역의무 부과라면서 이에 반대했다. 야당의 반대는 유사 군대 조직으로 명령 계통의 행정조직을 만든다는 것은 선거 때 친여당이 세력화할 여지가 많으므로 야당에 불리하리라는 당리도 곁들여 있었다. 야당은 이에 맞서 향토예비군법 폐지안을 국회에 낸다는 방침을 발표했다. 새로운 의무를 부과하는 쪽보다는 폐지하겠다는 쪽의 지지가 많을 것은 두말할 필요가 없었다. 이것 하나만으로 대통령 선거가 끝날 수 있을 정도로 뜨거운 쟁점이 되었다.

　여권은 군 장성들과 국방부장관, 안보 관계 장관들 그리고 군 출신 의원들을 선두로 하여 '향토예비군 창설은 선거 공약 이전의 문제'라며 예비군 창설이 타협되지 못하면 국가적으로 불행한 사태가 있을 것'이라고 단호하게 야당에 대응했다. 위협에 눌린 김대중 후보 측은 폐지안을 철회하고 그 대안을 제시함으로써 위기를 면했다. 국가 안보 논리 앞에 야당은 무력할 수밖에 없었다.

　이런 곡절 끝에 출발된 예비군 무장을 위한 방위산업의 기반으로 특수강 공장, 주물선 공장, 중기계 공장, 조선 산업 등을 핵심으로 하고 이의 건설을 위한 차관문제를 일본 측과 협의했으나 일본은 소극적 자세로 나왔다. 군수 공장임을 잘 아는 일본이 선뜻 응하기는 어려웠을 것이다. 공장 건설부터 우리 손으로 지을 수밖에 없었다.

　박정희 대통령은 1972년 10월 국무총리, 경제각료 전원, 국방장관, 국방연구소장, 과학기술처장관과 발족된 지 얼마 안 되는 청와대 경제 2수석비서관 등이 참석한 '방위산업육성회의'를 열고 군수품을 생산할 수 있는 중화학 공업을 추진하기로 했다. 이듬해인 1973년 1월의 대통령 연두기자회견에서 박 대통령은 중화학공업을 적극 육성하여

1980년대에는 상위 중진권 진입을 목표로 한다는 비전을 제시했는데, 이는 중화학공업을 일으켜 자주국방을 하겠다는 의미이기도 했다. 이 중화학공업의 구체 내용으로 철강·비철·금속·조선·전자·화학·기계의 7대 사업을 선정했다. 산업기지촉진법을 만들어 공장 부지 공급을 전담토록 했다. 공장은 민간 수요를 원칙으로 했기 때문에 평상시 공장의 80퍼센트는 민수를 위해 가동을 하고, 20퍼센트만 방위산업으로 활용토록 했다.

이러한 준비와 노력으로 1979년 말에 이르러 재래식 무기를 우리 손으로 생산할 수 있게 되었다. 무기 제작에 자신을 얻은 우리 경제는 드디어 국방과학연구소를 중심으로 유도로켓 개발에 착수했다. 이 결실은 1978년에 나타나기 시작하여, 서울에서 평양까지 도달할 수 있는 장거리 유도탄, 대전차 유도탄, 다연발 유도탄 등이 개발되었다.

유도탄 개발로 우리의 정밀방위산업 내용을 알게 된 미국은 다음 단계인 유도탄 탄두에 무엇을 실어 운반하려는지 신경을 썼다. 문제는 우리가 핵개발까지 가지 않을까 하는 것이었다. 미국 측은 국방과학연구소에 CIA 요원 두 명을 추가 배치할 계획을 우리 측에 요청했으나, 우리 측의 단호한 거부로 좌절되었다. 이 무렵 정부는 해외 인재들의 국내 초청계획을 세웠다. 후에 알려진 것에 따르면 미국은 초청되어 귀국하는 인재들의 전공에 대해 핵개발 관련 여부를 면밀히 추적했다는 이야기도 있다.

박 대통령의 집념에 따라 미국 측의 견제와 비협조를 극복하면서 방위산업의 총아로 육성된 국방과학연구소는 전두환 장군 등장 이후 정원 2천 4백여 명이 감원되었다. 미국 측은 감시 대상이던 국방과학연구소에 더 이상 미국이 신경 쓸 필요가 없게 되었다. 미국 측은 탄도탄의 사정거리 연장 교섭을 거부했다.

　박정희 대통령은 통치를 하면서 강압에 못 이겨 끌려가는 것을 제일 싫어했다. 북한이 말도 안 되는 일로 트집을 잡으면 단호히 거절했으며, 통일을 안 하면 안 했지 공산 통일은 못 하겠다는 것이 평소 그의 태도였다. 그러던 중 1976년 8월 18일 판문점 유엔군 측 초소에서 도끼만행사건이 발생했다.

　박 대통령이 이 사건을 얼마나 증오했는지는 그가 이틀 후인 8월 20일 3군 사관학교 졸업식 치사에 사전에 없던 문구를 손수 써 넣었던 예에서도 알 수 있다. 박 대통령은 식사 마지막에 "미친 개에게는 몽둥이가 필요합니다"라고 덧붙였다. 종래의 식사에서는 상상도 할 수 없는 문구였다. 이런 문구도 그렇거니와 일단 이런 문구를 넣을 만큼 엄청난 분노였으니 이 정도로 끝날 수 없었다. 박 대통령은 스나이더 주한미국대사를 통해 미국 정부와 스틸웰 주한 미군사령관과 함께 강력한 대응책을 마련했다.

　한·미 두 나라는 만약 추가 작업 시에 북한이 재도발하면 두 나라 군인들은 그대로 휴전선을 밀고 올라가 개성을 탈환하고 이어 황해도 연백평야까지 진격한다는 방침을 세우고 작업에 임했다. 그 작업의 하나가 실미도에서의 특수부대 훈련이었던 것으로 알려졌다. 이런 원칙 아래 인근 한·미 군대에는 전쟁 돌입 경보가 내려졌고, B-52중폭격기의 엄호 아래 1시간 반 동안 작업했으나 북한 측 경비병들은 구경만 하고 별다른 도발 없이 끝났다.

　경제가 제자리를 잡아갈 무렵, 정치가 경제성장의 발목을 잡기 시작한 것은, 1969년 들어 박정희 대통령에게 3선의 길을 터주기 위해 공화당 주축으로 추진된 3선개헌에 야당이 문제를 제기하면서부터였다.

야당이 전례 없이 크게 반발한 것은 물론, 학원가는 학원가대로 3선개헌 반대 시위에 나섰다.

경제성장을 위해 필요한 나라의 안정은 사라지고, 나라 전체가 흔들리기 시작했다. 공화당과 중앙정보부는 공작정치의 일환으로 3선개헌에 반대하는 정치인에 대해 금전 회유, 이권과 협박, 전화도청 등을 이용해 일거수일투족을 감시했다. 또한 개헌 반대의 글을 쓰는 언론인을 여러 명목으로 연행하여 영장 없이 구류하고, 육체적 구타와 모멸 등의 탄압을 자행했다. 3선개헌에 앞장선 김영삼 야당 총무의 승용차 안에다 초산이 든 병을 던진 '초산 테러'가 자행된 것도 이때다. 개헌 반대 학생 일부에게는 외국 여행을 알선해주면서 설득했다. 온 나라의 기본질서가 파괴되는 행위가 여권에 의해 자행되었다. 국외 한국인들과 해외 지식인들 사이에서도 개헌 반대와 인권개선 운동이 벌어졌고, 국내 일부 인사들은 이를 무마한다는 명분으로 정부로부터 크고 작은 이권을 얻고 정부 재산 불하에 참여하여 부를 축적하기도 했다. 미국에 미미한 끈이라도 있는 사람은 미국에 들락거리며 "개헌 반대를 잘 무마하고 있다"면서 활동비를 타내는 등 재미를 보았다. 박 대통령과 공화당의 3선개헌 움직임은 어떤 반대에도 바뀌지 않았다.

박정희 대통령의 3선개헌을 통한 장기집권이 초래한 부패와 인사 편중에 따른 국민적 갈등 등의 부작용을 인정하면서도 3선개헌을 지지하는 가장 큰 국민적 공감대는 그 반대 입장에 섰던 야당의 문제점 때문이었던 것 같다. 야당은 월남 파병, 고속도로 건설, 중화학공업 육성을 위한 외자 차관 등에 모두 반대를 했지만 결과는 박 대통령이 옳았다는 것을 보여주었다. 다만 몇 번씩이나 헌법을 바꾸려는 발상이나 '나만이 할 수 있다'는 오만과 독선, 그리고 이런 식으로 개헌을 거듭하다보면 영구 집권으로 갈 수밖에 없다는 것이 반대 이유였다.
박정희 대통령은 뽑은 칼은 써야 한다는 권력과 힘의 철학을 믿는 사람이었다.

권력이 좋아 군대로

박정희는 1917년 음력 9월 30일 경상북도 선산군 구미면 상모리에서 아버지 박성빈(당시 46세), 어머니 백남의(당시 45세)의 4남 2녀 중 막내로 태어났다. 어머니 백남의는 없는 살림에 식솔은 많은 데다 장남 동희가 이미 22세가 되었는데 새삼 임신한 것이 쑥스럽기도 하여 낙태를 시도했지만 실패로 돌아가 결국 정희를 낳았다고 한다. 박정희 집안은 원래 할아버지 대까지 경북 성주 칠산이란 곳에서 살았는데, 아버지 박성빈이 선산의 약목에 사는 수원 백씨 문중으로 장가를 들어 약목으로 이사를 왔다. 아버지 박성빈은 젊었을 때 무과에 급제하여 종9품에 해당하는 효력부위라는 벼슬을 하기도 했으나, 20대에 동학혁명에 가담하여 접주가 되었다가 체포되어 처형 직전에 사면되었다. 박성빈은 그 후 하는 일 없이 술만 마셨으면 가산도 기울고 해서 상모리로 이사를 했다. 그곳에서 외가의 선산 위토 1,600여 평을 소작하면서 생계를 꾸렸다. 그러나 박성빈은 가사에 취미가 없고 밖에 나가 있는 일이 많아 어머니가 집안일을 꾸려나갔으며 그 고생은 이루 다 말할 수 없었다.

이런 가운데서도 백남의는 셋째 아들 상희를 구미보통학교에 입학시켰는데, 당시 상모리에서 보통학교를 다니는 학생은 상희 혼자뿐이었다. 정희는 9세에 구미보통학교에 입학했지만 약한 몸으로 20리를 걸어서 통학하느라 고생이 이만저만 아니었다. 그가 입학하자 형은 이미 졸업을 했고, 상모리에서 같이 학교에 다니는 동급생은 단 세 명뿐이었다. 형들은 모두 건강했지만 정희 혼자 체구도 작고 연약했다.

박정희 대통령은 1979년 시해 당하기 불과 몇 달 전 공화당사를 찾아 박준규 당의장(뒤에 서 있는 사람) 등 간부들 및 출입기자들과 환담했다. 박 대통령은 필자(중앙)에게 조선일보에 연재되고 있던 공산국 체코슬로바키아 기행문을 읽었다고 말했다.

소년 정희는 4학년 때 한 번 2등을 했을 뿐 늘 1등을 하여 일본인 담임으로부터도 각별한 귀여움을 받았다. 동급생보다 키가 작았던 소년 정희는 3학년 때부터 6학년 때까지 급장을 했다. 대추방망이로 불리던 그는 급장을 하는 동안 반 아이들 중 그에게 맞지 않은 학생이 드물 만치 학급을 완전히 제압했다. 말 안 듣는 아이가 있으면 뺨을 후려치기도 했으며, 반에서 가장 키가 컸고 장가까지 들었던 한 학생은 정희보다 한 뼘이나 컸는데도 교실에서 뺨을 맞았다. 일본 교사의 반장에 대한 직간접의 엄호가 없었더라면 이런 처사가 과연 가능했을까 하는 의문이 생긴다.

보통학교 시절 그는 이광수가 쓴 이순신 전기를 읽고 큰 감명을 받았으며, 이 감명은 그가 대통령이 된 후에 현충사를 성역화로 이어지게 하는 잠재적 기틀이 되었다. 그에게 또 하나의 감명을 준 책은 유럽을 휩쓸며 황제자리까지 오른 나폴레옹의 전기로서, 그가 후에 교사가 되었을 때도 숙직실에 나폴레옹 사진을 붙여놓았을 정도였다.

박정희는 1932년 4월 1일 대구사범학교에 입학했다. 대구사범은 관립 사범학교로서 학비 일체가 전액 무료이며, 기숙사 생활이 가능한 곳이었다. 박정희가 입학한 1932년의 대구사범 4기생은 정원 100명에 한국인 90명 일본인 10명으로, 1,070명이 응시한 가운데서 박정희는 51등으로 합격했다. 사범학교의 목표는 어려운 조선 학생을 선발하여 철저한 일본 혼을 가진 대일본국 교사를 양성하기 위한 것이었다. 교사에 대한 인식이 좋던 때라 사범학교에 합격했다는 것은 크게 축하할 일이었다. 구미보통학교 11회 졸업생 가운데 사범학교에 합격한 것은 박정희가 처음이어서 학교와 온 마을이 축제 분위기였다. 사범학교 기숙사 생활은 엄격했다. 독서도 제한되어 금서 목록이 있었다. 이러한 학칙과 규율을 어기면 퇴학처분을 받았다. 그래서 100명 정원에 졸업자는 대략 70여 명 정도였다.

사범학교 시절 박정희는 동기들 간에 말없는 학생으로 기억되었다. 그는 사범학교 5학년 때 부모의 강권으로 선산군의 김호남 처녀와 결혼했으나, 부부관계가 원만치 못해 방학이 되어도 부인이 있는 시골집에 가지 않고 밖으로 돌기만 했다. 1937년 대구사범을 졸업하고 문경초등학교 교사로 부임했으나, 박 교사는 부인 김호남을 근무지로 데려가지 않고 홀로 숙직실에서 기거하다가 하숙을 했다. 당시 초등학교 교사의 월급은 45원이었고 하숙비는 8원, 개인 용돈이 10원 정도였으니 풍족하다고는 할 수 없어도 신혼살림을 할 수 있는 생활비는 되는 셈이었다. 교사로서 그는 운동에 재능이 있어 달리기, 철봉, 멀리뛰기 등을 특히 잘했다.

이 무렵 처 김호남과의 사이에서 딸 재옥이가 출생했으나 처와 딸 등 가족을 돌보지 않는 것은 전과 마찬가지였다. 이를 보다 못한 아버지가 가족을 돌보라는 간곡한 편지를 보내기도 하고, 아들의 근무지로 직접 찾아가서 타이르기도 했으나 별다른 변화는 없었다. 하숙생 박정희 교사는 술을 좋아해서, 같은 집 하숙생들과 의기투합해 막걸리를 동이로 갖다놓고 마셔대기도 했다. 방학을 해도 그는 집에 가지 않고 학교 운동장에서 정확히 아침 6시면 나팔을 부는 게 일상이었다. 시계가 귀했던 그 당시 문경의 시계 역할을 했다.

교사로서 큰 보람을 느끼지 못했고 일본 교장과의 알력, 가정적 불만 등은 박 교사를 항상 우울하게 했다. 어느 날 그는 학교에서 식사중에 평소 감정이 좋지 않았던 학교 교장과 시비끝에 손찌검을 해 학교에서 물러났다.

학교에서 물러난 박정희는 만주에서 군관모집에 응모하기로 결심했다. 당시 일본은 만주에 중국 침략의 전초 기지를 만들기 위해 청조에서 분리하여 만주국을 세웠고 일본족, 한족, 만주족, 조선족, 몽고족의 5개 민족이 화합해 새로운 낙원 국가를 건설한다는 명분을 내걸었다. 그 만주국의 새로운 군인이 될 만주국 사관학교에서 학생을 모집하고 있었던 것이다. 박정희가 만주를 처음 본 것은 대구사범학교 재학중에 만주로 수학여행을 다녀왔을 때였다. 그래서 그는 만주를 기억했고, 그를 총애했던 사범학교시절 교련 주임이 만주군관학교에 근무하는 것을 알고 있었다. 그러나 박정희는 나이가 많아서 응모 자격이 없었다. 그러자 친구의 아이디어에 따라 혈서로 '진충보국 멸사봉공(충성으로 나라에 보답하고, 나를 죽이고 공을 받든다) 일본제국 황국신민 박정희' 라고 써서 만주군관학교에 보냈다. 이 혈서는 만주일보 등에 크게 보도되었고, 박정희는 시험을 거쳐 1940년 정식으로 만주군관학교 제2기생으로 입학할 수 있었다(『알몸 박정희』· 최상천 · 사람나라). 2기생은 모두 470명으로 일본인 240명, 만주인 228명, 조선인 12명이었는데 그의 입학 성적은 15등이었다.

박정희는 군관학교 재학 시절에 유도, 승마, 검도 등의 교련 과목에서 출중한 성적을 보였고, 졸업 성적 1등으로 일본 육군사관학교 본과 (3학년 편입)에 진학할 수 있는 영광을 얻었다. 그는 창씨개명을 하여 '다가키 마사오' 또는 '오카모도 미노루'로 불렸다.

그 후 대통령이 된 뒤 한 측근이 "사범학교를 졸업하시고 왜 군인이 되셨습니까"라고 묻는 말에 "큰 칼을 차고 싶어서"라고 답변했다. 본인의 말이 아니더라도 우리의 관심은 그의 우수한 머리, 초등학교 교사로 재직 시에 보였다는 일본과 일본인에 대한 저항감, 사범학교를 졸업한 인텔리가 왜 침략전쟁의 첨병인 군인을 지원했는가 하는 점이다. 그것도 단순한 군인이 아니고 만주 군관학교와 일본 육사까지 졸업했다는 것은 군인 중의 군인을 선택했다는 이야기가 된다.

군이란 무엇인가? 군은 전투로 상징되고, 물리적인 힘을 내용으로 삼는다. 또 힘은 권력으로부터 나온다. 권력과 힘이 없으면 30여 명의 초등학교 학급도 통솔이 안 되고, 힘이 없으면 한참 동생뻘의 왜소한 급장에게 뺨을 맞아도 할 말을 제대로 못한다는 것을 그는 너무 일찍 깨달은 것일지도 모른다. 그가 대구 사범학교와 만주 군관학교 그리고 일본 육사에서 배운 것은 일본의 사무라이 정신 예찬이었을 것이다. 사무라이 정신은 의리와 힘이다. 약한 자는 살아남을 수 없다. 약해서 노예처럼 끌려다니기보다는 강자로서 죽는 것이 명예스럽다는 것을 신조로 한다.

박 장군이 『국가와 혁명과 나』에서 '힘'을 강조한 것, 일본의 눈치를 보아야 하는 일개의 약체 교사보다는 차라리 집합체로서의 강자인 군인이 되자는 것이 그의 생각이 아니었을까 추측된다.

　3선을 허용토록 하는 헌법개정안은 끝내 야당과는 타협을 이루지 못했다. 야당은 이 법안의 국회 본회의 통과를 저지하기 위해 국회 본회의장에 이불을 펴고 무기한 농성에 들어갔다. 뿐만 아니라 야당의 유진오 당수와 김영삼 원내총무는 공화당에 회유된 것으로 전해진 야당의 S, J, Y 세 의원이 개헌안을 국회에서 통과시키는 데 참여하지 못하도록 의원직을 상실시키기 위해, 회의장도 아닌 유진오 당수 자택에서 당을 해체하는 전당대회와 당을 재결성하는 전당대회 등 두 번의 전당대회까지 여는, 비상한 입장을 취하고 있었다.

　결국 공화당은 9월 14일 야밤에 이효상 국회의장 사회로 소속 의원들과 극소수 무소속 의원들이 한 번도 본회의장으로 사용된 적이 없는 국회 제3별관에 모여 도둑질하듯 3선개헌안을 통과시켰다. D일보 등 일부 언론은 이 사실을 보도함에 있어 '공화당, 개헌안 변칙 처리'라고 표현함으로써 통과가 아닌 처리를 강조했고, 이런 기사가 화근이 되어 신문사 관계자가 중앙정보부에 끌려가 조사를 받았다. 신판 일장기 말소 사건이었다.

　3선개헌안의 야밤 처리는 그 이전의 행동과 크게 다른 것이다. 제3공화국 출범 직후인 1964년, 한국과 일본 간의 국교정상화협상을 둘러싸고 야당과 학원가에서 격렬한 반대가 일자 정부는 6월 3일 서울 일원에 비상계엄령을 선포하여 세칭 '6·3사태'를 야기했다. 이해 8월 26일에는 다시 서울에 위수령을 발동했다. 반대세력을 힘으로 제압하면서 당당하게 한일협정을 체결했고 국회 비준까지 마쳤다.

　한일협정 때 당당하게 힘을 사용하던 정부가 3선개헌 때는 왜 야밤에 비밀 처리를 했는가? 여기서 생각하게 되는 것은 '힘'의 한계다. 한

일협정으로 한국과 일본, 두 나라 간의 국교정상화는 지리적으로나 정치적으로 이미 세계적 경향이었으므로, 야당이 전원 의원직 사퇴라는 극약 처방을 써가면서까지 반대해도 대통령은 떳떳하게 소신을 관철할 수 있었다. 게다가 그 후유증도 오랜 동안 국민의 공감을 살 수 없다. 그에 비해 3선개헌은 박정희 대통령 한 사람에 관계되는 것이고, 대통령 임기연장은 국민적 합의를 얻어내기가 쉽지 않은 사안이었다. 국민이 납득할 수 없는 힘의 사용은 정통성을 상실한 폭력에 불과하며, 일시적으로는 힘이 무서워 숨죽이고 있지만, 곧 저항의 대상이 된다. 소위 '유신 체제'라는 것도 그랬다.

악법도 법이라고 했듯이 3선개헌안의 국회 통과에 따라 1971년 4월 27일에 실시된 제7대 대통령 선거는 장기집권 문제가 핵심 쟁점이었다. 야당의 김대중 후보는 "이번 선거가 국민이 직접 대통령을 뽑는 마지막 선거"라며 "여당 일각에서 총통제를 연구하고 있다"고 주장했다. 이 주장에 대해 선거 당시에는 많은 국민들이 '설마' 하는 회의와 함께 선거에서 흔히 있는 대여 공세려니 했다. 그러나 야당 김 후보의 이 주장은 1년이 채 못 되는, 1972년 10월 17일에 비상계엄령 선포와 함께 유신 선포로 증명되었다.

장기집권 문제가 쟁점이 됨으로써 선거 주체였던 공화당은 이 문제에 대해 언급이 없으면 선거에서 많은 불이익을 당할 것으로 판단, 연일 대책회의를 거듭했다. 마지막 대통령 후보 유세는 장충단공원에서 있었다. 박 후보는 이 유세에서 "다시는 여러분들에게 직접 표를 달라고 하지 않겠다"고 말했다. 신문들은 "박 대통령, 3선 이상 불출마 선언"이라는 호외를 냈고, 그 다음엔 기사와 해설 등을 통해 '3선으로 끝날 대통령'을 칭찬했다. '직접 표를 달라고 하지 않겠다'는 말에 '간접적으로는 표를 달라고 할 수 있다' 는 사술적인 궤변이 숨어 있다는 것을 유신 선포 뒤에야 깨달은 언론계는 모두 자기 뒤통수를 맞은 셈이 되었다.

박정희 대통령은 세 번 대통령에 출마했고 1971년 선거가 가장 힘들었다. 국민들은 아무리 대통령으로서 업적이 뛰어나더라도 장기집권엔 염증을 내고 있었다. 초대 대통령이었던 이승만 때도 그랬다. 민주주의는 원칙이 중요한 것이고 아무리 걸출한 지도자더라도 일인 장기집권은 반드시 독재와 독선으로 흐른다는 것을 많은 역사적 사실이 뒤받침하고 있기 때문이다. 어떤 통계에 의하면 대통령이 8년간 집권하면, 첫째 유권자의 기대감에 미치지 못하고, 둘째 법을 위배했거나 이해관계에 얽힌 인사들이 이탈하고, 셋째 야당(또는 대안)에 대한 새로운 기대감 등으로 야당 표는 가만히 있어도 20퍼센트 정도는 저절로 올라간다고 한다. 사정이 그러하니 국민의 직접투표에 의한 4선 출마와 당선은 생각하기 어려운 지경이었다.

이런 정치 상황 속에서도 박 대통령은 "개가 짖어도 기차는 간다"는 식으로 꾸준히 국가 근대화와 경제발전에 박차를 가했다. 1960년대 초까지 소비경제와 경공업 중심으로, 북한 경제에 뒤져 있던 우리 경제를 질적으로 양적으로 성장시킴으로써 도약기인 1970년대에 들어서는 북한을 멀리 따돌렸다. 박 대통령은 자본주의 경제체제를 최대한 살려 외자 도입과 기업 간의 경쟁체제를 발전시켜, 1961년까지만 해도 수출에 대해 세계 기록조차 없던 나라를 1980년 문턱에는 중화학 제품을 근간으로 백75억 5백만 달러를 수출하는 일개 수출국으로 끌어올렸다. 무려 427배나 경제를 신장시켜 세계에 드문 기록을 세웠고, 세계 10대 교역국가로 발돋움하게 되었다. 1979년을 기점으로 사회간접자본의 투자가 산업 투자의 50퍼센트를 넘겨 살기 좋은 사회, 삶의 질을 생각하는 사회를 지향하게 되었다. 복지국가의 핵심인 전 국민의 의료 혜택을 위해 직장의료보험과 지역의료보험을 만들어, 의료 혜택을 받을 수 있는, 대단히 진보적인 정책을 도입했다.

1970년대에 들어서면서 도시 인구가 농촌 인구를 추월함으로써, 도시민의 복지와 생활 여건 개선이 전례 없이 중요성을 띠게 되었다. 박 대통령은 도시의 무제한 팽창을 막고, 환경보존, 도시 공해 예방 등을 위해 주요 도시 주변에 그린벨트를 설정했다. 이것은 마치 독일의 아데나워 수상이 2차 세계대전 전, 시장이었을 당시에 시행한 것처럼 '인기는 없으나 필요한 조처'였다.

한국에서 그린벨트 선포는 국민의 재산권 보호라는 차원에서는 문제가 없는 것은 아니지만, 인기만을 생각하는 대통령은 할 수 없는 일이다. 그 후 역대 대통령들이 그 현상 유지에도 휘청거렸으며, 이런저런 명분을 내걸고 그린벨트를 잠식하는 것만 보아도 처음에 설정하는 일이 얼마나 어려웠을지 추측케 한다. 그린벨트 해제는 역대 정권의 이권이자 국민들에 대한 인기정책의 방편이 되기도 했다.

박 대통령은 행정을 통해 정치, 사회의 적폐를 시정해나가기 시작했다. 정치적으로 적당히 타협했을 현역 의원들을 선거부정과 비리 혐의로 구속했는가 하면, 경미한 비리에 대해서는 경고하는 친서를 보냈다. 사명감이 부족한 기관장들을 독려하기 위해 1년에도 수십 차례 지방 출장에 나서고, 매월 실시한 수출진흥회의, 평가단교수회의 등을 통해 국가 프로젝트를 하나하나 체크하고 질책하며 끌고 가야 했다. 복지안동(伏地眼動)하는 국민과 옆길로 나가는 인사에 대해서는 때로 달래고 때로는 채찍을 휘둘렀다. 모든 일에 일일이 개입하고 지도해가다보니 박 대통령은 대학 교수 이상의 전문지식을 갖추게 되었다. 한 번은 도로공사 브리핑을 들으며 노면을 고르게 포장한다는 실무자의 설명을 듣고, 도로가 굽은 굴곡지에서 차량 전복을 방지하려면 도로 안팎의 경사를 어느 정도로 해야 하느냐고 질문해서 참석자들을 놀라게 했다.

1969년부터 1978년까지 박 대통령의 비서실장이었던 김정렴은 회고록에서 박 대통령의 통치 철학은 경제개발과 자주방위 두 개의 기둥으로 이루어졌으며, 통일이란 우리의 자유와 경제가 북한으로 넘쳐흐르는 것이라고 정의했다. 그러므로 경제건설이 곧 통일 운동이라고 그는 생각했던 것이다. 그런 경제건설을 위해 경제개발계획을 세우고 새마을사업을 했으며, 수출정책에 혼신의 힘을 쏟은 것이었다.

해외 여론과 싸우며

우리 민족도 신세 갚을 줄 안다 · 세상 모든 일이 그렇듯이 국가 차원에서도 기브앤드테이크는 국제사회의 기본 예의다. 박 대통령의 외교 기본 원칙은 국가이익을 우선적으로 추구하되, 국제 신의를 존중하고 내정간섭을 배척하는 것이었다(『아, 박정희』·김정렴·중앙M&B). 박 대통령은 외교정책의 근간을 미국과의 상호방위와 동북아시아의 집단 안보 및 경제협력과 통상증대를 위하여 변함없는 한미 간 우호증진과 유대 강화에 두었다.

1965년의 월남 파병 때도 찬성과 반대 의견이 분분했지만, 박 대통령은 한국전쟁 때와 이후 한·미 관계를 회상하며 "우리는 언제나 남

박정희 대통령의 마지막 공개행사, 충남 삽교천 개발 (1979년 10월 26일).

의 신세만 지는 국민이 아니라 남의 은혜에 감사할 줄 알고 또 남에게 진 신세를 갚을 줄도 아는 신의와 책임을 가진 민족이다"라고 말했다.

"6·25 동란 때 우리와 함께 피 흘렸던 미국의 젊은이들이 지금 월남에서 전쟁을 혼자 감당하기 어렵다 하여 우리의 도움을 요청해 왔는데 가만히만 있을 수 없다. 희생을 각오하고라도 월남에 파병해야 한다"는 것이 일관된 생각이었다. 청와대에서 있은 당—정 연석회의에서도 많은 반대 의견이 있었지만 이런 이유로 찬성이 가결되었다. 여당에서는 서인석 의원 등이 강하게 반대했고, 야당 의원이었던 조윤형 의원 등은 찬성했다.

이렇게 힘들게 단행된 월남 파병은 외국 일부에서 '미국 용병론'을 제기하면서 비난도 받았지만, 시간이 갈수록 이때의 파병이 국가적으로 이익이 많았다는 데 국민 대부분이 동감하게 되었다. 지도자로서 박 대통령의 미래 예측 기능이 이보다 더 적절한 예는 많지 않을 것이다.

과거보다는 미래가 중요· 흔히들 한국과 일본 관계를 가깝고도 먼 관계라고 평한다. 그것은 일본이 우리를 지배했다는 과거 때문만이 아니다. 국교가 없는 상황에서 이웃한 두 나라 관계가 더욱 악화되어간다는 것이 문제로 지적되었다. 1960년대 초반에 들어서자 각국은 국익과 지역안보라는 축을 중심으로 냉전과 새로운 화해 무드로 국가 목표를 설정해가기 시작했다.

유럽에서는 두 차례 전쟁을 치르면서 화합할 수 없는 견원지간으로 사이가 벌어졌던 프랑스와 서독이 화해했다. 드골과 아데나워라는 두 국가 원수가 26차례(아데나워 측 기준)나 왕복하며 화해의 시대를 연 것이다. 프랑스의 드골 대통령은 중부 유럽의 우호 분위기를 강화해 미국 영향력을 배제한다는 이득을 노렸고, 독일의 아데나워 수상은 패전국의 주권과 영예를 회복한다는 점에서 화해의 합의점을 발견했다.

한국과 일본 두 나라도 자본과 기술 그리고 동북아 안보라는 면에서 협력이 절대 필요한 시기로 진입하고 있었다. 누가 친일이냐 반일이냐의 문제를 뛰어넘는 상황이었다. 특히 한국은 혁명 정부 이후의 구호였던 '조국 근대화'를 추진할 자금 확보의 기회였으며, 일본은 동북아에서 전쟁 도발자였다는 불행한 과거를 청산할 수 있는 필요한 처사였다. 특히 미국 입장에서는 중국이라는 거대한 세력 앞에서 동북아의 두 우방이 손을 잡을 필요가 있었을 것이다.

박 대통령은 1965년 5월 방미 때에 미국 프레스클럽 연설에서 당시 입장을 "우리는 이 긴박한 국제 상황의 경쟁 속에서 지난날의 감정에만 집착할 수 없다. 아무리 어제의 원수라 해도 오늘과 내일을 위해 필요하다면 그들과도 손을 잡아야 하는 것이 국리민복을 위한 현명한 처사이다. 우리는 좀더 먼 장래를 위하여, 좀더 큰 자유를 위하여, 좀더 굳건한 자유 진영의 결속을 위하여 과거의 감정에 집착됨이 없이 대국적 견지에서 현명한 결단을 내려야 할 때가 왔다"고 밝혔다. 이 연설에서도 보듯이 한일 국교 타결은 (1)먼 장래를 위하여, 즉 새로운 협력시대의 개막을 위하여 (2)더 큰 자유를 위하여, 즉 중국의 거대한 세력 앞에서 자유진영의 결속을 위하여 (3)과거의 감정에 집착하지 않고, 즉 과거로부터 자유로운 이성적 판단을 강조했다.

　이 정상화 타결에 의한 청구권 자금은 대표적으로 포항제철 건설에 투입되어 근대화에 큰 기여를 했다. 세계 언론이 한국의 인권문제를 들고 나오는 시기에 자주외교라 할 수 있는 외교의 지평을 연 것은 새로운 국가적 경험이었다.

　외치는 내치의 연장이라는 말이 있듯이 유신 이후의 외교는 인권문제로 허둥대기에 바빴다. 미국의 카터 대통령이 열악한 한국의 인권 상황을 지적하며 주한 미군의 철수를 공언하는가 하면, 미국 여론 또한 반한국적으로 전개되었다. 인권 정책에서 오는 긴장은 결국 박 대통령 시해라는 엄청난 사건의 먼 원인이 되었다.

<u>새 술은 새 부대에</u> · 1970년대 점화된 새마을운동은 경제적으로 잘 살기 운동인 동시에 농어민의 의식혁명이며, 환경개선운동의 복합이었다. 수백 년 동안 지게와 마차만 겨우 다니던 농촌 마을의 좁은 길이 넓혀져 경운기가 모터 소리를 내며 다닐 수 있도록 확장되었다. 가을에는 벼를 베고 말렸다가 탈곡기가 있어야만 추수를 하는 것으로 알았던 농민들도 이젠 콤바인을 이용하여 익숙하게 벼를 베고 동시에 탈곡하는 기계작업으로 일손을 크게 덜 수 있었다. 농어촌의 새마을 지도자는 개혁의 지도자로 자리매김했으며, 직업 정치인을 싫어했던 박 대통령의 성격으로 말미암아 후에 대통령 선출 기구인 통일주체국민회의 대의원으로 대량 진출했다. 박 대통령은 새마을 연수원을 지어서 새마을 이론을 교육하고 국민 계도, 의식개혁 등 다양한 방법으로 국민을 이끌고 갔다. 새 술을 담을 새 부대를 만드는 작업이었다.

　박 대통령은 역사책을 많이 읽었으며, 대통령이 된 뒤에도 국사학자

이선근 박사로부터 개인 강의를 받았다. 우리의 것은 과연 무엇이며 우리나라가 가야 할 길은 어디서 찾아야 하는지에 대해 감각을 가져야 겠다는 뜻에서다. 이선근 박사뿐 아니라 이병도 박사도 가끔 초대를 받았다. 박 대통령은 서울대학교 철학과 교수인 박종홍 교수를 특별보좌관으로 임명하여, 기회 있을 때마다 지도자의 갈 길 등에 대해 이야기를 나누었다. 박 대통령은 또 서예의 대가인 손재형으로부터 서예를 배웠는데, 이것이 인연이 되어 손재형은 국회의원을 하기도 했다. 우리 것에 대한 애착과 소중함은 불국사를 비롯한 문화재 보수와 성역화로 이어졌다. 한번은 박 대통령이 "문화재엔 색깔이 너무 강하지 않은 계란색 정도가 좋겠다"고 한 마디 한 것을 관계자들이 곧이곧대로 받아들여 이때부터 전국의 문화재는 온통 계란색이 되었다. 해방 25년, 두 번의 정권이 바뀐 뒤에야 우리나라는 근대국가의 모습을 갖추기 시작했다.

박 대통령은 농민들의 자조 협동 정신을 키우기 위해 한 부락에 시멘트 300~350포를 무상으로 나누어주면서, 이를 개인 용도로 쓰지 말고 마을 도로 확장, 마을 회관, 공동목욕탕, 소하천 가꾸기 등의 공공작업에 쓸 것을 지시한 일도 있었다. 협동정신을 키우려는 배려였다. 오죽했으면, 얼마나 답답했으면 이렇게 했을까? 박 대통령은 의욕 없는 사람에게는 지원하지 말고 의욕과 의지에 찬 사람에게 금융세제의 혜택을 지원해서 도와주라고 했다. 박 대통령은 새마을 사업을 정신 개조의 기회로 보고, 매월 정부 장관들과 여야 간부들이 참석하는 월간 경제동향 보고 때는 새마을 성공사례를 발표하게 하고, 새마을 연수원에는 농촌 부흥의 전도사인 새마을 지도자뿐 아니라 각계 인사들이 광범하게 입소하여 며칠간 숙식을 함께 하며 분임 토론과 명상, 친교, 정신 수양의 기회를 갖게 하여 상당한 성과를 거두었다.

　새마을 사업은 도시와 각 단체로 확산되어 농촌의 소득 증대를 위한 새마을 공장, 환경개량 사업 등으로 농촌의 모습을 완전히 바꾸어놓았다. 이 사업은 외국에도 소개되어 한국형 농촌개량 사업으로 각광을 받았지만, 1979년 박 대통령 서거와 함께 이름만 남게 되었다.

드골 헌법 직접 구해서 읽어

　남한과 북한 간의 격차를 더욱 벌여놓은 경제력을 바탕으로 정부는 이제까지의 수세를 벗어나 점차 공세적 입장으로 바꾸어갔다. 1970년 8월 15일 박 대통령이 광복절 치사에서 남과 북이 평화공존을 하면서 선의의 경쟁을 하자는 평화통일 기반조성에 대한 구상을 밝혔다. 뒤이어 1971년 9월부터는 1천만 이산가족 재회를 위한 남북적십자회담이 열렸다. 해외에 여행하는 국민들도 북한의 김일성 배지를 단 사람만 보면 겁을 먹고 무조건 피하던 과거와는 달리, 능동적으로 말도 걸고 의연하게 대할 수 있게끔 자신감을 가지면서 어느새 북쪽 사람들이 오히려 피하는 역전 사태가 발생했다.

　여러 채널로 진행되던 남북관계를 심도 있게 조절하기 위해 남북은 정치적 대화 통로의 필요성을 절감했다. 이에 남쪽의 중앙정보부장 이후락(李厚洛)과 북한 김일성의 실세이고 노동당 조직지도부장인 김영주(金英柱) 사이에 비밀 접촉이 이루어져 민족 대단결과 통일원칙 등을 약속한 7·4공동성명이 발표되었다. 이후락은 공동성명의 배경을 설명하는 기자회견 석상에서 '이러한 대업을 추진하기 위해서는 체제 정비가 필요하다' 는 요지의 발언을 했다. 어려울 때면 북한 카드를 내놓던 과거 정권의 습성을 많이 보아온 정계의 촉각은 날카롭게 곤두섰다. 이런 분위기 속에서 같은 해 8·15 경축사에서 박 대통령은 '국력의 조직화' 를 강조함으로써 무슨 일이 이루어지고 있다는 인상을 강하게 주었다. 정계와 언론계에서는 국력의 조직화가 무엇이며 구체적 방법은 무엇이냐를 화제로 삼았으나, 어디에도 이를 풀어주는 실마리는 없었다. 다만 현존 제도에서는 국력이 조직화되지 않았고 국력이 방만하다는 것이 집권 수뇌부, 특히 박정희 대통령의 생각이구나 하는 감만 잡을 수 있었다.

10월은 국회의원들에게 바쁜 계절이며 국회의원 배지가 가장 돋보이는 시기다. 의원들이 전국에서 열심히 국정감사를 하고 있던 1972년 10월 17일 오후, 갑자기 전국에 비상계엄령이 선포되고 국회 정문에는 탱크와 함께 완전 무장을 한 군인들이 배치되었다.

계엄령 선포와 함께 박 대통령은 "평화 통일을 위해 정치체제를 개혁한다"고 선언했다. 초헌법적인 국가긴급권을 발동하여 국회해산, 일체의 정치활동 금지 등이 단행되었다. 그리고 10일이 지난 10월 27일 평화통일 지향, 한국적 민주주의를 특징으로 한다는 새 헌법안이 공고되었다. 11월 21일 국민투표를 통해 새 헌법안이 확정되고, 12월 27일 새 헌법에 따라 새 대통령이 취임했다. 새 헌법에서는 (1)대통령이 법관을 임명하고 (2)국회의원의 3분의 1을 대통령이 임명하며 (3)지역구는 여당 야당 두 명이 출마하여 동반 당선되도록 했기 때문에 출마자의 반만 당선되어도 대통령이 국회를 지배할 수 있도록 하였다. 거기에다 (4)대통령이 국회해산권을 갖게 했다. 행정부에 국무총리를 중심으로 연대성을 갖게 하여 (5)대통령은 행정부, 입법부, 사법부(대통령이 대법원장 임명) 위에 군림하는 초월적 존재, 즉 총통이 되는 것이다. (6)더구나 그 초월자에 대한 임기 제한에 대해서는 일체 언급이 없는 것이 또한 특색이었다. 유신헌법에서는 이렇게 막강한 권한을 갖는 (7)대통령을 비정치인들인 통일주체국민회의 대의원들이 24시간 전에 등록된(24시간은 비우호적인 후보를 사퇴시키기에 충분한 시간임) 대통령 후보에 대해 투표해서 뽑기 때문에 박 대통령 이외의 사람은 뽑힐 수가 없도록 고안되었다. 장기집권을 위해서는 너무나 정교한 헌법이었다.

김정렴은 『아, 박정희』에서 유신의 배경을 다음과 같이 설명했다.

"박 대통령은 1963년 민정이양 때 국가재건최고회의 의장으로서 혁명 후 2년의 경험으로 보아 '당시 민족적 민주주의'로 일컬어지던 한국적 민주주의를 제창했었다. 그는 해방 후 서구 민주주의의 옷을 입어 보았으나 옷이 우리 몸에 맞지 않으니 이를 몸에 맞도록 고쳐서 입고자 하는 것이 그 참 뜻이라고 강조했다. 박 대통령은 민선 대통령으로 당선된 뒤에도 민주주의는 그 나라 그 민족의 역사적 문화적 배경을 중심으로 하고, 그 나라 국력을 토양으로 하여 생성 발전하는 하나의 제도라고 생각했다.

특히 1972년 남북 대화를 시작하고 보니 여러 문제가 발생했다. 국론이 분분하고 남북 대화 위법론까지 제기되는 등 통일된 거족적(擧族的) 뒷받침이 절실했다. 또한 대화를 시작해놓고 남과 북을 비교해보니 공산주의자들에 비해 우리의 서구식 자유 민주주의 체제에는 너무나 취약점이 많았다. 이러한 대비는 이에 앞서 있었던 남북적십자회담에서도 느끼고 있었던 사실이었다.

예비회담 때 북의 박성철을 비롯한 대표들이 박 대통령을 예방한 일이 있었다. 그들은 박 대통령과 한국 측 간부들이 자유롭게 이야기해도 일체 말을 하지 않고 있다가, 말을 할 때에는 수첩을 꺼내어 거기에 써 있는 내용을 그대로 낭독하는 데서 그치는 것이었다. 이러한 태도는 저녁 만찬에서도 같았다. 이들은 그것이 동문서답이든 말든 간에 자기들이 적어온 것만을 읽어 가는 것이었다. 움직이는 기계에 불과했다. 이런 사람들과 이야기도 하고 체제 논의도 하려니 우리도 체제 정비를 해야 할 필요성이 절실해졌다."

박 대통령은 집권자에게 안정을 확보해주고, 입법·사법·행정에 대해 대통령의 긴급명령권을 주며, 주요 정책을 국민투표로 국민들에게 직접 묻는 등의 강력한 드골헌법에 관심을 가졌다. 박 대통령은 드골헌법을 직접 구해서 읽어보고 '민주주의의 본산이라고 하는 프랑스에도 이런 강한 대통령의 긴급 명령 헌법이 있구나' 하고 새삼스럽게 생각한 일도 있었다. 또 한 번은 인도네시아를 방문하고 온 국회사절단의 보고에서 인도네시아에서는 대통령이 정원 5백 명의 국회에 1백 명을 현역 군인으로 임명한다는 대목도 관심 있게 들었다.

비상계엄령 선포와 함께 각 언론기관에는 정부에서 파견 나온 정보요원들이 배치되어 기자들 한 사람 한 사람의 기사 성향과 취재 내용들을 체크했다. 또한 유신을 '궁정 쿠데타'라든지 총통제라든지 하는 말로 표현할 수 없도록 언론기관의 용어선택까지 제한했다. 해설은 어떤 방향으로 쓰라든지 제목을 어떻게 뽑고 기사의 크기는 얼마만큼 하라는 등을 하나하나 지시했다. 국력을 조직화하여 경제를 발전시키고 그렇게 하여 국민들에게 '밥을 먹을 수 있게 하는 과정'이라는 해명도 있을 수 있다. 우리에 갇힌 동물들처럼 입을 다물고 있으면 밥은 먹여준다는 논리이기도 했다.

아마도 세계 언론 사상 이렇게 철저하고도 치밀하게 언론을 탄압한 예는 없을 것이다. 일제 치하 때 언론 탄압이 있었다지만 단어 하나, 제목 하나까지 관여한 일은 없었던 것으로 알고 있다. 최소한 언론계에 있어서는 유신은 어떤 명분과 이유로도 합리화할 수 없는 것이었다.

신문사에서 유신에 대한 외부 필자의 기고가 있었다. 사전 선정된 사람만을 등장시키게 하고 그 명단을 배포했다. 명단에 있는 사람 중에 그래도 성직자는 바른 말을 하겠지라는 기대로 한 성직자에게 글을 부탁했었다. 하지만 글 서두에 '생불(生佛)이 나셨도다'로 시작된 것을 보고 바로 그 글을 휴지통에 넣고 말았던 기억이 있다.

유신에 불만인 야당의 C, K, K 의원은 보안사에 연행되어 팔의 뼈가 골절이 되도록 그야말로 일본 제국주의 시대에 독립운동가나 당하던 모진 고문을 당했다. 실제로 중앙정보부의 한 고문 담당자는 자기가 일제시대에 한글학회사건을 담당했으며, 고문을 해서 비밀을 밝혀냈노라고 자랑을 늘어놓은 예도 있었다. 다른 야당 의원들에게는 '유신만이 살 길'이라고 쓴 어깨띠를 메고 길에 나서야 정치를 할 수 있게 허용했다. 당시 어깨띠를 메었던 한 야당의원은 "프랑스가 나치 정권에서 해방된 뒤 나치에 협력했던 여인들의 머리를 깎은 채 밖으로 끌고 다녔을 때 그 여인들이 느꼈을 그런 심정이었다"라고 심경을 토로했다.

계엄령 발동 후 10일 안에 새 유신헌법안을 발표하고, 구체적인 정치와 언론 대책까지 수립한 것을 보면 평화 통일을 명분으로 한 유신헌법 제정은 이미 오래 전에 치밀하게 준비된 것임을 알 수 있다. 국가체제에 관한 한 '뽕나무 밭이 변해 푸른 바다가 된다'는 말처럼, 천지

개벽을 이루는 이 엄청난 대변혁이 계엄령 선포로부터 헌법 제정과 새 대통령 취임까지 단 두 달 동안에 이루어졌으니 경제 성장만큼이나 빠른 세계적 기적일 것이다. 박정희 대통령이 평소 소신으로 삼던 '힘'을 배경으로 '힘'의 법을 만든 이 유신헌법처럼 그의 체취가 나는 것도 없었다. 유신헌법을 둘러싸고, 이 법으로 탄생된 유신정우회(維新政友會)의 골백번에 걸친 찬성 이론과 반체제 인사들의 투옥을 불사한 반대 이론이 1970년대를 뒤덮다시피했다.

찬성자들은 유신헌법에 대해 (1)북한과의 대결에서 우리도 북한 노동당 체제와 대결할 수 있는 국가 최고지도자를 중심으로 한 강력한 체제를 구축해야 하고 (2)집권당이 정국안정을 확보할 수 있는 다수당이 되어야 한다는 점에서 유신정우회와 같은 여당집단이 절실하며 (3)통일에 대비한 체제가 필요하다는 점을 지적했다. 이 체제는 선거의 국론 분열과 정치적 낭비를 막아 국력을 조직화하며, 미국 카터 정부가 공언하는 주한미군 철수에 대응할 자주국방과 자립체제에 필요한 생존의 제도라고도 했다. 찬성론자들은 또 한 번 대통령 선거를 치르는 데 거대한 공업단지 하나를 건설할 만한 자금이 들기 때문에 우리와 같은 개발도상국가로서는 감당하기 어렵고, 안보 측면에서도 선거 때의 이완된 자세로는 비상시국에 대비할 수 없다는 점을 강조했다. 대통령 선거 자금 문제는 최근에 일부 밝혀진 것처럼 차떼기 식으로 현찰이 가득 든 차량이 오갔다는 등 수사 진행사항을 보면 실감이 나기도 한다. 이밖에 현실적 문제로서는 군 징발 재산 보상에 대해 사법부가 국가 현실을 도외시하고 정부로 하여금 엄청난 액수의 보상을 해주도록 한 것도 행정부로서는 회피할 수 없는 사유였다고 한다.

이에 비해 반대 이론은 유신은 개발독재를 제도화한 것이라고 주장하고, 박정희 대통령 개인에 맞춘 헌법이라고 지적했다. 이 점은 당시 유신정우회의 출신 K의원 등이 자주 입에 담은 '권력의 인격화'이기도 했다. 박 대통령의 인격을 믿고 막대한 권력을 위임한다는 것인데, 이것이 바로 독재 이론인 것이다. 북한의 김일성 시대의 수령론이란 것이 이와 유사한 이론적 배경이었다.

유신 2기 만료 1년 전에 사임 구상설도

반대론은 또 유신헌법이 대통령 임기를 명시하지 않은 점을 지적하면서 박 대통령의 영구집권 기도라고 비판했다. 이에 대해 박 대통령이 사망한 뒤(사망 전에 그가 물러나는 문제는 누구도 입밖에 낼 수 없는 최대의 금기 사항이었다) 일부에서는 대통령이 "1982년 주한미군 지상군이 완전 철수할 때까지 안보의 기반을 단단히 다진다면 나라 위해 할 것은 다 해 놓았으니, 이만큼 했으면 되지 않겠느냐?"라고 입을 뗀 뒤 "나도 좀 쉬어야겠고 애들도 시집 장가 보내야겠다"고 말했다. 그러면서 후계자로 김종필을 거명하는 말을 김종필 자신과 당시 정무수석이었던 유혁인(柳赫仁)이 두 번이나 들었다고 말했다. 그러면서 박 대통령은 임기가 다하는 1984년 1년 전에 대통령직을 사임하는 방안을 구상하고 있었다는 것이다. 박 대통령은 그러면서 "아무래도 김종필을 총리로 임명하여 대통령 권한대행을 할 수 있도록 해야겠다"고 했다.

박 대통령은 유신체제 중에 퇴임과 후임을 생각했었다고 하지만, 그 실현 가능성에 대해서는 부정적이다. 대통령 주변에서 이런 퇴임에 찬성했을 가능성이 지극히 희박했고, 박 대통령과 같은 권력자에게 흔히 볼 수 있는 집권 목표가 '자주 경제'에서 '통일' 등으로 항시 새로워진다는 점, 3선개헌과 그 후의 총선에서 '국민으로부터 표를 달라는 것은 이것이 마지막일 것'이라는 공언조차 식언(食言)이 되어버린 점 등에서 퇴임이 실제로 이루어졌을 가능성에 대해서 많은 사람들이 회의적이다.

박 대통령의 퇴임에 대해, 중화학공업 육성으로 한국 경제의 선진 인프라가 마련되고, 자주경제의 근간이 완성되어가던 그야말로 3선 대통령으로 끝나는 게 시기적으로 적절했다는 지적이 많다. 또 설사 박 대통령이 오랜 동안 생각했던 한국적 민주주의로 대통령 간선제, 3권 분립에서 대통령 권한강화 등의 유신을 단행했다 해도 처음부터 1기로 자신의 집권 시한을 정했으면 죽음이라는 파탄은 없었을 것이라고 전망하는 사람도 많다.

박 대통령은 9대 대통령으로 선출된 뒤부터 유신헌법 개정 연구를 신직수(申稙秀)에게 은밀히 지시하고 있었다고 한다. 박 대통령은 혼자 출마해서 혼자 당선되는 것이 거북하다는 지적을 했다고 한다. 신씨는 중앙정보부장을 그만둔 뒤 집에서 쉬고 있었는데, 지시를 받고 6공화국에서 검찰총장을 지낸 적이 있는 김기춘(金淇春)과 함께 약 2개월간 작업 후 1차 시안을 보고한 적 있었다고 한다.

유신체제에 대해 학문적 찬성론자인 한중조 교수 등은 "유신체제를 반민주적이며 사악한 체제라고 보는 사람들도 있으나, 꼭 그렇게 한쪽만 보고 말할 필요는 없다고 본다. 한 나라의 정치체제는 그 체제의 정당성과 효율성에 의해서 평가된다. 유신체제가 민주적 정당성을 갖지 못했다 하더라도, 조국 근대화나 민족적 자주성 확립에 기여했다면 제한적인 의미에서나마 정당성을 내세울 수가 있는 것이다.

서구민주주의는 체제의 목적이나 합리성보다 절차와 방법의 정당성을 더 중요시한다. 그에 비하면 한국적 민주주의는 체제의 절차과정이나 방법상의 정당성은 별로 문제시하지 않고, 그 대신 체제의 목적이나 동기 그리고 거두어들인 성과나 업적을 더 중요시했다. 전자는 배부른 사람, 점잖은 사람의 가치관인 것에 비해 후자는 배고픈 사람, 점잔만 뺄 수 없는 사고 방법이어서 대립이 불가피했다"고 했다 (『박정희 붐, 우연인가 필연인가』· 한승조 · 말과창조사).

박 대통령에 대한 평가는 사람과 시대에 따라 다르겠지만, 그가 유신을 하지 않고 3선 대통령으로 끝났으면 민족중흥의 대통령으로 추앙을 받을 수 있었을 것이다.

박 대통령은 유신헌법 제정으로 대통령 임기 만료라는 정치적 초조감에서 해방될 수 있었으며, 야당을 중심으로 한 국회의 비난에서 벗어날 수 있었다. 유신헌법이 제정되는 2개월 동안 권력과 위협에서 풀려난 국민들은 갖가지 방법으로 저항했다. 야당은 민주회복국민회의를 발족시켜 빼앗긴 민주주의를 회복시키겠다는 의지를 분명히 했다. 중앙뿐 아니라 지방단위에도 민주회복국민회의 지부들이 잇달아 설립되었다. 그러자 박 대통령은 유신헌법 보호를 위해 긴급조치를 비롯하여 9호까지 발동했는데, 이 긴급조치는 각종 웃지 못할 희극을 연출했다.

긴급조치 9호에서는 유신헌법을 비방, 훼손, 개정, 폐지하지 못하도록 했고, 이를 어기는 자에 대한 처벌은 물론 이러한 내용을 담은 글을 소지, 운반하거나 관람하는 것도 엄벌토록 했다. 긴급조치는 국회 건의에 따라 해제할 수 있다고 되어 있다. 그러나 이것으로 유신헌법은 보호되지 못했고, 야당은 해제 결의안을 국회에 내기로 했다. 결의안을 내려니 자연 유신헌법에 대한 언급이 없을 수 없으니 긴급조치 해제 결의안 자체가 긴급조치 위반이 될 형편이었다. 의안이 국회에 제출되면 국회 출입 기자들이 이 내용을 취재해서 보도하는 것이 상례다. 그런데 긴급 조치 해제 결의안을 보거나 내용을 읽으면 긴급조치 위반이 된다. 국회 직원이 결의안을 둘둘 말아 쥐고 취재 기자들에게 말했다 "여러분 이 내용을 보면 처벌을 받습니다. 나도 아직 보지 않았으니 양해해주십시오." 기자들은 취재를 해야 하는 것인지, 하지 말아야 하는 것인지 가늠할 수 없었다. 또 취재를 한다면 어떻게 보도를 해야 할 것인지 판단이 서지 않았다. 직원이 집에 가서 이불을 뒤집어쓰고 그 의안을 읽었는지 알 수 없지만, 이 같은 사건을 치르고 나니 '유신은 귀신'이라는 생각이 절실했다.

다른 대학에서도 그랬지만 고려대학교에서는 유신헌법 폐지 시위가 빈번히 일어났다. 그러자 정부는 고려대학교에 국한해 긴급조치를 발동하고, 장갑차를 앞세운 군인들을 교내에 투입해 학교를 쑥대밭으로 만든 일이 있었다. 긴급조치는 학교 단위, 소집단 단위로도 제한적 발동이 가능하다는 것이 정부 측 설명이었다. 극단적으로 말하면 미운 놈이 있으면 그 개인에게만 긴급조치를 발동하여 '지옥 인간'으로 만들 수 있다는 것이다. 보편성이나 형평성을 완전히 상실한 것이고 이것은 국민들을 떨게 했다.

유신헌법 폐지운동이 확산되자 박 대통령은 1975년 2월 12일 유신헌법을 국민투표에 부치면서, 국민투표가 부결되면 자신과 정부는 즉각 퇴진하겠다고 진퇴를 걸었다. 투표 결과는 73.11퍼센트의 찬성이라는 압도적 지지를 보였다. 그러나 유신헌법 폐지운동은 계속되었다.

여기에는 강압 통치자가 실시하는 국민투표의 허구성이 있었다. 체제를 국민투표에 붙이고 그 결과를 정권의 진퇴와 연결시킨 것은 프랑스 제5공화국의 샤를 드골(참고1) 대통령과 흡사했다. 사실 박정희 대통령과 드골 대통령은 여러모로 유사한 점이 많았다.

두 사람 모두 집권 과정에서 군사력을 배경으로 했다. 박 대통령은 자신이 직접 쿠데타 군을 이끌고 정권을 전복하고 집권했다. 드골 장군의 경우는, 프랑스가 직접 통치했던 아프리카 식민지 알제리 주둔군이 알제리 합병을 요구하며 '부활 작전'이라고 명명한 군사행동을 통해 "뜻이 받아들여지지 않으면 파리 근교에 낙하산 부대를 투하시켜 파리를 점령하겠다"는 협박을 하자, 어쩔 수 없이 은퇴해 고향에 있던 드골 장군을 기용함으로써 집권이 이루어졌다.

집권 후에는 두 대통령 모두 이웃나라면서 외교 관계가 없던 나라, 즉 한국에서는 과거 점령국이던 일본과 프랑스에서는 패전국인 독일과 관계 정상화에 나서서 지역 안정에 기여했다. 집권 명분으로 내세웠던 구호는, 박 대통령은 '조국 근대화' 또는 '조국의 중흥'이었으며, 프랑스 드골 장군은 '프랑스의 영광'이었다.

여기까지는 두 대통령이 약속이나 한 듯이 흡사했다. 그러나 정권의 진로를 체제에 대한 신임과 결부시킨 결과에서 차이가 난다. 드골 대통령은 신임 국민투표가 부결되어 국민과의 약속대로 그날로 퇴임해 고향에 내려가 회고록을 집필했고, 이런 생활로 프랑스 국민과 세계인의 존경을 받았다.

이와 반대로 박 대통령은 체제에 대한 국민투표가 압도적으로 가결되었다. 그리고 이 여세를 몰아 결국엔 체제변화를 달성했으며, 종국에는 임기와 후계자 선임이라는 집권자의 최대 부담에서 벗어나자 술과 여자에 취해 스캔들로 마지막 마감을 했다는 것은 역사의 아이러니다.

박 대통령은 국민투표 승리에도 불구하고 날로 거세지는 유신헌법 폐지운동을 보면서 유신헌법을 고치기보다는 폐지운동을 개탄했다. 그는 1978년 5월 16일의 일기에 다음과 같이 적었다.

"…… 그동안 많은 비판의 소리도 들었고, 비난의 소리도 수없이 들었다. 시행착오도 있었다. 그러나 대다수 국민들은 정부의 시책에 협력해주었고 지지해주었다. 특히 제2의 5·16혁명이라고 할 수 있는 10월 유신은 능력의 극대화와 국력의 조직화를 가장 효율적으로 발휘할 수 있는 제도로 확신한다. 10월 유신 이후 지난 6년 동안 우리 국력의 신장은 참으로 괄목할 만한 것이다. 이대로 추진된다면 1980년대 중반에 우리는 대국이 될 것이 틀림없다. 그러나 아직도 이 체제를 이해하지 못하고 비난하고 반대하는 인사들이 있다는 것은 참으로 한탄스러운 일이다. 다만 결과를 가지고 후세에 평가를 기다리는 도리밖에 없을 것이다. 중단하는 자는 승리하지 못한다." 『위인 박정희』

유신헌법이 일단 형식적으로 신임을 얻었다는 명분 하에 박 대통령은 국정 처리에 한층 강경한 입장을 취했다. 1979년 8월 11일 야당인 신민당사에 YH무역회사의 폐업으로 인해 갈 곳이 없는 여공들이 난입하는 사건이 일어났다. 이들이 당사에서 농성하며 투신자살을 할 것이란 첩보가 돌았다. 여공들은 중앙정보부의 지시 아래 모두 강제해산되었지만, 그 과정에서 야당총재와 당 간부들, 출입 기자들까지 모두 강제로 끌려 나왔고, 여공 한 명이 사망하는 불상사가 빚어졌다. 여공들의 농성이야 정권을 탈취하려는 것도 아니고 높은 정부 인사를 잡아내릴 수도 없지만, 정치현장 주변에서 살펴보면 이러한 밑바닥의 긴장이 정치 핵심부로 이동하면서 결국 핵심부에 영향을 주었다. 이

때도 청와대 차지철(車智澈) 경호실장은 "그들이 나오면 탱크로 밀어 버리겠다"고 호언을 할 정도였고, 김재규(金載圭) 중앙정보부장은 이 태도를 못마땅하게 여겼다고 했다(박 대통령 시해 후 김재규의 계엄보통군법회의 증언. 『박정희의 유산』· 김재홍 · 푸른숲). 또한 공화당 정부는 김영삼 야당 총재가 미국 〈뉴욕 타임스〉와의 회견에서 유신체제를 비난하고 사대주의 발언을 했다 해서 국위 손상과 국가원수 모독이란 명분 아래, 유신정우회와 함께 국회에서 여당의원 총회실로 본회의장을 옮겨 단 18분 만에 김영삼의 의원직을 박탈했다. 김 총재는 제명 직후 성명 발표에서 "순교의 언덕 절두산을 바라보는 이 국회의사당에서 나의 목을 자른 공화당 정권의 폭거는 저 절두산이 준 역사의 의미를 부여할 것입니다. 나는 오늘의 이 수난을 민주회복을 위한 순교로 받아들일 것입니다"라고 말했다.

김재규가 대통령을 시해하기 10일 전이고, 김영삼 총재가 제명된 지 12일 후인 10월 16일 부산 시민 시위에서 '독재 타도' '유신 철폐' '김영삼 총재 제명 철회' 등을 부르짖었다. 마산에서도 19일 시위가 일어났다. 정부는 18일 부산, 19일 마산에 계엄령과 위수령을 선포했다. 김재규는 시위(부마사태) 현장에 출장하여 현지 사정을 점검했다. 부마사태가 터진 그 시간에 공화당 의원들과 유신정우회 의원들은 청와대에서 노래자랑을 하고 있었다.

현지를 돌아본 김재규가 시위가 대도시로 확산될 것 같다는 보고를 하자 박 대통령은 "'부마사태 사진을 보니까 깡패들만 보이는데 중앙정보부는 더 정확한 정보를 수집해야겠어. 서울에서 4 · 19와 같은 시위가 일어난다면 내가 발포 명령을 내리겠다. 자유당 때는 최인규(崔仁圭)나 곽영주(郭榮周) 같은 친구들이 발포를 명령해 사형을 받았지만 대통령인 내가 명령한 것을 가지고 누가 뭐라 하겠는가. 대통령인 나를 사형에 처할 수 있을 것인가' 라고 강경하게 말씀하셨다. 당시 옆에 있던 차 실장이 '캄보디아에서는 3백만 명의 반체제 인물을 죽였는데, 몇 백 명 죽이는 것은 문제가 안 됩니다' 라고 말했는데, 각하는 매우 좋아하시는 눈치였다."(김계원이 육군교도소에서 자신의 변호사 김수용에게 진술한 내용. 『박정희의 유산』 김영삼 회고록 2부) 1979년경의 청와대 주변 분위기를 짐작케 한다.

 제1야당 총재를 제명할 만큼 정치는 없고 힘만 노출된 상태였다. 모든 것이 '강경' 그것이었다. 총재제명의 반발로 신민당 의원들이 전원 의원직 사퇴서를 내자, 공화당은 야당의원들의 사표를 하나하나를 선별해 수리하겠다고 역습했다.

 대통령 참모들과 보좌관들의 모습은 대통령 입장을 반영하는 것이다. 대통령의 눈치를 보아가며 때로는 대통령보다 한층 더 강경하게 처신해야 살아남을 수 있는 것이 우리 권력구조의 생리이기도 하다. 차 실장은 가끔 자신이 주관하는 청와대 하기식에 정치인들을 경복궁으로 초청해 하기식과 함께 경호실의 탱크와 장갑차 등을 동원한 경호실의 무력을 과시했는데, 이를 보고 온 정치인들은 경호실의 무력 대비에 놀라움을 금치 못했다.

 차 실장이 국회의원으로 있을 때 대통령 특사로 동남아를 순방한 일이 있었다. 불교 국가인 버마에서 '불상은 우상' 이라며 불상에 절하기를 거부할 만큼 고집과 소신(이를 소신이라 한다면)이 뚜렷했다. 그가 대통령 말년에 최대 강경파로 부상했고, 대통령에게 '수청' 들 여인들을 심사하는 작업을 했다는 것은 그 잘못된 소신의 껍질이 얼마나 단단한 것이었는지 생각하게 한다.

과거 정계 일각에서는 야당의 오랜 실력자이던 유진산을 이해하고 그의 깊은 속내와 복잡한 책략을 알려면 삼국지를 세 번은 읽어야 한다고 했다. 같은 논리로 필자는 박정희라는 사람을 이해하려면 그가 어떤 교범을 따르건 간에 마키아벨리의 군주론을 세 번은 읽어야 된다고 생각한다. 마키아벨리는 "군주는 사랑을 받는 것보다 두려움을 주는 것이 더 안전하다"고 했다. "인간은 자신들의 이익을 위해서는 사랑을 쉽게 집어치우지만, 두려움은 처벌에 대한 공포로서 오래 유지된다"고 했다.

박 대통령은 두려움과 중간 지대가 없는 자세로 통치했다. 박정희 대통령의 권력 유지는 동서고금의 예를 교과서 삼아 이를 그대로 실천에 옮긴 것이었다. 재선에 성공한 대통령은 정권이 안정되었다고 판단해서인지는 몰라도, 주요 자리에 민간 출신의 기용을 늘리면서 군 출신 중심 인사에서 벗어나기 시작했다. 그래서 3선개헌을 할 무렵인 1969년 무렵에는 당 정책의장에 민간 출신의 백남억(白南檍, 1970년엔 당 의장서리, 1971년엔 당의장), 원내총무에 김진만(金振晚), 당 재정위원장에 김성곤(金成坤), 당 사무총장에 군 출신인 길재호(吉在號)를 포진했고, 이들은 막강한 '4인체제'라는 인맥을 형성하여 정계를 주름잡았다. 이들은 박 대통령의 후계자로 부상하던 김종필을 견제하면서 박 대통령을 대신해 3선개헌의 기틀을 짰다(개헌 당시엔 변동이 있었다). 야당에 대해서도 상당한 대화를 시도해서 정국을 안정적으로 끌고 갔다. 그러나 이들의 세력이 너무 비대해졌다고 느꼈는지, 1971년에 박 대통령은 이들과 거리를 두고 있던 군 출신 인사인 실천력이 강한 오치성(吳致成)을 내무부장관에 기용해 각 분야에 들어와 있던 4인체제를 뿌리뽑기 시작했다. 그러던 중 공화당 4인체제 인맥의 일부 의원들은 야당과 합세하여 야당이 국회에서 제기한 오 내무부 장관 불신임안을 찬성하여 그를 추방시켰다. 4인체제의 김성곤 재정위원장이 중앙정보부에 연행되어 콧수염이 뽑힐 정도로 곤욕을 치른 뒤 4인체제는 붕괴되었다. 4인체제의 경우처럼 박 대통령은 어떤 인사라도 대통령을 개인적으로 모시는 것은 받아들였지만, 그것을 기회로 세력을 형성하는 것을 용서하지 않았다. 하나의 세력이 형성된다는 것은 언제 그 세력에 의해 밀려날지 모른다는 불안감을 주기 때문이었을 것이다. 그래서 박 대통령 주변에는 세력가가 없었고 '도토리'들만 모였다. 혁명 초기부터 참여했던 김종필이 그러했다. 혁명 주체 중에 유일한 민간 출신이며 '두목'이라는 별명으로 불릴 만큼 사람들이 따랐던 김용태는 '국민복지회 사건'이라는 애매한 사건에 연루되어 숙청당했다. 그의 부인은 당 초기의 내분 때 당국에 끌려가 혹독한 조사를 받는 과정에서 유산하기도 했다. 만주군관학교의 선배이자 국무총리를 지낸 정일권(丁一權)은 총리재직 시에 이미지가 원만했다. 그 때문에 그가 언제 갑자기 대권에 도전할지도 모른다는 두려움에 미리 차단하려고 했다. 많은 측근을 대상으로 '누가 정일권에게 정치자금을 댈 가능성이 있는가', '알라스카(정 총리의 고향이 이북이어서 이렇게 불렀음)의 조직은 어떠한가' 등에 대해 수시로 권력 감찰이 이루어졌다. 그래서 정 총리는 항시 살얼음판을 걷는 것같이 조심스러운 행보를 했다. 박 대통령 중심으로 군을 감찰하고 지도하던 윤필용 장군도 하루아침에 군복이 벗겨지고 수십 명의 여인과 놀아났다는 파렴치한 죄목으로 실각했다. 육사 8기 출신들이 혁명에 참가하여 하나의 세력이 되자, 8기에 이어 전두환, 노태우 등 11기생들이 등장했다.

최고 측근이 되었다고 안도의 한숨을 쉬는 순간, 박 대통령의 날카로운 눈초리가 그의 등에 꼽히고 있다는 것을 알아야 했다. 베트남 주재 한국군 사령관으로 국위를 선양하며 국민들 사이에 화제로 올랐던 C장군은 귀국하자 옷을 벗고 머나먼 남미대사로 나가야 했다. 베트남에서 귀국한 개선 부대들은 부대 명칭만 남겨지고 구성원들은 여러 부대로 뿔뿔이 배속되었다.

　승전 장군이 개선하면 그 여세를 몰아 국내 정권을 손아귀에 넣기가 쉽다는 이유 때문에, 고대 로마부터 개선장군은 군대를 인솔하고 로마 시내에 들어오지 못하게 되어 있었다. 유명한 율리우스 카이사르가 로마로 개선할 때도 바로 이 관행 때문에 고민했다. 군대를 성 밖에 두고 숙청당할 각오로 홀로 로마로 갈 것인지, 아니면 법을 어긴 채 군대를 이끌고 로마로 갈 것인지를 고민했다. 고민하던 끝에 그 유명한 "루비콘 강을 이미 건넜다"는 말과 함께 군대를 이끌고 로마로 진격해 정권을 잡았던 옛날 역사를 기억했기 때문일 것이다. 박 대통령은 개인들 간에도 철저한 '분열 통치(Divide and Control)' 정책을 썼던 것 같다. 그의 종반 무렵 정가에선 '박 대통령이 3권 분립 정책을 쓰고 있는데 그것은 입법·행정·사법의 3권 분립이 아니라 청와대 경호실·중앙정보부·군의 3권 분립'이라고 했다. 차지철 경호실장이 큰 목소리로 김재규 중앙정보부장에게 대들어 두 사람은 거의 원수가 되었고, 끝내는 대통령 시해(弑害)라는 참상을 불러온 것도 이와 무관하지 않은 것으로 지적되고 있다. 박 대통령이 세 권력 기관을 분리해 통제한 것은 그래야 세 기관이 경쟁적으로 정보를 올리고, 서로 견제하면서 대통령에게만 충성하도록 하기 위해 필요했을 것이다. 세 권력 기관이 담합하면 대통령은 귀먹은 사람처럼 담합된 정보만 들을 수밖에 없다는 데서 이해가 되기도 한다. 어떤 기관과 기관을 분리시키는 것은 아주 간단하다. 가령 대통령이 A기관장을 만나서 당신은 업무에 아주 열심인데 B기관장은 왜 당신을 자꾸 험담하는지 모르겠다고 한다든지, B기관장을 만나서 다시 C기관장이 험담한다고 하면, 각 기관장은 "나를 욕하는 놈은 누구누구란 말이지" 하면서 서로 원수가 된다. 이렇게 되면 다음엔 상대방의 비리를 소상하게 캐서 보고하게 된다. 때로 대통령은 한 기관의 보고서를 다른 기관이나 당사자에게 그대로 넘겨주어서 직접 보게 하는 예도 많았다고 한다. 대통령의 이런 분열정책을 알고 이에 동조하지 않는다면 그것은 그것대로 '네가 감히'라는 '괘씸죄'에 해당되어 불이익을 당하게 되기 때문에, 으레 이런 자리에 앉으면 자기 위에 앉은 사람에게 당하게 마련이다. 정보기관이 이렇게 분열되자 차지철 경호실장은 자신이 주로 정치정보를 수집하는 일종의 사설 정보수집 기관을 운영하는 난맥을 보이기도 했다.

허전함 달랜 안가(安家)에서 때로 한계 넘어

박 대통령은 1974년 부인 육영수 여사가 저격을 당해 사망한 후 허전함을 느끼고 있었다. 이런 중에 1977년엔 다시 외아들 지만 군이 육군사관학교 입학으로 집을 떠나자 외로움이 한층 더해진 듯했다. 박 대통령은 사관학교의 지만 군으로부터 처음 편지를 받은 날 일기에 이렇게 썼다.

"지만이가 편지를 보냈다. 사관학교에서 처음 보내온 편지다. 반갑기 한이 없다. 깨알 같은 지만이의 필체로 육사용지에 한 장 가득히 썼다. 모든 감정과 지금의 심정을 충분히 포함한 내용이다. 처음 받아보는 지만이의 편지다. 글 솜씨, 사연, 문장력, 표현 능력, 사관학교에 입학한 뒤의 군인으로서의 각오 등 여러 가지 각도로 내용을 음미하면서 몇 번이나 읽어보고, 지만이가 벌써 이만큼 컸구나 하는 생각이 들어 대견하다는 생각이 들었다.

편지를 아내 영정 앞에 가져다놓고 '지만이에게서 이런 편지가 왔소' 하고 영령에 고했다."『위인 박정희』

이 일기에서 그가 지만 군에 대한 애정과 부인에 대한 그리움이 얼마나 컸는지를 느낄 수 있다. 네 명의 가족 중에서 두 명과 이별했으니 그 허전함을 상상할 수 있을 만하다. 대통령의 이러한 허전하고 개인적인 그리움 때문인지, 아니면 유신헌법으로 인한 강박관념과 임기 말의 초조함이 사라지면서, '배부르면 음란을 생각한다'는 식으로 새로운 자극을 원했던 것 같다. 이런저런 이유가 아니면 여러 요인이 복합적으로 나타났던지, 박 대통령은 점점 술과 여자에 의존하는 듯했다.

대통령의 이런 행보에 맞추어 청와대엔 언제부터인가 청와대 옆 궁정동에 다섯 개 동의 별채를 마련해, 대통령이 측근들과 형식을 떠나 정국을 논하고 술도 마시며 집권 피로감과 스트레스를 풀도록 한 것 같다. 그러다가 그 횟수는 점점 늘어나고 '수청' 들 여인까지 부르게 된 것으로 생각된다. 원로 공화당의 K간부는 사건 후에 "대통령에게 별궁을 짓게 하고 후궁을 바친 격"이라고 비판하면서 "이들이 바로 반역자들"이라고 분개했다. 궁정동 사건 전부터 언론계엔 청와대의 이 비밀요정 이야기와 함께 어느 여인이 불려갔다는 등의 이야기가 떠돌았다. 화대는 얼마를 받고 어떻게 놀았다는 등의 내용이었다. 그러나 취재하기도 어렵고 취재를 했다고 해도 검증이 어려워, 듣고 흘린 일이 여러 번 있었다.

그 독립가옥은 중앙정보부 비서실 의전과에서 관장하고 있었는데, 대통령이 혼자 그곳에 와 조용히 즐기는 것을 '소행사'라 했고, 비서실장, 경호실장, 중앙정보부장 등 서너 명의 극히 제한된 배석자가 참석하는 것을 '대행사'라고 했는데, 대행사와 소행사가 한 달에 열 번 정도 열렸다 한다. 그러니 대략 3일에 한 번씩은 술자리가 열린 셈이다. 아방궁을 연상케하는 이 연회에는 술시중을 들고 온갖 유흥을 제공할 여인들이 불려왔다. 이 여인들은 관리책임자인 의전과장 박선호가 조달했는데, 대개 여대생이나 나이어린 탤런트, 그 밖의 신출 모델들로 이름이 알려지면 깜짝 놀랄 만한 여성이 많았다고 했다. 박 대통령이 시해된 뒤에 수사를 맡았던 한 고위인사는 "브라운관에서 번쩍번쩍하던 인기있는 여인들이 그렇게 많이 이곳을 다녀갔을 줄은 몰랐다"고 전했다.

여인을 데려오면 차 경호실장이 심사를 하고 (1)술자리에 온 사실을 밖에서는 일체 비밀로 할 것, (2)대통령이 먼저 말을 걸기 전에는 말을 먼저 해서는 안 되고, (3)참석자들의 대화 내용에 신경을 쓰지 말 것 등을 다짐 받고 술자리에 동석시켰다. 차 실장은 여인 조달 책임자인 박선호에게 돈에 구애받지 말고 '좋은 여자'를 데려오라고 주문했다. 박선호는 "자식을 둔 아버지로서 이 일을 차마 할 수가 없어, 여러 차례 사표를 낸 적도 있었으나 반려되었다"고 말했다(박선호의 보통군법회의 비공개 증언.『박정희의 유산』)

박 대통령은 그의 행적으로 볼 때 여자에 대한 도덕관은 그리 높지 않았던 것 같다. 그는 대구 사범학교 재학 때 양가집 규수 김호남 여사와 정식 결혼을 했고 딸까지 두었음에도 돌보지 않았다. 소령 시절엔 부인과 딸을 두고도 어느 결혼식장에서 알게 된 이화여대 음대생 L양을 기숙사로 여러 번 찾아가서 구애한 끝에 많은 사람을 초청한 가운데 약혼식까지 올리고 동거를 했다. 이 여대생은 이북 출신으로 동생과 함께 월남해 살고 있었는데, 박 소령이 학비를 준다기에 솔깃해서 동거를 시작했다고 했다. 동거하는 동안 박 소령이 본처와 이혼도 매듭짓지 않고 해서 많이 다투고 몇 번 가출까지 했으나 잡혀오기를 반복하다가 박 소령이 남로당 사건 때 '빨갱이로 구속되었다'는 말을 듣고 아주 가출했다고 한다. 이 여인은 박 대통령이 시해되던 당시에도 생존해 있었다(『내 무덤에 침을 뱉어라』· 조갑제 · 조선일보사).

박 대통령 자신이 여러 여인과 사연이 있기 때문인지 집권해서도 여자문제엔 관대했다. 어느 재벌 회장이 혼외정사로 딸을 낳았다는 얘기를 들은 박 대통령은 그 후 그 회장을 만난 자리에서 "회장님이 딸을 보셨다면서요"라고 농담 비슷하게 말을 건넸고, 그 회장은 천연덕스럽게 "예, 아들이면 더 좋았을 건데요"라고 대답했다고 한다. 박 대통령은 또 한 외교관이 여자문제로 곤욕을 치렀다는 정보를 들었다. 얼마 후 그 외교관을 만난 박 대통령은 "여자문제는 분명히 해야지"라며 금일봉을 주어 여자문제를 해결하게 했다. 그 외교관은 후에 중용되었다.

박 대통령은 공인으로는 엄하고 무서운 인상을 주었지만, 김재경이 쓴『위인 박정희』에 기록한 대통령의 일기를 보면 그가 다정다감한 사람임을 느끼게 한다. 필자도 어느 해 여름 진해의 저도(楮島) 별장에 휴가가는 대통령을 수행해 취재한 일이 있었다. 그는 휴가지 해변에서 수영복 차림으로 불고기 파티를 벌였는데, 기자들이 머뭇거리며 잘 먹지 않자 "자 많이들 먹어요"라면서 익은 고깃점을 젓가락으로 집어 기자들 접시에 놓아주기도 했다. 당시 정부에서는 가족계획으로 '아들 딸 구별 말고 둘만 낳아 잘 기르자' 라는 캐치프레이즈를 내걸고 둘만 낳기를 권장하고 있었다. 그곳에 마침 K기자가 있었는데, 그는 딸 둘을 낳고 부인이 또 임신중이었다. 이를 두고 기자들끼리 '정부시책을 역행하는 기자' 라는 등의 농담들을 하고 있었는데 대통령이 이 말을 들었다. 그러자 대통령은 "K기자, 걱정 말아. 아들 하나 놓고, 그 후에 가족계획을 해"라고 말했다.

　박 대통령이 술을 마시고 여인들과 즐겼던 궁정동 가옥들은 그 후 대통령에 취임한 김영삼이 '독재자가 나쁜 짓 하던 곳' 이라고 지적해 모두 불도저로 밀어버리고, 주민들의 휴식 공간으로 제공했다.

　김재규가 박 대통령을 권총으로 시해한 것도 바로 이 아방궁 가옥에서였다. 김재규는 군사법정 재판과 최후 진술에서 대통령을 시해한 이유를 밝혔다. 첫째 유신은 박정희 대통령 한 사람을 위한 것으로서 이 상태로 가면 앞으로 20년간은 민주주의가 없을 것이고, 둘째 박정희 대통령은 과거 이승만 대통령 등의 지도자와 달라서 어떤 일이 있어도 스스로 물러나지 않고 최후까지 버틸 사람이므로 국민들의 희생이 클 것이라고 주장하며, 이런 이유로 야수의 심정으로 저격했다고 말했다. 김재규는 박 대통령 저격으로 자유민주주의를 최소 20년 앞당겼고, 국민이 흘릴 유혈을 최소화한 것이라고 했다. 김재규는 실정법에 의해 사형당했다.

　박 대통령의 사망과 함께 유신은 무너졌다. 적어도 표면적으로는 국민 누구도 유신을 계속해야 한다는 사람은 없었다. 최규하 대통령 서리만이 유신헌법 절차에 따라 후임자로 취임을 해야 한다고 말했을 정도인데, 그것도 유신을 계속하자는 것이 아니라 유신을 폐지한다는 전제 아래서 한 이야기였다.

박 대통령 절명과 함께 근대화도 절명

박 대통령 사망 후 대통령 권한대행이 된 최규하 대행도 취임 직후인 1979년 11월 10일에 행한 시국특별담화에서 "이 기회를 빌어 헌법 문제에 관한 본인의 의견을 개진한다면, 새로 선출되는 대통령은 현행 헌법(유신헌법)에 규정된 잔여 임기를 채우지 않고, 현실적으로 가능한 빠른 기간 내에 각계각층의 의견을 광범하게 들어서 헌법을 개정하고 그 헌법에 따라 선거를 실시해야 한다는 것입니다"라고 밝혔다. 그가 여기서 말한 '빠른 시일 내에 헌법을 개정하고'라고 한 것은 '빠른 시일 안에 유신을 폐지하고'라는 말과 흡사한 뉘앙스였다.

모두가 마치 속박되어 있다가 해방을 맞은 듯한 분위기였다. 유신 때 그 높고 좋은 자리에 앉았던 많은 인물들, 유신으로 국력이 무럭무럭 자란다고 앞장서 외치던 사람들, 그들은 사라졌다. 그들은 '유신 잔당'이란 낙인이 찍히지 않을까 전전긍긍하고 있었다. 또한 1975년 유신헌법에 대한 국민투표에서 73.11퍼센트라는 압도적 지지를 보였던 이 나라 국민들은 또 무엇인가? 언제나 눈치만 보면서 바람 부는 대로 그럭저럭 살아가고 있는 '민초', 바로 그것인가? 그렇다면 김재규의 법정 주장처럼 국민들은 유신을 반대하고 있었는데 무서워서 표현하지 못한 것인가? 김재규는 국민을 위해, 유신을 폐지하기 위해 '야수'가 되었다는 정당성을 일부나마 인정해야 하는가? 김재규를 옹호할 생각은 없지만 국민은 국민 나름의 논리를 정리할 필요가 있지 않을까

한다.

　박 대통령은 군왕시대에 용상(龍床)에 앉았더라면 성군이 되었을 것이다. 52년을 집정한 영조대왕처럼 임기제한이 없으니 나라를 위해 큰 업적을 남겼을 것이다. 무리를 거듭하면서 3선개헌이다 유신이다 할 필요가 없고, 그 특유의 재능으로 엄한 의지와 인정이라는 채찍과 당근을 잘 섞어 때로는 국민을 벌벌 떨게도 하고 때로는 감복시켰을 것이기 때문이다.

　그의 불행은 보릿고개를 넘긴 국민들 사이에서 그에 대한 감사보다는 보릿고개를 넘겼으니 이젠 먹을 것 이상의 자기 권리와 자기 존재 의미를 생각하는 수준이 생각보다 빠르게 성장했다는 데서 찾아야 할 것이다. 박 대통령의 입장에선 '밥을 먹여준 공도 모르고' 하는 식일지 모르겠지만, 국민들 입장에서는 밥을 먹었으니 이제 보다 높은 인권, 자유, 삶의 권리로 시각을 옮기려는 것일지도 모른다.

　한 정권의 건강도를 체크하려면 그 정권의 언로, 즉 아래 의견과 위의 생각이 원활하게 순환이 되느냐, 대통령과 참모들 사이에서건 국무회의 자리건 당 간부들 회의 자리건 간에 집권자와 기탄없는 토론이 이루어지느냐 여부로 측정할 수 있을 것이다.

　언젠가 참모들과 회의하는 미국의 카터 대통령의 모습이 텔레비전에 방영된 일이 있었다. 어떤 참모는 책상에 걸터앉기도 하고 어떤 참모는 삐딱하게 앉아 있기도 하는 등 그야말로 친구들끼리 이야기를 나누는 듯했다. 그런 분위기 속에서는 어떤 이야기도 나올 법했다. 박 대통령의 궁정동 분위기는 어떠했는지 알 수 없지만, 김재규가 긴급조치 9호의 위헌요소를 줄이기 위해 "긴급조치 10호를 내려주십시오" 하고 옥황상제에게 빌듯이 말했다니, 궁정동에서도 술 마시는 것 이외에 정국을 열어가는 대화는 신통하지 않았던 것 같다. 그러니 결국 그 꼴이었을 수밖에.

> **참고 자료**
> 『국가와 혁명과 나』· 박정희 · 지구　『아, 박정희』· 김정렴 · 중앙M&B　『내 무덤에 침을 뱉어라』· 조갑제 · 조선일보사　『위인 박정희』· 정재경 · 집문당　『알몸 박정희』· 최상천 · 사람나라　『박정희의 유산』· 김재홍 · 푸른숲　『최규하 대통령 연설문집』· 대통령비서실 · 대통령비서실　『김영삼 회고록』· 김영삼 · 백산서당　『박정희 봄 우연인가 필연인가』· 한승조 · 말과창조사　『시련은 있어도 실패는 없다』· 정주영 · 제삼기획　『군주론』· 니콜로 마키아벨리 · 강정인 옮김 · 까치　통계연감(통계청)　조선일보　동아일보

참고 1

드골 (Charles Andre Joseph Marie De Gaulle, 1890~1970)

1969년 4월 27일 일요일 밤 12시 10분, 프랑스의 AFP통신은 짤막하지만 온 세상을 깜짝 놀라게 한 드골 대통령의 충격적인 성명을 세계 텔레타이프에 긴급 타전했다. "본인은 공화국 대통령으로서의 기능 행사를 중지합니다. 이 결정은 오늘 낮 12시부터 효력을 발생합니다."

성명이 발표된 시각, 드골 대통령은 이미 하루 전에 손을 털고 작은 손가방 하나만 든 채 엘리제궁을 떠나 고향 콜롱베에 도착해 있었다. 그에게 무슨 일이 있었기에 잔여 임기 3년 4개월(그는 1965년 12월 19일 7년 임기의 대통령에 재선되었다)을 남겨놓고 대통령직을 사임한 것일까?

그 사임에 있어서도 우리가 흔히 보는 밀고 당기는 분주한 협상이나 팽팽한 힘의 대결도, 후임자 결정 등 허다한 절차도, 변명 한마디 없이 이토록 홀가분하게 훨훨 털고 나설 수가 있는가?

드골 대통령은 이에 앞서 1969년 1월 초에 기자들에게 프랑스 상원 개

혁과 회사 및 학교의 의사결정 과정의 변화 필요성을 강조했었다. 상원 개혁이란 지역 대표성을 강화하는 것이고, 회사와 학교의 의사결정 과정 변화란 그 의사결정으로 제일 큰 영향을 받게 되는 당사자인 노동자와 학생을 의사결정기구에 참여케 한다는 일종의 참여 민주주의의 확대를 골자로 하는 것이었다. 그러나 이에 대해 드골 대통령 측근과 법률 참모들은 상원 자체가 이 같은 개혁을 원치 않고, 노동자들이 회사의 의사결정 과정에 참여한다는 것은 자본과 노동의 문제이며, 학생들의 학원 의사결정 참여는 단순한 학내 문제라는 점 등을 들어 반대 의사를 밝혔다.

이에 대해 드골 대통령은 "이 문제들이 당사자주의를 강조했듯이 나 자신도 정책 수행에 있어 당사자인 나와 프랑스 국민 간의 관계가 중요하다"며 이를 강행했다. 이것은 대통령인 그와 국민 간의 약속이며, 통치를 위임한 국민과 위임에 따라 통치하는 자신과의 관계가 국민투표의 부결로 나타날 때에는 약속을 철회한 국민의 뜻에 따라 자신은 물러날 것이라고 부연 설명을 했었다. 국민투표가 시행되기 전부터 여론조사기구들은 패배를 예측했다. 이를 놓고 국무위원들은 패배했을 경우에 대비해 대통령 사퇴만은 국민투표 조건에서 제외하자고 건의하기도 했다. 그러나 드골 대통령은 완강히 거부했다. 대통령으로서 해임된 퐁피두 총리의 도전을 일격에 파해버리고, 1968년 5월의 학생 소요로 인한 권위손상을 만회한다는 정치적 계산이 깔려 있었다.

국민투표는 예정대로 실시되었고, 그날 오후 국민투표는 찬성 47퍼센트, 반대 53퍼센트로 패배한 것으로 최종 집계되었다. 수년 전 드골 대통령은 "정권을 담당할 용의가 있다"는 한 마디 성명을 신호로 권좌에 올랐고, 약속대로 한 마디 성명을 던지고 미련 없이 권좌를 물러났다. 물론 그 한 마디는 그의 전 생애의 책임과 명예를 건 것으로, 수없이 많은 고민과 계산이 뒤따른 것이었다.

　1946년 제4공화국 대통령직을 사임하고 고향 콜롱베에 머물다가 1958년 5월 수상으로 정계에 재복귀할 때를 보았을 때, 드골 대통령은 상당한 책략가이며 기회를 만들고, 또 이를 잡는 데 기민한 사람임을 알 수 있다. 1944년 망명지 영국에서 파리로 귀환, 10월 프랑스 임시정부의 수반으로서 프랑스 재건의 책무를 맡았으나, 헌법을 둘러싼 정당 간의 분쟁과 갈등으로 국정을 처리할 수가 없게 되자 1946년 대통령직을 사임하고 고향에 내려가서 회고록 집필로 소일했다. 그러나 그는 예민한 감각으로 정계 복귀의 기회를 찾고 있었다.

　그러던 중 식민지 알제리에서 독립운동이 격화되어 그 처리 방안을 놓고 정계에선 좌파와 우파가 대립하고, 여기에 재야 인사와 현지 주둔군의 대립이 더해지면서 걷잡을 수 없는 혼란이 일어났다. 특히 현지 주둔군은 알제리를 프랑스 직할통치지로 할 것을 주장하며 아예 프랑스에 합병하자고 요구하고 있었다. 이런 가운데 르네 내각이 사임하자 정계는 후임자를 찾지 못하고 무정부 상태로 빠져들며 국가적 위기에 휩싸였다. 알제리 주둔군은 '부활 작전'이란 이름으로 반란을 일으켜 드골 장군에게 정권을 맡기라고 요구했다. 드골 장군은 이를 지켜보면서도 나서지 않았다. 군인들이 공수부대를 중심으로 파리를 포위하고 쿠데타를 일으킬지도 모른다는 루머가 떠돌았다. 다급해진 정부는 군중집회에서 제기된 여러 갈래의 견해를 모아 인민 내각까지 구성했으나 난국을 타개하지 못했다.

　이처럼 정계가 표류하자 군의 부활 작전을 상세히 보고 받고 있던 장군은 "국가의 어려움을 볼 때 앉아만 있을 수 없다. 정권을 담당할 용의가 있다"고 성명을 내고, 6개월간 모든 정파의 간섭을 배제하고 헌법개정권을 부여하라는 비상대권을 요구했다. 대권 협상은 민주주의에 대한 위협이라는 좌파의 반대로 난항을 거듭했고, 협상이 뜻대로 안 되자 장군은 급할 것 없다는 듯 시골로 내려갔다. 군의 부활 작전이 파리 근교에까지 파급되자 결국 정치권은 이를 받아들일 수밖에 없었다.

드골 장군의 권력 복귀에 절대적 역할을 한 군부는 부푼 기대를 안고 있었다. 군의 힘으로 권좌에 올랐으니 최소한 그들의 요구를 들어줄 것이라고 전망했다. 그러나 장군은 '국가 밑의 군대'며 군의 요구를 일체 거부하고, 알제리 문제는 알제리 국민들의 투표에 붙여 독립시켰다.

이 처사를 두고 그를 비판하는 사람들은 장군이 의리가 없다고도 하지만, 장군은 더 큰 국가 이익을 위해 군에 대한 국지적 관계 단절은 불가피한 처사라고 설명했다. 당시 장군이 군의 요구에 끌려다녔거나 2차 대전 후 레지스탕스들에게 정치적 이권을 주었더라면, 그것은 특정지역의 배려와 민주화 투쟁이라는 전력을 참작해 경제적 보상과 함께 관직까지 떼 준 한국 정권들의 재판이 되었을 것이다.

정권에 복귀한 장군은 강력한 대통령제를 국민투표에 부쳐 제5공화국을 탄생시켰다. 제5공화국 헌법은 대통령에게 3권 위에 군림하여 국정 조정자 역할을 하도록 했으며, 간접선거로 선출되도록 했고(대통령 간선제는 그 후 직선제로 개정), 국회에서 예산안이 시한 내에 통과하지 못하면 대통령이 특별명령으로 집행할 수 있도록 하는 내용들이다. 국민의 자유제한은 다르지만 우리가 과거 유신헌법 때 많이 들었던 내용이다. 이 헌법에 따라 드골 장군이 미국 대통령보다 더 강력한 대통령이 되자, 폴 사르트르는 "강아지가 왕이기를 요구하고 있다"고 비난했다.

드골 장군은 그의 회고록에서도 강조하고 있듯이 "프랑스가 국제 사회에서 평범한 나라 취급을 받는 것은 훌륭한 국토에도 불구하고 프랑스 국민의 열등성 때문"이라고 단정하고, 위대한 프랑스 건설, 영광된 프랑스 건설에 전력했다. 그가 추구했던 목표는 독립, 자위, 명예, 국가 위신으로 요약될 수 있다. 독립을 내건 것은 2차 세계대전 후 프랑스(크게는 유럽전체)가 미국과 소련의 틈바구니에서 진정한 독립을 얻지 못하고 있다고 생각했기 때문이다. 그 대한 대안으로 드골 대통령은 '유럽인에 의한 유럽'을 강조하며 유럽에 대한 미국의 영향력을 배제하려 했고, 유럽 공동시장에 영국 가입을 반대했다. 이 유럽인에 의한 유럽은 물론 프랑스가 견인차가 되는 것이었다. 이를 뒷받침하기 위해 과거 수십 년간 원수처럼 지내오다가 패전국으로 전락한 독일의 아데나워 수상과 긴밀히 협조했고, 독일을 주권국으로 부상시켜 독일과의 국교를 정상화했다. 아데나워 수상으로서는 패전국의 주권 회복을 위해 프랑스와의 협조가 불가피 한 여건에 놓여 있었다. 드골 대통령은 유럽에 대한 미국의 영향력을 축소하는 방안으로 소련을 염두에 두었고, 거리를 좁히기 시작했으나 소련의 체코 침입으로 파탄이 났다.

자위 능력 없이 독립은 불가능하다고 판단한 대통령은 미소의 반대를 무릅쓰고 핵 실험을 단행하여 핵을 소유함으로써 성큼 강대국 대열에 들어섰다.

그는 진정으로 위대한 국가란, 경제적으로 윤택하고 사회보장제도가 구비되어 있으며 인권을 존중하는 민주주의 체제 속에 자리매김해야 한다고 생각했다. 인권 존중이란 평범하고 일상적인 개인생활이 어떠한 간섭도 받지 않는 체제라고 보았다. 이 점이 우리의 과거 유신체제와 다르고, 여러 이름으로 불리는 세계의 독재주의와 구별되는 점이다.

드골 대통령은 가끔 니체주의자 또는 나폴레옹을 존경하는 보나파르트주의자란 비판을 받기도 했다. 하지만 그는 어디까지나 현실주의자였고, 독실한 가톨릭 신자였다. 드골은 나폴레옹에 대해 프랑스의 위대성을 역사적으로 분출시킨 몇 안 되는 인물이라고 긍정적으로 보았지만, 동시에 인간의 한계를 무시했기 때문에 몰락했다고 평가했다.

드골은 프랑스 북부 닐에서 5남매 중 셋째로 출생했다. 아버지는 제수이트 대학의 철학 교수였다. 드골은 고등학교 때 직업군인이 될 결심을 하고, 군인에게 필요한 역사, 수학, 지리, 불어 작문 등에는 우수했지만, 전체적인 학교 성적에서는 두각을 나타내지 못했다. 고등학교를 졸업한 뒤 생 시르 육군사관학교에 입학했다. 드골이 직업군인이 될 결심을 하고 사관학교에 입학할 때인 제3공화국 시절만 해도, 프랑스가 프러시아에게 패하고 나폴레옹 3세가 포로가 된 뒤였기 때문에 군인은 국민들 사이에 인기가 없었다. 따라서 직업군인이 되겠다고 결심한다는 것은 상당한 용기와 각별한 사명감이 있어야 가능했던 시기였다. 이러한 시기였기에 군 내부적으로는 굳건한 원칙과 전통 — 군은 조국에 충성하고 그 정권이 국민에게 인기가 있건 없건 간에 국민에게 봉사한다 — 이 확립되어 있었다.

드골은 생 시르 육군사관학교에서 동료 학생들과 잘 어울리지 못하는 학생이었다. 2미터에 달하는 큰 키에 비사교적인 성격 때문이었다. 졸업 후 보병사단에 배속되었으나, 1차 세계대전 때엔 독일군의 포로가 되었다. 포로로 지내는 동안 군사에 관한 책을 써서 전쟁이 끝난 뒤 출판했다. 그는 저서를 통해 군사적 리더십과 방어선 구축은 고정적인 것보다 유동적인 탱크 등 기계화 부대를 통한 저지 작전이 유리하다는 점 등을 강조했다.

1940년 프랑스가 독일의 침략을 받았을 때는 대령에서 준장으로 승진했다. 드골은 프랑스 정부의 정식 절차를 거쳐 승진한 이 준장 계급(우리의 군 계급 제도와 달리 프랑스는 별2개가 준장임)을 소중히 여겨, 정치인이 된 후에도 군복을 입을 때면 언제나 군복과 군모에 준장 계급장을 달았다. 대통령에 당선된 뒤에도 그는 프랑스 정부에 의해 합법적 군인에게 정통성 있게 주어진 준장 계급을 유지했고, 자부심을 느꼈다.

프랑스가 독일에 완전 함락되자 국방차관이었던 드골은 영국으로 망명해 자유 프랑스의 임시정부를 세워 항전을 계속했으며, 1945년 프랑스의 해방과 더불어 귀국했다. 그는 임시 대통령에 취임했으나 좌파 정치인들과 뜻이 맞지 않아 은퇴했다. 그 후 다시 정치에 관여했으나 성공하지 못하고, 1958년 알제리 사태가 발생하기 전까지 회고록 집필로 소일했다.

드골은 직관력이나 통찰력은 대단하여, 한 번 만난 사람은 그 특성을 결코 잊어버리지 않았다. 그는 소탈하고 검소해서 1969년 대통령을 사임한 후엔 대통령 연금 수령을 거절하고, 더 떳떳한 연금으로 살겠다면서 준장 연금으로 살았다. 항시 덤덤했지만 가족에 대해서는 애정이 남달라서 1차 세계대전 때 어머니의 임종이 임박하다는 소식을 듣고는 어머니를 보기 위해 위험을 무릅쓰고 전쟁중이던 고향을 찾기도 했다.

드골 대통령은 부인 이본느 여사와의 사이에 2녀 1남의 3남매를 두었는데, 스무 살에 죽은 딸 안느(Anne) 때문에 괴로워했다. 대통령 내외는 군인 시절에 전방에서 근무했을 때나 영국에 망명했을 때도 딸 안느를 데리고 다녔다. 안느가 죽자 그 딸의 이름을 따서 재단을 세웠고, 대통령의 회고록에서 나오는 인세는 대부분 이 재단으로 들어갔다. 안느는 그가 어린 시절을 보낸 고향 콜롱베 농촌 마을 교회 뒤뜰에 묻혔는데, 그녀의 묘 바로 옆에 드골 대통령의 묘가 있다.

드골 대통령은 유언으로 국립묘지 등 허구에 찬 명소를 다 뿌리치고 "외롭게 누워 있을 딸에게로 가겠다"며 딸 곁에 묻히기를 원했다. 이 묘소는 평범한 시골 농촌 마을 교회 뒤뜰 그대로다. 필자가 본 바에 의하면 드골 대통령의 묘비는 다른 묘비보다 크지도 않을뿐더러 흰 대리석 묘비에는 아무런 설명 없이 샤를 드골 'Charles de Gaulle(1890~1970)' 이라고만 새겨져 있었다.

드골 대통령의 장엄한 일생을 되돌아 볼 때, 그의 묘역과 묘비는 대통령

생전의 검소함과 순수했던 삶을 연상케 하는 것이었다. 묘비의 여백이 많은 이야기를 하는 듯했다. 드골 대통령은 죽어서도 말하는 정치인이었다.

참고 자료

The Last Great Frenchman, Charles Williams, John Wiley & Sons

De Gaulle, Daniel J. Mahoney, Transaction Pub

『정치학 대사전』· 박영사 편 · 박영사 〈역사의 그날들〉(The great days of the century) **비디오**

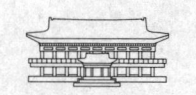

V

제 10대 대통령
최 규 하
(崔圭夏 | 1979. 12. 26 ~ 1980. 8. 16)

과도기 대통령

역사의 흐름이 잠시 방향을 바꾸거나 새로운 방향으로 가기 위해 달라졌다가 제자리로 돌아올 때 우리는 이것을 과도기라고 한다. 한국 현대사에서 최규하 정부만큼 과도기가 극명하게 나타난 때도 드물 것이다. 흔히 우리는 과도기 대통령으로 최규하를 꼽는다. 최 대통령은 당시 적법한 법 절차를 거쳐 대통령에 당선되었는데 왜 과도기 대통령이냐고 이의를 달 수 있다. 그러나 다음에 상술하는 것처럼 최 대통령이 적법하게 대통령에 당선되었다 하더라도 그 과정을 보면 어쩔 수 없는 '과도적' 상황에서 대통령이 되었음을 알 수 있다. 그 어쩔 수 없는 상황이 아니었다면 대통령이 되었겠느냐는 점과 긴 역사 흐름에서 볼 때 기대 속에 탄생한 정권이 아니었다는 점에서 필자는 과도기 대통령으로 분류했다. 과도기 대통령은 나름대로 과도적으로 역사적 과업을 수행했다.

현승종 국무총리로부터 퇴임인사를 받는 최규하 전 대통령

제게 무슨 욕심이 있겠습니까?

최규하(崔圭夏) 대통령은 1979년 12월 26일 제10대 대통령 취임 연설에서 "본인은 지난 11월 10일 시국에 관한 특별담화에서 헌법개정을 포함한 정치적 발전문제에 관하여, '새로 선출되는 대통령은 현행 헌법에 규정된 잔여 임기를 채우지 않고, 가능한 빠른 시간 내에 각계각층의 의견을 광범하게 들어서 헌법을 개정하고 그 헌법에 따라 선거를 실시해야 한다'는 의견을 표명한 바 있습니다"고 했다.

최 대통령은 "본인으로서는 앞으로 특별한 사정이 없는 한 1년 정도면 국민의 대다수가 찬동할 수 있는 내용이 담긴 헌법을 마련할 수 있을 것으로 생각하며, 이어서 이에 수반되는 필요한 제반 조처를 취해서 가급적 빠른 시일 안에 공명정대한 선거를 실시할 수 있기를 바라고 있습니다"라고 소견을 밝혔다〈최규하 대통령 연설문집〉.

최 대통령은 또 이 취임사에서 "본인이 이끄는 현 정부는 난국 타개를 위한 위기관리정부라 하지 않을 수 없습니다"라고 정부 성격 자체에 대해 과도기임을 분명히 했다〈최규하 대통령 연설문집〉.

최 대통령은 이에 앞서 박정희 대통령의 '유고' 14일 만인 11월 10일에 대통령 권한대행이 되었고, 권한대행 자격으로서 특별담화에서 "본인은 대통령 권한대행으로서 헌법에 규정된 시일 내에 국법이 정하는 절차에 따라 대통령 선거를 실시하여 새로 선출되는 대통령에게 정부를 이양한다는 것을 정부방침으로 확정하였으며, 이를 국민 여러분에게 알리는 바입니다"라고 말했다.

대통령이 또는 대통령 권한대행이 그 취임사와 특별담화에서 임기 전에, 그것도 '현실적으로 가장 빠른 시간 내에' 물러갈 것을 공약하는 내용의 취임사를 한 것이다. 이러한 특별담화와 취임사는 두 가지 중대한 의미를 지니고 있다. 최규하 대통령권한대행은 우리가 잘 알다시피 농림부, 외무부 관리를 거쳐 외무부장관에서 1976년 3월 13일 국무총리에 임명된 철저한 직업공무원 출신이었다. 정치적 야망이 없는 행정가이었기에 그의 공식 발언이나 언급에 정치적 수식이나 과장이 없었다. 그는 담백하게 사실대로 말했고, 국민들도 더하거나 빼지 않고 말하는 대로 받아들였다.

박정희 대통령이 누구도 예상할 수 없는 상황에서 서거했기에, 그가 대통령권한대행이 되었을 때 온 국민의 최대 관심사는 그가 유신체제를 어떻게 소화해가느냐에 집중되었다. 박정희 대통령은 유신체제 유지를 위해 긴급조치 9호까지를 발동하고 위수령(衛戍令)까지 동원했다. 많은 국민이 이 유신체제 폐지를 위해 영어의 몸이 되었고, 그에 못지않게 많은 국민이 직장에서 쫓겨나는 등 고달픈 생활을 감수했다.

이러한 유신체제를 최 대통령이 어떻게 처리할 것인지는 국내는 물론 세계적 관심사였다. 이러한 때에 최 대통령이 특별담화와 취임사에서 '현실적으로 가능한 빠른 기간 내에 각계각층의 의견을 광범하게 들어서 헌법을 개정하고'라고 밝힌 것이다. 각계각층의 의견을 광범하게 듣겠다고 했는데, 박정희 대통령이 이미 서거한 당시 상황으로 보아 유신 반대의 의견이 우위일 것이라는 것은 쉽게 예측할 수 있었다. 유신 반대 의견을 봉쇄하기 위해 긴급조치를 9호까지 발동했고, 긴급조치 10호 발동이 거론되고 있었기 때문이었다. 이러한 의견을 들어 빠른 기간 내에 헌법을 개정하겠다는 것은, 달리 말하면 '가능하면 빠른 기간 안에 유신 체제를 폐지하고'라는 말로 해석될 수 있는 것이라 하겠다. 다른 사람도 아니고 박 대통령에 의해 임명되고 그 밑에서 4

년 간(1975.12.19~1976.3.12 국무총리 서리, 1976.3.12~1979.12.6 국무총리)이나 국무총리를 역임한 적이 있는, 최 대통령이 빠른 기간 안에 유신체제를 폐지하겠다고 암시한 것은 놀라운 사실로 받아들일 수밖에 없었다.

최 대통령권한대행이 누구의 간섭도 받지 않고 민심을 수렴해 독자적으로 발표한 11월 10일의 특별담화에서 유신체제 폐지를 공언한 것은, 그가 유신체제를 보호하고 유지할 힘이 없음을 뜻하는 것이었다. 이 당시에 힘은 정치 조직을 가졌던 야당 당수 김영삼 총재에게 있었다.

우리는 흔히 권력기관이라는 말을 자주 쓴다. 평화 시가 아닌 비상시의 권력기관이라면 우선 대통령을 꼽아야 할 것이고, 두 번째는 물리적 힘을 가진 군대일 것이며, 세 번째는 평온한 국민을 파괴력과 힘을 가진 군중으로 선동하여 동원할 수 있는 정치인일 것이다. 여기에서 대통령이 서거했고, 군인들은 동중정 상태에 있었으며, 여당은 이미 그 기능을 상실한 상태였으며, 정치적 힘은 김영삼 야당 당수에게 있었다.

그러한 김 당수가 최 대통령권한대행의 특별 담화가 발표된 뒤 12일 만인 11월 22일 최 권한대행을 만나 3시간이나 요담하면서 "시간을 끌면 자꾸 혼란을 일으키는 사태가 온다"고 경고하고, "당신의 임무는 3개월 내에 선거를 하고 물러나는 것"이라고 윽박질렀다. 최 대통령권한대행은 "제게 무슨 욕심이 있겠습니까. 저는 그저 권투장에서 심판 노릇이나 하겠습니다"라고 답변하여, 서로 간에 '심판 노릇이나 하는' 과도 정부로서의 성격을 분명히 했다. 몇 고비의 경위를 거쳐 최 권한대행 정부는 유신체제의 폐지와 자신의 정부가 과도정부라는 정권의 성격과 기능을 규정한 셈이다.

박 대통령 서거 2개월 5일 만인 12월 6일 유신헌법에 의해 '체육관 선거'로 대통령에 선출된 최 대통령은 21일 취임사에서 다시 한 번 과도정부의 성격에 대해 "본인이 이끄는 현 정부는 '국난타개를 위한 위기관리정부'라 하지 않을 수 없습니다"라고 '위기관리정부'라는 표현을 써서 더욱 분명히 규정했다. 최 대통령이 말한 국난타개라는 것은 그가 취임사에서 국정 목표로 제시한 첫째 국가안전보장의 공고화, 둘째 경제의 안정적 성장 도모, 셋째 정치 발전이었다〈최규하 대통령의 연설문집〉.

욕심도 없고 힘도 없었던 최 권한대행은 국난타개가 그리 쉽지 않다는 것을 곧 깨달아야 했다. 그것은 마치 무한한 시간과의 싸움인 양, 오직 인내로서 힘을 찾아야 하는 수도승 같은 고행이기도 했다. 국가안전보장의 공고화란 첫째는 남북 대치 상황에서 북쪽이 쳐내려오는 상황을 막는 일과, 친 박(親朴) 대통령 세력과 반 박(反朴) 대통령 세력과의 사이에 내전이 일어나는 것을 예방하는 일이었다. 최 대통령은 로마의 카이사르가 브루투스에 의해 암살되었을 때 로마가 내전에 휩싸였던 점을 들어 내전의 가능성을 일깨워 주려고 했다.

최 대통령은 12월 12일 오후 7시 30분경 전두환 장군이 요청한 정승화(鄭昇和) 장군 연행 결재를 10시간이나 미루며 버텼다. 전두환 장군은 정승화 장군 연행을 이미 부하들에게 지시한 뒤, 형식상의 절차에 따라 그 결재를 최 대통령에게 요청했던 것이다. 최 대통령은 정승화 장군 연행 결재를 노재현(盧載鉉) 국방장관의 설명을 들어야겠다면서 무려 10시간을 끌었다. 정승화 장군 연행이 군대 내 파워게임의 일환으로 일어나지 않았나 생각했기 때문이었다고 했다. 그래서 노재현 국방장관을 불러오라고 요청했고, 노 국방장관이 올 때까지 침통한 심정으로 기다렸다. 그러나 노 국방장관은 이 시간에 정승화 육참총장 관사에서 정 총장을 연행하는 과정에서 난 총성을 듣고 어디론가 피신한 탓에 연락이 되지 않았다(후에 알려진 일이지만 노 국방장관은 이 시각에 미8군에 있었다고 한다).

정권이란 깨지기 쉬운 유리그릇

전 장군은 한 시간쯤 있다가 일단 물러났고, 다음엔 유학성(兪學聖) 장군 등이 몰려와서 계엄사령관 연행을 결재해줄 것을 요구했다. 최 대통령은 또 거절했다. 이날 새벽 4시 30분경 노 국방장관과 연락이 닿아 총리공관으로 들어왔다(최 대통령은 이때 아직 청와대로 이사하지 않고 삼청동 총리공관에 머물러 있었다). 노 국방장관은 총리공관에 오기 전 전두환 합동수사본부장으로부터 정승화 계엄사령관의 연행에 대해 대충 들은 상태였다. 그러기에 노 국방장관은 최 대통령으로부터 계엄사령관 연행에 대한 결재 문제에 대한 질문을 받자 큰 갈등 없이 재가를 건의했다. 이렇게 해서 12·12는 가까스로 합법의 모습을 갖추게 되었다. 최 대통령은 자신이 군을 동원하거나 어떤 대항 세력도 확보하지 못한 상황에서 내란을 우려하였고, 할 수 있는 일이란 현상유지를 위해 또는 사태 확신을 위해 군부의 동향 등 외적 요건이 바뀔 때를 기다리며 버티는 것 외는 다른 길이 없었을 것이다. 그는 대통령직을 사임한 뒤 사석에서 "정권이란 맡고 보니 마치 유리그릇처럼 깨지기 쉬워, 이를 잘 간수했다가 넘기는 것 자체가 힘들더라"고 술회했다.

자기 말대로 힘도 없던 최 대통령이 번쩍거리는 별들 앞에서 10시간이나 그들의 요구를 들어주지 않으면서 버텼다는 것은, 이미 승패가 결정난 게임을 놓고 엄청난 힘 앞에서 정치인의 양식을 지키려고 한 몸부림이었다고 말하고 싶다.

이것은 최 대통령의 성격이기도 했다. 그는 국무총리로서 또는 외무부장관으로서 국회에 출석했을 때, 의원들이 '서민 장관'이란 이미지를 꼬집어 "집에서 연탄이나 갈지 말고 큰 의미의 국정을 챙기라"는 듣기 싫은 말을 해도 표정 하나 변하지 않고 담담히 앉아서 막말을 한 의원들을 쑥스럽게 하는 등, '바위 밑의 부처'라는 강원도 사람 기질을 그대로 지니고 있는 것처럼 보였다.

국난타개 다음은 경제발전이고, 마지막으로 중요하게 생각했던 것은 정치발전이라고 했다. 군에서는 12·12사태를 통해 이미 전두환이라는 인물이 등장하여 최 대통령이 앞으로 나아갈 수 없이 막아섰다. 통치는 한 발짝도 전진할 수 없었고, 자신의 목소리는 사라졌다. 뒤에서는 김영삼이라는 야당 당수가 "빠른 시일 안에 헌법개정과 새 대통령 선출을 위한 선거 등 모든 정치 일정을 처리하라"고 압력을 가하고 있었다. 그는 살벌한 정치 마당에서, 누구 하나 도와주지 않는 섬에서 외롭게 지내야 했다. 대통령이란 최고의 자리에 앉았지만, 그것은 허울 좋은 자리에 불과했다.

이에 앞서 대통령에 선출된 직후 최 대통령의 정치발전 조처를 보면, 우선 유신헌법 보호를 위한 긴급조치 9호를 해제하여 구속자 68명을 석방했다. 김대중의 가택연금도 해제했다. 12월 12일에는 신민당 김영삼에 대한 총재직 가처분 신청이 취하되고, 정운갑(鄭雲甲)의 야당 총재 등기가 말소되었다.

유신수호를 위해 박 대통령에 의해 강압적으로 취해졌던 조처들이 정상화되고 있었으나, 밖으로는 군의 압박이 강하게 조여왔다. 군의 압력은 물리적인 것과 정신적인 것이다. 이러한 부담 이외에, 5월 17일의 군의 권력장악 시점부터는 세상이 통째로 변하기 시작했다. 그의 분신이며 팔다리라고 할 수 있는 청와대 참모들이 변질해갔다.

최근 논쟁의 대상이 되었던, 최 대통령 당시 정치 상황의 총괄책임자였던 정무수석 고건(高建)의 행방불명도 그 하나였다. 최 대통령의 의전비서관을 지낸 신두순은 "고건 씨가 전두환 장군 측의 강압이 본격적으로 시작되었던 5·17 직후 사표도 안내고 20일간이나 행방을 감추었다"고 말했다. 그는 "정치, 내무, 국방 등 주요 업무를 관장하는 대통령 정무수석비서관으로서 국가의 비상시기였던 1980년 5·17 당시, 대통령의 눈과 귀 그리고 머리가 되어야 할 상태인데도 자신의 직무를 유기하고 20일간이나 행방을 감췄다는 것은 고위공직자로서는 물론 인간적으로도 용서받기 어려운 배신행위"라고 비난했다. 당시 청와대 비서실에 재직한 인사들 대다수도 그때 고건의 행동에 대해 아직도 용납하지 못하고 있다(《월간조선》 2002년 11월 호에서 재인용). 당시 취재기자였던 필자도 이 무렵 신군부의 고위 인사들로부터 "최 대통령의 청와대 인사들에 대해 침투를 시작, 홍시처럼 말랑말랑하게 하고 있다"는 말을 사석에서 많이 들었다. 고건은 자신의 당시 행동에 대해 "비상계엄 확대를 위한 국무회의에 배석하라는 지시가 떨어졌어요. 나는 이때 평생 처음으로 가슴속에서 치밀어 오르는 뜨거운 불덩이를 느꼈습니다. 나는 그 비상계엄 조처가 바로 군정을 의미한다고 판단했고, 군정은 절대로 찬성할 수 없었기 때문에 국무회의 배석을 거부하고 곧바로 사표를 써서 사신과 함께 비서실장에게 전하도록 부속실장(비서실장 보좌관)에게 주고 장위동 집에 칩거했습니다"고 반박했다(《월간조선〉 위와 같은 호). 그러나 당시 비서실장 보좌관이었던 김상영은 "20년여 지난 지금도 그 당시의 기억이 생생한데, 고건 수석을 만났거나 사신이나 사표는커녕 종이쪽지 한 장 받은 것이 없다"고 말했다(〈월간조선〉 재인용). 사표를 냈건 안 냈건 간에 고건이 당시 매우 민감한 때에 정상적으로 정무수석 기능을 하지 않았던 것은 틀림없는 사실이다. 신군부 인사들은 이 무렵 최 대통령 측 인사들의 동향과 관련해 '투항' 이란 용어를 자주 썼다. 고건은 전두환 정권에서 교통부장관, 농수산부장관, 국회의원, 내무부장관을 지내는 등 중용되었.

제일 중요한 부서의 비서관이었던 정무수석의 이러한 결근과 함께 최 대통령 정부는 최고 핵심부서인 청와대부터 기능을 상실해 갔다.

8월 8일엔 조간신문들이 일제히 주한 미국 고위관리의 말을 인용, "합법적으로 선출되는 지도자라면 지지하지 않을 이유가 없다"라면서 미국은 전두환 장군이 합법적으로만 선출된다면 그를 지지한다는 뜻의 기사를 실었다. 눈치 빠른 미국이 이때쯤 최 대통령의 중도하차와 그 대안으로 전두환 장군 지지로 방향을 선회하고 있었다는 명백한 암시였다.

5·17 계엄 확대와 함께 5월 17일 공화당의 김종필 총재와 야당 지도자인 김대중이 군에 의해 연행, 구금되었다. 8월 13일 김영삼 야당 총재는 이유 없이 연금된 채 정계은퇴 성명을 냈다. 김영삼 총재는 이 연금에 대한 항의로 23일간 목숨을 걸고 항의 단식을 벌였다. '가재는 게 편' 이라는 말과 같이 정치인이라는 동심원상에 함께 있던 정치인들이 구금과 연금을 당하는 등, 정계는 글자 그대로 쑥대밭이 되었다. 최 대통령 자신이 떠나야 할 만큼 군의 압력은 직선적이었다.

8월 12일 전두환 장군은 문화방송 회견에서 "과도기는 빨리 극복해야 한다"고 강조했다. '과도기'는 말할 필요도 없이 최 대통령 통치 기간이다. '빨리 극복해야 한다'는 말은 최 대통령에게 '빨리 물러나라'는 뜻이다. 공개적으로 그리고 직선적으로 물러날 것을 요구한 셈이다. 청와대 내부의 붕괴와 외부의 무거운 압력이 힘겨웠던 최 대통령 입장에서는 (1)미국의 지지 상실 (2)여야 정당 지도자들의 구금과 연금 그리고 정계 은퇴 성명 (3)청와대 참모진 붕괴라는 면에서의 '기댈 언덕'이 모두 무너져내리자, 취할 수 있는 행동은 점점 분명해져갔다.

마침내 최 대통령은 1980년 8월 16일 대통령 임기 5년을 앞두고 취임 7개월 25일 만에 대통령직을 사임했다. 최 대통령은 "민주국가의 평화적인 정권 이양에 있어서는 국정의 최고책임자가 국익 우선의 국가적 견지에서 임기 전에라도 스스로의 판단과 결심으로, 합헌적인 절차에 따라 정부를 승계권자에게 이양하는 것도 확실히 정치발전의 하나라고 생각합니다"라고 사임성명을 했다. 그의 이 사임성명 중엔 '광주민주화운동 등에 정치적 도의적 책임을 진다'라는 문구도 있었다. 그의 사임이 자신의 퇴임이 국익이라는 스스로의 판단과 광주민주화운동 등 국가적 비극에 대한 도의적 책임 등으로 인한 것 있음을 말하고 있다. 그러나 그때나 지금이나 광주민주화운동에 대해 누구도 최 대통령에게 책임이 있다고 믿는 사람은 없었다. 하지만 국가적 비극에 대해 그 도의적 책임을 자처하고 나선 것이다.

그는 62세의 연부역강(年富力强)한 때였지만, 군으로부터 파도처럼 밀려오는 압력을 이겨내기에는 역부족이었다. 취임 때 말했던 헌법 개정이나 그가 과도기 시한으로 제시했던 '1여년' 조차도 다 채우지 못한 채였다.

퇴임 후 몇 년이 지난 뒤, 최 대통령은 사임과 관련해 "신군부 측으로부터의 위협 때문이었느냐"는 질문에 말을 아끼면서 "그것을 대세라고 해야겠지요. 내가 어떻게 할 수 없는 상황이 왔던 것입니다. 나는 취임할 때부터 그랬지만 대통령직에 연연하지 않았습니다. 그리고 국가 보위가 위협받는 상황을 초래하지 않는다면 누가 대통령을 해도 괜찮다고 생각했습니다. 당시 나는 과도기를 맡은 대통령으로서 역할을 했으니 물러갈 때가 되었다는 판단이 섰습니다. 사실 내가 할 수 있는 몫은 했다고 보았습니다. 여기에 대해서 더 이상 말하지 맙시다"라고 당시의 입장을 우회적으로 술회했다. 최 대통령은 또 "재임 기간이 너무 짧아 개인적으로 미진하고 아쉬운 부분도 있었을 것이 아닙니까?"라는 질문에 대해 "어쩔 수 없는 노릇이지요. 그 정도로나마 내 소임을 마칠 수 있었으니 다행이지요"라고 답변했다(《얼굴》지, 최보식 인터뷰).

공인이 그 자리를 떠나면 대부분의 경우에 큰 과오가 없는 한 그 공적 부담에서 해방된다. 그러나 대통령직은 이 같은 일반론을 적용하기에는 그 자리가 너무 크고 높다. 최 대통령은 대통령직을 사임한 뒤인 1988년 8월 26일 국회 광주민주화운동 특별위원회로부터 출석 요구를 받았다. 국회 광주특위는 1989년 12월 23일 최 전 대통령으로부터 12월 30일 증언을 듣기로 결의하고 이를 최 전 대통령에게 일방적으로 통고했다.

최 대통령은 소환에 불응했고, 많은 시민단체와 종교단체 그리고 언론에서 증언에 불응하는 최 대통령을 비난했다. 최 대통령은 만약 정부가 국회의원이 임기를 끝낸 뒤 원내활동에 대해 증언하도록 요구한다면 삼권분립 정신에 어긋나지 않겠느냐고 반문하고, 1953년 미국 트루먼 대통령이 퇴임 후 미국하원의 증언에 불응했던 예, 미국 레이건 대통령이 퇴임 대통령으로서 법원에 출석하는 전례를 만들 수 없다면서 법원 출석과 증언을 거부했던 예를 들어 증언과 출석을 거부했다.

최 대통령의 이런 태도는 일반 국민들로부터 찬성과 비난을 함께 받았다. 미국에선 전직 대통령이 법원이나 국회에 출석한 일이 없으나, 우리나라처럼 대통령이 통치 차원을 넘어서는 이권개입과 독선으로 국가 이익을 심대하게 훼손하고 정통성을 파괴한 상황에서 대통령이 언제나 치외법권적 존재로 있을 수 있느냐의 문제는 여러 측면의 검토가 필요할 것이다. 여하튼 최 전 대통령은 비난과 후원을 감수하면서 시종일관된 태도를 지켰다.

최 대통령은 야심이나 노력을 해본 일도 없이 어느 날 갑자기 대통령이 되었지만, 대통령으로서 자기 시대를 펼쳐볼 기회도 없이 물러나야 했다. 그는 대통령직에 관한한 빈손으로 왔다가 빈손으로 갔다.

빈손으로 왔다가 빈손으로 간 최 대통령

최규하 대통령의 호는 현석(玄石)으로, 전국에 3·1운동이 번질 무렵인 1919년 7월 16일 강원도 원주시 옥거리(평원동) 집에서 아버지 최양오(崔養五)와 어머니 전주 이(李)씨 사이에서 장남으로 태어났다. 현석은 3,4세 때 이미 어깨너머로 천자문을 습득했고, 7세가 되자 명심보감을 읽었다. 1926년 8세 때에 취학 전 학력이 인정되어 원주보통학교에 2학년으로 입학했다. 시골 학교를 졸업한 현석은 경성 제1공립고등학교(경기고의 전신)에 입학했고, 재학 시엔 '공부벌레'라는 별명을 얻을 만큼 학업에 열심이었다. 그는 방학 때나 휴일에도 친구들과 놀기보다는 부모님 앞에서 한학을 공부했다. 경성 제1고보 4학년 때에 현재 부인인 홍기(洪基) 여사와 결혼하여 2남 1녀를 두었다. 오로지 주어진 일에만 열심인 성격으로, 제1고보 졸업 때는 전교 2등의 좋은 성적을 보였다.

현석은 집안 사정을 고려하여 취직이 보장되는 경성고등사범학교 영문과를 택했고, 졸업 후 한때 서울사대에서 교편을 잡다가 해방 후 농림부 양정(糧政) 과장이 되었다. 그는 외국인도 감탄할 정도로 정석 영어를 구사했으며, 이런 외국어 실력을 인정받아 변영태(卞榮泰) 장관에 의해 외무부에 발탁되었다. 41세로 외무부 차관이 되었으나, 4·19로 사임하고 말레이시아 대사 등을 거쳐 1967년 외무부장관, 1975년 국무총리 서리로 임명되었다가 이듬해 3월 정식 총리로 임명되었다 (『현석 편모』 김명규의 최규하 대통령 인물 평).

총리시절 그는 행사 참석이 줄어든 박정희 대통령을 대신하여 공식 치사와 격려사 등을 읽는 경우가 많아 '대독 총리(代讀總理)'라는 별명을 얻기도 했다. 대통령 치사를 대독한 뒤에는 박수를 치고 환영하는 군중들에게 손이라도 한 번 흔들어 줄만 한데도, 일체 그 같은 제스처 없이 군중을 쳐다보지도 않은 채 고개를 푹 수그리고 빠른 걸음으로 퇴장하는 것이 그의 스타일이었다. 이런 자세 때문에 여당의 역학 관계를 잘 아는 사람들로부터 '장수형 국무총리'라고 평가를 받았다.

그는 행정에 있어서 돌다리도 두드려본다는 식으로 신중했고, 속내를 헤아릴 수 없을 정도로 강한 인내심을 보였다. 박정희 대통령 유고로 인해 국무회의에서 헌법 절차에 따라 국무총리인 그를 대통령권한대행으로 추대했을 때도 그는 "대통령 시신을 직접 보기 전에는 절대 권한대행을 맡을 수 없다"고 고집했고, 시신을 확인한 후에야 권한대행에 취임했다는 것도 가장 중요한 시기에 이러한 '돌다리' 태도를 보였다.

　대통령직 사임 후에는 일체의 대외활동을 접고 자택에 칩거하며, 선영에 가서 잡초를 뽑거나 앉아서 바람을 쐬고 오는 정도가 활동의 거의 전부다. 그는 전직 대통령이 바깥 활동을 하면 언론이나 여러 곳에서 이러쿵저러쿵 말들을 하는 것도 대외활동을 기피한 이유 중에 하나라 했다. 이래서 학은 외다리로 선다던가.

참고 자료
《**최규하 대통령 연설문집**》· 대통령비서실 · 대통령비서실 『**현석 편모**』· 현석최규하대통령팔순기념문헌집발간위원회 편집 · 현석최규하대통령팔순기념문헌집발간위원회 『**김영삼 회고록**』· 김영삼 · 백산서당
월간조선 11월 호

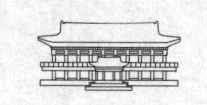

VI

제 11 · 12대 대통령
전 두 환
(全斗煥 | 1980.8.27~88.2.25)

1979년 합동수사 본부장으로서의 전두환 장군

일본이 한국의 국권을 빼앗듯이

　1905년 11월 2일 주한 일본공사 하야시 곤스케(林權助)는 일본의 한국 병탄 작업 준비에 분주했다. 곧 이토 히로부미(伊藤博文)가 조선과 을사보호조약을 체결하기 위해 서울에 오기로 되어 있었으므로, 서울 도착 즉시 조약체결 작업을 할 수 있도록 준비를 해야 하기 때문이었다.
　러시아와의 전쟁에서 승리한 일본은 1905년 9월 5일 포츠머스 조약에서 조선에 대한 보호권을 위임받자, 본격적으로 조선경영에 나서게 되었다. 1905년 10월 27일 일본 각료회의에서는 조선의 보호권 확립을 위한 8개 항을 결정했다. 제1항에서 '별지와 같은 조약을 조선과 체결하여 조선의 외교 관계를 완전히 우리 수중에 넣을 것'이라고 언명하고, 제2항에서 실행시기를 '11월 초순'이라고 규정했다. 8개 항은 1, 3항에 주요 내용을 담고 있다. 그 주요 골자는 이렇다. 제1조 일본정부가 조선의 외국에 대한 사무를 실행·감리·지휘한다. 제3조 일본정부는 조선에 한 명의 통감을 두고, 통감은 조선의 황제 폐하를 배알하는 권리를 갖는다.
　이것이 바로 조선 500년 운명을 끝내는 을사보호조약 시안(試案)이며, 일본은 이것이 제대로 진행되지 않으면 무력으로 강요할 수밖에 없다는 구체적 계획을 세워놓고 있었다. 이 조약이 강제로 실행될 경우에 대비해 일본은 조선에 보낼 공문과 외국에 보낼 공문까지 만들어 놓고 있었다.
　주한 일본 공사 하야시 곤스케는 주한 일본군 사령관 하세가와 요시미치(長谷川好道)와 협력해 일본에서 증원 병력을 받아 서울 시내에는 보병과 기병을 중무장케 하여, 그들로 조선 궁궐의 안팎을 물샐 틈 없이 겹겹이 포위했다. 시내 각 성문에는 야포기관총까지 갖춘 부대를 배치해놓고 있었다.

11월 9일 서울에 도착한 이토는 다음날 황제를 알현하고 일본 왕의 친서를 제출했으며, 15일 정오에 다시 황제를 알현하고 좌우를 물리치게 한 뒤 준비한 조약안 원문을 제시하며 체결을 강요했다. 조선 황제가 "이 일은 중대하니 짐이 지금 즉시 그것을 체결할 수는 없다. 보필하는 신하들과 상의하고, 또 널리 일반 인민의 확인 뒤에 결정하겠다"고 답변했다. 이토는 지체 없이 "신하들에게 하문하는 것은 당연 한 것입니다. 그러나 일반 인민의 의향을 확인하는 것은 찬성할 수 없습니다. 조선은 군주전제국가로서 모든 일을 오로지 친재하는 것입니다. 인민에게 상의하신다고 하는 것은 인민을 선동하여 일본의 제안에 반항하게 하려는 뜻입니까? 만일 그 조처에 의하여 동학당과 같은 천하 소란이 일어날 경우, 그 책임을 황제자신이 지겠다는 각오입니까?"라고 협박했다.

이토는 이날 오후 각 대신과 심상훈(沈相薰) 등 원로들을 자신의 숙소로 강제소집하여 밤늦게까지 조약체결 필요성과 황제에게 말한 이유를 대면서 조약체결을 강요했다. 앞으로 있을 군신회의에 대비한 조선 대신들의 각오를 다짐해놓기 위한 사전포석이며 일종의 강제 리허설이었던 셈이다. 이런 상황에서 학부대신 이완용(李完用), 내부대신 이지용(李址鎔), 외부대신 박제순(朴齊純), 군부대신 이근택(李根澤), 농상공부대신 권중현(權重顯) 등은 조약 체결에 적극 반대는 하지 않고, 대세상 불가피하다는 견해를 가졌다.

시내엔 이미 일본 측에 매수되어 조정되는 송병준(宋秉畯)의 일진회(一進會)가 을사조약 필요성을 강조하는 유인물을 살포하고 집회를 여는 등, 매국적 여론을 유도하기 위한 공작이 시작되고 있었다. 1905년 11월 17일 오후 3시, 조선 궁궐 내 수옥헌(漱玉軒)에서 군신회의가 열렸다. 이때 궁궐 내외에는 하세가와가 거느리는 완전 무장한 일본군이 몇 겹으로 에워싸고 있었다. 일본군은 일본 공사관 앞을 비롯한 서울 시내 전역을 철통같이 경계했으며, 특히 시내 각 성문에는 야포기관총까지 갖춘 부대를 배치해놓고 있었다. 다른 별동 부대도 검을 찬 채 시가지를 시위 행진하였고, 본 회의장인 궁내에도 착검한 헌병경찰들이 다수 포진해 있었다. 헌병과 경찰의 분위기는 살기까지 감돌았다.

그러나 극도의 공포 분위기 속에서도 오후 3시부터 시작된 회의는 오후 8시가 되도록 누구 하나 조약 체결에 찬성하는 이 없이 부결되었고, 일본 측의 요구를 거절하기로 합의까지 되었다. 이에 하야시는 이토와 하세가와를 다시 오게 하여, 폐회하고 돌아가는 각 대신들을 불러들여 회의를 재개하게 하면서 황제의 알현을 요구하였다. 그러나 이것도 제대로 되지 않자 강제로 재개한 회의에 이토 히로부미, 주한 일본군 사령관 하세가와 요시미치, 헌병대장 고야마 미츠미(小山三己), 일본 공사 하야시 곤스케 등이 집단으로 참석해서는 새벽 12시 30분까지 조선 대신들을 개인 심문 형식으로 협박하며 조약 체결을 강박했다. 그 결과 이 심야회의에서 참정대신 한규설(韓圭卨), 법부대신 이하영(李夏榮), 탁지부대신 민영기(閔泳綺) 등 세 명만이 '부'라고 했고, 학부대신 이완용을 선두로 하여 내부대신 이지용, 외부대신 박제순, 군부대신 이근택, 농상공부대신 권중현 등의 다섯 명(을사오적)이 '가'라고 했다. 강력한 반대는 한규설, 적극적 찬성에는 이완용이 부각되었다. 이 조약이 바로 조선의 운명을 끝내는 을사보호조약이다. 17일 새벽, 조선은 외교권을 일본에게 일체 위임하며 조선에 일본 총감을 두고, 총감에게 조선 황제를 알현할 권리를 주는 을사보호조약을 체결키로 결의한 것이다.

조선 500년의 숨통은 이렇게 하여 일본인 손에 넘어갔다. 이 사실이 알려지자 국민들은 상소로 국왕에 읍소했고 항의, 자결 등으로 언론계와 민심은 흉흉했다. 일부 지역에선 의병까지 일어났으나 대세를 바꿀 수는 없었다.

총칼을 가진 자의 집단 무력시위와 개인에 대한 협박은 어떤 정의보다 앞선다. 우리는 이 사실을 수십 년 뒤 전두환 장군의 등장과 함께 다시 확인해야 했다. 그것도 외국인이 아닌 같은 한국인에 의해서.

> **참고 자료**
> 『한국사42 : 대한제국』· 구대열 등저 · 국사편찬위원회 『한국근대사』· 강재언 · 한울 『우리나라 근대 100년』· 이연희 · 새문사

단 8분 만에 정권을 장악한 군부

1980년 5월 17일 오전 10시, 국방부 제1회의실에서는 주영복(周永福) 국방부장관 주재로 전군 주요 지휘관회의가 열렸다. 참석자는 육·해·공군의 주요 지휘관 44명이었다. 육군에서는 군단장, 관구사령관 이상의 지휘관이 참석했고, 해군에서는 참모총장, 참모차장, 함대사령관이, 그리고 공군에서는 참모총장과 차장, 작전사령관 등이 참석했다. 사단장급에서는 서울 지구 계엄부대장 박준병(朴俊炳) 소장이 참석했다.

이들 지휘관은 10·26 직후 제주도를 제외한 전국계엄을 제주도를 포함한 전국계엄으로 바꿈으로써 새로운 내용보다는 새로운 계기를

만들자는 것이었다. 이 과정에서 군 내부의 견해 통일과 각급 지휘관들이 운집해 기세를 올려 군 내부를 통일함으로써 국민들을 겁주고 위압을 과시하자는 목적이었다.

회의에서 주영복 장관이 정치 풍토 쇄신, 불순세력 제거 등 정치적 발언을 하자, 군수기지 사령관 안종훈(安宗勳) 중장이 나서서 "그것은 군이 나설 문제가 아니다"라고 반론을 폈다. 이어 안 장군 발언에 또 반론이 제기되자, 이희성(李熺性) 참모총장은 '이 회의는 이미 결정된 안건을 놓고 의견을 듣는 회의'라고 솔직한 고백을 하고, 참석자들이 무엇을 해야 할지 못을 박으며 더 이상의 논란에 제동을 걸었다(안 중장은 다음해 예편되었음).

회의가 끝난 뒤 참석자 전원은 결의문 없는 백지에 서명을 했다. 백지서명만 보아도 이날 회의는 육·해·공군 장군들이 이름만 빌려주는 일종의 꼭두각시 회의였음을 알 수 있다. 육·해·공군의 최고간부들이 어깨에 번쩍이는 별이 무색할 만치 내용도 모른 채 백지에 서명한 것이다. 이로써 이들은 어느 시점에서 퇴역당할 필요충분조건을 스스로 만든 셈이었다. 이 백지 서명서는 후에 결의사항을 첨부하여 곧바로 최규하 대통령과 신현확(申鉉碻) 국무총리에게 전달되었다. 정부가, 특히 최규하 대통령이 신군부의 야심 찬 계엄 확대에 반대하지 못하도록 하기 위한 것이었다. 이 백지 결의안은 이날 밤 긴급 국무회의에도 제출되었다.

전두환 보안사령관 겸 중앙정보부장 서리는 17일 오후에 최 대통령을 면담하고 지휘관회의 결과를 보고하면서, 비상계엄의 전국 확대와 함께 대통령의 긴급조치에 의한 국회해산, 국가 보위부의 설립을 건의했다. 최 대통령은 계엄의 전국 확대에 동의했다. 계엄을 전국으로 확대하면 계엄 지역에서 대통령 밑에 바로 계엄사령관이 위치하도록 계엄법에 명시되어 있기 때문에, 국내 통수사항 전부가 대통령과 계엄사령관으로 넘어가게 된다. 대통령이 약체이며 청와대 자체가 혼란에 빠진 사항을 감안하면 정권은 군부에 넘어가는 것이다.

오전의 지휘관회의가 끝난 뒤 국무회의가 열리는 중앙청은 무장 군인들에 의해 완전 통제되고 있었다. 이날 밤 9시 42분, 야전전투복에 총은 물론 착검까지 하고 복도 양쪽에 도열한 군인들 앞을 지나서 회의장에 도착한 국무위원들은 아무런 말이 없이 국무위원석에 앉았다. 이때 이미 국무위원 절반은 '초죽음' 상태였고, 모두가 기가 꺾여 있었다고 뒷날 한 참석자가 전했다.

국무위원들은 이에 앞서 국무회의에 참석하기 위해 중앙청에 들어올 때부터 중앙청을 포위하고 있던 무장 군인들에게 정문에서 저지되어 옆문으로 안내되었으며, 이로 인해 극심한 공포 분위기에 싸여 있었다. 근무하던 야간 공무원들은 별관으로 옮겨지고 외부 전화가 일체 차단된 중앙청 국무회의실은 사막 속의 외딴 천막처럼 무거운 적막에 싸인 상태였다.

신현확 국무총리 주재로 회의가 열렸다. 회의 의제는 '계엄의 전국 확대 선포의 건'이었다. 제안 설명이나 찬반 토론이 생략된 채 계엄 전국 확대 선포의 건을 가결했다. 개회에서 폐회까지 단 8분이 걸렸다. 이 8분 사이에 실질적으로 정권은 군인들 손으로 넘어갔다. 세상을 바꾸는 엄청난 변화가 이 8분 동안 이루어졌다는 것은 조선 500년의 명맥이 몇 시간 안에 이루어진 것과 크게 다를 게 없었다.

형식적으로 보면 계엄의 전국 확대가 곧 정권 쟁탈을 의미하지는 않는다. 그러나 야심 있는 군부 지도자가 계엄의 전국 확대를 통해 정권을 잡기는 식은 죽 먹기다. 언론은 군인들의 검열을 받아야 하는 재갈이 물리고, 국회가 해산되니 정치적으로 무슨 일을 해도 떠들어댈 상대가 없다. 정치활동이 금지되니 물리적 힘을 가진 자가 무슨 일을 하건 국민들에 알려지지 않는다. 누가 무슨 무엇을 하는지 알 수가 없으니 아무런 국민적 저항을 받지 않는다. 그야말로 무풍지대 속에서 정권을 주무를 수 있다. 이 계엄령의 핵심 군인들은 박정희 대통령 때 계엄령 속에서 정권을 요리하던 모습을 보아온 터여서 실용적인 '교과서'도 확보하고 있는 셈이었다.

계엄령 전국 확대를 결정하는 이 8분 동안, 발언할 위치에 있었던 국무위원들은 아무 말도 하지 않았다. 말할 필요가 없다고 재빠르게 판단했기 때문이었을까? 아니면 울창한 숲속을 거닐듯 도열한 군인들 사이를 지나는 동안, 그들의 총에 꼽힌 칼날이 너무 날카로워 어느 순간 자신들에게 향할지도 모른다고 겁을 먹었기 때문이었을까?

어쨌든 간에 국무위원들도 이 계엄 확대가 정권을 군인 손에 넘긴다는 사실, 그리고 이것이 군정의 반복을 뜻한다는 사실을 누구보다도 잘 알고 있었을 것이다. 당시의 고건(高建) 청와대 정무수석도 비상계엄 확대가 군정을 의미함을 알았기에, 회의에 참석하라는 지시를 받고 속에서 불같은 뜨거운 것이 치밀어 오르는 것을 느꼈다고 했으리라(이 책 앞의 부분 〈월간조선〉).

박정희 대통령이 시해되었을 때 국민들은 자유화와 민주화를 외쳤지만, 정권은 다시 군부에 돌아가고 있었다. 제1막에서는 이렇게 선수를 친 군인들이 민간 정치인을 누르고 승기를 잡았다. 권력은 총구에서 나온다고 말한 사람은 마오쩌둥(毛澤東)이었다. 또한 일단 권력이 형성되면 그 속성인 폭력성과 주변으로 번져가는 잠식성이 발생한다는 것도 사실이었다. 중국의 덩샤오핑(鄧小平)도 은퇴 전에 다른 직책은 다 내놓고도 군 직책만은 내놓지 않았으며, 북한의 김정일도 군사위원회 위원장 직책 하나로 북한을 통치하고 있다.

여하간 전국 계엄이라는 제도적 뒷받침을 받은 군인들은 정치뿐 아니라 국가 각 분야에 걸쳐 전면에 등장할 준비를 내부에서부터 착착 진행시키고 있었다. 정부대변인 이규현(李揆現) 공보부장관은 한밤중인 5월 17일 11시 40분에 서울시청 4층 계엄사검열단 사무실에서 "정부는 17일 24시를 기해 비상계엄 선포 지역을 전국 일원으로 변경한다"고 발표하는 수고를 했다.

이 발표를 전후해서 이미 만반의 태세로 대기하고 있던 체포조 군인들은 김대중과 김종필을 자택에서 연행했고, 김영삼을 가택 연금했다. 이에 앞선 오후 6시경엔 이화대학교에서 열리고 있던 전국학생대표자회의가 합수부 요원들로부터 습격당했다. 18일 새벽 계엄사는 포고령 10호를 발표해 모든 정치활동 중지, 정치목적의 옥내외 집회 및 시위 금지, 전체 대학에 휴교를 명했다. 그야말로 올 것이 온 것이다.

이미 뼈가 다 빠져버려 탄력성을 잃고 찍는 대로 찍히는 고무도장이 되어버린 국무회의는, 27일 신군부의 뜻대로 국가보위위원회 설치안을 가결했고, 그 상임위원회 위원장에 전두환 장군이 임명되었다. 모두가 사전 구상대로, 5·16과 10월 유신의 새 정권 창출이라는 두 번의 선례를 답습하고 있었다. 다른 것이 있었다면 이번 5·17때엔 광주를 중심으로 거센 민중저항이 있었다는 점이다.

핵은 분열될 때 에너지를 발생하지만, 반대로 군중은 모여들 때 에너지를 발생한다. 군중이 한 사람을 향해 몰리면 그는 힘을 모으게 되고, 그때부터 그 인물에 관한 신화가 만들어진다. 5·17때 전두환 장군이 바로 그런 경우다. 전장군은 허화평(許和平) 비서실장과 허삼수(許三守) 인사처장, 허문도(許文道) 보좌관 등 이른바 3H와 보안사의 권정달(權正達) 정보처장과 이학봉(李鶴捧) 수사국장 등의 보좌를 받았는데, 이들 대부분은 국회에 진출했으나 초선이나 재선으로 끝났다.

전국 신문과 방송 그리고 출판 업계에서는 전두환 장군의 영웅화 작업이 진행되었다. 보안사 대공처의 전문직 공무원인 이상재(李相宰) 준위가 주도한 이 작업에 소홀하면 언론기관도 예외 없이 공공연하게 간판을 내리게 될 것이라는 협박을 받았다. 언론은 언론 통폐합이라는 비상사태 앞에서 '죽기보다는 까무러치기가 낫다'는 생존 철학으로 우선은 지시대로 움직였다. 길게는 일본 제국주의 시대부터 짧게는 자유당과 박정희 시대를 거치는 동안 각종 시련과 탄압을 겪어온 한국 언론이기 때문에 권력에 쉽게 백기를 들지는 않았다. 그러나 권력이 무서운 줄은 또 누구보다 잘 알고 있었기에 앞장서서 뛰었다.

신군부 측은 당초 계획을 세울 때 야당과 언론을 제일 큰 문제로 생각했다고 한다. 그러나 야당은 김대중의 연행과 김영삼의 가택연금으로 인해 구심점 없이 방황했고, 구 여당은 또 다른 '양지' 찾기에 분주했다. 1981년 신년 초에 지도자를 잃은 야당 간부들은 연금 상태에 있는 김대중, 김영삼에게 대문 밖 언 땅에서 세배를 했다.

당초 이들이 염려했던 것보다는 언론도 아주 쉽게 장악되었다는 평이었다. 오히려 신군부 측의 강한 힘 앞에서 자진해서 협조했다고 이들의 한 관계자는 회고했다.

계엄사는 사회 정화를 실천한다는 기치 아래 민생사범 1만 7천여 명, 권력형 비리와 국가 기강을 문란케 한 광주민주화운동 조종 혐의 등으로 전직 장관 세 명과 정치인 14명을 연행 조사했고, 부정축재와 학생 시위 관련 등으로 392명을 지명수배하는 등의 과감성을 보여 국민들의 관심을 집중시켰다. 무엇인가를 한다는 강한 인상을 준 것이다.

8월 16일 예상대로 최규하 대통령이 사임하자, 5일 후인 21일 국무회의와 마찬가지로 고무도장 역할이 되다시피 한 전군 지휘관회의는 만장일치로 전 장군을 대통령에 추대했다. 이 전군지휘관회의의 의결은 군이 일치단결해 밀고 있으니 국민들은 알아서 하라는 강한 메시지를 국민들에게 보낸다는 대외부용과, 전군지휘관회의에서 지지하고 있으니 다른 군인들은 이탈하거나 딴 생각하지 말라는 군내부용의 두 가지 의미를 지니는 것 같았다. 전 장군은 이를 받아들였고 실행에 옮기기 위해 6일에 대장으로 전역했다. 위와 같은 일련의 과정에서 볼 수 있듯이 전 장군은 군의 힘을 배경으로 집권했다. 전 장군이 국무회의와 전군지휘관회의와 함께 제3의 고무도장이라 불릴 만한 통일주체국민회의 간접선거로 두 번이나 정식 대통령으로 취임했지만, 그의 집권은 원죄처럼 쿠데타에 의한 것이라는 인식이 국민의 뇌리에 남아 있다. 이것은 일본의 조선합방이 합법성을 위장한 여러 절차를 밟았음에도 총과 칼의 강압에 의한 것이라는 면에서 '강점'이라는 본성을 탈피하지 못한 것과 같은 이유다.

전 장군 측은 10·26이라는 예상할 수 없던 국가적 불행을 당해 구심점 없이 표류하던 이 나라를 구하기 위한 불가피한 집권이었다고도 말한다. 전혀 일리가 없는 말은 아니다. 그럴 만한 상황이었다는 것도 보는 관점에 따라서는 옳다. 그러나 군인으로서 그가 정권의 정면에 등장한 것은 일부에게는 축복이었지만 많은 사람에게는 저주였다.

참고 자료
『지는 별 뜨는 별』· 이계성 · 한국문원 『실록 제5공화국』· 경향신문사 편 · 경향신문사 『한국사42 : 대한제국』· 국사편찬위원회 편 · 국사편찬위원회 『한국근대사』· 강재언 · 한울 조선일보

    전두환 장군은 최규하 대통령의 하야로 1980년 8월 16일 통일주최국민회의 회의에서 보궐선거를 통해 제11대 대통령으로 당선되었다. 12 · 12사태로부터 8개월, 5 · 17 계엄 확대로부터는 약 3개월 간의 오랜 '쿠데타'를 마감한 것이다.

    전 대통령은 11대 대통령을 자신의 시대를 열기 위한 응급조치적인 과도기로 여기고 새 헌법을 준비했다. 그는 대통령에 취임한 지 1개월 13일째인 9월 29일에 자신의 통치 구상이 담긴 새 헌법안을 발의했다. 새 헌법은 10월 22일 국민투표에 부쳐 확정되었으며, 10월 27일 정식 공포됨으로써 부칙에 의해 여당과 야당의 기존 정당 및 국회가 해산되었다. 유신헌법도 자연 소멸되어 대통령 간선기구였던 통일주체국민회의도 해체되었다. 국회는 국가보위입법회의가 대신하도록 했다.

    전 대통령은 1981년 2월 25일 대통령 선거인단에 의한 간접선거로 제12대 대통령에 당선되었다. 그는 11대 대통령과 12대 대통령을 주인 없는 빈집 드나들듯 들락날락했다. 구 정치인들은 이미 주눅이 들어서 천하가 전 장군 손안에 든 상황에서 감히 도전할 입장이 아니었다.

    군에서는 전 장군이 전역한 1980년 8월 22일에 또다시 전군지휘관 회의를 열고 전 장군을 국가원수로 추대키로 하는 등 일사분란한 정지 작업을 벌였다. 군이 이렇게 크고 작은 일이 있을 때마다 전 장군을 지지하고 대외적으로 군의 위엄을 과시해준 것은 어떤 일이 있어도 군이 정권을 담당해야 한다는 결의에서 비롯된 결과다. 이러한 군의 야심은

선의든 악의든 간에 많은 군인을 정치에 감염시킨 결과를 낳았고, 이렇게 해서 혐의를 받게 된 '정치군인'들은 다음 문민정부에서 대대적으로 숙청당하고 옷을 벗는 운명을 맞았다.

전 장군은 많은 지휘관의 지지를 받으며 쿠데타에 성공했고 대통령에까지 당선되었으므로 권한 행사와 권력처리에 군인들을 고려하지 않을 수 없었을 것이다. 김대중과 김종필 때부터 '공동 정권'이라는 말을 많이 썼지만, 전 대통령 때도 군인 공동 정권까지는 가지 않더라도 최소한 군의 공감대는 이루어야 할 필요성이 있었을 것이다. 그 공감대는 '나 혼자 해먹는 것'이 아니라, 다음엔 다른 인물도 할 수 있다는 길을 열어놓는 것이라고 말할 수 있다.

평화적 정권 교체를 이룩하여 전임 대통령들이 실현하지 못한 임기 완료와 더불어 깨끗이 퇴임하는 전통을 세우겠다는 의지의 표현이란 등 여러 설명이 있을 수 있겠지만, 쿠데타 정권으로서 대통령 단임제는 국민에게 베풀 수 있는 정치 선물이었을 것이다.

1980년 헌법의 특징은 대통령의 중임 금지 조항이며, 이를 재확인하기 위해 중임 조항을 개정할 경우엔 개정 당시의 대통령에는 적용되지 않도록 하는 이중적 보강장치를 했다. 전 대통령은 평화적 정권 교체와 단임 실현 의지를 헌법에만 명시한 것이 아니라, 1983년 여름 기자회견과 1986년의 국정연설을 비롯해 기회 있을 때마다 단임 정신을 강조했다.

전 대통령은 정가 일각에서 개헌 논의가 활발히 진행되고 있음을 감안, 1987년의 국정연설에서 여야 간 합의 개헌을 촉구했다. 전 대통령은 이 연설에서 "정치 일정에 차질이 없도록 모든 정파가 사심을 버리고 인내와 자제로 합의 개헌을 위한 방안들을 적극적으로 협의하여,

하루 속히 국회에서 헌법문제를 매듭짓기를 권유한다"고 말했다. 전 대통령은 (1)정치 일정의 원만한 진행을 위해 국정최고책임자가 중대한 결정을 내려야 할 사태가 생기지 않도록 해달라, (2)장외 불법폭력은 평화적 정권 이양을 방해하는 것이다, (3)국회개헌특위에서 심기일전의 노력을 해달라, (4)선의의 경쟁을 해달라고 당부했다. 이 같이 심도 있는 당부를 보면, 전 대통령이 정권 이양만은 합법적으로 절도 있게 하기를 진심으로 원하고 있고 그것만이 집권 당시 물의를 해소할 수 있는 길이라는 것을 느꼈던 것 같다.

또 한 번 중단될 뻔한 헌정

개헌 논의의 순탄한 진전을 바라고, 그것이 평화적 정권교체의 길이라고 확신했던 전 대통령은 논의가 지지부진하자, 연초 국정연설에서 언급한 '국정최고책임자로서의 중대 결단'인 '개헌 논의 중단'(4·13 특별담화)을 선언했다. 새로운 개헌 없이 현행 헌법으로 정권을 이양하겠다고 선언한 것이다.

전 대통령은 4·13담화문 작성에 상당히 신중을 기했다. 그는 장세동(張世東) 안기부장이 작성해온 담화문 초안을 채택하지 않고 이종율(李鍾律) 공보수석을 청남대로 불러 문안을 작성토록 했다. 전 대통령은 이 수석에게 "4월 30일이면 내가 합의 개헌에 반대하지 않겠다고 한 지 꼭 1년이다. 잔여 임기가 10개월인데 국가의 안전을 위해 뭔가 해야 한다. 88올림픽, 정권교체를 성공적으로 수행하려면 정치가 안정되어야 하고, 사회가 안정되어야 흑자 기조가 2년째 정착되어 선진국을 앞당기는 계기가 되는데, 국가 발전에 있어 이 절호의 기회를 놓칠 수 없다. 국력을 집결해야 한다. 합의 개헌이 되면 좋지만, 4월까지 안 되면 개헌할 수가 없다. 민주주의 새 역사와 국민 생존을 좌우하는 이 중요한 시기에 최고통치자로서 결단을 내려 국민의 협조를 당부하는 담화를 내야겠다"고 전했다(『전두환 육성증언』· 김성익 편 · 조선일보사).

이런 절차를 거쳐 4 · 13 담화문이 발표되자 정국은 벌집을 쑤신 듯 들끓기 시작했다. 개헌 논의 중단 선언은 결국 여당의 만년 집권이나 다름없다는 판단 아래 야당은 물론, 재야와 학생 등에 큰 충격을 주었다. 이들은 연일 집회와 시위로 정부와 여당을 규탄했으며, 국정은 중심을 잃고 표류하기 시작했다. 여기에 국민을 자극하여 사태를 더욱 험악하게 한 것은 민정당이 6월 10일 전당대회를 열고 노태우 대표를 전두환 대통령 후임인 13대 대통령후보로 선출한 것이다. 개헌 논의 중단은 이미 기정사실이 되었고, 13대 대통령 선거는 선거인단에 의한 간접선거로 치러진다는 전제 아래 여당 후보가 선출되었으니 사태는 최악의 지점에 달했다.

때마침 서울대학교 언어학과 3학년 학생 박종철 군이 경찰의 고문으로 절명했음에도, 경찰은 "수사관이 책상을 탁 하고 치니 학생이 억 하고 죽었다"며 쇼크사였다는 '탁—억 코미디'라고 불리는 엉터리 발표를 했다. 이에 대한 학생들의 분노와 여당의 정치적 사태에 대한 비판이 어우러져 전국 22개 도시에서 수십만 명의 시위 군중이 쏟아져 나와 호헌철폐 및 고문살인규탄대회를 열었다. 도시마다 최루탄 가스로 시민들의 고통은 이만저만이 아니었다. 서울의 일부 시위대들은 최루탄에 쫓기어 명동 성당에 집결하여 무기한 농성에 돌입했다. 경찰력으론 대응하기 힘겨운 사태로 발전해갔다. 정부가 보기에 비상사태로 접어들고 있었다. 어떤 단안이 필요했다. 당시의 상황이 얼마나 급박했는지를 전 대통령의 언행을 보면 알 수 있다. 우리는 다시 한 번 군의 동원과 헌정중단을 경험할 단계에 이르렀다(이하『전두환 육성증언』).

6월 14일 아침(일요일) 전 대통령은 9시 30분부터 11시 10분까지 청와대 상춘제(常春齊)에 안기부장, 외무부·내무부·법무부·국방부·문교부·문공부장관과 서울시장, 합참의장, 육해공군참모총장, 한미연합사 부사령관, 보안사령관, 수방사령관, 특전사령관, 사경국장, 대통령비서실장, 경호실장, 정무1·2교문, 공보·법무 수석비서관을 소집했다. 전 대통령은 "경찰력으로 치안을 담당할 수가 없다면 대통령으로서는 헌법에 부여한 대통령의 권한을 발동할 수밖에 없다"고 말하고, 군 출동을 위한 만반의 태세를 갖추라"고 지시했다. 이 자리에서 전 대통령은 최종 치안 상태를 다시 점검했다.

전 대통령은 치안본부장에게 경찰의 치안 능력을 물었다. 군을 동원하기에 앞서 마지막 점검이었다. 치안본부장은 "6월 12일에는 연 5만 7천 명이 시위에 참가했고, 13일에는 1만 3천 명입니다. 일요일에 대비 경찰은 만반의 준비를 갖추고 있습니다"라고 보고했다. 내무부장관도 경찰 병력으로 진압이 가능하다고 거들었다. 전 대통령은 자신의 시국 운용 방안을 밝혔다. 이것은 전 대통령의 힘의 사용 철학이라고도 볼 수 있는 매우 중요한 발언이다.

"(전략) 나는 집권욕이나 정권욕 없이 민주주의를 한 번 해보겠다는 생각뿐입니다. 그러므로 평화적 정부 이양을 하고 전 인류의 축제인 올림픽을 이 지구상에서 가장 긴장된 한반도에서 성공시킴으로써 긴장완화를 도모할 수 있고, 동족간의 전쟁을 억제할 수 있으며, 숙원인 선진국으로 나아가고, 그 국력을 바탕으로 평화적으로 자유민주주의를 바탕으로 민주 절차에 따라서 통일을 할 수 있다고 확신하고 있습니다.

아무리 우리가 노력을 해도 6·10사태 같은 것이 전국적으로 일어나 국민에게 불안을 주고 피해를 주는 일이 계속되어서는 안 되겠습니다. 경찰력으로 더 이상 감당할 수 없으면 헌법상 대통령에게 부여된 권한을 발동할 수밖에 없어요. 이것은 통치권자로서 대통령에게 부여된 책임이기도 하기 때문에, 이 책임을 간과하면 직무유기가 되는 것입니다. 경찰로 치안 유지가 안 되는 경우에는 군부에서 나올 수밖에 없습니다.

내가 7년 간 재임하는 동안 경찰이 훌륭히 임무를 수행해서 어려운 상황에서도 군대가 한 번도 출동 안 하고 지나온 것은 경찰의 충성심 때문이었습니다. 좀 어려워도, 통치권자의 비상대권을 행사하지 않고, 치안 능력에 의해 정부가 호응을 얻을 수 있게 슬기를 모아 잘 수습해 넘어간다면 그 이상 좋은 일이 없습니다. 진정한 민주주의에는 진통이 따르게 되어 있어요.

가장 쉬운 방법은 대통령의 비상대권 발동이지만, 고통스러워도 그런 것 없이 나가는 게 내 소원입니다. 우리가 이 과정을 넘겨서 정권을 이양해주고 나면 그때부터는 반체제 용공 세력이 약화되는 큰 변수가 오게 되어 있습니다. 내 임기가 8개월 남았지만 대통령 선거까지 남은 기간은 6개월뿐입니다. 저 사람들은 정부가 취약한 시기로 보고 이 기회를 최대한 이용하려고 하는 겁니다. 다른 나라들도 임기만료를 앞두고는 다 그렇습니다. 그것이 민주주의 약점이고 또 장점입니다. 우리는 역사 이래 이것을 처음 해보려고 하는데 이 때가 조심해야 할 시기입니다.

내주 중으로도 경찰 능력으로 안정을 회복하지 못하고 장기화되는 것은 국가 장래를 위해 바람직하지 못해요. 대통령 비상조치를 했을 때 대내외적 손실도 많습니다. 그렇다고 해서 또 하나의 큰 혼란이 와서 발전을 중단하는 슬픈 역사가 나오는 것은 우리 책임입니다. 비상조치를 발동하면 초헌법적인 모든 조처를 취해야 할 것입니다. 예를 들어 학교를 휴교시키고, 군대가 주둔하고, 정당도 일부 해산시키고, 헌정 일부를 중지시켜야 하고, 이런 상황 아래서 올림픽을 치를 수밖에 없습니다.

군 지휘관들을 오시라고 한 것은 내가 장관을 통해 지시했는데, 비상시 계획에 의하여 부산은 00사단이 주요 대학에 들어가고 육군 군법회의 설치를 준비하고, 서울은 중심부인 고대 연대 등 몇 개 대학에 주둔시키고, 병력 출동준비도 다하고 정신교육, 진압교육을 철저히 시켜서 군이 출동하면 완전히 일시에 사회가 전부 안정될 수 있도록, 국민 생활이 보호될 수 있도록 만반의 준비를 하라는 것입니다.

군은 돌아가서 즉각 출동 준비를 갖춰야 합니다. 그것 때문에 오라고 했는데 경찰이 자신 있다고 하니, 안기부에선 비상조치 할 때의 여러 상황에 대해 법적으로 준비하고, 지금까지 법적인 문제 때문에 검찰에서 조사하지 못했던 것도 비상조치를 하면 용공성 있는 사람은 철저히 조사를 해야 합니다. 용공 폭력 주도 정당은 잘 해산시키도록 하고, 국민 전체를 괴롭게 하고 나라 발전에 중단을 가져오는 것은 있을 수 없습니다. 이 시대를 책임진 사람들이 그만한 희생정신 없이는 나라의 발전이 있을 수 없어요."

사태는 점점 악화되어갔다. 정부와 군 관계자 간의 심야회의를 비롯하여 비상사태가 초읽기에 들어간 느낌이었다. 6월 20일 새벽 4시를 기해 부산, 마산을 비롯하여 서울과 전국 주요 도시에 위수령과 경우에 따라 비상계엄을 발동한다는 전제 아래 19일에는 병력배치, 포고문 등 필요한 조처를 취하기 시작했다. 군의 책임자들도 분주히 움직였고, 정가에는 팽팽하고 비장한 대치상황이 눈에 띄기 시작했다.

이런 가운데 19일 오후 2시 릴리 주한 미국대사가 전 대통령을 면담한 뒤 긴장은 풀어지기 시작했다. 릴리 주한 미국대사는 16일 미국 하원 외교위원회가 '두 열차가 충돌하듯 마주 달려오는' 한국 사태를 염려해 마련한 결의안에 이어, 17일 레이건 미국 대통령의 친서를 전달하기 위해 전두환 대통령을 면담했다. 레이건 대통령의 친서는 "대화와 타협 그리고 협상은 국가적 단합을 유지하는 데 효과적인 방법이며, 방법으로 모든 중요한 단계를 밟아 나갈 것을 확신한다"고 강조했다. 릴리 대사는 친서와 함께 개인적으로도 "이 시점에서 전두환 대통령이 계엄령을 선포하는 것은 한미 간에 도움이 안 된다"고 설득했다.

이런 긴박한 과정에서 미국의 개입으로 또 한 번의 유혈 사태가 해소되기 시작했다.

이 시점에서 미국의 개입뿐만이 아니라 정권장악 과정에서 여러 번 동원되었던 군에서도 더 이상의 유혈사태를 원치 않고 있어서, 고급 장군들로부터 노 대표에게 군의 동원을 막아달라는 요청이 들어왔다고 한다. 출동을 강행하면 군 내부로부터 반발이 있을 가능성을 내비친 것이기도 하다. 이러한 경위로 군 동원은 아슬아슬한 지경까지 갔다가 철회되었다(《전두환 리더십》 문화방송에서 재인용).

들끓는 민심을 무력으로 억누를 수 없게 되자 정부와 여당은 별도의 방법으로 민심을 수렴하는 정공법으로, 선거에서 이길 수 있는 방안을 강구할 수밖에 없었다. 그것이 6·29로 나타난 것이라는 분석이 유력하다.

정부와 여당은 김대중이 정계은퇴를 선언했다 하더라도 그를 일단 사면해주면 묘한 이론을 내세워 결국엔 출마할 것이 분명하다고 판단했다. 그럴 경우 야당의 분열로 대통령 선거는 노태우, 김영삼, 김대중의 3파전이 되고, 결국 직선제를 하더라도 여당이 이길 수 있다는 계산을 하고 있었다. 한편으론 정면돌파 방안을 강구하고, 다른 한편으론 거국적 협의라는 모습을 갖추어 정당지도자, 종교지도자, 학계인사 등을 광범위하게 만나면서 시국 수습을 협의했다. 이러한 일련의 대화에서 전 대통령은 "앞으로의 정치는 노태우 대표가 이끌어갈 것"이라는 의미 있는 발언을 여러 번 하여 노 대표의 존재를 부각했다. 이 무렵 전 대통령은 노 대표와 민정당 간부들에게 "선거에 이기기 위해서는 나를 밟고 가라"는 발언을 자주 했다. 밟고 가라는 말은 결국 자신이 명예를 추구하지 않으며 기꺼이 희생하겠다는 말이다. 6·29가 이미 준비되고 있다는 표현이었다.

6·29는 정밀하게 짜여진 드라마

노 대표의 29일 폭탄 발언이 있었음에도 전 대통령은 별로 놀라워하지 않고, 조용히 있다가 2일 후인 7월 1일 놀랍게도 이를 전적으로 수용한다는 특별담화를 발표했다. 여야 간의 개헌 합의에 따라 선거를 실시하여 정권을 이양하겠다고 밝혔다. 말이 정권 이양이지 잘못하면 목숨이 걸린 문제일 수도 있는데 그 수용절차가 너무나 조용했고, 청와대 참모들조차 평소와 다름없었다.

노태우 대표는 대통령에 당선되고 임기를 마친 뒤 〈월간조선〉의 조갑제 기자와 인터뷰에서 6·29에 대해 "6월 10일 대통령 후보 지명 축하연을 힐튼호텔에서 열었다. 집사람과 함께 연희동 집에서 남대문을 거쳐 호텔에 갈 때까지 시위가 계속되어 착잡했다. 집에 돌아온 뒤 한숨도 못 자고 역사에 하나의 획을 긋는 변화가 있어야겠다는 결심을 했다"면서 그것이 바로 6·29의 태동이라고 설명했다.

노 대표는 전 대통령과의 6·29 합작설을 부인했다. 전 대통령이 개헌에 대한 국민 여론을 듣기 위해 6월 22일부터 24일까지 윤보선, 최규하 등 전임 대통령에 이어 김영삼, 이민우, 이만섭 등 야당 지도자들을 차례로 만난 뒤인 6월 24일 저녁, 청와대에서 전 대통령을 만났을 때 직선제 선거의 권유와 김대중의 사면복권을 들었다고 했다. 그래서 노 대표가 "이제 각하의 뜻을 알았으니, 이기든 지든 제 책임 아래 선거를 치르도록 적절한 대책을 하겠습니다"라고 다짐 겸 약속을 한 것이 전부라고 했다.

노 대표 측은 "청와대에 보고한 일은 없지만 6월 28일 저녁에 안무혁(安武赫) 안기부장이 '나한테는 좀 알려주어야 할 것 아니냐'고 해, 선언문 복사본 한 부를 보냈다"고 했다. 이것은 당사자인 노태우 측에서 본 것이고, 전두환 대통령 측에서 본 것은 전혀 다르다. 6·29는 전 대통령의 작품임이 너무나 분명하다(이하『전두환 육성증언』). 전두환 대통령은 통일주체국민회의에서 대통령을 뽑는 제도를 바꾸며, 시위가 한창이던 6월 27일 오전 9시 50분 이종률 공보수석과 김성익 비서관을 집무실로 불렀다.

"(전략) 진짜 민주주의를 한번 해보자는 것이 내 소원이야. 간선제도 진정한 민주주의가 아닌 건 아니지. 선거법을 고쳐서 직선제와 유사하게 하는 것도 그렇고, 내각책임제를 하는 것도 진짜 민주주의이고 선진화된 민주주의야. 그러나 내 손으로 대통령을 뽑자는 게 먹혀드는 것 같아. 그러니까 앞으로 상황이 어려우면 적절한 시기에 직선제를 해버리자. 당당하게 국민 심판을 받자. (중략)

　우리 안보상황을 고려할 때 직선제를 해서는 여러 가지로 위험하다. 과열시위 · 폭력 · 테러 · 경제적인 과다한 부담, 지역 감정 유발 등 국민을 두 쪽 낼 게 틀림없지. 과거의 직선제 폐단으로 보아 우리나라는 직선제를 해서 민주화되는 것이 아니라 독재화될 것이야. 그러한 전철을 피하기 위해서 내각책임제를 하려고 했어. 그러나 직선제를 해서 초래될 혼란보다 직선제를 하자고 하는 것 때문에 일어나는 혼란이 국가의 더 큰 문제가 되고 있어. 국민이 원하는 것이 이것이니까 직선제를 하자. 국민이 원하는 것을 받아들이는 것이 정치 아니냐. 내 개인으로는 직선제가 바람직하지 않지. 대신, 직선제로 개헌이 되어도 국민들이 절대 유언비어나 심리전 그리고 흑색선전에 현혹되어서는 안 되겠다는 점, 북괴도 있으니 정치인들뿐 아니라 국민 전체가 이런 폐단을 경계해야 한다는 점, 특히 선거과정에서 지역 감정을 유발하는 것은 민주 발전의 공적(公敵)으로 인식해야겠다는 점을 부각하도록 해야 돼.

　어제도 군에서는 비상출동 준비가 다 되어 있었어. 내가 일단 해제시켜야 되겠구먼.(인터폰으로 정상근무토록 하라고 지시) 우리 문제는 죽든 살든 우리가 해결해야 돼. 비상조치를 하면 경제가 위축이 돼. 정치적으로 풀려면 민정당이 형의 입장에서 집안의 미래를 생각해서 양보한다는 식이 되어야 해.

　이번에 직선제를 받아들이는 담화 발표를 준비해 놓아야겠어. 맨날 지저분하게 국민을 속이는 인상을 불식시키는 게 좋겠어. 김대중, 김영삼이 나와도 정부가 한 일이 많고 경제도 잘 되니 걱정할 것 없어.

간선제도 골치 아파. 선거인단 6천 명을 어떻게 고르나? 직선제보다 현행 간선제가 우리한테 더 위험할 수도 있다는 거야. 선거인단 숫자가 많으니까 야당이 바람을 일으키면 선거인단 선거에서 넘어갈 수도 있다는 거야. 선거인단이라는 게 명예나 이익도 없고 손해만 보고 덕 보는 게 없지. 이 선거를 하면 여당이 골탕 먹게 되어 있어.

선거인단한테 돈을 주면 얼마를 주겠나? 돈을 감당 못해. 우리가 간선제를 주장하지만 취약점이 많아. 차라리 직선제를 하면 유권자들이 후보 이름을 보고 찍는데, 간선제에서는 그 지역에서 인심을 잃은 사람도 선거인단으로 나오기 때문에 유권자들이 그 사람 보기 싫어서 안 찍을 수도 있어. 직선제를 받아들이라고들 하는데 국민이 원하는 정부가 되어야 돼. 대통령중심제, 직선제를 하는 거야. 공무원들도 마음이 돌아가 있어.

내가 대통령으로 있으면서 보니 아무리 좋은 일도 한 달 이상 안 가. LA 올림픽도 한 달 이상 텔레비전으로 비치면 사람들이 더 이상 안 봐. 좋은 건 한 달, 나쁜 것은 두 달까지 가지. 석 달은 못 가. 지금 우리가 밀려 있어도 국민 여론을 수렴해서 받아들이고, 페어플레이를 한다고 하면 두 달만 지나면 민정당 페이스로 올거야. (중략)

이 달 말쯤 노 대표가 직선제를 발표하면 민정당의 중앙집행위원회를 계기로 직선제를 받자는 입장을 밝히면 나는 그것을 받아들이는 결단을 내려야 하니 그 담화를 준비해야 돼. 인간사에서 중요한 것은 지는 것이 이기는 것이 된다는 거야. 영국은 전쟁을 다 이기고도 영토를 다 뺏겼어. 양보하고 져주는 게 이기는 거야. 시국을 수습하는 데 체면이 문제될 게 없어. 4·13(간선제로 대통령 선거를 한다는 것)은 철회한다고 얘기하도록 해. 직선제를 받는 것은 양보나 후퇴라기보다 굉장한 포용이지. 힘으로 하지 않고 국민의 마음을 사는 게 제일 좋은 전략이야."

6·29가 있기 하루 전날인 1987년 6월 28일(일요일) 전 대통령은 김성익 공보비서관을 청와대 식당으로 불러 다음과 같이 6·29 시나리오를 상세히 알려주었다『전두환 육성증언』.

"노 대표 의견도 그렇고, 직선제로 나가야겠어. 지식층뿐 아니라 일반 국민도 그걸 원하고 있어. 직선제를 안 할 이유가 없지. 선진국에서도 직선제를 하는 나라가 거의 없고 또 직선제는 선거가 끝나면 결과에 승복을 안 해서 혼란이 야기되기 때문에 내가 그 동안 안 받았는데 직선제를 하지 않아 야기되는 혼란보다는 적을 것 아니냐. 국민이 원하면 해보자.

내가 지금까지 그걸 안 받은 게 민정당이 약하다고 해서 그런 건 아니야. 김대중, 김영삼의 지지가 많은 것은 아니야. 직선제를 해서 나라가 망하는 일이 생기면 불행하지만, 중산층이 혼란을 원하지는 않을 거야. 내가 주장해온 대로 대통령선거법을 고쳐서 직선제에 가까운 간선제를 할 수 있지만, 국민들이 직선제를 하자고 하는 것 때문에 이렇게 시끄러워서는 평화적 정부 이양도 안 될 뿐 아니라 올림픽도 안 될 것 같아.

내 소신은 정권이 민정당에서 떠나도 올림픽은 성공시켜야 되겠다는 거야. 그게 나라가 잘되는 길이구. 아직 아무도 모르는데 내일 민정당에서 노 대표가 건의하는 식으로 하기로 했어. 오전에 중집위(中執委, 중앙집행위원회)를 모아서 노 대표가 모든 공직을 걸고 당에서 직선제를 받자고 터뜨리면, 갑론을박이 나오지 싶다. 중집위가 오전에 열리면 오후에 의원총회를 하고, 여기서 의견이 결집되면 노 대표가 30일 정도에 오전중으로 청와대로 와서 나한테 건의한다. 그러면 나 혼자 결정하는 것보다 신중을 기한다는 뜻에서 30일 오후에 당정 각료회의를 하고, 7월 1일에는 국정자문회의를 해서 의견을 묻고 7월 2일 오전에 내가 특별담화를 발표하면 돼. 이것을 받아들이는 것으로 호소력 있게 문안을 준비해야겠어.

특별담화를 발표하고 나서 닷새 후인 7월 7일 당 총재직을 사퇴함으로써 정치인과 지식인, 그리고 국민들한테 사심 없이 해온 내 이미지를 확실하게 보여주지. 김대중은 직선제가 되면 대통령 선거에 안 나가겠다고 했지만 안 나올 리가 없지. 김영삼도 마찬가지지. 나는 행동으로 사심이 없다는 걸 보여줌으로써 확실히 하는 거야.

당 총재직을 내가 가지고 있으면 영구집권이라고 하고, 현실적인 권력 구조로 볼 때 다음 권력을 행사한다는 것이 분명해지지. 전 국민과 전 세계에게 나의 모든 것을 던지고 페어플레이하는 거야. 당에서는 자율적으로 총재를 선출하면 되고 그렇게 되면 김영삼과 대화하는 문제에 있어서도, 그가 국가원수에 대한 면담 신청을 해야 돼지.

나는 국가원수로서 초월한 입장을 가지는 거지. 그렇게 해야 민정당이 좋아지고 내가 섭정을 한다느니 하는 말이 없어지지. 노 대표를 대통령 후보로 뽑았는데 내가 밀어주어야지.

우리가 밀려서 직선제를 받아들이는 식이 되어서는 안돼. 그게 나도 입장이 떳떳하고…… 노 대표가 내일 권유할 사항은(종이를 호주머니에서 꺼내서 보면서 구술, 중요 내용만 기술함) 첫째 조속한 시일 내에 직선제 개헌을 여야 합의로 한다. 둘째 새로운 선거를 실시하여 평화적 정부 이양을 한다. 셋째 다수 국민이 원하는 것으로 확인해서 받아들이는 것이지만 민정당으로서 내각제 소신은 변함없다. 네째 반목, 대결 제거, 국민적 화해 단합을 위해 김대중을 위시, 대폭적 사면복권을 건의한다. 다섯째 언론 자유 창달—언론 기본법 개정 폐지 논의, 폐지할 경우 다른 법으로 대체, 지방 기자 부활, 프레스 카드제 폐지, 지면 증면 등은 언론 자유에 맡기며. 여섯째 사회 각 부문의 자치 자율 최대한 보장, 지방의회 구성은 예정대로 시도 단위 의회 구성도 추진한다.

나는 평화주의자, 민주주의자야. 군대가 나오면 항상 쿠데타 위험이 있어. 그러면 우리나라가 어떻게 되겠나? 오늘부터 수고해야겠어. 각계각층 당외 율사(律士)도 동원해서 뒤에서 팀을 만들어 선거를 치르는 아이디어와 홍보 방안도 연구하도록 해 봐."

이 엄청난 구술을 들은 비서관들은 역사의 굉음을 듣는 듯했다고 기술했다. 전두환 대통령이 6·29를 사전에 알았느냐 몰랐느냐가 문제가 아니라, 이 전 대통령의 육성 증언에 따르면 6·29가 완전히 전·노 두 사람의 치밀한 각본에 의해 이루어졌음을 알 수 있다.

전 대통령은 다시 6·29 몇 시간 전인 6월 28일 오후 청와대 식당에서 공보비서관들과 큰 아들 재국까지 참석시킨 가운데 6·29를 노 대표가 아닌 전 대통령이 해야 한다는 등의 건의에 대해, 다음과 같이 배경 설명을 하면서 기존 방침대로 하는 것이 좋겠다는 최종 방침을 밝혔다.

"직선제 이외에는 국민 대중과 중산층에게 뭘 갖다대도 속임수 인상을 주어서 바람직하지 않다. 힘으로 해서 노 대표가 대통령이 된다고 해도 1년도 못 가. 박 대통령이 3선개헌을 해서 선거를 했을 때 무리는 있었지만 근소한 차이로 이겼지 않나. 그때 재야 세력이 별짓을 다 하고, 국민들이 잘산다는 느낌이 별로 없었지만 여당이 이겼지.

지난 12대 총선 때 우리가 페어플레이를 하지 않는다고 국민이 생각했기 때문에 야당 의석이 좀 늘어났지. 그때 정치 규제를 선거하기 6개월 전에 풀었어도 결과가 좀 달라졌을지 모르지. 공천을 놓고 파벌끼리 싸우는 게 야당 아니냐. 김대중을 풀어주면 김영삼과 부딪치게 돼. 외부적으론 역할 분담론이 나와 있지만, 직선제를 받는 것은 야당과 언론의 급소를 찌르는 거야. 박 대통령은 혁명을 하고 나서도 윤 전 대통령과 직선제로 싸워 이겼잖아.

민주주의를 해 보자는 것이 내 소원이고 내 철학이야. 자유당과 공화당을 거치면서 역사적으로 겪어온 악순환을 내 시대에 끊고, 반체제니 반정부니 하는 세력을 일단 정리하겠다는 것이 내 생각이야.

대통령 후보는 노 대표가 아니냐. 지금 야당이 여당 대통령 후보를 자꾸 깎아내리려 하지. 노 대표가 부각되게 하는 것이 제1의 목표다. 노 대표 이름으로 해야 돼. 나는 국민으로부터 정치는 무능하다는 소리를 듣더라도 노 대표가 부각될 수 있다면 그렇게 해야 된다고 생각해.

사실은 내가 노 대표한테 직선제를 하도록 시킨 거야. 2주일 전에 그랬는데 노 대표가 펄쩍 뛰었어. 그렇게 해서 되겠느냐고. 그래서 내가 생즉사 사즉생(生卽死 死卽生)이라고 했어. 그쪽에 팀이 있는 모양인데 극비리에 작업을 해왔어. 더 이상 보안을 하기도 어려운 모양이야. 괜히 질질 끌어서 미루면 담화 발표의 참 뜻이 없어지고 말지.

나는 역사에 노 대표의 이름이 남아도 좋아. 다음 대통령이 우리나라를 선진국으로 발전시키고 올림픽도 잘 치르고 국력신장을 시켜야 하는 데, 그러자면 노 대표 같은 인물이 일관성 있게 밀고 나가도록 내가 확 키워줘야 돼. 나는 그런 건의에 반대하다가 할 수 없이 받아들인 것으로 되어도, 그걸로 나라 잘 되는 일이 있으면 아무 상관이 없어.

 이번에는 민정당이 중지를 모으고 재야의 의견도 수렴하고 최종 의견을 도출해서 대통령께 건의하는 모습을 보이는 게 좋겠어. 그렇지 않으면 민정당이 설 땅이 없어져. 모든 공직을 걸고 건의할 용의가 있다고 선언하고 내일 신문에 터뜨려. 30일 오전 나한테 와서 보고하고 나도 시간을 두고 생각하는 것처럼 하는 게 효과가 있을 게야. (중략)

 박 대통령도 처음에 이름 없는 육군 소장이었지만 윤보선과 직선제로 싸워서 100만 표를 이겼어. 그 후에 정신적 대통령이란 말도 있었지만 박 대통령이 김대중과 붙어서도 100만 표를 이겼어. 거기에 비하면 민정당은 창당된 지 6, 7년이 지났고 당 조직이나 사회 분위기에 있어서도 박 대통령 때보다 낫지. 박 대통령이 얼굴이 잘 생겼나 말을 잘 했나, 유머도 없고 눈매가 무서워 표를 끄는 게 뭐 있었나.

 노 대표는 말을 못하나 얼굴이 못생겼나, 김영삼 김대중 누가 나와도 자신 있어. 그렇게 얘기해주었는데, 어제 노 대표를 만났더니 극비리에 연구해서 나온 것을 가져왔는데 그것이야. 30일 노 대표가 나한테 와서 건의하면 이틀 지난 후 7월 2일에 내가 그것을 받아들이는 담화를 발표하겠다고 했는데, 7월 2일에 하는 것이 너무 늦다면 1일에 해도 좋겠지. 준비를 철저히 해서 결단도 심도 있게 쓰고, 역사성이 있는 내용으로 작성하는 게 필요해. 노 대표 개인이 단안을 내린 것으로 내일 쇼크 요법을 쓰자."

 전두환 대통령이 직선제를 결심하게 된 동기는 과연 무엇이었을까가 관심의 대상이다. 그는 이 문제에 대해 다음과 같이 말했다(『전두환 육성증언』).

 "내 머리 한 구석에 5공화국 대통령 선거제도가 여당에 유리한 것이 아니라는 생각이 있었는데, 6·10 민정당 대통령 후보 선출 전당 대회를 하고 나서 예상외로 국민들의 반발이 강한 것을 보았어. 그때 직선제 공세의 강도가 아주 높았어. 나는 직선제를 하면 여당이 이긴다는 확신을 가지고 있었어. 왜냐하면 박 대통령이 3선개헌을 한 뒤에 대통령 선거에서 이겼는데, 박 대통령은 그 때 8년 동안 집권을 한 때였고 3선개헌까지 해 국민의 신망과 인기가 떨어져 이길 수 있는 조건이 아니었어. 김대중은 40대 기수론으로 후보가 된 뉴페이스였고, 말도 잘하고 외형상으로도 미남이었지. 박 대통령은 나쁜 상황이었고, 김대중은 가장 좋은 상황에서 출마했기 때문에 웬만하면 뒤집을 수 있었어. 그랬는데도 박 대통령이 100만 표 차로 이겼지.

노 대표가 나가면 개헌을 해도 국민이 좋아하는 직선제를 해줌으로써 인기를 끌 것이고, 뉴페이스라는 강점이 있다고 봤어. 거기다 내가 집권당 총재와 대통령으로서 정부 여당을 배경으로 여당 후보를 돕고, 후보는 나가서 뛰기만 하면 돼. 후보가 돈을 끌어들일 부담도 없어. 박 대통령은 후보와 대통령으로 자신이 자금문제를 해결해나가면서 선거전을 해야 했기 때문에 그만큼 어려움이 있었지. 그러나 우린 직선제를 받아들이면 김대중이 나가든 김영삼이 나가든, 말하자면 야당을 장기 집권한 그 사람들이 또 노 후보와 싸워야 되니 국민들에게는 식상한 인물이 될 거야. 거기에다 여당은 조직, 자금 그리고 업적이 있으므로 압도적으로 이길 것이라고 판단했던 거지.

6·10 대회 직후 나는 혼자서 마음속으로 생각하고 있었어. 간선제는 바꾸어야 되겠고 오히려 잘됐어. 적절한 시기에 직선제를 확실하게 받아주어야 되겠다고 생각을 굳혔지. 여당 후보가 직선제를 받아들이면 굉장히 인기 있는 결단이 될 수 있어. 그러나 타이밍을 봐서 버티어

가다가 어느 정도 상황이 진정되면 하리라고 마음먹고 있었어. 그때까지 내각제에서 호헌(護憲)으로, 다시 호헌에서 직선제로 왔다갔다하는 모양을 안 보일 수 있으면 호헌을 하는 거고, 직선제를 요구하면 받아주어야겠다고 작정을 하고 있었어. 그런데 상황을 보니 직선제 열망이 워낙 강하게 나왔어. 야당이 분위기를 몰아가서 여당에 대해 심리적으로 제압해놓고, 좋다 간선제를 해보자고 전격적으로 나오면 여당이 굉장히 곤란해질 것 같았어. 나는 그때 야당이 그런 전략으로 나오지 않을까 생각하면서 상황을 보니 이 사람들이 직선제를 정말로 요구하는 것 같았지. 나라가 넘어지는 지경이 되면 몰라도 군대 동원은 피해야 된다는 걸 나는 뼈아프게 느끼고 있었지. 그래서 직선제를 받아들이기로 결심하고 노 대표를 안가(安家)로 불러 애기했어. 그게 6월 15일 경이었을 거야. (중략)

6·29는 내가 보좌관들과 상의하거나 얘기를 해주면 내용이 밖으로 새어나가서 오히려 일을 크게 그르칠 우려가 있다는 걸 고려했었어. 나 혼자 구사하고 결심해서 노 대표한테 얘기한거야. 당시 박영수(朴英秀) 비서실장이나 몇몇 수석비서관들도 직선제 건의를 했지만 그때는 내가 이미 노 대표한테 얘기한 뒤였어."

이러한 결심을 한 전 대통령은 극도의 보안 속에서 이를 진행시켰다. 전두환의 육성 녹음에 따르면 "이것이 밖으로 새어나가면 절대 안된다. 노 대표에게 직접 문안을 쓰라고 했다. 발표할 때까지는 안가도 오지 않도록 했고, 필요하면 서면으로 연락하라고 얘기했다. 장남을 메신저로 참여시켰다. 비서실이나 다른 부서에 얘기하면 밖으로 새나가기 때문에 일이 안 될 것으로 판단했다. 안기부장한테도 일체 비밀에 부쳤다"고 했다.

극비 보안 사항으로 한 이유는 효과뿐 아니라 실제적 이유가 더 컸던 것 같다. 그는 이어 "정부 여당이 밀리고 있는 상황에서 직선제를 받아들이는 인상을 미리 주면 항복하는 게 된다. 그러면 야당은 자기네가 이겼다고 해서 엄청난 혼란을 조성할 수 있고, 계엄으로 진정시켜야 하는 최악의 상황이 될 수 있다는 점을 우려했다"고 설명했다.

이러한 보안 속에서 전 대통령과 노 후보의 작업은 노 후보팀에 의해 약 2주일에 걸쳐 이루어졌고, 두 사람의 비밀 회동은 6월 17일 청와대 대식당, 6월 19일 청와대 별관, 6월 24일 저녁 7시 청와대 별관, 6월 27일 오후 2시 청와대 별관 등에서 구체적인 문안을 다듬어 세상에 빛을 보게 되었다고 한다.

전 대통령은 그 인간성이 격식에 매이기보다는 내실을 얻는 데 더 비중을 두고, 한 번 결정한 일은 뱃심 좋게 끝장을 보는 성격으로 알려졌다. 1982년 2월 12일 프로야구 창단 개막식에서 전 대통령의 시구가 있었다. 수만 관중들이 지켜볼 뿐 아니라 생중계가 되고 있었던 중이었는데, 그는 시구가 잘 되지 않자 다시 한 번 공을 던져서 두 번 시구를 한 기록을 세웠다.

그는 육군사관학교를 졸업할 당시 졸업 앨범에 '멸사돌진'(滅私突進, 개인적인 일은 버리고 오로지 공적인 일을 위해 돌진한다)이라고 썼다. 그의 군인생활의 신조 겸 좌우명이다. 37년간 한국에서 지속되어온 야간 통행금지 해제와 학생 교복 및 두발 자유화 조처도 1982년 1월 1일과 2일에 국민 모두가 휴무를 즐기는 가운데 전격적으로 발표했다. 그야말로 '돌진 결정'과 '돌진 발표'였다. 새해에 새 기분으로 하자는 뜻이었을 것이다. 그러나 신문사로서는 이를 보도는 해야겠는데 휴일에 아무 준비가 없어 호외를 낼 채비도 되어 있지 않았고, 그렇다고 묵살할 수도 없어 애를 먹은 일이 있었다. 야간 통행 금지해제는 1월 1일 '4일 후인 1월 5일부터 시행할 준비를 하도록' 지시함으로써 관계 부처도 휴무 동안에 준비로 부산했다. 전 대통령은 이에 앞서 1981년 3월 연좌제를 폐지함으로써 6·25동란의 후유증을 말끔히 청산했다. 그는 해외여행 자유화도 크게 완화해 국민의 자율화와 여행자유화에 기여했다. 그야말로 '돌격' 식이었다.

다른 대통령이었다면 엄두도 못 낼 정책들이었다. 야간 통행금지 해제는 한국전쟁 이후 국내 치안과 안보를 이유로 지속되어온 것인데, 신문기자로서 통금 이후에 다녀보면 힘없는 사람만 못 다니지 조금이라도 연줄만 있으면 활개치고 다닐 수 있는 제도였다.

그는 중앙정보부장 서리로 있을 때 직원 3백여 명을 감원했다. 감원자 명단에 사인을 한 뒤 그는 "이번에 감원되는 A씨는 내가 추천했고 보증을 한 사람"이라면서도 더 이상은 말하지 않았다. 한 번 지나간 일이거나 결심한 것은 뒷말 없이 실천하는 성격이었다.

그는 스스로도 행동을 중요시하는 대통령임을 자부했다. "대통령으로 직무를 수행하는 데는 세 가지 유형이 있을 것입니다. 첫째는 국정의 모든 분야를 직접 파악하고 국정을 수행하는 유형입니다. 둘째는 내각이나 보좌진의 보고에 의지하는 것으로서 대통령으로서는 편한 방법이며, 마지막으로 이 두 가지 유형을 적절하게 조화시키는 유형을 생각할 수 있습니다. 나는 마지막 유형에 속한다고 스스로 평가하고 있습니다. 강조하고 싶은 것은 모든 정책은 현장에서 당초 목적대로 실현되어야 뜻이 있다는 점입니다. 대통령으로서도 물론 집무실에 앉아 보고를 받고 지침을 주는 것으로 그칠 수도 있습니다. 그러나 그것이 국민의 생활과 직결되는 것이라면 행정적 결재로 끝나지 않고 그것이 어떻게 일선 민정에 반영되고 있는지, 국민이 이것을 어떻게 받아들이고 있는지가 나의 마음에서 떠나지 않습니다. 집무실의 보고과정에서 가장 합리적이라고 판단되는 정책이나 결정이 행정구조를 따라 일선에까지 내려가다 보면 전혀 다른 것으로 바뀌어 나타날 수도 있고……"라고 행동의 필요성을 강조했다(1984년 6월 7일 〈한국일보〉 창간 30주년 기념 회견).

전 대통령은 행동주의 대통령답게 전임자들이 소홀히 했던 변두리 국가와의 외교에 역점을 두었다. 변두리 국가에 역점을 둘 수밖에 없었던 것이 그의 위치였을 법도 하다. 예를 들면 한국— 카타르 정상회담(1984.2.21), 한국—스리랑카 정상회담(1984.5.29), 한국— 세네갈 정상회담(1984.7.12), 한국— 감비아 정상회담(1984.9.13), 한국— 몰디브 정상회담(1984.10.30), 한국— 코스타리카 정상회담(1985.5.20), 한국-기니비사우 정상 회담(1985.8.26) 등을 연이어 가졌다. 이 같은 소원한 국가에 대한 외교의 일환으로 1983년 10월 9일 미얀마(당시 버마)를 방문, 아웅산 묘소를 참배하던 과정에서 북한이 장치한 폭발물로 인해 수행 장관 등 17명이 순직하는 참변을 당했다.

전 대통령은 한국의 국가원수로는 처음으로 1984년 9월 6일 일본을 공식 방문했다. 일본 히로히토 왕으로부터 만찬사를 통해 "금세기의 한 시기에 있어서 양국 간에 불행했던 과거가 있었던 것은 유감스러운 일로서 다시 되풀이되어서는 안 된다고 생각한다"는 유감표명의 사과를 받고, 한국과 일본 간에 화해의 새 역사를 열었다.

한일 간의 화해와 감정의 정상화에는 많은 뒷이야기가 있다. 일본 방문 전에 전 대통령과 나카소네 일본 수상 간에는 몇 차례 직통전화와 정책조율이 있었으나, 최후이자 최대의 현안인 일본 왕의 사과 발언 수위와 내용에는 합의가 이루어지지 못했다. 한국과 일본 두 나라의 체통과 역사적 사실에 대한 의미를 해석하고 규정짓는 일은 실무자 선에서 합의될 성격도 아니었다. 일본 방문이 무산될 위기도 여러 번 맞았다. 그러나 막바지에 "한번의 흔쾌한 성명으로 50년간의 상처를 말끔히 씻자"는 전 대통령의 결단으로 무산될 위기를 넘겼다.

이러한 결단에 따라 일본의 나카소네 총리도 전 대통령 방일 2일 전에 간곡한 편지와 함께 일본 왕의 사과 내용은 "불행했던 양국 역사에 유감을 표한다"라는 문구를 최종적으로 통고해 왔다. 이를 받아본 전 대통령은 "욕심은 한이 없지만 과거에 못지않게 두 나라의 미래도 중요하다"고 최종 결단을 내리고 한일 간의 과거에 대한 사과를 매듭지었다.

전두환 대통령은 1980년대 국가보위상임위원장 때부터 집권시책을 정치, 언론, 사회의 개혁에 목표를 두었다. 전두환 대통령은 군인으로 정권을 잡은 1980년대부터 힘을 배경으로 하고 있었기 때문에 과감히 개혁 작업에 착수할 수 있었다. 정치 개혁은 그가 12대 대통령에 취임하기 전인 1980년 11월 5공화국 헌법부 측에 의거한 국가보위 입법회의에서 통과시킨 정치 풍토 쇄신을 위한 특별조치법으로 567명의 구 정치인을 정계에서 물러나게 한 것이 시발이었다. 이러한 정계 개편은 이에 앞서 1980년 10월 제5공화국 헌법이 국민투표로 확정됨으로써 새로운 시대의 개막이 제도적으로 마련되어 있었다.

새로운 5공화국 헌법은 대통령 중임을 금지하는 5년 단임을 강조하고, 평화적 정권교체를 보장한 것이 가장 두드러진 특징이었다. 이제까지의 헌정사에서 최대의 해악으로 부각된 장기 집권의 폐해를 근원적으로 막기 위해, 5공화국 헌법은 대통령이 임기와 중임 금지 조항을 개정할 경우 개정 제안 당시의 대통령 재임에는 효력이 없다는 헌법 개정 제한에 한계 규정을 두었다.

이 헌법은 국민의 기본권에 있어서도 이제까지의 헌법 내용에서 한 걸음 더 나아가 행복추구권, 환경권 등을 신설함으로써 21세기를 향한 인권 신장의 기반을 확고히 했다. 남북이 갈리고 사상 차이에서 오는 민족적 비극을 치유하기 위해 연좌제를 폐지하고, 인신 구속의 남용을 막기 위해 구속적부심사 제도를 부활하며, 강제에 의한 자백의 증거력 불인정과 언론 출판의 자유는 사회적 책임을 수반한다는 표현의 자유의 본질을 강조한 것도 절도 있는 자유와 기본권을 강조한 것이다. 이것은 또한 국민의 기본권은 인위적으로 제한될 수 없다는 자연법사상을 주축으로 한 선진 입법정신을 구체화한 것이기도 하다.

전 대통령은 정치개혁을 위한 제도의 마련과 함께 더욱 본질적인 것으로 새로운 정치문화 정착에 역점을 두었다. 그는 이러한 제도가 제대로 작동할 수 있도록 하는 것이 제도를 둘러싼 정치문화라는 핵심을 파악하고, 청렴한 정치문화 창조 등에 역점을 두었다. 전 대통령은 이를 모두 합쳐 세 가지 부정 심리라고 총칭했다(1982년 1월 22일 국정연설).

깨끗한 정부와 깨끗한 행정 · 돈 안 쓰는 정치와 깨끗한 국회를 위한 깨끗한 정당 등의 위상을 목표로 했다. 이제까지 돈 정치라 일컬어지던 관행을 깨고 투명한 정치 문화를 창조한다. 정치인에게 금지되었던 겸직을 대담하게 풀어 기업의 임직원까지 겸직할 수 있게 했다.

물가 오름세 심리 추방 · 물가 오름세 심리라는 것은 언뜻 보면 지엽적인 것으로 생각할 수 있겠지만, 물가는 항시 오르는 것이고 이에 따른 인플레는 그칠 수 없다는 심리는 경제와 사회 구석구석에 세균처럼 숨어 있어 망치고 있다는 판단이다. 경제적으론 물가가 오르게 되면 부동산이 제일이라는 땅 투기와 집 투기가 일어나고, 무엇이든지 오른다는 생각은 교육적으론 학력 인플레를 유발한다고 본 것이다.

무질서 심리의 추방 · 민주주의는 질서의 존중과 법을 지키는 준법정신에서 출발한다. 그럼에도 우리는 지금까지 자유와 방종을 혼동해왔다. 그 결과는 사회질서를 위한 치안유지에 엄청난 비용을 지불케 했다. 무질서 심리가 추방되면 우리는 자유로운 시민생활을 위해 광범한 자유화 조처를 할 수 있을 것이다.

제5공화국 헌법은 또 집권 공약이기도 한 '정의 사회 구현'을 위해 '공무원의 청렴', '국회의원의 직권 남용 금지' 조항 등을 두었는데, 이는 국가 사회적으로의 당위성을 강조하는 하나의 의지 표현이라 할 수 있다. 이는 다시 하부 법률 제정으로 구체화되었다.

그는 이러한 청렴 정치를 위한 배경으로 "새 시대의 정치, 새 시대의 국회는 무엇보다도 돈이 개입되지 않는 깨끗한 정치, 깨끗한 국회가 되어야 하겠습니다. 그렇지 못하면 국민으로부터 지탄받던 지난날의 국회와 다를 바가 없기 때문입니다. 정치에서 개인적 이익을 초월하는 것은 우리가 지향하는 공인정치를 성공시키는 지름길입니다."
(1982년 7월 31일 진해 기자회견)

전두환 대통령은 달변이며 말을 좋아했다. 그가 말을 시작하면 끝없이 청산유수다. 그래서 주변에서는 그가 말을 시작하면 '줄줄이사탕'이라고 빈축했을 정도다. 김성익 비서관이 전 대통령의 대화 기록을 묶어낸 책 『전두환 육성증언』을 보면, 그가 광범한 분야에 걸쳐 600

페이지가 넘을 만큼 많은 발언을 하고 있음을 볼 수 있다. 대화와 타협이라는 민주주의 원칙을 논외로 하더라도 전 대통령의 이런 재능을 보면 그가 대화의 정치를 강조했다는 것은 자연스러운 일이었다.

참여의 정치엔 두 가지의 예를 지적할 수 있다. 제5공화국 출범 시에는 '정치 풍토 쇄신을 위한 특별조치법'으로 567명에 대해 정치활동을 규제했다. 그러나 정국이 안정되어가자 참여의 폭을 넓히기 위해 1983년부터 1985년까지 세 차례에 걸쳐 1986년의 시한에 앞서 규제자들을 모두 해금했다.

두 번째로 취한 참여정치는 지방자치제도 실시를 위한 준비작업을 마치게 함으로써 다음 대통령인 노태우 대통령이 30년 만에 이를 현실적으로 실시할 수 있게 한 점이다. 그러나 무엇보다도 그의 참여정치는 6·29를 발상하고, 실천에 옮긴, 대통령 선출 직선제에서 극치를 이루었다.

언론개혁은 인적개혁과 언론통폐합으로 구분할 수 있는데, 인적 개혁은 당초 목표대로 반사회적 언론인의 제거라는 측면보다 반군사정부와 반언론기업주 인사를 배척함으로써 실패로 돌아갔다. 언론사 통폐합은 부작용은 있었으나 통폐합 대상 언론이 대부분 재벌 소유거나 정부의 강한 영향력 아래 있던 언론이어서 그런대로 정부의 조처대로 시행되었다.

군은 무서운 단체

군 출신인 전두환은 대통령 재직 시에 아이러니하게도 군을 경계했고 그 반면 '힘'을 신봉했다. "군대라는 데가 이상한 뎁니다. 난 대통령이 되고나서 지금도 솔직히 무서운 단체가 군대입니다. 장군들은 내가 잘 아니까 그렇지만 젊은 간부들은 패기가 대단해요. 그래야 전투를 하거든요. 저 사람들 한번 꿈틀하면 막을 길이 없습니다. 밥그릇으로 따집니다. 그만큼 보수적이에요. 그래야 군대가 강합니다. 그런 면에서 우리 군대는 세계에서 제일 훌륭합니다. 이 나라가 유지된 것도 그런 보수성 때문이기도 합니다. 우리나라나 북한이나 내가 그만두고 나가더라도 항상 정치하는 사람들은 군이 정치에 직접 개입하는 명분을 절대 주면 안 됩니다."(1986년 11월 1일 3부 요인 초청 만찬)

"내 통치 하에서 그동안 군대가 조용하다가 이제 군이 정말로 동원되면, 가령 내가 아끼는 사단장들 가운데 과격한 사람은 자꾸 각하를 골치 아프게 하는데, 없애버리는 것이 나라를 위하는 길이라고 위험한 생각을 할 수도 있지 않나. 특공대를 만들어 김영삼, 김대중을 해치기라도 하면 큰일이야. 나는 진짜 이것을 경계하고 있어요."(1987년 8월 17일, 야당 주장이 과도하게 번지는 점에 대해)

"모두 국무위원들이니 오늘 저녁이라도 여기서 사모님들 나가시라고 하고 비상조치를 발동해서 바로 수색영장 없이 모조리 잡아다가 1주일만 찬바람을 일으켜 봐요. 사람이란 때리면 들어갑니다. 그만두면 자라목처럼 나옵니다. 서울 지역에 비상계엄이라도 할 수 있습니다. 올림픽이 있어서 못할 거다, 천만에. 올림픽 집어치우고라도 나라를 구해야 될 판이 되면 하는 겁니다. 박 대통령 때 1년에 한 번씩 군대를 출동시켰어요. 그래서 18년을 끌고 갔지만, 우리는 지난 5년 동안 위수령 한 번 안 했습니다."(1986년 4월 28일 국무위원 전원을 부부동반으로 청와대에 초청)

전 대통령은 국무위원 전원을 초청한 자리에서 이 같은 힘의 철학을 강조함으로써 협박 아닌 협박을 서슴지 않았다. "바둑을 두다가 잘 안된다고 자꾸 쓸고 하면 바둑은 안 늘고 성격만 나빠집니다. 바둑에 지더라도 연구를 해서 페어플레이로 나가야 합니다. 가급적 군부 동원을 삼가고 정치역량과 정치타협을 통해서 하려고 하는데……."

그가 노태우를 후계자로 선택한 이유 중 하나도 그가 군을 알고 안보를 알기 때문이라고 말한 적이 있었다.

그는 가정과 가족에 대해서는 각별한 생각을 가지고 있다. 취침 전 아이들 방을 한 번 둘러보는 것이 습관이며 가족간의 토론도 많이 한다. 전 대통령 당시 청와대 출입 기자였던 하원이 쓴 『청와대24』엔 가정에 대한 여러 에피소드를 소개하고 있다.

전 대통령은 1984년 3월 신현수(申鉉守) 감사위원의 큰딸과 반정부의 대표격인 김대중의 둘째아들이 결혼하려고 했을 때 신 감사위원이 공직까지 사퇴하려 한다는 말을 전해 들었다. 대통령은 "자식을 키워본 사람이면 누구나 아는 일이지만, 요즘에는 다 큰 자식이 혼사문제에 부모 말을 듣느냐. 자식들의 일은 부모 뜻대로 안 되는 것이 현실이나, 결혼이란 것은 인생의 중대사이니 만큼 뜻대로 안 된다고 모른 척하지 말고 부모 사랑으로 감싸줘야 한다. 자녀 결혼과 정치를 연관시킬 필요가 없으니, 신 감사위원에게 장녀 결혼에 대한 나의 축하의 뜻을 전하라"고 지시해 장안의 화제가 된 일도 있었다. 하원은 그의 책에서 "전 대통령은 국가가 부강해지기 위해서는 사회의 1차 구성원인 가정이 건강해야 한다고 믿고 있다. 그래서 주변에서 가정을 돌보지 않고 방탕한 사람이 있으면 '자기 가정도 못 다스리는 사람이 어떻게 지도자가 될 수 있느냐'면서 가차 없이 물리친다"고 말했다. 그래서 그는 전방 사단장 시절에 계절마다 부부 대항 체육대회를 열었다.

전 대통령이 각종 연설과 환담을 마칠 때 "여러분의 가정에 언제나 건강과 행복이 함께 하기를 빕니다"라고 인사말을 한 것이 의례적인 것만은 아니라는 이야기였다. 그는 언젠가 직선제를 결심할 때 부인이 외부에서 듣고 온 이야기를 비중있게 검토했으며, 중요한 회의나 중요 내용 전달에 큰아들을 참여시키기도 했다. 그는 자녀들이 어렸을 때 회초리로 때려 교육시킨 결과, 자녀 넷을 키웠지만 누구도 말썽을 부리지 않는다고 밝히기도 했다.

퇴임 후 뇌물죄로 대통령 재임에 먹칠

전 대통령은 대통령으로서 여러 공과 허물에도 불구하고 퇴임 후 특정범죄가중처벌법에 따라 재임 시의 뇌물죄로 법원으로부터 추징금 2천 2백 5억 원을 선고받았다. 그는 이 추징금의 14.3퍼센트인 314억 원만을 납부하고, 상당액을 체납한 상태로 버티고 있다. 법원이 그의 이름으로 되어 있는 자택 별채(대지와 본채는 부인 이름으로 되어 있음)와 가재도구 일부, 진돗개, 골프채, 고서화 등을 경매에 부치는 등 소시민 못지않은 화제를 모았다. 그는 법정에 소환되어 판사의 심리를 받았고, 재산내용서를 법원에 제출하라는 명령을 받고 재산내역을 제출했으나 정직하게 작성되었다는 평가는 별로 없었다.

전 대통령은 2003년 4월 말 재판에서 전재산이 "29만 1천 원뿐으로 측근과 자식들이 생활비를 대주는데, 이들 역시 겨우 먹고사는 정도"라고 진술했다. 그러나 그가 10여 명씩 떼를 지어 골프장을 방문한다든지 골프장에서의 팁을 주는 액수, 측근들과의 회식 등 씀씀이를 보면 이 모든 것을 누가 대어준다는 데에 의심이 간다. 뿐만 아니라 나이 어린 자녀들의 재산이 수억 원에서부터 수십억 원에 달하는 엄청난 액수라는 보도가 있는 것을 보면, 그의 태도는 국민을 우롱하는 것이다.

최근 언론들이 파헤친 그의 일가친척의 재산 규모를 보면 직계 가족이 보유하고 있는 재산만도 부인 이순자 여사의 연희동 자택 10억 원대, 장남 소유의 서초동 토지와 건물 70억 원대, 손자 30억 원대 등 이것만도 대략 250억~300억 원대임이 밝혀졌다. 그는 군인 출신의 외할아버지가 넘겨준 유산이라고 해명하지만, 외할아버지의 축재과정을 밝히면 사실의 진실 여부가 밝혀질 수 있을 것이다. 또 설령 이 재산이 정당한 상속 재산이었다 해도, 법원 판결을 존중한다면 이를 처분해서 벌과금을 납부하는 것이 도리일 것이다.

정치 풍토 개선을 위해 청렴정치를 부르짖었던 그가 퇴임 후 수백억 원의 부정과 관련해 법원과 검찰로부터 처벌받은 것은 정치가 아무리 허위로 이루어지는 것이라 해도 뻔뻔스러운 일이다.

그는 최근 김대중 대통령의 비서실장 박지원이 취임 인사차 방문했을 때 "한 건 해서 부하들에게 풀라"고 했다고 박지원이 공개한 바 있다. 물론 인사 온 사람에게 농담 반, 진담 반으로 덕담을 한 것이겠지만, 이 말은 그의 돈에 대한 생각을 잘 표현하고 있다. 그는 재직 시에 재벌들을 자주 불러 자리 순번으로 돈을 가져오게 했을 정도로 돈을 잘 긁어모았다고 전해진다. 그 돈으로 마음 맞는 사람에겐 한 번에 10억 원씩을 주었으니(장세동의 경우), 그것이 얼마나 부정과 비리의 온상이 되는지 생각지 않았던 것 같다. 재벌을 슬쩍 치기만 하면 돈이 나오는 도깨비 방망이쯤으로 알고, 그 과실을 측근들에게 뭉텅뭉텅 떼어주는 것으로 재미를 삼은 것은 아닐까 하는 생각도 든다. 그 많은 돈을 상납해야 하는 재벌들의 피눈물 나는 심경과 그들이 그 돈을 만회하기 위해 다른 비리에 눈독을 들일 것이란 데엔 생각이 미치지 않았던 모양이다.

그는 법원에서 지금 판결을 받은 벌과금에 대해 모두 자신의 영달을 위해 유용한 것은 아니라고 말할 수도 있겠지만, 결과적으로 국민의 재화를 도둑질했다는 것이 사직 당국의 판결이다. 돈 문제로 퇴임 후 소추를 받는다는 것 자체가 불명예라는 것은 알고 있을까.

아버지는 한때 한의원 개업

전두환은 1931년 1월 18일 경남 합천군 율곡면 내천리에서 아버지 전상우와 어머니 김점문 사이에서 9남매 중 일곱째로 태어났다. 아버지 전상우는 빈농 출신으로 어렵게 지내다가 일제 말기의 가혹한 농촌 착취에 시달리다 못해 소년 두환이 9살 때인 1940년에 대구를 거쳐 만주로 이주했다. 오른쪽 팔목에 큰 점이 있어 '점박이'로 불리던 소년 두환은 만주 이주 전까지 숙부로부터 한학을 익혔으며, 이주한 뒤엔 만주소학교에 입학했다.

만주에서 아버지 전상우는 한의원에 나가 보조 일을 보면서 생업을 이었으나, 그것도 뜻과 같지 않아 이듬해 다시 대구로 돌아왔다. 아버지는 한의원을 개업했고, 소년 두환은 신문배달을 했다. 그럭저럭 시간이 흘러 소년 두환은 대구에서 초등학교 4학년에 편입학해 졸업과 동시에 대구공업중학교에 입학했는데, 이곳에서 평생의 인연이 된 노태우 학생을 만났다(노태우는 1년 후 경북중학으로 전학). 학생 두환은 대구공립공업중학교에 재학하는 동안 축구에 각별한 재능과 취미를 보였다.

집이 빈한하여 대학에 진학할 여유도 없었거니와 운동에 각별한 취미를 지닌 활달한 성격의 소년 두환은 군대에 가기로 결심했다. 한국전쟁이 터지고 1년 후인 1951년에 육군종합학교 후보생에 지원해 합격했으나, 어머니가 합격통지서를 찢어버려 종합학교에 입학하지 못했다. 그것이 결국은 전화위복이 되어 육군사관학교를 진학하면서 대통령의 길을 걷게 되었다.

이것은 마치 조지 워싱턴이 젊었을 때 해군에 입대하려고 짐까지 챙겨놓은 상태에서, 어머니의 반대로 육군에 입대해 대통령의 길로 들어섰던 상황과 흡사하다.

전두환 학생은 같은 해인 1951년 10월 30일에 시험을 치고 이듬해 1월 1일에 입학하는 육사 11기 ─ 이 11기가 사실은 육군사관학교 정규 1기 ─ 에 합격했다. 11기생 중에서 그는 노태우, 김복동 등을 동기생으로 만났다.

500회 낙하 기록

사관학교에 입학한 전두환은 공부에 부족함을 느꼈고, 특히 영어공부를 잘 못하자, 고된 생활에도 불구하고 새벽 3시에 홀로 일어나 학생들의 기상 시간인 5시 30분까지 영어를 공부하는 등 적극적인 노력을 했다. 이러한 노력으로 전 후보생은 1955년 9월 30일 차질 없이 사관학교 졸업해 소위로 임관했다.

　이는 그가 대통령이 되었을 때 경제공부를 한 것과도 같다. 그는 대통령이 된 후 1980년 1월 국정연설 원고를 지시하면서 공보비서관에게 "나는 1980년 대통령이 되고 나서 경제기획원 차관보, 국세청 과장까지 토요일·일요일에 불러 배웠다. 김재익 경제수석한테 장관 보고만 아니고 실무자의 전망과 정책방향도 보고토록 했다. 그 사람들한테서 하루 3~4시간씩 보고를 받았다. 1980년 말까지 경제학 교수를 아침 7시에도 부르고 일과 끝나자마자 뒷방으로도 부르고 3~4개월을 계속하니, 우리 경제의 문제점과 끌고 나갈 방향과 시책이 나 나름대로 정립이 되었다"고 말했다.

　이러한 열성은 사관학교 때부터 체질화된 것 같다. 사실 다른 대통령들도 경제 문제나 그 밖의 보고 사항 중에서 이해 못하는 내용이 많았겠지만, 전 대통령처럼 순박하게 배우고 그 사실을 솔직히 밝힌 대통령은 많지 않다.

　육사 재학 시에 전두환 생도가 보였던 적극성으로 인해 그는 5·16 혁명이 나자 일개 대위로 박정희 장군을 면회했고, 혁명취지에 적극 찬동하여 육사 생도들의 혁명지지 행진을 주도함으로써, 박정희 장군의 눈에 들어 군에서의 출세를 보장받았다.

　육군에서 공수특전단이 편성될 당시 특전단 요원이었던 그는 500회 낙하를 기록할 만큼 적극성을 보였으며, 육사출신 장교들의 친선단체인 북극성회 회장을 맡음으로써 육사출신의 중심인물로 부각되었다. 그는 북극성회 회장으로서 부하와 회원들의 민원엔 항시 발벗고 나서는 성격이어서, 군 내부에서 청탁을 가장 많이 받는 장교이기도 했다고 한 관계자는 회상했다.

전 장군이 준장 때 청와대 경호실 차장보로 발탁된 것은 청와대와 서서히 인연을 넓히는 계기가 되었다. 그는 청와대에서 일선 사단으로 전보된 후, 당시 전 국민의 관심사였던 남침땅굴 탐색작업에 나섰다. 그는 땅굴로 의심되는 지역에 임시 숙소를 마련하고, 이곳에서 침식하는 열의를 보인 끝에 결국 하나의 남침땅굴을 발견했다. 그는 군에서 부대를 운영할 때 충성·명예·단결을 목표로 삼았으며, 아침 구보에도 앞장서 뜀으로써 솔선수범의 실행력을 과시했다.

전 장군이 10·26사태 전에 전방 사단장에서 국군보안사령관으로 전보된 것이 그의 일생을 완전히 바꾸어놓을 줄은 아무도 몰랐다. 10·26사태 후 계엄령이 선포되고, 계엄 하에서 합동수사본부장에 취임한 것을 계기로 그는 하나회를 중심으로 권력을 집중시키기 시작했다. 전 장군은 이 집중된 힘으로 정승화(鄭昇和) 계엄사령관을 체포하고, 전군 지휘관 회의를 동원해 국가원수직을 향해 돌진했다.

전 장군을 중심으로 한 합동수사본부 세력이 계엄사령관이던 정승화 대장을 체포, 연행하기 전인 12·12사태 이전만 해도 군의 원로 세력들 간에는 군부가 정권을 잡아서는 안 된다는 견해가 상당히 존재했다고 한다. 육군참모총장을 지냈던 M예비역 대장을 비롯한 육군 원로 몇 명이 12·12사태 전에 신당동의 한 장소에서 모인 일이 있었다. 이 자리에 정승화 계엄사령관을 불렀다. 그는 약간 늦게 참석했다. 예비역 장군들은 세상 돌아가는 이야기를 나눈 끝에 정 장군에게 "정 장군은 절대 권력에 욕심을 내어서는 안 되네. 절대 안 돼" 하고 한결같이 당부하자 정 장군도 "여러 선배 동료들이 이렇게까지 말하는데, 내가 어떻게 다른 욕심을 갖겠습니까. 하루에도 수십 통씩 정권을 잡으라는 편지들이 쏟아져 들어오지만 그런 유혹에 흔들리지 않겠습니다"라며 확신을 주었다고 한다. 그러나 막상 정 계엄사령관이 체포되고 말았으니, 이들 원로의 우려는 우려로 끝나고 말았다. 군 내부에도 이 같은 양심세력이 있었으나, 모든 것을 힘으로 밀어붙이는 형국에서 양심이 설 땅은 없었다.

참고 자료

『제5공화국; 대통령 편』· 경향신문사 편 · 경향신문사 『제5공화국; 정치 외교통일 안보 편』· 경향신문사 편 · 경향신문사 『전두환 리더십 노태우 처세술』· 방경일 · 너와나미디어 『황강에서 북악까지』· 천금성 · 동서문화사 『전두환 육성증언』· 김성익(5공화국 통치기록담당자) 엮음 · 조선일보사 『앞으로의 한국 : 전두환 대통령과 선진조국 정책』· 도바 긴이찌로 지음 · 이경남 옮김 · 정음사 **조선일보**

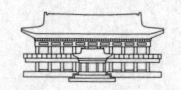

Ⅶ

제13대 대통령
노태우
(盧泰愚 | 1988.2.25~1995.2.2)

조선일보 편집국장인 필자가 노태우 대통령을 인터뷰하고 있다.

약체로 출발했으나 보수정권 기반 마련

　박정희, 전두환의 두 권위주의 정권이 물러나고 들어선 노태우 정권은 약체정권이라는 평가로 출발했다. 그러나 옛말에 '골골 70년'이라는 말이 있듯이, 노태우 정권은 출발 때 약체를 곧 극복했다. 정부와 여당에다 반대편에 섰던 김영삼, 김종필의 두 보수 야당을 합쳐 새로운 거대 집권당을 창당함으로써 보수 정권의 기반을 마련했다. 또 6·29선언을 과감히 실천해 민주화에 앞장섰고, 30년간 폐지되었던 지방의회를 부활한 것 등은 약체정권의 체질을 역으로 활용했다고 평가해야 할 것이다. 그것은 마치 자신의 별명처럼 노태우 대통령의 물처럼 변화무쌍한 성격에도 비유될 듯하다. 여기에 88올림픽을 성사시켜 국가의 자부심을 드높인 점과 소련을 비롯한 동구권과의 국교 정상화 등은 새 시대를 여는 노 정권의 소산이었다. 물론 올림픽 성공이나 동구권과의 수교 등은 대통령으로서의 노태우가 다 이룬 것은 아니다. 먼저 정권에서 시작해 내려오던 일들이 노 정권에서 마무리된 것뿐이며, 동구권 수교는 시대적 흐름의 결실이라는 지적도 있을 수 있다. 특히 30여 년이란 오랜 기간 정치적 계류 안건이었던 지방자치제는 정치 일선에 있던 김영삼 등의 노력을 과소평가할 수 없다. 그렇더라도 역사적 사실의 흐름이란 항시 한순간에 갑자기 이루어지기보다는 기승전결에 따라 일정 기간의 시간이 요구되는 것이라는 점에서, 이런 일들이 노 정권 동안 마무리되었다는 것은 노 정권의 역사적 행운일 수 있다. 마치 잘못 친 공으로 홀인원한 골퍼는 그 골퍼의 역량과 결과가 꼭 일치하지 않는 것같이.

　역사에서도 항시 노력한 사람과 수혜자가 같을 수는 없다. 외형적으로나 시대적 연속성으로 보나 노태우 대통령은 전두환 대통령의 쿠데타 세력으로서, 5공화국 발족에 깊이 참여했던 같은 군인 출신이다. 노태우 정권은 전두환 정권과 뗄 수 없는 공동의 광장에 서 있다고 보는 것이 합리적일 것이다. 그러나 정권의 내용에서는 앞서 말한 것처럼 차이를 보인다. 보수주의의 기틀과 제도를 마련했다는 점에서는 오히려 직업정치인인 김영삼 정권과 큰 궤를 같이한다고 봐도 무리는 아닐 성싶다.

모든 사람에게는 다 역할이 있다. 노태우 대통령은 전두환, 김영삼이라는 큰 바위틈에 낀 작은 돌 같은 통치자일 수도 있다. 바위는 바위대로, 작은 돌은 돌대로의 역할이 있다. 자신의 성격대로, 또는 시대의 상황대로 통치는 이루어지고 그에 따라 업적이 기록된다. 전두환 전임 대통령의 적극적 지원에 힘입어 6·29선언과 그에 따른 야당 난립의 여건을 잘 활용해 대통령에 당선된 노태우 제13대 대통령은 물처럼 유연해서 원통에 넣으면 원통이 되고 네모꼴에 넣으면 네모꼴이 되는 성격대로, 무정견은 했지만 그런 가운데 민주화에 남긴 업적은 평가될 만하다.

전두환 대통령 시대를 '불의 시대'라 한다면 노태우 대통령의 시대는 '물의 시대'에 비유하는 사람도 있다. 불의 시대가 전두환 대통령의 불같이 급한 성격과 불같이 모든 것을 활활 태워버렸다는 뜻이라면, 물의 시대란 노태우 대통령의 유연한 성격과 물같이 무정견해 보여도 위에서 아래로 순서에 따라 무리 없이 흐르고 장애물이 나서면 소리 없이 비껴간다고 해서 붙여진 비유 같다.

정권 교체가 전두환 대통령 시대로부터 민간인 정부로 맞물리며 이루어졌다면, 유혈 사태를 불러올 정도로 첨예한 정권 대립양상을 보이며 심각한 후유증을 낳았을 것이다. 김영삼, 김대중 등은 전두환이 자신들에게 돌아올 정권을 가로챘다고 증오의 날을 시퍼렇게 세우고 있었고, 그 밖의 많은 인사도 속으로 복수심을 불태우고 있었기 때문이다. 그러나 중간에 노태우 정부가 들어서 완충과 중화작용을 함으로써, 시간의 묘약으로 뒤끝이 어느 정도 마무리되었다. 물의 시대는 그 나름대로 역사적 소명을 한 것이라는 생각이다. 이것은 누가 정권을 잡느냐를 떠나 국가에는 다행이며, 파괴와 소각 뒤에 오는 새 출발의 가능성을 높인 것이었다.

민정당 총재인 노태우 대통령은 1990년 1월 22일 통일민주당의 김영삼 총재, 신민주공화당의 김종필 총재와 3당통합에 합의했다. 세 보수 정당이 통합하여 창당한 민주자유당은 원내의석이 218석으로(재적 의원 수 299석; 민정당 125석, 민주당 59석, 공화당 35석 중 일부의원이 통합에 불참) 기존의 어떤 정당보다 규모가 컸다. 국회의원수는 개헌도 할 수 있는 3분의 2를 넘어섰다. 1967년 공화당이 박정희 대통령의 3선개헌을 위해 각종 부정선거를 자행하면서 실시했다던 6·8선거에서도 공화당은 개헌 선을 확보하지 못해 야당 의원 세 명을 매수하여 개헌 투표에 참여시키려 했을 정도였다. 노태우 대통령의 이 같은 갑작스러운 합당 발표는 여소야대(與小野大)로 허약한 정부로 일컬어지던 노태우 정권의 성격을 환골탈태할 수 있을 만큼 '큰 사고를 친 것'이었다.

1960년대부터 시작된 '보수 양당체제'를 근본적으로 바꾸어 '대 보수당과 소 보수당'(평민당 70석)이라는 특수체제를 출범시켰다. 이 대보수당 창당에 앞선 3당통합 성명에서 "민주 발전과 국민 대화합, 민족 통합이라는 시대적 과제 앞에, 오로지 역사와 국민 앞에 봉사한다는 일념으로 아무 조건 없이 통합한다"고 밝히고, "새 정당은 모든 온건 중도 민주 세력이 다 같이 참여하는 국민 정당으로서, 자주 자존의 바탕 위에서 조국의 평화적 통일을 주도하고, 자유민주주의와 시장 경제 이념을 기조로 하여 실질적인 복지와 정의를 실현하며 민족문화를 창달하는 것을 기조로 삼는다"고 밝힘으로써, 새로 창당하는 정당이 온건 중도의 민주세력과 시장경제를 신봉하는 세력을 주축으로 하는 전통 보수 정당임을 명백히 했다.

이 성명이 있은 뒤 김영삼은 3당통합에 즈음해 "혁신 정당의 출현을 돕기로 했다"라고 발언했다. 민정당, 민주당, 공화당의 3당 총재가 대보수정당을 발족시키면서 혁신 정당 출현을 돕기로 했다는 것은, 보수 일변도의 국가 운영에 혁신 정당의 기여가 필요하다는 원칙을 확인한 것이다.

어제까지 앞장서 여당을 규탄하던 김영삼의 합당 참여는 놀라운 일이었다. 그는 '바뀐 시대에 맞춘 구국의 결단'이라고 동기를 말했다. 그러나 그는 1988년 대통령 선거 참패의 원인을 야당이 분열되어 자신과 김대중이 함께 출마했기 때문이었다고 분석했다. 그럼에도 1993년 선거에서도 야당이 통합할 여지가 없다는 전망이고 보면, 결국 1993년 선거도 야당 참패로 끝날 수밖에 없어 결국 지고 말 선거를 치르게 될 전망이라고 결론을 내렸다는 것이다. 거의 불가능한 야당 통합을 위해 시간과 정열을 낭비하기보다는 방향을 바꾸어 여당과의 통합을 결심한 것이라고 그의 한 측근이 밝혔다. 3당통합의 결론은 1993년의 대통령 선거의 고지를 선점하자는 것으로 요약된다.

여하튼 3당통합으로 보수 정당이 압도하는 체제는 실질적 기능 면에서 야당의 역할은 미미했고, 여당만이 비대해져 체제 내에서 반대 목소리도 낼 수 없었다. 국회에서 절대과반을 넘는 거대 여당은 과감하게 우리 사회의 본질적 병폐를 치유하는 데엔 아무것도 못하고 허송

세월을 보냈다. 노동운동에 관한 법들, 기업의 국제 경쟁력 강화를 위한 조처 등 보수 정당으로서의 작업은 고사하고, '혁신 정당의 출현을 돕기로 했다'는 명분마저도 저버렸다. 김영삼은 같은 해 1월 31일 민주당을 해체하는 전당대회를 가진 뒤 기자들에게 "신당은 더 이상 수용하기 어려운 낡은 냉전논리와 그 논리를 타파하는 데 앞장 설 것"이라면서, "과격한 민중 혁명 논리에 내포되어 있는 위험요소를 극복하는 민주 통합 노선을 견지할 것"이라고 신당의 성격을 다시 강조했다.

민주 통합 논리는 강조했지만, 사회적 이질요소를 통합하고 사회적 분업을 확실히 하기 위한 제도 정비는 서두르지 않았다. 비대한 여당은 과거 자유당처럼 국민들에게 거부감만 주었다. 긴 안목에서 보수 3당통합이 무엇을 위한 통합이냐는 역사적 의미를 생각하지 않고, 다만 근시안적으로 다음 대통령 선거에만 눈을 돌렸기 때문이다. 만약 이때 보수 여당이 진정한 혁신 정당의 출현을 도왔더라면, 2000년대 김대중 정권을 거쳐 노무현 정권 초기에 체제 밖의 반대 세력과 체제 내 이익집단이 이념과 전략의 혼재(混在)로 파업이 산업계와 사회를 마비시키는 혼란은 적었을 것이다.

통합 작업에 참여했던 간부들은 3당통합이 1966년 독일 브란트가 여당이던 기독교민주당(CDU)에 야당이던 자신의 사회민주당(SPD)을 대연정에 참여시켰던 것을 모델로 했다고 말했다. 하지만 3당통합 간부들은 독일의 대연정이 안정적 의석을 기반으로 대담한 사회 개혁에 도전했던 사실을 외면했다. 1966년 독일의 대연합 정권이 단행한 선거 제도의 개정, 미래 산업사회에 대비한 노동자 직업 재교육과 평생 교육제도, 휴가 기간 중 직업훈련제도 등 노동 개선 입법, 남녀평등을 위한 교육법, 사무직 공무원의 퇴직보험가입법, 노동자의 유급병가연장법, 사생아도 일반 아동과 동일한 사회 혜택을 받게 하는 법, 사회 예산이라고 불리는 지역 사회 기금 마련을 위한 정부 투자법 등 일련의 법체제 정비 성과를 간과했다.

　통합 신당이 대담한 사회 개혁을 하지 못한 것은 일차적으로 당사자인 민자당에 많은 부분 책임이 있지만, 거대 여당의 발목을 잡아 거대 당의 무기력을 국민들에게 보이려는 소수 야당인 평민당의 철두철미한 당략도 한몫했다. 특히 평민당 김대중 당수는 거대당의 대표로서 다음 대통령 선거 때 틀림없이 자신의 경쟁자가 될 김영삼에 대한 사전 견제로 강경한 대 여당 투쟁을 벌였다. 여당이 합당 후 처음 열린 국회에서 국군조직법, 국가보안법, 광주배상법, 안기부법, 경찰중립화법 개정 등을 시도하자 평민당은 총력을 기울여 법 개정을 반대하고 나왔다. 그 한 예로 국군조직법은 상임위원회에서 여당만 참석한 가운데 한 번 통과된 것을 끝까지 무효 투쟁을 벌여 통과되지 않은 것으로 타협했다. 문화공보위원회에서는 방송관계 법안들을 통과시키려는 여당과 이에 반대하는 야당 간에 몸싸움이 벌어졌고, 그 과정에서 여당 의원이 야당의원이 던진 위원장 명패에 맞아 얼굴이 찢어져 병원으로 호송되는 사태가 벌어졌다. 이처럼 위원회마다 난투극이 벌어질 정도여서, 나머지 법안들은 토론을 위해 위원회 일정에 올리지도 못했다. 모두 그럴싸한 이유와 명분을 내걸었지만, 여당과 야당의 속셈은 1993년의 대통령 선거에 초점을 맞추고 있었기 때문에 정국은 경직되었다. 거대 여당은 지방자치법 개정으로 타협점을 찾아 정략으로 냉각된 정국을 가까스로 풀었다. 1991년에 이에 따른 지방의회를 구성함으로써, 1961년 5·16 혁명에 의해 유보되었던 지방의회를 30년 만에 부활시켰다. 지방의회가 부활한 것은 지역민의 자치 원칙이라는 풀뿌리

민주주의의 부활이라는 의미 외에도, 지방에 정치의 뿌리를 인정해 야당의 존재를 지방으로 확대시켜줌으로써 전국적인 정치 안정을 가져올 수 있게 했다. 1991년 6월 20일에 실시된 지방 시, 도를 선거 구역으로 하는 광역의회 선거에서는 전체 의석 866석 중 민자당이 564석을 차지했다. 이어 신민당이 165석, 민주당이 21석, 민중당이 1석, 무소속 115석으로 민자당의 압승으로 끝났다. 이로써 노태우, 김영삼은 1990년대를 이끌어갈 두터운 보수세력 발판을 마련했다.

그러나 체제 밖의 운동권과 재야세력이 발언권을 갖기 시작한 것은 체제유지를 위한 보수 정당의 합당만큼이나 중요한 사실이다. 사회 일각에서 숨죽인 채 존재해 온 운동권이 1990년대 초반부터 정국 운영의 변수로 작용하기 시작한 것이 아닌가 생각된다. 기업체, 언론계, 학계에서 운동권이었거나 운동권적 시각이 상당한 영향력을 보였다. 학원가에서도 좌파의 성장은 놀라울 정도였다. 과거엔 주한미군 철수나 판문점 회담의 북측 주장과 논리는 회담장소를 벗어나면 묵살되기 일쑤였다. 아니면 학원가에 유언비어처럼 나도는 정도였다. 그러나 이제는 이런 내용들이 당당히 대자보 형식으로 학교 게시판에 나붙으며, 몇 년 전만 해도 일부 운동권 학생들이 숨어서 북한방송을 듣고 대자보나 운동권 유인물에 활용하는 정도였던 것이 이제는 그 정도 방송은 공개적으로 둘러앉아 청취한다. 좌파를 포함한 체제밖의 세력은 그 후 김대중 정권 5년간 꾸준히 성장해 2002년 대통령 선거에서 정권교체에 결정적 역할을 하기에 이르렀다는 분석이다. 2003년 3·1운동 기념식은 마치 해방 후 좌우세력이 각각 갈라져 행사를 하듯 이념의 혼란 속에서 치러졌다. 해방 이후 전통적으로 우파 보수정당 사회였던 한국의 색깔은 50여년 만에 진보적, 사회주의적 색채가 가미되고 있으며 이들의 목소리도 커지기 시작했다.

사회주의와 진보주의는 계속 성장하여 김대중 정권 5년을 거친 뒤인 2000년대 초에는 보수세력과 진보세력이 국민 여론조사에서 대략 6대 4 정도 비율까지 육박했다.

남(南)―남(南) 기반 튼튼해야

우리의 북방외교가 빛을 보게 된 근원에는 소련 대통령 고르바초프가 내건 페레스트로이카란 '신사고'가 있었기 때문에 가능했다. 고르바초프의 신사고 정책에 따라 미국과 새로운 화해가 이루어졌고, 소련과 중국 간에 화해가 성립되었으며, 소련과 일본의 관계개선이 이루어졌다.

당시 당서기장이던 고르바초프는 또 우리의 88올림픽 개최 한 달 전인 1988년 9월 크리스노야르스크 연설을 통해 한국과의 경제관계 개선 용의를 밝힘으로써 한·소 두 나라 관계개선이 이루어질 수 있다는 청신호를 보냈다.

고르바초프의 동북아 지역에 대한 관계개선과 화해 추구 정책으로 말미암아 1989년 11월 한국과 소련 간에 영사처를 설립키로 합의했고, 다음해 2월과 3월 한국과 소련에 영사처가 설립되었다. 이러한 화해 무드 속에서 1990년 6월 4일 미국 샌프란시스코에서 열린 한·소 정상회담에서 노태우 대통령과 고르바초프 대통령은 한국과 소련의 정식 수교에 역사적 합의를 했고, 이 합의에 따라 한국의 최호중(崔浩中) 외무부장관과 소련의 세바르드나제 외무부장관 사이에 9월 30일 수교 조인이 이루어졌다.

　한국과 소련의 수교는 크게 보아 동서냉전의 종식을 의미하는 것이며, 우리 외교가 이념의 벽을 넘어서는 것이기도 했다. 이 같은 한국과 소련 간 수교 성공은 헝가리·폴란드·유고·체코슬로바키아·불가리아 등 동구권 국가들과 연이어 수교의 물고를 텄고, 이로써 노 대통령은 재임 기간에 새로 45개국과 수교를 했다.

　노 대통령은 공산권과의 국교 정상화를 언급하며, "당시 미국언론이나 지도자들은 한미 관계에 대한 나의 철학과 입장이 어떤지를 이해하고 있었다. 때문에 내가 북방정책을 과감히 추진하더라도 일단은 정부 차원에서 나를 지원해주고 응원해주었다. 중국 소련과의 수교 때도 미국의 지도층 가운데 슐츠 전 국무장관 등 여러 사람은 개인적으로 많은 도움을 주었다"고 〈월간조선〉(조갑제 기자)과의 인터뷰에서 말했다. 노 대통령의 북방정책 성공은 독일 브란트 수상의 북방정책이 그러했듯이, 서방 우방과의 두터운 신의 속에서 이루어졌음을 밝히고 있다. 즉 남남정책(南南政策)의 성공이 북방정책 성공의 기초인 점을 강조하고 있다. 그 예로 소련이 서독에게 동서 독일의 통일을 제안하면서, 통일된 뒤에 독일이 중립노선을 택해야 한다는 조건을 달자 독일은 이를 즉각 거부함으로써 서방 연합국을 안심시켰던 예가 그것이다.

　우리는 이 점을 너무 쉽게 간과하고 있다. 김영삼 정권은 청와대 내부에 좌파 시비로, 김대중 정권은 북한 퍼주기 외교로, 노무현 정권은 좌파 정권이라는 의심 속에서 글로벌한 정책이 수행될 수 없는 것은 당연하다 하겠다. 특히 김대중 정권은 미국의 감시를 피해 북한에 송금을 하려고 중국계 은행을 이용하는 등의 꾀를 냈으나, 미국에 의해 모든 사실이 밝혀졌으니 국가 간의 신의는 차치하고라도 김 정권의 대북 접촉에 의심을 갖고 가능한 범위 안에서 성사가 되지 않도록 할 것은 분명한 일이다. 노무현 정권에서는 북한이 남한의 특별검사제도 도입에까지 발언권을 행사하려 드는 실정이다. 남한의 특별검사 측이 김대중 정부 때 6·15 정상회담 전에 북에 5억 달러를 지불한 문제를 추궁하자 '보복을 받을 것'이라며 노골적인 협박을 서슴지 않는 형편이다. 이러한 국제 환경 속에서 한국은 미국과 일본 두 나라 간의 공조 수준에 훨씬 못 미치는 '국제 왕따'를 당하고 있다는 말이 공공연히 나돌고 있다. 2004년 초 한국에 나와 있는 도이체방크는 노무현 정권의 좌파 성향이 국내 기업가들의 투자를 위축시키고 있다는 보고서를 냈다. 국내 기업가의 투자를 위축시킬 정도면 국제 기업의 투자는 말할 나위도 없다.

노태우 정권의 이러한 동구 공산권과의 수교 성공은 다시 북한과의 관계개선에 영향을 주어, 1991년 9월 17일 남·북한이 유엔 회원국으로 동시가입을 할 수 있었다.

물태우의 민주화

노태우는 대통령 후보 때 '보통사람들의 시대'를 강조했다. 당사자는 보통사람들의 시대에 대해, "특별난 사람, 잘난 사람, 힘 있는 사람, 돈 있는 사람들이 권위주의적으로 또는 일방적으로 끌어가는 시대는 이제 막을 내려야 한다"고 전제하고, "나만이 갈 길을 알고 있고 국민들은 잘 모른다는 식으로 나라를 이끌어 나갈 지도자는 이제 필요 없게 되었다"고 강조했다. "그러므로 중산층과 서민층의 건전한 상식과 생활 속에 사실상 우리 사회를 떠받들고 있는 보통 사람들의 뜻이 모아져 나라 살림의 방향이 정해지는 시대를 열어야 하는 것"이라고 정의했다. 그러면서 그는 한 사람의 천재보다 두 명의 보통 사람이 함께 토론해내는 결정을 더 소중하게 생각해 왔다고 했다(『위대한 보통사람들의 시대』· 노태우 · 을유문화사).

평범한 상식과 중지를 중히 여긴단 뜻이다. 그는 이어 "기발한 아이디어보다는 평범한 상식과 중지가 얼마나 값진 것인가를 체득해왔다"면서, 우리 주변에서 흔히 만나는 보통 삶들, 그리고 그들의 무리 없는 상식이 지배하는 사회야말로 우리가 지향하는 민주주의의 전형이라고 확신하고 있다"고 보통 사람들을 옹호했다.

또한 이 구호는 군 출신인 그가 '보통사람들'을 강조하고 나옴으로써, 스스로 특출한 군인이 아니라 평범한 민간인임을 은연중 국민들에게 강조하는 뜻도 있었다. 그는 권위주의를 타파하는 일환으로 '영단' '영도' '하사' '영부인' 등의 권위적인 용어를 모두 버리고 '보통사람들'의 '보통대통령'이 되겠다고 다짐했다. 이러한 용어들은 박정희 대통령과 전임 전두환 대통령 때에 애용되던 용어들로서, 그의 이러한 단어의 숙청은 보통사람론 이상의 영향력 배제라는 의미가 있어 흥미로웠다. 보통사람론은 후보 직전에 발표한 6 · 29 선언과 맞물려 가속을 발휘했다. 그의 민주화는 박정희, 전두환 두 정권 아래서 양산된 재야세력을 제도권 안으로 수용하는 데 크게 기여했다. 재야세력은 제도권 밖에 방치된 비판세력으로서, 두 정권의 권위주의를 규탄하고 타협을 거부함으로써 제도권 밖에 방치되어 있었다. 이들은 스스로를 양심세력이라 규정하고 제도권을 어용이라고 밀어붙였으므로 두 세력은 대결 구도로 일관했다. 때문에 제도권과 재야는 정치적으로 문제가 될 사안들을 충분히 여과하지 못하고 한쪽에 치우친 행사로 끝나게 했다.

재야는 우선 선거에 참여하지 않았다. 참여하지 않았다기보다 상당수 재야인사는 피선거권 제한으로 선거에 참여할 수 없었다.

정부는 대통령 취임식, 3·1절과 8·15 등 경축일, 연말연시 등을 기해 사면과 복권, 구속자 석방 등의 화합 조처를 취한다고도 했으나, 근본적 원인이었던 권위주의와 독선체제를 시정치 않아 재야의 비협조 태도는 여전했다. 구속과 사면의 악순환이었다. 그가 국권보다 민권에 더 정치적 비중을 두는 것도 체제의 불안정에서 오는 국민의 피해를 가슴 아프게 생각하기 때문이라는 것이다.

그 결과 정치는 국민을 위한 이익 정치가 되지 못하고, 오로지 권력 쟁취라는 대결과 파행으로 치달을 뿐이었다. 보수와 보수세력 간에, 그리고 보수와 재야 및 운동권 간에 얽힌 이해관계는 그때그때 목소리 큰 사람이 큰 파이를 차지했다.

6·29는 이 같은 정치 행태를 상호조절의 민주화로 이끄는 밑거름이 되게 하려는 것이었다. 또한 노 대통령은 타협을 중시했다. 국사 처리과정에서도 일부의 반대가 있으면 자신의 뜻대로 밀고 나가기보다 '합의점을 찾아 타협해오라'는 식이었다. 좋게 말하면 타협적 성격이고 나쁘게 말하면 책임회피적인 대세편승형이다. 그래서 당시 주변에서 일하던 인물들은 "되는 일도 없고 안 되는 일도 없다"고 말하기도 했다. 이런저런 연유로 그는 시중에서 '노태우'가 아닌 '물태우'로 불렸다. 물에 물 탄 듯하다는 인상이 다분했다.

그는 재직 시에 자신의 별명이 '물태우'라는 말을 듣고 화내기보다 천연덕스러울 정도로 차분하게 "물이 얼마나 좋으냐. 물은 언제나 자연의 질서를 따르지 않느냐"고 했다는 것이다. 노 대통령은 청와대에서 개인이나 단체와의 면담 때 자신의 의견을 내세우기보다 비서실에서 미리 준비한 면담자료를 충실히 반영하고, 그 범위 내에서 발언도 하고 듣기도 하는 스타일이었다. 그래서 그는 실언도 거의 없었고 창의력 있는 독자적 발언도 기대하기 어려웠다.

그는 국정을 책임진 사람으로서 자신의 개인적 철학에 관해 "모든 것을 참자, 어지간하면 용서하자, 기다리자는 심정으로 일관했다"고 〈월간조선〉의 조갑제 기자와의 인터뷰에서 말했다. 그는 또 "과거 박 대통령, 전 대통령 시절에 한을 품었던 사람들을 내가 어떻게 감싸안느냐, 안아서 어떻게 그 한을 녹여주느냐 하고 애를 많이 썼어요"라고 자신의 재임 시 고민과 노력을 털어놓았다. 6·29라는 시대적 선언과 노 대통령의 이 같은 개인적 성격은 민주화에 큰 진전을 이룩했다. 그는 크게 성을 내는 일이 적어 주변 참모들이 마음 놓고 이것저것 솔직히 건의할 수가 있었다고 한다. 대부분의 경우 대통령에게 듣기에 좋지 않은 내용을 건의할 때엔 목소리가 모기 소리만큼 위축된다고도 한다.

노 대통령은 당선된 직후에도 권위주의를 배격하고 '보통사람'이 되기 위해 대통령 당선 축하파티를 호텔이 아닌 평범한 장소에서 소주와 빈대떡, 순대 등을 시켜놓고 즉석파티 형식으로 열었다. 그리고 당선자로서 업무보고를 받는 자리도 상하구별 없는 원탁을 활용했다.

노 대통령의 이 같은 '보통사람론'은 미국의 제7대 대통령 앤드류 잭슨(1829~1837)의 예를 상기시킨다. 앤드류 잭슨은 기존의 미국 대통령이라면 조지 워싱턴(초대), 존 애덤스(2대), 토머스 제퍼슨(3대), 제임스 매디슨(4대), 제임스 먼로(5대), 존 애덤스(6대, 2대 존 애덤스의 아들)에 이르기까지 모두 버지니아 출신이며, 건국의 아버지에 속하는 사람들이었다. 그러던 것이 잭슨 대통령은 버지니아 사람도 아니고(테네시주에서 성장) 건국의 아버지도 아니었다. 다만 뉴올리언스 전투에서 영국이 정규군 2천 6백 명의 전사자를 낸 데 비해 미국은 단 8명의 전사자를 냈을 정도로 영국군을 대대적으로 섬멸함으로써 조지 워싱턴에 버금가는 장군이라는 평을 들었다. 잭슨은 스페인 영토였던 플로리다의 인디언을 치면서 스페인 군대까지 이 지역에서 몰아내어 플로리다를 미국이 매입하는 계기를 마련했다. 이런 인연으로 플로리다 주지사와 상원의원을 거쳐 대통령이 되었다. 그는 대통령에 취임하면서 '보통사람의 대통령(People's President)'을 자처, 취임식 때 많은 지지자들이 그를 따라 백악관에까지 들어가도록 했다. 이들은 잘 차려놓은 백악관 식당 음식을 마치 굶주린 사람들처럼 난장판을 치면서 먹어치워 '약탈자들이 지나간 자리'로 만들어버렸다. 무질서하게 은그릇 등을 빼앗고 빼앗기는 등 험하게 다루어 일부 부인들은 코피까지 쏟으면서 도망치듯 창문을 넘어 달아났다고 기록되어 있다. 그러나 정작 잭슨 대통령은 이에 대해 그리 나쁘게 생각하지 않았다(『미국사』· 앙드레 모로와 지음 · 신용석 옮김, 『위대한 대통령 끔찍한 대통령』· 윌리엄 라이딩스 2세 외 지음 · 김형곤 옮김 · 한언).

인간이 역사의 산물이라는 것은 어떤 경우엔 좋을 수도 있지만 어떤 경우엔 불행일 수도 있다는 것을 말한다. 역사가 상승기류에 있을 때는 인간의 우열과 관계없이 상승의 영광을 누리지만, 불가피하게 비극의 분수령에 처했을 때에는 역사의 멍에를 피할 수가 없는 경우가 허다하다.

노태우 대통령은 역사의 수혜자라는 시운을 탄 사람이었다. 88올림픽만 해도 그렇다. 이를 계기로 이제까지 선진국의 전유물이다시피했던 올림픽을 우리도 성공적으로 열었다는 역사적 의미를 일깨웠고, 이를 성공적으로 완수함으로써 국제사회에서 개발도상국의 이미지를 탈피시키는 데 성공했다. 이 올림픽은 전임자였던 박정희 대통령과 전두환 대통령이 애써 준비했고 국정의 최우선 사항으로 추진했다. 하지만 성대한 개회식을 올리며 국민 앞에 찬란한 성과를 과시하고, 그래서 이를 정치 오염의 해독제로 활용할 수 있었던 사람은 노 대통령이었다. 올림픽을 통해 국민들에게 자긍심을 갖게 하고 동양에서 일본과 함께 올림픽을 치른 나라라는 성숙된 사고를 할 수 있게 한 한 것은, 사실의 정확성과는 별개로 노 대통령 시대라는 점을 부인할 수는 없다.

노태우 대통령 중심의 대형 보수 정당 발족은 '정당에 보내준 국민주권의 유린'이라는 비난이 없었던 것은 아니지만, 이 합당으로 기존의 고식적인 여야 개념이 바뀌게 되었다는 점을 지적할 수 있다. 과거 여당은 으레 집권자가 대중 조작을 위해 그 수단으로 창당하는 것이었고, 야당은 국정 운영에서 소외된 반대세력과 탈락세력이 구성하는 것이 상례였다. 그래서 여당은 당내의 충분한 소통 없이 일사불란하게 동원되는 체질적 한계를 보였으며, 야당은 항시 대내적으로는 불화를 대외적으론 타협보다는 정권 타도를 목표로 삼았던 것이 우리의 정치사였다. 합당한 김영삼에 대한 김대중의 대통령 선거 전략상의 시기와 견제로 일시적인 정국의 편색을 보였으나, 장기적으로 볼 때 노 대통령이 1990년대의 정치적 대비를 했다는 점은 업적으로 평가될 수 있다.

지방자치도 노 정권 아래서 이루어졌다. 5·16 후에 제정된 3공화국 헌법에도 지방자치제도는 원칙으로 명기되어 있었었으나, 임시조치법으로 유보되어었다. 그것을 1988년 법 개정과 1991년 전면 실시로 30년 만에 햇빛을 보게 한 것이다.

지방자치를 전면 실시했다는 것은 교과서에 나오듯이 풀뿌리 민주화를 이룩했다는 점에서 분명 역사적 의의가 크다.

그러나 반대로 문제점도 있다. 첫째는 선거 과열과 이로 인한 지방

기관장들의 눈치 보기다. 광역 선거에서부터 기초지방의회에 이르기까지 지방 기관장들이 선거를 의식해 비틀린 행정을 하고 있다는 보도를 우리는 수없이 접하고 있다. 최근에 불거진 재산세 인상문제도 그 중의 하나다. 중앙정부가 부동산 투기를 잡기 위해 부동산의 재산세 부과를 시가 기준으로 하려는 데 대해 서울 일부 구청장들이 주민들의 인기를 고려해 반대하고 있는 것도 부작용의 하나다. 시가 기준에 의한 재산세부과는 세계 대부분의 나라에서 당연히 실시하고 있는 것이 아닌가. 중앙정부와 지방 기관장 간의 갈등 결과 최근엔 지방의회의 세금 부과권을 회수해야 한다는 말까지 나오고 있는 지경이다.

두 번째로 지적될 수 있는 것은, 자치훈련의 부족으로 치부할 수도 있지만 지방자치정부의 비상식적 행정이다. 우선 눈에 띄는 주택 행정이다. 서울에서 부산까지 고속도로를 따라가다 보면 산 중턱까지, 상식적으로 아파트 건설이 이루어질 수 없는 높은 지역에 아파트 건설을 허가하여 환경과 경관을 함께 해치고 있음을 볼 수 있다. 한 마디로 지방자치기구 인사들의 함량부족 현상이다. 이런 인사들일수록 '민의'를 내세운다.

1989년 중반에 노태우 정부는 도시 지역에서 의료보험을 전면적으로 실시함으로써 전 국민의 의료보험을 완결했다. 1965년에 기업에서 시험적으로 실시한 국민의료보험은 조금씩 농촌으로 확대되다가 1987년에 전 국민을 상대로 실시가 확대됨으로써 우리의 의료 복지 시책은 시행된 지 12년 만에 완결되는 기록을 갖게 되었다.

속담에 '너의 행운을 자주 시험하지 말라' 는 말이 있다. 집권기간에 많은 행운이 있었지만 뇌물문제만은 달랐다. 노 대통령은 재임중에 정치자금 형태의 엄청난 뇌물을 받았고, 퇴임 후에 이 사실이 드러나면서 추징금으로 2천6백 28억 원을 법원으로부터 선고받았다. 뇌물로 받은 이 돈을 쌍용 측에 2백억 원어치의 주식 10여만 주를 사서 맡겼고, 친동생에게 임차 형식으로 120억 원, 한보그룹 정태수 회장에게 8백억 원을 임대해주었다. 이는 세계사에 있어 지도자로서 있을 수 없는 부패한 모습으로, 전두환 전 대통령과 함께 국민을 분노케 한 도덕적 파탄이다. 이 일로 그는 전두환 전 대통령과 마지막으로 감옥에까지 동행했다.

노태우는 1932년 12월 4일 대구 달성군 공산면 신용리에서 교하 노씨인 아버지 노병수와 어머니 김태향 여사 사이에서 태어났다. 아버지는 큰 키에 당당한 체구였으며, 과묵하지만 인정 많고 머리가 명석하여 공산면의 인물로 일컬어졌다. 할아버지 노영수는 한학에 능했지만 7명의 자녀(노병수는 2남)와 근근이 살아가는 정도였는데, 아들 병수가 음악에 소질이 있어 단소와 바이올린 등을 사주었다.

아버지 노병수는 결혼 8년이 되어도 아들이 없어 항시 그것이 마음에 걸렸고, 어머니는 아들 낳기가 소원이었다. 그러던 어느 날 어머니가 꿈에 밭에 가는 데 푸른 큰 구렁이가 밭머리에 있어 무서워 집에 돌아오니 그 구렁이가 따라왔다. 그러더니 자기 발을 물고 몸을 똘똘 말아 놀라서 깨어보니 꿈이었다. 이런 태몽을 꾸고 태어난 아이가 아들 태우였다. 일찍이 태몽을 들었던 할아버지가 구렁이는 용인즉 돌림자인 태자에 용용 자를 넣어 태룡(泰龍)이라고 아기 이름을 지으려다가 '이는 천기를 누설하는 행위'라고 생각하여, 겸손한 표시로 어리석을 우 자를 써 '태우'(泰愚)라고 했다.

소년 태우가 7살 때 아버지를 사고로 잃었다. 아버지 없이 자란 태우는 먼 학교 길을 뛰어서 다녔다. 12살 때 벌목장에서 잡일을 도와 첫

월급을 탄 태우는 그 돈으로 평소 읽고 싶었던 동화집과 어머니 머리빗을 샀다. 소년은 외로운 어머니의 정성을 아는지라 효자로 이름날 정도로 효성이 지극했으며, 장성해서는 어머니 방에 외출복을 두고, 외출할 때와 돌아올 때 어머니에게 인사를 드렸다.

부친의 음악적 소질을 닮아서인지 소년 태우는 음악에 특별한 재주가 있어 틈만 있으면 아버지 유품인 단소와 바이올린을 켰다. 나중에 베트남 백마 부대장으로 파병되었을 때는 '백마의 혼' 이라는 사단가를 작사·작곡했다. 그는 휘파람에도 특별한 재능이 있다. 대통령 시절 한번은 골프를 치는 기회에 숲 속의 새가 지저귀는 것을 듣고 휘파람으로 따라 하니, 어찌된 영문인지 그 새가 6홀(대략 2킬로미터)까지 따라 온 일이 있어 동행한 사람들이 신기해한 일도 있었다.

그는 음악, 문학에 취미가 있었으나, 의사가 직업으로 무난하다는 판단 아래 의사가 되기로 생각하고, 다니던 실업학교인 경북공고 항공과(여기에서 그는 전두환 학생을 만났다)에서 경북고등학교로 전학을 했다. 그러나 한국전쟁이 터지자 그는 학도병으로 입대했고, 부대 공고판에서 육군사관학교의 학생모집 공고를 보고 입대했다. 육사에서 그는 어렸을 때 학교를 뛰어다닌 경험을 살려 사관학교 육상부 주장을 했으며, 후엔 럭비부로 옮겼다. 육해공군 3군 사관학교 시합 때 그가 부러진 손가락의 아픔을 참고 끝까지 경기를 했던 일은 오래오래 럭비부의 화제로 전해지기도 했다.

육사 재학시절 그는 학업에 좋은 성적을 올려 영어는 항시 100점을 맞았다고 한다. 1956년 육사 졸업과 함께 보병 소대장이 되었다. 육사 재학 때 동기인 김복동 학생 집에 놀러 갔다가 그의 여동생인 옥숙 양의 미모와 예절에 반해 교제를 하다가 훗날 결혼을 했다. 1961년 5·

16 혁명과 함께 대위로서 다
분히 정치장교의 기질을 갖게
되는 방첩부대 정보장교를 거
쳐 1968년 수도사단 대대장
으로 진급했다.

1972년 박정희 대통령은
유신을 단행하여 정치적 안정
기틀을 마련했다. 그러나

조선일보 편집국장으로 노태우 대통령을 인터뷰하고
있다.

1973년 박 대통령 연로설과 그 후계 대비책을 불경하게도 입에 담아
서 미움을 산 측근 윤필용 장군(육사 8기)을 숙청한 이후, 박 대통령은
군부를 육군사관학교 8기생 중심에서 육군사관학교 11기생 중심으로
바꾸는 군부세력 구조변경 작업을 서서히 진행했던 것 같다. 육사 11
기라 함은 바로 전두환, 노태우 등이 포진해 있는 기수로서, 육사 출신
들의 사조직인 '하나회'를 움직이는 세력을 발탁하는 것이기도 했다.
박 대통령은 권력운용의 천재였으며, 교과서였다. 권력이 어느 한쪽으
로 몰리면 그 힘을 배경으로 소영웅들이 출현하고, 권력이 분산되어
결국엔 권력 누수가 생긴다는 판단 아래 권력 분산 작업을 꾸준히 해
온 터였다. 혁명 뒤엔 2인자 격인 김종필 세력을 우여곡절 끝에 숙정
했고, 이후엔 백남억, 김진만, 길재호, 김성곤 등을 기용해 4인체제를
만들어 권력의 일부를 위임했다. 이들이 대통령에게 3선 출마를 허용
하는 3선개헌을 이룬 공로를 믿고 세력화하자, 박 대통령은 오치성 등
4인체제 인사들과 사이가 좋지 않은 인사들을 기용하여 이를 또 분쇄
하는 방식을 썼다.

박 대통령의 11기 중심화 의도는 눈에 띌 정도였다. 그 선두주자가

하나회 회장인 전두환 장군이었다. 그리고 그 뒤를 하나회 회원 노태우 장군이 따라가고 있었다(1971년 전두환 장군: 제1공수특전단 단장, 1974년 노태우 장군: 공수특전단 여단장, 1976년 전 장군: 청와대 경호실 차장보, 1978년 노 장군: 청와대 경호실 작전 차장보, 1978년 전 장군: 제1사단장, 1979년 노 장군: 제9사단장). 9사단장으로 봉직 시에도 노 사단장은 평소대로 먼저 참모들의 의견을 모두 듣고 결론을 내리는 스타일이었다.

그는 군 지휘관으로서도 말수가 적었다. 한번은 연대 규모의 실전 대비 훈련이 있었다. 그는 사단장으로서 연습에 출전하는 장병들을 훈시할 예정이었다. 연단에 오르자 그는 연병장에 집합한 장병들을 향해 "이길 수 있겠나!", 장병들 일제히 "예!", 노태우 사단장 다시 "이길 수 있겠나!", 장병들 더 큰 목소리로 일제히 "예!", 노태우 사단장은 또 한 번 "이길 수 있겠나!", 장병들 더 크게 "예!" 이 세 마디를 하고 사단장은 더 이상 말 없이 하단하여 부대원들로부터 "최고의 명연설을 들었다"는 평가를 받았다.

전두환맨으로 일관, 감옥에도 함께 가

1979년 말부터 전두환 장군이 육군보안사령관으로 정권을 장악하자 노 장군은 수도경비사령관으로 그리고 뒤이어 육군보안사령관을 맡았다. 그리고 대통령까지 이어졌다. 이에 앞서 그는 1981년 7월 15일 더위가 한창인 때 중부 전선의 어느 부대에서 전역했다. 대통령 출마를 앞두고 하는 전역이었으므로 분위기는 긴장되어 있었다. 그가 어떤 자세로 연설을 할지 모두가 촉각을 곤두세우고 있었다. 단상에 오른 그는 부대를 향해 "부대 쉬어! 그리고 철모를 벗고 더위를 식혀!" 그런 다음 그는 준비한 전역사를 읽었다.

대통령이 되기 전까지 그가 철두철미한 '전두환맨' 이었다는 데에는 이의가 없을 것이다. 전두환은 다섯 차례나 그에게 자신이 맡았던 공직을 넘겨주는 등 '마누라보다 더 사랑한 친구' 라고 표현했다『전두환 리더십 노태우 처세술』. 그러나 노태우 대통령은 취임 후 전두환을 백담사로 유배보냈다.

그의 성격적 특색은 보통 때는 거의 말이 없이 침묵한다는 것이다. 그러나 침묵 속에서도 그는 꾸준히 할 일과 안 할 일, 출세와 생존에 대해 골똘히 생각하고 있다는 것이 주변에서 그를 관찰한 사람들의 소견이다.

그는 대통령 후보 때 약속한 5공 청산은 전두환 전임 대통령의 백담사 유배로, 대통령에 대한 중간 평가는 김대중 야당 총재에 대한 '20억 원+알파' 를 지불하는 매수로, 약체 정권이라는 속성은 3당통합으로 꿰매듯 맞추어나갔다. 그는 속으로는 생각하고 틈이 있으면 생각한 바를 무섭게 현실화했다. 마치 물이 조용했다가도 무서운 파도를 일으키고, 그러다가 다시 좁은 틈새로 흘러나오는 변화를 보이듯이.

참고 자료
『위대한 보통사람들의 시대』 · 노태우 · 을유문화사 『(용기 있는 보통사람) 노태우』 · 이경남 · 을유문화사 『(인간) 노태우』 · 이배영 · 이영규 공저 · 호암출판사 『노태우 대통령 전』 · 왕옥흔 지음 · 강충희 옮김 · 우신사 『자료 제6공화국』 · 정부간행물제작소 편 · 공보처 『실록 제5공화국』 · 정치 · 외교 · 통일 · 안보 편 · 경향신문사 『김영삼 회고록』 · 김영삼 · 백산서당 『전두환 리더십 노태우 처세술』 · 방경일 · 너와나미디어 **일간 신문** 『위대한 대통령 끔찍한 대통령』 · 윌리엄 라이딩스 외 지음 · 김형곤 옮김 · 한언 『미국사』 · 앙드레 모로아 지음 · 신용석 옮김 · 기린원
Democracy in Germany(Press and Information Office of the Federal Government)

직업정치인들 — 파벌의 멍에로 주저앉은 문민대통령들

박정희, 전두환, 노태우 등 군 출신 대통령에 이어 등장한 민간 출신의 김영삼, 김대중 두 대통령은 국민의 적극적 지지와 기대 속에서 출범했으나, 실제 결과는 국민들에게 많은 실망을 안겨주었다. 또한 문민대통령인 그들은 직업정치인들로서의 한계를 너무 빨리 드러냈다.

김영삼 대통령은 아들 김현철을, 김대중 대통령은 아들 김홍업과 김홍걸을 임기 중에 구속해야 했고 큰아들 김홍일은 현역 의원임에도 불구속 기소되는 등 집안으로까지 부정과 비리의 탁류가 넘나들어왔다. 양 김 대통령은 유가에서 말하는 '치국(治國)'은 했을지 몰라도 '수신제가(修身齊家)'는 못했다. 이 같이 대통령 자식들이 사법 처리를 당했다는 사실은 우리에게 두 가지 문제점을 제기한다. 하나는 대통령 주변 한 구석이 그만큼 썩었다는 사실과 비리에 연루된 대통령 아들을 단속할 제도가 미비했다는 사실이다.

직업정치인으로 오랜 야당생활을 하며 권력 주변의 행동이 얼마나 민감하게 국민들에게 파문을 일으키는지 누구보다도 잘 알았던 두 민간 대통령이 이 같은 과오를 범했다는 것은, '아이들은 아버지의 뒤꼭지를 보고 자란다' 라는 말을 생각할 때 여러 가지 추측을 낳게 한다.

제도적으로 보면 수사기관과 청와대에 친인척 관리 기구가 마련되어 있다. 그러나 청와대 관계자들이 제도를 제도답게 운영하지 못했다. 대통령 아들이라는 점에 위축되고 아들에게 잘 보여야 한다는 아첨의식에 사로잡혀 제도를 온전히 운용하지 않았던 배임과 태만에도 원인이 있다고 할 수 있다.

직업정치인인 김영삼 대통령과 김대중 대통령은 평생 정치인으로 지내며 정부와 권력자에 대한 비판과 투쟁에는 강했지만, 스스로 통치 주체가 된 후에는 문제가 달라진다는 사실을 기억했어야 했다.

구약성서를 보면 이스라엘 민족을 애굽에서 이끌어내어 '젖과 꿀이 흐르는 가나안 땅'으로 인도한 것은 모세였다. 그러나 모세의 역할은 애굽 탈출에서 끝나고, 가나안에서의 새 국가 건설과 통치는 여호수아라는 새 지도자에게 맡겨지는 것이었다. '애굽 탈출 역할'과 '국가 창립 역할'을 두고 지도자의 역할 분담이 뚜렷했던 것이다. 이 높은 경륜을 우리는 가볍게 보아 넘길 수 없다. 두 문민 대통령의 실패는 바로 여기에 기인한 것이기도 하다. 투쟁과 건설과 통치의 혼동이다. 투쟁을 성공적으로 했으니 건설과 통치도 그와 같으려니 하고 안일하게 대처한 것이다.

통치가 얼마나 민감한 문제인지 이들은 미처 몰랐던 것 같다. 박정희 대통령이 언젠가 한 말이 있다. "대통령 하기가 얼마나 어려운 것인지를 밖에서는 모를 것이다. 예를 들어 새해 하례를 위해 많은 사람들이 줄을 서 악수를 할 때에, 어떤 한 사람에게 말 한 마디만 해도 시중에는 금세 이와 연관된 각종 루머가 퍼진다. 그러니 사람을 만나면 생각나는 일도 있고 그와 연관된 일이 생각나는 수도 있는 법인데, 그런 말을 할 수가 없다. 가끔 시간이 나서 몇 사람을 불러 한담이라도 나누고 싶은 때가 있지만 홀로 참고 지나간다. 쓸데없는 루머를 피하기 위해서다. 이것이 바로 대통령이다"라고 말이다.

김영삼 대통령도 가끔 청와대를 '창살 없는 감옥'이라고 표현했다. 정상에 선 사람은 고독하다는 것과는 또 다른 면이다. 이렇게 민감한 것이 대통령의 위치인데, 그 아들들이 손을 벌리고 헤매고 다녔다면 무슨 일인들 안 일어났겠는가.

두 직업정치인이 갖는 또 다른 특성은 일생을 정계에 머무는 동안 파벌을 형성했다는 점이다. 상도동계니 동교동계니 하는 것이 그것이다. 파벌의 좌장이라 불리는 중심세력은 대개 직업이 없다. 이들을 채용해줄 직장도 없으려니와 정치인 보스를 위해 여러 일을 챙기려면 직업을 가질 만큼 한가하지가 않다. 보스의 인간관리, 여론 수렴, 정적들의 정보 수집 등과 전국 규모의 선거라든지 당내 선거를 실질적으로 치르는 것도 이들 계보 세력이다. 보스가 당이나 사회에서 푸대접당하면 시위를 벌이며 항의하는 것도 이들 일이다. 일생을, 아니면 반평생을 몸 바쳐 받드는 무보수 헌신이다. 한편으로 보면 헌신이라는 측면과는 달리 그것 자체가 직장이라는 면도 있다. 이들은 자신들의 이런 생활이 민주화운동이라고 평가하는 데 전혀 주저하지 않는다. 이런 사람들의 생계는 정상일 수가 없다. 주변의 도움을 받든지 부인들이 부업에 나서든지 친인척의 뒷받침을 받는 경우가 많다.

직업정치인들은 평소에도 그렇지만 집권하면 이 파벌을 예우해야 할 부담을 느낀다. 집권자 주변에서 이권을 챙긴다든지, 심지어 인사에도 개입한다는 소문들이 나도는 것도 이런 연유에서다. 실력자에 줄을 대려면 그 외곽선인 이들 파벌을 통해야 한다. 정당 정치와 직업정치인의 문제가 여기에도 있다. 직업정치인은 당선된 뒤에도 길게는 수십 년간 지속되어온 옛날의 인맥과 참모진에 의존하며 과거의 둥지를 벗어나지 못한다. 옛 참모진을 주변에 배치하기 때문에 '형님', '아우' 또는 '선배님', '후배님'으로 통하는 이들 파벌세력 사이엔 법률보다도 끈끈한 인간관계가 훨씬 더 강하다. 되는 일도, 안 되는 일도 부탁을 하면 그만큼 호소력을 지니기 때문에 외부에서 보면 부정이지만, 이들 사이에서는 의리이며 신의다. 그러니 일이 훨씬 쉽게 풀린다. 검찰이나 안기부도 크게 예외이기 어렵다.

  이런 보스와 파벌제도를 개혁하지 않으면 집권자 주변의 잡음은 그치기 어려울 것이다. 그 측근이라는 사람들도 인정이 있고 사리가 있는데, 보스가 대통령에 당선되기 전인 어제까지 마음을 주고 지내던 사람이 모처럼 부탁을 해오면 피차 체면을 보아서도 거절하지 못한다. 물론 대통령 자신이라면 문제는 다르지만. 이렇게 많은 측근이 하나둘 봐주기 시작하면, 그 소문은 이권을 얻은 사람의 경쟁자를 통해 보태어지고 부풀려져서 세상에 퍼지게 된다.

  이래서 측근이 문제인 것이다. 이것은 아주 선량한 경우다. 좀 심하면 돈 있는 사람에게 전화를 걸어 "각하를 모시느라고 그간에 진 빚 좀 갚게 해달라"고 한 마디만 하면 엄청난 돈이 쏟아진다. 이런 일은 실제 있었던 일들이고, 이것이 한국적 풍경이었다. 노무현 대통령도 벌써 이런 현상을 보이고 있다.

  공조직이 아닌 사적 분신인 파벌과 비서진이 자금·기획·여론조사 등 일체를 극비 속에 선거를 관장하는 것이니, 선거가 끝난 뒤의 부담은 더 커질 수밖에 없다. 선진국의 예처럼 각 분야 전문가가 계약에 따라 업무를 담당하고, 업무가 끝나면 훌훌 털고 나가는 선거컨설팅회사나 선거자문기구 제도가 도입되지 않고는 집권 후의 부정부패는 그칠 날이 없을 것이다.

  최근 들어 예술계를 비롯한 사회 각 분야에 새 바람이 불고 있다. 연극 영화계나 예술, 건축 등 각 분야가 모두 오랜 관행으로 이어오던 도제(徒弟) 제도를 지양하고, 분야별로 전문가가 확립되어간다. 주제에 따라 기능별로 뭉쳤다 헤어졌다 하는 이들의 직업적 분업을 정치도 본받아야 할 것이다. 그래야만 정치 선진화를 이루고, 권력형 비리를 근절하는 길이 열릴 것이다.

　김영삼과 김대중은 같은 직업정치인이면서도 그 성장 배경이나 주변 환경이 하늘과 땅만큼이나 달랐다. 이러한 차이가 정치를 하는 과정과 방법, 그 내용을 지배하는 사상을 다르게 한 것 같다. 김영삼은 체제 안의 보수주의의 중심 세력으로, 김대중은 체제 밖의 진보 세력으로 각각 길을 달리 했다.

VIII

제 14대 대통령
김 영 삼
(金泳三 | 1993. 2. 25~1998. 2. 25)

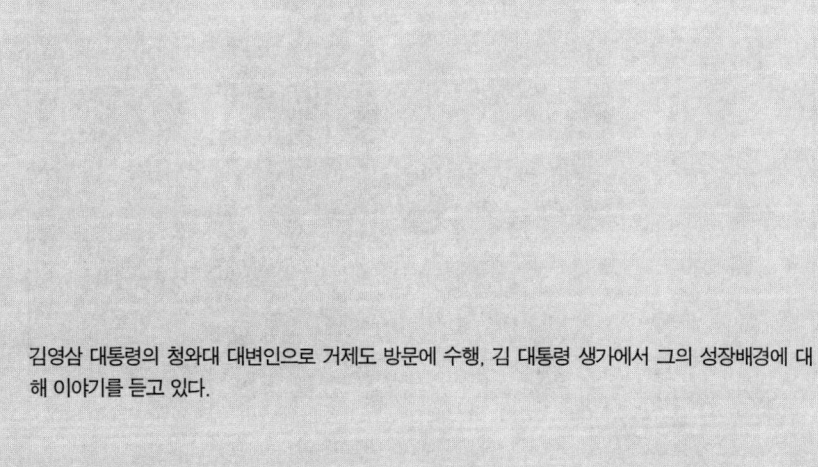

김영삼 대통령의 청와대 대변인으로 거제도 방문에 수행, 김 대통령 생가에서 그의 성장배경에 대해 이야기를 듣고 있다.

번개작전으로 군부의 두 날개 잘라

1993년 3월 8일, 이날은 군부가 정치에 관여해온 32년의 한국 고질병이 일시에 치유되는 역사적인 날이었다. 김영삼 대통령은 대통령 취임 12일째(취임식 2월 25일)인 이날, 국민들이 새 대통령이 무엇을 할지 막연한 관심만을 가지고 있는 상황에서 정치에 관여하며 좌우했던, 가장 민감하고 강력한 핵심조직이었던 군의 두 날개를 한꺼번에 잘라버렸다. 두 날개는 '하나회'와 '군기무사(軍機務司)'다. 하나회는 군내의 막강한 사조직으로서, 이 조직을 관장하는 사람은 군의 위계질서에도 불구하고 언제든 군을 장악할 수 있다는 것을 전두환 장군의 5·17쿠데타로 증명했다. 기무사는 어느 민간 기구와도 비교할 수 없는 정보와 힘을 가진 막강한 권력기구다. 이날 이 두 날개가 다시는 날지 못하도록 김영삼 대통령이 긴급 수술로 단칼에 제거해버린 것이다. 두 날개가 잘린 군은 더이상 성역이 아니었다. 마치 머리카락을 잘린 삼손 같았다.

하나회는 앞서 기술했듯이(전두환 대통령 참조) 육사출신 장교들 가운데 기수별로 열 명의 회원이 만장일치로 선정되어 이루어지는 육사 엘리트 모임이다. 이들은 박정희 대통령이 5·16혁명 때 주축이었던 육사 8기생들이 정권내부에서 발언권이 커지고 그들의 영향력이 강해지고 있음을 견제, 또는 대체하기 위해 키우고 있던 조직체였다. 이들 하나회 소장세력들은 어느 단체보다 두둑한 운영자금을 썼고 군의 주요 보직을 서로 이어오고 있었다. 따라서 하나회는 강했고 군인 중의 군인이었지만, 나쁘게 말하면 독일 히틀러 정권 때의 근위부대였던 나치스 친위대(SS)에 비유되곤 했다. 여하튼 하나회는 비회원들의 부러움을 샀으며, 이 같은 배타적 전통으로 영원히 군부의 강력한 조직으로 남을 듯했다. 군의 최고 요직을 꼽자면 첫째가 육군참모총장이고, 두 번째가 군의 승진과 인사에 결정적 영향권을 가지고 있는 기무사령관이었다. 이 두 자리는 하나회 회원들이 수년간 돌아가면서 맡아오고 있었다. 그런데 이 두 자리가 이날 '귀신도 모르게' 날아가버린 것이다.

이날 아침 7시 30분에 김영삼 대통령은 청와대 식당에서 권영해(權寧海) 국방장관과 사전에 따른 간소한 조찬을 겸한 회동을 갖고 있었다. 김 대통령은 이 자리에서 느닷없이 육군참모총장과 기무사령관을 교체해야겠다고 통고하고, 즉석에서 인선을 하자고 제안했다. 놀란 권 장관은 식사도 제대로 못하고 쑥국만 몇 숟가락 뜨다가, 엉겁결에 김 대통령과 함께 군인 기록을 검토하기 시작했다. 검토했다기보다 검토하는 형식을 취했다는 것이 더 정확할 것이다. 우선 김진영(金振永) 육군참모총장과 서완수(徐完秀) 기무사령관을 해임하고, 비하나회 출신인 김동진(金東鎭) 연합사 부사령관을, 육군참모총장에 김도윤(金度潤) 기무사령부 참모장을 기무사령관에 각각 임명하기로 했다. 심중에 두었던 대로 임명하겠다는 김 대통령의 의도에 권 장관이 즉각 동의한 셈이었다. 김 대통령은 이어 김동진 신임 육참총장과 김도윤 신임 기무사령관을 즉각 청와대로 불러 간략한 임명 절차를 밟은 뒤, "빨리 돌아가 취임식을 갖고 부대를 장악하라"고 지시했다. 김 대통령이 권 장관에게 가장 영향력 있는 두 자리의 군 인사 개편을 지시했다. 불과 4시간 5분이라는 짧은 시간 안에 당사자들을 포함해 누구도 눈치 채지 못한 사이에 군대의 세상이 확 달라진 것이다.

조찬이나 하는 줄 알고 청와대에 들어갔던 권 장관은 속된 말로 '도깨비에게 홀린 격'이었다. 군 주변에서는 김진영 참모총장의 임기가 아직 1년이나 남아 있어서 이 시점에 그가 교체되리라고는 상상도 못 했다. 이로써 우리 군 내부에 엄존하는 현실적 쿠데타 위협세력이었던 '하나회' 척결의 막이 올랐다(『김영삼 대통령 회고록』 하권). 그뿐만이 아니라 김 대통령은 이 기회에 기무사령관이 대통령을 독대하여 보고하던 관례를 폐지함으로써, 기무사가 대통령에게 직접 로비를 할 수 있는 기회인 특권적 보고와 지시받는 기회를 없앴다. 기무사령관 계급도 중장에서 소장으로 격하했다. 하나회의 꽃인 육군참모총장과 기무령관을 전격 해임하고 비하나회 인사를 임명함으로써, 하나회뿐 아니라 군 전체가 문민 대통령 손안에 들어갔다. 대통령의 권한이 이렇게 막강해 보인 적은 일찍이 없었다.

    이러한 전격 인사 조처는 김 대통령이 오랜 기간 마음속에 구상했던 내용으로서, 군을 장악하려면 '번개작전' 식으로 한순간에 해치워야 한다는 전략에 의한 것이다. 박정희 대통령이 급서한 뒤 전두환 합동수사본부장이 선수를 쳐서 김영삼, 김대중 두 야당총재와 김종필 공화당 총재를 연금 또는 구속한 군의 번개 작전 '제1막'의 교훈을 마음에 새겨두었다가, 이번엔 민간인이 군을 상대로 번개작전 '제2막'을 성공시킨 것이다.

    김영삼 대통령이 당선되고 아직 취임을 하지 않은 때에 최세창(崔世昌) 국방부장관이 기자회견을 하고 군의 진로와 편제에 대해 의견을 말한 일이 있었다. 당시 최 장관이 마음속에 어떤 뜻을 가지고 이 발언을 했는지 알 수 없지만, 김 당선자나 그 참모들은 "아직도 군이 정신을 못 차리고 자기들의 권익옹호에 급급하다. 앞으로도 군은 하나회가 관리할 것이니 민간인은 손을 대지 말라"는 뜻이라고 대단히 분개했었다. 김 당선자는 이대로 며칠이 더 지나면 군이 노골적으로 자기들의 이익옹호를 위해 무슨 일을 할지 모르겠다고 판단하고, 취임식을 거행하면 가능한 빠른 시일 안에 군의 개혁, 즉 하나회 회원들을 대량 솎아내야겠다는 결심을 굳히는 계기를 다시 한 번 확인한 셈이다.

이 일로 김 당선자는 군에서 하나회를 어떻게 추방할 것인지를 심사숙고하기 시작했다. 김 대통령은 "군은 특수조직일 뿐 아니라 하나회는 오랜 세월 사조직으로 똘똘 뭉쳐 있어 언제라도 세력을 재규합하여 저항해올 가능성이 높았기 때문에 그들이 세력을 규합할 시간적 여유를 주지 않고 전격적으로 숙청을 단행하는 것이 최선의 길"이라고 판단했다(『김영삼 대통령 회고록』 하권).

김 대통령은 대통령 후보 시절 외국 기자들이 한국의 강력한 군부의 존재를 지적하면서 '대통령에 당선되면 군과 권력을 공유하는 것이냐'는 질문을 받을 때마다 속마음을 내비치지 않고 "두고 보자"는 답변으로 일관했다고 회고했다『김영삼 대통령 회고록』. 그 때에도 이미 김 대통령의 심중에는 군 문제의 전격 처리 전략이 짜여져 있었다.

김영삼 대통령은 26세에 국회의원에 당선된 뒤 주로 국회 국방위원회에 소속되어 있었으며, 박정희, 전두환, 노태우로 이어지는 군사정권에서도 군내부의 움직임을 세세히 관찰하며 큰 관심을 기울이고 있었다. 이렇게 시작된 군부 장악세력, 쿠데타 가능세력이었던 하나회의 해산작업은 계속되었다. 4월 2일 서울 용산구 동빙고동에 있는 군인아파트에서 육사 20기에서 36기까지(계급으로는 중장에서 중령까지) 142명의 하나회 회원 명단이 복사된 유인물이 전단형식으로 뿌려졌다. 명단 일부에 착오가 있었지만 거의 정확한 내용이었고, 이들 하나회 회원들은 사회적 관심을 모으던 '정치군인'들이 대부분이었다.

이를 계기로 하나회가 군을 정치적으로 오염시킨 본질적 집단임이라는 혐의가 짙어졌다. 이 하나회 회원들은 그 후 대부분 보직이 변경되거나 인사에서 불이익을 당했다. 하나회와 별개로 군부의 제3실세 집단이었던 수도경비사령관과 특전사사령관도 하나회 회원이었기 때문에 경질되었다. 하나회 회원들은 개인적으로 '형님' '아우'로 통칭되고, 군 상급자의 명령보다 '형님'의 지시를 더 충실히 따라 군의 위계질서를 문란케 했었다. 뿐만 아니라 이런 '큰형님'에 의한 쿠데타 가능성을 항시 지니고 있었는데 바로 이 점이 문제로 지적되고 있었다. 이런 사실은 전두환 장군의 5·17계엄 쿠데타에서도 입증되었다.

공군대학에서 이양호(李養鎬) 공군참모총장에게 인사비리 해명을 요구하는 영관장교의 모임이 있었다. 비리 수사 결과, 군의 장군 진급과 주요 보직 임명에 거액의 금품이 오간 사실이 밝혀져 큰 충격을 주었다. 이렇게 엄정한 숙군(肅軍) 작업이 진행되자, 이때까지 비리의 그늘에 가려 있던 많은 정보들이 여기저기서 흘러나왔다. 이 정보들은 30조억 원이 투입된 군현대화 사업인 '율곡(栗谷)사업'에 대한 감사로 이어졌고, 39명의 장성에게 책임이 돌아가 예편과 전보 등의 처벌이 내려졌다. 이러한 군의 성역을 허무는 조처들은 문민정부 대통령이 아니면 할 수 없는 결단이었다. 이 성역은 박정희, 전두환, 노태우라는 세 군 출신 대통령 시기에 만들어진 것이었다. 김 대통령도 이런 군의 성역파괴 조처를 하면서, 국방장관에 고향 후배이며(경남고등학교), 말을 놓고 이야기할 수 있는 절친한 사이인 이병태(李炳台) 장관을 임명하는 등 조심스럽게 접근했다. 이를 계기로 군은 정치에 대한 비토 세력으로서의 기능을 완전상실했다. 김영삼 대통령의 가장 큰 업적으로 기록되는 민간의 군부장악은 우리와 같은 특수 안보상황에서 각별한 의미를 갖는다. 이를 계기로 군에 대한 민간 우위(Civilian Control)가 확고해졌다.

1971년과 그 후 1988년 선거 때만 해도 김대중이 대통령에 당선되면 '비토세력이 비토를 할 가능성이 많다'며 군부가 쿠데타를 일으킬 것이라는 말이 공공연히 나돌았다. 그러나 김영삼 대통령의 문민정권을 거친 뒤에는 군의 비토세력 기능이 완전히 사라졌고, 실제 김대중이 당선되었을 때도 군은 충성스러운 본연의 자리에 머물러 있었다. 즉 민주주의의 근간은 일단 확고히 된 셈이었다.

군부 장악과 맥락은 다르지만, 김 대통령이 전두환, 노태우 두 전임 대통령을 법정에 세운 것은 돌 하나로 두 마리 새를 잡은 격이었다. 하나는 가장 가능성이 높은 군의 정치관여를 결정적으로 근절한 것이고, 또 하나는 누구도 비리를 저지르고는 온전할 수 없다는 교훈을 일깨운 것이다.

취임 3개월 후 쯤인 1993년 5월 김영삼 대통령은 청와대 수석비서관들에게 "12·12 사태의 성격을 엄밀히 규정하라"고 지시했다. 수석비서관 회의에서는 이때까지 발표된 관련자들의 진술, 법 적용문제, 군과 사회에 파급될 문제점, 공소시효 문제 등을 중점적으로 논의했다. 그 결과 '12·12는 쿠데타적 수법'이라는 데 의견일치를 보고, 이를 대통령에게 보고했다. 수석회의에서는 '5·17은 쿠데타였다' 라고 단정적이고 직접적 정의를 내릴 것인지, '5·17은 쿠데타적 수법'이라고 간접성을 띠며 포괄적 의미를 주는 방식으로 할 것인지를 놓고 최종검토를 했다. 검토 끝에 차후 문제가 발생하면 법조계에 적법한 해석의 여지를 남긴다는 뜻에서 후자를 택했다는 것이다.

청와대 참모들은 이런 해석을 내리면서도 이것이 정치적으로나 법조계에서나 혹은 사회적으로 어떻게 이용될 수 있을까를 고려하지 않았다. 이런 해석이 있은 뒤인 1993년 7월 19일 주목할 만한 사건이 발생했다. 전두환, 노태우 등에 의해 군 지휘권을 박탈당하고 박정희 대통령을 시해한 김재규 등과의 연관성으로 처벌되었던 정승화 전 육군참모총장과 장태완(張泰琓) 수도경비사령관 등 22명이 검찰에 고소장을 제출한 것이다. 이 고소장은 두 전직 대통령이자 5·17 계엄 쿠데타의 주동 인물인 전두환과 노태우를 포함한 34명을 군 형법상의 반란 및 내란 목적 살인 혐의가 있다고 지적했다.

검찰은 이 같은 고발이 있은 지 1년 3개월 후인 1994년 10월 29일, 사건에 대해 '12·12는 군 형법상 군사반란 사건'이라고 인정했다. 그러면서 두 주동인물인 전두환, 노태우를 기소해 처벌할 경우 국가적 혼란이 우려된다면서 이들을 기소유예했다.

당사자인 전두환 노태우는 검찰 결정에 불복, 검찰이 공소권을 남용한다고 헌법재판소에 제소했다. 헌법재판소는 이 제소에 대해 "검찰의 행위는 공소권 남용이 아니다"라고 판결하고 두 사람의 공소시효를 연장했다.

또한 서울지방검찰청은 광주민주화운동과 관련, 피해자 322명이 전두환, 노태우 등 35명을 내란 및 내란 목적 살인 혐의로 고소한 데 대해 혐의는 인정했으나 "성공한 쿠데타는 처벌할 수 없다"는 논리를 적용, 공소권이 없다고 결정했다. 아울러 사법처리도 유보했다. 이 결정은 국민들에게 큰 충격을 주었다. 교수들은 검찰의 이런 결정에 항의하는 서명운동을 펼쳤다. 찬성과 비판이 동시에 제기되었다. 사회정의를 위해서는 단호한 처벌이 있어야 한다는 쪽과 공소시효와 일사부재리의 원칙에 따라 이미 백담사 처벌이라는 사회적 응징을 받은 전두환을 다시 처벌할 수 있느냐는 논리로 국론이 분열했다.

법엔 정의감이 있어야

쿠데타는 국민 전체의 명예를 실추시켰고, 이는 어떤 이유로도 정당화될 수 없다는 논리가 강했다. 그러나 이런 논리는 정치적 논리는 될 수 있을지 모르나 법의 논리는 될 수 없다는 반박도 있었다. 이런 가운데 김영삼 대통령은 이 두 쿠데타 주역을 처벌하기 위한 특별법을 제정하라고 지시했다.

필리핀의 마르코스 전 대통령에 대한 쿠데타 처벌은 그가 사망함으로써 가볍게 넘어갔고, 1967년 쿠데타를 일으켰던 그리스 군부의 주동자들은 성공한 쿠데타였지만 민정이 들어서자 엄중한 처벌을 받았다. 한국 문민정부가 전두환, 노태우 두 전임 대통령을 쿠데타 주동자로 처벌한다는 것은 대외적으론 문민정부의 정체성과 가치관을 전 세계에 알리는 것이었다. 쿠데타가 잦은 남미나 아프리카의 청산 작업과는 또 다른 아시아식 청산으로 화제가 되기에 충분했다. 남미 국가들은 쿠데타 청산 방식으로 쿠데타 기간중 국민에게 행한 각종 죄악과 고통을 실감나게 공개 재현하는 방식을 택했다. 예컨대 삼청교육대 문제는 그 책임자를 공개 심문함으로써, 어떤 사람을 어떤 형식으로 동원해 어떤 일을 시켰는지를 공개적으로 밝히는 것이다. 그리고 재벌에게 비자금 강요가 있었다면 얼마를 어떻게 강요했는지 재현케 하는 것이었다.

남미 방식으로라면 고문에 관한 문제는 고문을 당한 사람이 증언대에 서서 '옷을 벗긴 후 자루 속에 쥐와 함께 넣어 고통을 주었다'는 식으로 어떻게 당했는지를 생생하게 증언케 하는 방식이다. 법원 근처엔 연일 확성기를 통해 나오는 이 흥미로운 쿠데타와 국민에게 가해진 가혹 행위 내용을 듣기 위해 인파가 몰려드는 광경을 볼 수 있었다. 국민적 스트레스 해결도 되고, 다시는 이런 일이 없도록 국민을 교육하는 효과도 노린 것 같았다.

중국에서도 장칭(江靑), 장춘차오(張春橋), 왕훙원(王洪文), 야오원위안(姚文元) 등 세칭 문화혁명 4인방 재판 때, 당국은 재판과정과 내용을 1년간이나 텔레비전에 중계했다. 국민들로 하려금 그들의 죄악상을 실감나게 느끼게 했다. 다시는 이러한 비리와 급진정책이 있어서는 안 된다는 신념과 정부 고위당사자들의 의지의 반영이었다는 것이 중국 전문가의 귀띔이었다. 이에 비해 우리의 청산 방식은 기존의 법규범 안에서 사법처리하는 정도였다. 김영삼 대통령이 특별법을 제정케 한 것은 사회정의 감각을 법규범 속에 넣으라는 주문이었다. 일본, 미국, 유럽의 언론들은 이 문제를 '아시아에서 쿠데타의 청산 작업'이라는 관점에서 대서특필했다.

기존의 법체계로 사회의 정의를 실현할 수 없을 때는 특별법을 제정하는 건 당연한 일이다. 혁명이 났을 때 그 혁명정신을 살리기 위해 혁명 입법을 한 예는 전 세계에 얼마든지 있다.

국내적으로 볼 때, 전두환 노태우 두 쿠데타 주역의 처벌은 정권이 바뀌었다는 사실을 실감케 했다. 정권이 바뀌었다는 것은 바로 법철학과 그 운영의 차이뿐 아니라 법이 지향하는 정의 개념이 바뀌기 때문에 그 결과가 엄청나게 달라진다. 국민들이 정권교체를 바라는 것은 한 정권의 비리 의혹 사건들이 새 정권에서는 후련히 밝혀질 수 있기 때문이란 점도 있다. 박정희 대통령 서거 후, 그의 심복이었던 전두환이 아닌 다른 사람이 집권했더라면 수많은 의혹 사건들이 밝혀졌을 것이고, 박 대통령에 대한 국민들의 시각과 평가도 달라졌을 것이다. 현재 정치적인 이유로 의혹 속에 있는 북한 퍼주기 외교의 내용, 안기부와 검찰이 관여한 것으로 알려진 여러 비리 사건들도 언젠가 햇빛을 볼 수 있을 것이란 예측도 이런 일반론 때문이다.

정승화의 고발사건을 담당하던 검찰은 11월 30일, 12·12사건과 5·18사건에 대해 새삼 전면 재수사 원칙을 세우고, 12월 3일에 전두환에 대해 군 형법에 의한 반란 수괴 등의 혐의로 사전영장을 발부했다. 전두환은 재수사 자체를 인정하지 않고, 영장이 발부되었음에도 이에 불응하겠다는 뜻의 성명을 몇 사람의 측근이 배석한 가운데 자기 집 앞 골목에 서서 발표한 뒤 고향인 합천으로 향했다. 검찰 수사관들은 그를 뒤쫓아가서 결국은 압송해 안양교도소에 수감했다. 전두환의 서울 이송은 국내 언론은 물론 일본, 미국 언론들에게도 큰 화제여서 이송과정을 중계하는 등 세계적으로 센세이션을 일으켰다.

12·12사건과 5·17쿠데타의 주동자들을 엄벌하기 위해 제정된 5·18특별법에서는 전두환, 노태우와 같이 기존 형법으로 처벌할 수 없는 위치(국가원수 등)에 있던 사람에 대해 재임 기간을 공소시효에서 제외시켰다가, 그 임기가 끝나는 시점으로부터 공소시효를 다시 계산하도록 했다. 이렇게 함으로써 전—노와 그 공범들의 공소시효는 사실상 연장된 것이다. 헌정 질서 파괴범에 대해서는 공소시효가 영구히 배제되도록 했다. 설령 외국에 도피했다가 상당 기간 후에 귀국하더라도 다시 법적용을 할 수 있도록 했다. 이 법은 쿠데타에 관련된 자는 국내에 있건 국외로 도피했건 간에 언젠가는 반드시 처벌을 받는다는

것을 국민들에게 깨우쳐 주는 상징성이 강한 법이다. 그러나 쿠데타를 주도한 무력 집단에 대해 쿠데타 당시에는 물론 처벌할 수 없을 것이고, 쿠데타 집단이 거사를 성공했다면 거사 후에 이 법을 폐기할 수도 있기 때문에 실효성에 의문이 가기도 하지만, 언젠가는 헌정중단 행위가 처벌 대상이 된다는 것만은 분명하다.

이 특별법에 의해 1심에서 전두환에게는 사형, 노태우에게는 22년 6개월의 징역이 각각 선고되었다. 2심에서는 전두환에게는 무기, 노태우에게는 징역 17년이 선고되었다. 대법원에서는 피고들의 상고에 대해 기각판결을 함으로써 유죄를 최종확정했다.

아마 박정희 대통령이 생존해 있었더라면 두 차례에 걸친 쿠데타에 대해 이 법의 적용가능성 문제로 한 차례 논쟁이 있었을 것이다. 이 특별법은 정치적 요소를 빼고는 '행위 때에 법에 저촉되지 않으면 사후에 제정한 법률로 처벌되지 않는다'는 '형 불소급의 원칙'이라는 헌법정신에 어긋나지 않느냐는 위헌 소지의 지적도 있었다. 그 후 1996년 헌법재판소가 이 부분에 대해 합헌결정을 내리기는 했지만, 이는 학자들 사이에서 여전히 논쟁의 대상이 되고 있다. 여하간 이 특별법 제정과 쿠데타 주동자를 쿠데타가 있은 뒤 한참 후에라도 처벌했다는 점에서 세계 쿠데타 역사상 드문 예를 만들어냈다.

아시아권의 부정부패는 서양의 그것과 다르다. 부정부패에는 안 되는 일을 되게도 하고, 특별한 혜택을 누리기 위해 일종의 보험금 지급 성격도 있다. 하지만 온정주의의 표현인 떡값, 전별금, 각별한 관심의 표시, 사기 진작, 평소 호의적인 관계 유지, 기분이 좋은 마음의 표현 등의 여러 이유로 존재한다. 그러나 권력자 주변에선 이런 관례를 빙자해 권력과 재력이 엉킨 정경유착으로 발전하며 사회문제가 된다.

김영삼 대통령은 부정부패의 본질에 대통령이 직접 관여되어 있다는 데서 그 심각성이 있을 뿐 아니라, 이 문제가 국가의 사활을 결정하는 요소라고 보았다. 김영삼 대통령은 한국의 권력자 중 최대의 부정부패자는 박정희라는 비난을 여러 번 했다. 박 대통령은 엄청난 정치자금뿐 아니라 개인 축재규모도 천문학적인 수준이라고 지적했다.

105만 평의 부지를 가진 영남대학교와 문화방송국, 전국 발행부수 5위인 부산일보 등은 박 대통령이 죽은 지 20년이 지난 오늘까지 박 대통령의 딸들이 이사장이나 이사를 맡는 등, 박 대통령 일가의 영향 아래에 있다고 강조했다. 김 대통령은 박 대통령이 권력을 남용했을 뿐 아니라, 통치 때도 부도덕하게 돈을 모으고 이 돈으로 군인 등 각계 인사들을 매수해 그들의 충성을 사는 데 활용했다고 비난했다.

김 대통령은 전두환, 노태우 대통령 때는 기업인을 청와대로 불러 헌금을 많이 하는 순으로 대통령과 가까운 자리에 앉히는 등 갖가지 방법으로 돈을 우려냈다는 사실을 들어서 알고 있다며, 이런 이야기를 들을 때마다 부정부패 근절의 의지를 강화해갔다고 했다.

김 대통령은 그의 회고록 상권에서 "전두환 노태우 시절 청와대의 안가에서는 대통령이 한 달에 한두 번씩 20~30대 재벌 총수들을 불러들여 여자들을 옆에 앉히고 술판을 벌였다. 그런데 재벌 총수들은 불려갈 때마다 앉는 자리가 달라진다는 것이다. 대통령 근처로부터 재벌 순위에 따라 자리를 배정하는 것이 상식인데, 그것이 아니라 불려 갈 때마다 '누구는 여기 앉고, 누구는 여기 앉아라' 하고 자리가 바뀐다는 것이다. 어제는 A라는 사람이 맨 끝에 앉았다가 오늘은 대통령 옆에 가서 앉는 식이다. 순위에서 밀려난 기업인들이 '저 사람은 돈을 얼마나 바쳤기에 저 옆으로 앉았나' 하고 수군거리고 있으면, 소위 대통령이라는 사람이 모든 사람이 들리도록 큰 소리로 자기 옆 자리의 기업인을 가리키며 '아, 내가 A회장에게 참 감사하게 생각한단 말이야. 내가 돈을 가져오라고 하지도 않았는데 정치자금으로 쓰라고 이번에 00억 원을 가져왔더라고. 아주 고마운 분이야' 하면서 구체적 액수까지 이야기했다 한다. 대통령의 그 말은 A기업인보다 상위 서열의 기업인에게는 '더 많은 돈을 가져오라'는 노골적인 요구였고, 그냥 돈을 가져오라는 말보다 더 무섭게 들릴 수밖에 없다는 것이다. 일국의 대통령으로서 도저히 상상할 수 없는 파렴치한 작태였다"고 지적했다.

이러한 후유증은 김영삼 대통령 때까지 남아 있었다. 청와대에서 어떤 형식으로 기업인들을 초대하면 이들은 서로 "얼마를 가지고 가야 되느냐"는 정보 교환으로 바빴고, 심지어 어떤 기업인은 청와대의 아는 측근에게 '액수를 좀 귀띔해 달라'는 사적인 요청을 해오기도 했다고 한다. 그래서 김 대통령은 취임한 지 며칠 후에 처음으로 기업인들을 만난 공식 석상에서 "청와대에 올 때엔 정치자금을 가지고 오는 관행은 이제 없어졌다"고 공언하기도 했다. 김영삼 대통령이 취임 32일 만인 3월 4일에 "정치자금은 받지도 않고 쓰지도 않겠다"고 서둘러 발표한 것도 기업인들에게 청와대에 돈 바칠 걱정을 없애주기 위한 의도에서였다.

김 대통령은 전두환, 노태우 두 전직 대통령들이 기업인들로부터 마구잡이로 모은 천문학적 자금은 정치인, 언론인, 군인들에게 살포됐고, 군내 요직을 장악한 하나회 회원들을 청와대 안가로 불러 술자리를 벌이고 거액의 돈을 주면서 군부를 통제했다고 지적했다. 그러면서 상당액은 자기 주머니에 넣었다는 것이다. 접대부는 술자리에 앉는 값으로 화대를 받지만, 전두환, 노태우 대통령 때의 한국 대기업주들은 대통령 옆에 앉는 대가로 수십억 원에서 수백억 원까지의 돈을 냈다고 하니 기가 찰 수밖에 없는 노릇이다.

부정부패에 대한 이 같은 김 대통령의 인식은 부패 없는 사회를 만든다는 소극적 차원이 아니라, 과거 대통령이 기업에서 돈을 강탈해 관료, 언론, 군부를 매수하는 연결고리를 만들어나감으로써 국가를 멸망의 길로 이끌고 갔다는 확신에서 비롯되었다.

김 대통령은 부패근절 의지를 표시하기 위해, 취임을 앞두고 청와대로 떠날 때에 상도동 주민들과 언론계 인사들에게 "나는 집권기간에 한 평의 땅도 사지 않고 상도동 집으로 다시 돌아올 것"이라고 공언했다. 이 약속은 상도동 자택의 수리는 했을지언정 그대로 지켜졌다.

청와대에서의 생활은 검소하게 시작했다. 손님 접대, 청와대 직원들과의 오찬 등엔 우리 밀로 빚은 칼국수가 등장했다. 이 칼국수는 색깔이 약간 검은 색이었고, 끈기가 없으며 뜨거워서 청와대에 처음 초대받은 외부 손님들은 곤욕을 치렀다. 젓가락으로 먹으려면 모두 끊어지고, 그렇다고 숟가락으로 떠먹자니 뜨겁고 해서 가뜩이나 긴장된 상태에서 땀까지 흘리기도 했다. 어떤 때는 추어탕을 준비하기도 했으나, 여성 중에 추어탕을 못 먹는 이가 있어 초기의 시도에서 끝났다.

김 대통령은 권력형 비리를 뿌리뽑기 위해 다각적인 방안을 고려하고 있었다. 그는 취임 즉시 일련의 비리와 부정방지 방안들을 지시했다. 야당시절 혼자 생각하고 다듬은 내용을 정책화하는 식이었다. 그는 부정의 원천을 일차로 정치자금이라고 보았다. 전임 대통령 시절에 기업인들이 청와대로 불려가 강제적인 헌금을 하면 그 기업인은 거기서 끝나는 것이 아니라, 반드시 정부에 특혜를 요구해서 이를 보충하는 게 상식이었다. 따라서 비리와 부정을 없애려면 정부가 이들 기업인들에게 돈을 요구하지 말아야 한다.

  김 대통령은 "재임 기간 한 푼의 정치자금을 받지도 않고 주지도 않겠다"고 선언했다. 한국의 대통령은 집권당의 총재를 겸하고 있었기 때문에(노태우, 김영삼, 김대중 대통령은 후반에 탈당) 집권당의 운영비와 정치자금을 부담해야 했다. 설령 대통령이 집권당 운영비를 부담하지 않더라도, 대통령이 써야 할 곳은 너무 많다. 가깝게는 정치인 등 각계 인사에 대한 격려금, 사회의 온정을 기다리는 인사에 대한 지원금, 국가운영에서 발생하는 불가피한 하사금, 초도순시 등 지방에 나섰을 때 지방 장관과 지역에 대한 관심표명 등으로 한 번에 적게는 10만 원에서 많게는 수억 원에 이르는, 소위 통치명목의 자금은 얼마든지 있다.

  정치자금을 안 받겠다는 것은 이러한 관행을 모두 없애겠다는 것이다. 모든 것을 법대로 원칙대로 하고, 인정적인 것, 관행에 따른 것을 전부 버리겠다는 것이었다. 우리 사회의 오랜 '떡값' 관행을 없애겠다는 것이었지만, 오랫동안 이 사회의 전통으로 내려온 '관습'이 고쳐지기 전에는 어려운 일이었다. 공화당 때는 모든 관급 공사자로부터 일정 비율의 정치자금을 거두어 당 재정부장이 이를 다시 뿌리게 한 일도 있었다.

  김 대통령의 정치자금 수수 거부 선언은 전 임기 동안은 장담할 수 없지만, 최소한 필자가 청와대 주변에서 봉직하고 있었을 전반기에는 확실히 실천했음을 확인한 몇몇 사례가 있다. 이 선언이 있은 지 몇 달 뒤 청와대를 출입하던 문화방송 기자 한 명이 미국 특파원으로 전출하게 되었다. 관행에 따라 대통령에게 인사를 하고 가기로 했다. 대통령에게 인사를 하면 약간의 전별금을 주는 것이 박정희, 전두환, 노태우 대통령 때부터 청와대 관례였다. 전별인사를 했으나 대통령은 인사를 받는데 그치고, 앉으라든지 차 한 잔 마시고 가라든지 하는 답례도 없이 "잘 가라"는 말 한 마디뿐이었다. 그후부터 전출 기자들의 전별인사 제도는 없어졌다.

정치를 하려면 자금이 필요하다는 것은 동서를 막론하고 공인된 사항이다. 자금의 아웃풋(Out-Put)은 계속되는데 인풋(In-Put)만 봉쇄, 차단하면 결국 많은 부작용과 때로는 뒤로 받을 수밖에 없는 부작용이 따른다. 미국처럼 정치자금 모금회를 열든지 청와대가 나서기 어려우면 당이 나서서 모금을 하고 일정액을 청와대에 넘겨주는 등의 제도가 마련되어야 할 것이다.

김 대통령 때의 이 정치자금 사절문제는 후반 선거 때에 강삼재 한나라당 사무총장이 안기부 수표사용 시비와 관련해, "그 돈은 김영삼 대통령으로부터 받은 것"이라고 진술한 내용을 봐서는 후반기의 사절원칙 준수 여부는 확인할 수 없다.

이보다 더 큰 문제로는 청와대 각실 수석비서관들은 소위 판공비건이었다. 이들의 판공비는 회식 한 번 하고 나면 바닥이 났다. 총무수석이 일반 비서관을 대신하여 돈을 마련해주려니 외부에서 조달할 수밖에 없었고, 나중에는 그것이 몸통론과 깃털론이 되었다. 그러나 비서관들은 이에 자부심을 느꼈고, 기자들도 이런 사정을 이해하여 마찰없이 지나가고 있었다. 그러던 중 김 대통령의 아들 김현철이 비리 혐의와 관련해 구속됨으로써, 정치자금 사절원칙은 그 출발 때의 색채가 퇴색되고 말았고, 김 대통령이 칼국수로 심은 이미지도 하루아침에 공염불이 되고 말았다.

부정부패 일소의 방안으로 공직자 재산을 등록토록 한 '공직자윤리법' 강화와 '금융실명제' 실시 등은 모두 김 대통령이 '변화와 개혁'의 집권 프로그램으로 구상해오던 것을 정책화한 것이다. 그러나 두 개혁은 김 정권에 너무나 큰 대가를 치르게 했다. 금융실명제나 공직자 재산등록제는 그 성격상 하루아침에 단행할 수 없는 것이었다. 공직자 재산등록은 법도 없이 일종의 '혁명적 분위기' 속에서 진행되었다. 몰아치는 압박 분위기는 누구도 이를 거스를 수 없게 했다. 많은 인사들이 공개된 내용에 대해 언론으로부터의 검증작업에서 불성실하다는 판정을 받았다. 법 없는 공개에, 법 없는 검증으로 사표를 내지 않을 수 없는 상황으로 몰아간 21세기의 '마녀사냥' 이었다. 김 대통령과 정부는 원칙과 불가피성을 설명하는 데서 그치지 않고, 자극적 발언으로 더욱 피해자들의 분노를 샀다.

그 대표적인 예가 김영삼 대통령이 실명제 실시 때에 한 "가진 자에게 고통을 주겠다"는 발언이었다. 공직자의 재산공개가 부정부패 근절이라는 시대적 필요성에서 한 것이 아니고 가진 자에게 고통을 주기 위해 했다는 말인가 하는 반문이 시중에서 연기처럼 피어올랐다. 공산 체제로 넘어갔을 때에 자본주 부르주아라고 고통을 받는 것과 얼마나 다를까 하는 반문조차 일었다. 금융실명제는 부정과 비리를 근절하기 위해 필요한 것이었음에도, '검은 돈을 들어내기 위한 것'이라고 정권 핵심에서부터 공공연히 나왔다. 그래서 돈을 가지고 있던 사람들은 '검은 돈' 노이로제에 걸려 말도 못하고 속앓이를 했다.

이런 개혁을 통해 중산 보수층을 지지기반으로 했던 김영삼 정권은 기반을 크게 상실했다. 그 표시가 1995년 지방자치제 선거의 참패로 나타났다. 이 두 제도는 실시 때의 의도대로 부작용을 일축했을 만큼 단호했지만, 나중에는 이런 의도와는 달리 김 대통령의 재임 후기에 이를 뒤집는 조처들이 나와 용두사미가 되고 말았다. 후반에 나온 여야의 '대체입법', '무기명 장기채권제도' 도입, 금융실명제의 핵심인 '금융소득종합과세'의 유보 등이 바로 이런 것들이다.

김 대통령의 국정운영 스타일은, 오랜 야당생활로 정보유출을 우려해서인지 주변 참모들과 사전에 협의하는 일 없이 단독으로 구상하고 단독으로 발표하는 예가 많았다. 그래서 '깜짝쇼'라는 이름으로 통용되기도 했다. 경제 참모가 중요 경제정책을 발표된 뒤에 안다든지, 외교안보수석이 외교안보 정책이 어디서 입안되는지, 의문을 갖는 경우가 많았다. 또 대통령 연설문 작성 등에 있어서 공식 비서관 이외의 루트로 글들이 작성되어 들어오는 바람에 내부에 혼란을 빚은 일도 있었다. 어떤 때는 공보수석이 상부의 지시로 발표한 사항을 담당 수석비서관이 모르고 있다가 취재진들이 몰려들어 질문을 할 때에야 "그런 일이 있었느냐"고 뒷북을 치는 예도 있었다고 전해졌다.

이처럼 참모들이 소외된 결과는 그 참모들로 하여금 정책의 배경과 실효성 있는 추진에 책임 있게 임할 수 있는 여건을 희박하게 한다. 화려한 정책 발표에 비해 내실 있고 지속적으로 추진되지 못한 예가 허다했다는 이야기다. 깜짝 쇼는 국민과 공무원들을 불안케 함으로써, '어느 칼에 맞을지 모른다'는 복지부동의 수동적 자세를 부추겼다. 이래서 '개혁은 혁명보다 어렵다'는 말이 나오게 되었다.

중반부터 레임덕 현상

공직자들이 복지부동의 자세로 바뀌고, 보수 중산층의 지지기반이 흔들리면서 일찌감치 시작된 민주계 내의 권력투쟁은 김 정권으로 하여금 조기 레임덕에 휘말리게 했다.

대통령의 임기는 5년 단임이다. 김 대통령이 1993년 2월에 취임했으니 만기는 1998년 2월이 된다. 민주계는 김 대통령의 취임 1년 후인 1994년부터 김 대통령의 후계를 둘러싼 권력투쟁을 시작했다. 권력투쟁의 초점은 당 사무총장인 최형우(崔炯佑)가 주동이 되어 당 대표 최고위원인 김종필을 몰아내는 작업이었다. 김종필은 당 공식 서열로 김 대통령 다음인 2인자였다. 사고 없이 대통령 임기 말까지 간다든지, 아니면 만에 하나 불행히도 김 대통령에게 어떤 불행이 닥쳤을 때 대권주자는 김종필이 제일 유력한 것이다. 민주계의 불안은 여기에 있었다.

김 대통령은 당초 집권 전반기인 2년간은 '네 사람 내 사람' 의 구별없이 적재적소에 인재를 등용해 필요한 정책과 개혁을 단행하여 권력 기반을 안정시킨다는 생각이었다. 후반기에 민주계를 서서히 등장시켜 집권 때까지 계보의 헌신에 대한 보답도 하고 다음을 준비한다는 복안을 가지고 있었던 것으로 전해졌다.

그러나 으레 그렇듯이 민주계도 집권을 하고 2년씩이나 조바심이 나서 기다릴 수가 없었다. 정권 출발 때부터 민주계 내부에선 '외인부대' (계보 밖의 사람들)가 정권을 점령했다는 불평이 터져나오기 시작했다. 자기들끼리 이미 정부의 섀도캐비닛을 짜놓은 상태에서는 더욱 그랬다. 이들은 계속 김 대통령에게 책임 정치를 하기 위해서는 계보가 정권을 담당해야 한다고 건의하고 있었다.

그 1차적 표출이 김종필 대표에 대한 공격이었다. 김영삼 정부는 1994년 말부터 '세계화' 정책을 추진하고 있었다. 개방화 시대에 맞춰 우리 경제와 국민의 지적 수준에 맞게 세계적 역할을 하도록 체제를 확대하자는 논리였다. 이 세계화 추진과 함께 '당도 세계화를 해야 한다'는 명제가 김 대통령으로부터 당에 주어졌다. 이것이 권력 투쟁으로 나타났다. 민주계의 수장 격인 최형우 내무부장관이(이때는 당 사무총장에서 내무부장관으로 자리를 옮겼음) 공개적으로 "우리 당이 세계화하려면 대표직을 없애야 한다"면서 "현 당 대표는 세계화의 이미지에 맞지 않는다"고 노골적으로 김종필 대표에게 화살을 겨누었다.

이러한 권력투쟁을 인식한 김종필 대표는 대전에 내려가 "도대체 세계화와 나의 퇴진이 무슨 관계가 있느냐"고 반문하고 "날보고 세계화의 걸림돌이라니. 솔직히 말해서 내가 세계무대에서 활동을 더 했으면 더 했지(김 대통령보다) 덜 하진 않았어"라고 몹시 불편한 심기를 표출했다. 김종필은 "마오쩌둥 전기를 읽어보니 정치하면서 동지를 칠 때엔 다른 사람이 문제 제기를 하게 하고 나중에 자기가 치는 수법을 쓰더라"며 김영삼 대통령이 자기를 치기 위해 최형우 장관에게 대리로 발언하게 했다고 우회적인 비난을 하기도 했다.

민자당에서는 이 기회에 김종필 대표를 완전 제거하기로 내부 방침을 결정한 듯했다. 어느 날 김 대표가 대구 지구당개편대회에 참가하기 위해 현지로 떠나려고 하자, 당에서는 '갈 필요가 없다'면서 차편을 봉쇄하는 등 보기 민망할 정도로 멸시를 했다. 오죽했으면 대구에 도착한 김 대표가 지구당 위원장에게 당기를 전하면서 "내가 이일을 하기 위해 온갖 방해를 무릅쓰고 이곳에 왔다"고 사선을 넘어 온 사람처럼 보고를 했을까. 민주계의 계속된 밀어내기 방침을 이겨내지 못한 김 대표는 "표리가 부동한 사람과는 일할 수 없다"고 김 대통령을 재차 비난하기도 했으며, 1995년 1월 19일 당 대표 사퇴 선언을 하고 2월 9일 신당 창당 선언을 했다. 김종필을 제거하기로 마음을 정한 민주계는 김

정권이 발탁한 청와대, 당 그리고 행정부에서, 서서히 외부인사를 걷어내기 시작했다. 정권은 국민 기반의 성격을 잃고 계보 정권으로 축소되어갔다.

김종필은 발표한 대로 신당(자유민주연합)을 만들었고, 자민련은 1995년 6월 27일에 실시한 지방자치제 광역단체장 선거에서 야당으로 투쟁하여 15개 광역자치단체장 중 4곳에서 승리했다. 집권 민자당 5곳, 민주당 4곳, 자민련 4곳, 무소속 2곳으로 여당 패배에 결정적 역할을 한 것이다. 김종필은 1997년 대통령 선거 때엔 김영삼과 영원한 정적인 김대중과 DJP연합이라는 공조체제를 만들어, 김영삼의 정권 재창출을 차단하고 김대중의 당선을 크게 도와 김영삼에게 정치적 보복을 했다.

30년 만에 정권을 담당한 민주계는 경륜보다 욕심을 앞세우고 내 사람을 챙기기에 나선 것은 작은 것을 얻고 큰 것을 잃는 '소탐대실(小貪大失)'의 형국이었다.

이 지방 광역자치단체장 선거의 패배는 민자당과 김영삼 대통령을 초조하게 만들었다. 김영삼 대통령은 선거 패배 1주일 후 청와대에서 열린 당 공식회의에서 "다음 15대 국회의원 선거(1996년 4월 선거)는 내가 직접 챙기겠다"고 선언하면서 누구의 간섭도 배제했다.

정권은 중반도 채 넘기지도 못한 상태에서 레임덕 현상을 보였다. 이른바 외인부대가 청와대와 내각에서 서서히 밀려났다. 김영삼 대통령은 그 자리에 부리기 쉬운 '선거 기술자'인 민주계와 민사연(민주사회연구회)이란 여론조사 기구를 운영하던 둘째아들을 끌어들여 1996년 국회의원선거에 대비하게 했다. 정권은 그 폭이 더욱 좁아지면서 민주계와 김 대통령의 둘째 영식의 절대적 영향 아래 움직일 수밖에 없는 체제로 바뀌었다. 어색한 관계에 있던 이회창(李會昌)을 다시 영입하고 박찬종(朴燦鐘)을 입당시키는 작업들이 이루어졌다.

이러한 기류가 형성되기 전부터 김 대통령의 개인 참모역할을 했던 김현철은 기밀을 요하는 김 대통령의 심부름과 외부의 여론을 전달하는 기능을 맡았다. 김 정권 출범 당시에 김현철을 청와대 수석비서관, 내각책임자, 안기부 간부들을 만나 이야기를 듣고 이를 아버지에게 전달하는 정도로 처신하다가, 날이 감에 따라 입지를 넓혀갔다. 권력과 돈 맛을 알게 된 것이다. 김현철은 매주 일요일에 청와대에 올라가 김 대통령과 가족 예배를 보았는데, 예배 후 여론보고에서 하는 한 마디 한 마디는 주변 사람들의 출세에 결정적 영향을 주면서 부패 센터를 만들기 시작했다. 그를 순수하게 놓아두지 않는 것은 우리 국민의 작태지만, 슬슬 자기 영향력을 넓혀 정치권의 촉각을 한 몸에 모은 것은 그의 성격이었다.

그는 필요하면 청와대 수석비서관이나 안기부의 국내정치 담당 간부로부터 수집된 정치정보를 보고받아서 이를 아버지에게 미리 보고함으로써 '정보 분석력과 수집력'을 인정받도록 처신했다는 것이다. 정부에서 1급 공기관인 안기부는 김현철을 위한 사설기관이 되어가는 느낌이었다.

김현철은 또 여론을 조사해 이를 청와대의 정무수석과 당 사무총장에게 보내어 권력을 행사했고, 정계에서 야망을 키워나갔다는 것이다. 김현철은 청와대 정무수석과 안기부 1차장이 같은 경복고등학교 출신이라는 학연과 그밖에 고려대학교(김현철은 H대학교에서 고려대학교로 편입해 졸업했음) 학연을 주로 해서 패를 만들었다. 그는 여론조사를 근거로 공천에 영향력을 행사했고, 한보그룹 등의 이권 비리에 관여한 혐의로 결국 구속되어 김 대통령으로 하여금 '아들의 허물은 곧 아비의 허물'이라는 치욕에 가까운 대국민사과까지 하게 했다. 이로 인해 김영삼 대통령은 저조한 인기 만회에 장기인 막판 뒤집기 수법을 동원하지도 못할 만큼 권위가 땅에 떨어졌고, 이회창 총리 해임 이후 임기 말까지 떨어진 인기를 회복할 기회를 얻지 못했다. 이렇게 해서 취임 초부터 '역사에 훌륭한 대통령으로 기록되기'를 바랬던 김 대통령의 소망은 큰 차질을 빚고 말았다.

정치에는 돈이 들게 마련이다. 문제는 정치 목적으로 손에 쥐여진 돈을 정치 목적으로 사용하느냐 아니면 주머니에 넣고 자기들끼리 사리사욕을 위해 쓰느냐다. 정치인도 아니면서 정치를 빙자해 정치자금을 조달 사용하면 이것은 부패고 비리다. 돈이 많이 들기는 미국 선거도 마찬가지다. 대통령을 하려면 1천억 달러 이상 들고, 주지사를 하려해도 엄청난 돈이 든다. 초대 대통령이었던 조지 워싱턴은 대통령에 당선된 뒤 취임을 위해 뉴욕(워싱턴 시가 수도로 정해지기 전에는 뉴욕이 수도였다)으로 가기 위해 친구들로부터 100달러를 빌려야 했지만, 얼마 전 루이지애나의 주지사 선거에서 당선된 에드워드는 선거운동에 무려 1천3백만 달러를 썼다 해서 화제가 되었다. 그러나 에드워드는 파산당하지도 않았고 선거 자금을 많이 썼다고 해서 불법으로 몰리지도 않았다. 미국은 정치인의 유명세를 자금화할 수 있는 길을 터놓았고, 이렇게 갹출한 돈이 정치 목적이 아닌 딴 곳으로 새지 않도록 엄격히 규제해놓았다. 유권자와 거리를 좁혀서 그들의 자발성에 의한 자금 조달이 우리와 근본적으로 다르다. 정치인은 정치인다운 방식이 있다. 그 길을 찾아 정치인이 드러내놓고 다양하게 돈을 모을 수 있게 하고, 또 이를 실천해야 한다. 그 길이 막히니 정치인도 아닌 사람이 정치인

행세를 하면서 돈을 만지고, 반대로 정치인은 정치인이 아닌 듯이 비정치적으로 돈을 쓴다.

예를 들어 대통령이 또는 대통령 후보가 돈을 모으려면 보수든 진보든 그의 정책을 선명히 하고 자금을 모아야 한다. "내가 이번에 당선되면 북한의 핵 문제와 관계없이, 설사 그들이 핵무기를 제조하더라도 비료와 쌀을 얼마만큼 지원해주겠다"든지 아니면 "내가 당선되면 핵 문제 해결 없이는 쌀과 비료 지원을 중단하겠다"든지 분명히 밝혀야 할 것이다. 아니면 한총련을 합법화시키겠다든지 한총련에 관련되어 수배당한 학생들을 수배 해제시킨다든지 밝히면서 "이렇게 하겠으니 도와달라"고 해서 자금을 조달해야 한다. 그렇지 않고 선거 때는 이 중요한 사항에 대해 우물우물 넘어가고, 돈은 아는 사람 호주머니 털기 식으로 조달하니, 공개 모금이라 하지만 실제는 사적 모금의 변형일 뿐이다. 그리고 당선되면 오리발을 내미는 식은 일종의 배신행위다.

이념에도 투자 필요

후보나 정당뿐 아니라 돈 가진 사람들도 지지정책에 따라 후보별로 혹은 정당에 평소부터 돈을 지원해줄 줄 알아야 민주주의가 된다.

보수와 진보 간의 싸움이 치열한 미국의 예는 우리에게 참고가 될 것이다. 최근 〈워싱턴 포스트〉가 보도한 미국의 대표적인 보수재단으로는 베젤 재단(건설업 중심), 아돌프 쿠어스 재단(쿠어스 맥주로 대표되는 재단), 프레드 코크 재단(부동산업), 릴리 재단(제약업), 사뮤엘 노블 재단(석유 시추), 존 올린 재단(농화학과 스포츠), 하워드 프리덤 재단(기름), 사라 멜론 스카이프 재단(걸프오일) 등이 있다.

이 중 몇 가지 예를 들면 올린 재단은 1982년에 보수주의 단체에 연구비 지원으로 3백만 달러를 지출했고, 리처드슨 재단도 역시 3백만 달러를 지출했다. 미국에서 공익재단에 헌금을 많이 하기로 상위권에 드는 사라 멜론 스카이프 재단은 보수단체에 기부한 액수만 1천2백만 달러나 되는 것으로 집계되었다. 피츠버그에 있는 '카네기 멜론' 대학의 설립자 카네기와 함께 공동 이름이 붙어 있는 '멜론'이 바로 이 멜론 가문인데, 이 가문의 수익 재단 규모는 2억 5천만 달러, 연수입은 대략 8백만 달러로 추산된다. 이 재단이 지난 22년간 주로 보수단체에 헌금한 액수는 1억 4천 4백만 달러로 집계되고 있다. 특히 이 재단은 '자유의회연구와 교육' 기관에 7백만 달러, '효과적인 법 집행을 위한 사람들의 모임'에 1백만 달러를 지원하는 것과 같이, 어떤 연구소가 완전한 틀이 잡히기 전에 종자 기금으로도 헌금을 많이 하고 있어 진취적이고 창의적인 단체의 육성과 장려에 기여하는 것이 또 하나의 특징으로 되어 있다.

우리는 최근에 가장 성공적인 미국 대통령의 한 사람이었으며 강력한 보수주의자인 로널드 레이건이 성공적으로 8년간의 대통령 임기를 끝냈다는 사실은 알지만, 그가 그렇게 할 수 있었던 배경에 대해서는 잘 모르고 있다. 그가 대통령으로 당선되어 정권을 인수하려 할 즈음, 그의 브레인들이 모인 헤리티지 재단에서 250명의 국회 관계 보좌진들과 행정부 요직을 지낸 인사들, 학자들이 참여하여 '리더십 위임'이라는 3,000페이지의 25권에 달하는 책을 출간했다. 이 책들은 새 행정부가 시작되자 여러 주일 동안 워싱턴에서 베스트셀러가 되었다.

밖으로 나타난 이러한 사실도 물론 중요하지만, 헤리티지 재단은 1

천만 달러 이상의 기금을 각 보수주의 연구소와 네트워크를 구성해 자유롭게 운영하면서 보수세력을 확대했다. 역시 보수단체인 후버 연구소는 레이건 대통령 임기 전후인 1983년 한 해의 예산이 120만 달러에 달했다. 이 보수 연구소와 단체들은 레이건 대통령의 주요 경제정책인 공급 사이드 경제 등을 집중 홍보하는 한편, 신보수주의(Neo-Conservatism, 네오콘)의 핵심용어인 자유·가정·종교·애국심 같은 단어를 자주 사용하여 이들의 사회적 활용을 독점한 것은 장기적 안목에서 보수주의의 성장을 위해 중요한 일이었다. 이것은 또 미국식 사회안정에 절대적으로 필요한 것이기도 했다.

한국에서는 인권·양심수·진보·자주 같은 용어를 좌파나 진보주의자, 사회주의자들이 독점하고 있는 것 같다. 이것은 진보주의 확산에 큰 역할을 하고 있는 것으로 보인다. 진보주의자들과 좌파는 미래에 위한 개혁을 주장하고, 보수주의자들은 현실을 중시한다. 현실에서 기업을 하는 기업가들이 요즈음 불안하다는 말을 자주 쓰는 것은 이념에 투자하지 않은 사회의 필연이라 할 수 있지 않을까 싶다. 외국의 예가 아니더라도 요즘처럼 이념의 색채가 급변하는 시기에 대기업은 우리 사회를 안정시킬 이념에 과감히 투자할 필요가 있다. 사회 이념이 바뀌면 대기업이라도 하루아침에 설 자리가 지극히 좁아질 수 있다는 것은 이제 남의 일이 아니다.

문화부의 공직을 맡고 있을 때 연극인들이 지원을 요청하면서 "기업체에 말 좀 해 달라"고 부탁한 일이 있었다. 그래서 필자가 "기업체에 말을 하려면 그 기업체에 어떤 이익을 줄 수 있느냐를 먼저 생각해 봅시다. 가령 연극배우들이 화려한 무대 옷을 입고 그 업체에서 하루 봉사를 한다든지" 하고 말했더니, 그들은 "연예인을 무엇으로 아느냐"

면서 언짢은 표정을 짓는 것이었다. 정치인이든 예술인이든 모두가 '기브앤드테이크'로 생각해야 한다.

요즘 검찰이나 수사기관들이 뇌물을 받은 사람을 잡아놓고, 거북해서 그런지 대가성 여부를 따진다. 대가성이 없다면 풀어 준다. 그러나 돈을 왜 주겠나? 그렇게 힘들여 번 돈을. 당장의 대가성은 없을지 모르지만 한 다리 건너면 대가성이다. 김영삼이나 김대중이나 아들이 부정을 저질러 복역까지 한 일은 그들 모두가 '대가성 없는 돈'을 너무 쉽게 생각했기 때문이다.

부패방지를 위한 공직자 재산등록은 다음 정권 때지만, A국세청장이 수백억 원의 정체불명 자금으로 재산을 증식한 사실이 밝혀짐으로써 그 효능성에 의문이 갔다. 그뿐 아니라 엄연히 법이 살아 있는데도 김대중 정권 때 안기부 간부들과 주요 정부 관계자들이 연루된 관치 스캔들이 잇따라 터졌던 것을 보면 법 운영이 허공에 떠 있음을 알 수 있다.

공직자 재산등록제가 허울뿐인 점도 있으나, 김영삼 정권 때에 어느 부서 장관을 교섭했는데 그는 '재산 공개에 자신이 없다'면서 거절한 예도 있었다. 평소에 잘 쓰는 일이 없는 암소의 뿔이라도 뿔은 역시 뿔인 모양이었다.

전두환, 노태우 두 전직 대통령은 부정부패 및 쿠데타와 관련하여 구속되었지만, 이들의 소위 비자금의 뇌물 액수는 국민들에게 엄청난 충격을 주었다. 뇌물 액수 적발은 우연이었다. 1995년 10월 국회 본회의에서 박계동 의원(민주당)은 대정부 질문을 통해 "신한은행 서소문 지점에 노태우 전임 대통령의 비자금 3백억 원이 차명계좌로 예치되어 있다"고 폭로했다. 박 의원은 노 대통령의 비자금이 한 계좌에 1백억 원씩 세 개 계좌에 예치되어 있다면서, 계좌번호와 잔액조회표를 증거물로 제시했다. 그러면서 "이는 노태우가 관리하는 비자금 4천억 원 중 일부"라고 주장했다.

이 폭로에 따라 검찰 수사가 계속되자 노태우는 처음의 부인하던 자세를 바꾸어 국민에게 사과성명을 발표하고, "재임 중 5천억 원의 통치자금을 조성했으며 퇴임 당시 약 1천 7백억 원이 남았다"고 밝혀 온 국민들에게 큰 충격을 주었다. 허구한 날 재벌들을 청와대 안가로 불러 헌금 액수에 따라 대통령에게서 가까운 자리에 앉히는 등, 대통령이 앉은 자리에서 근거리 자리 값이 수백억 원씩 했다는 황당한 이야기가 사실로 확인되었다.

전두환, 노태우 두 사람은 무력을 동원해 점령한 대한민국이라는 '전리품'을 마음껏 뜯어먹고 유린했던 것이다. 이들에게 국가란 개인의 물질적 욕망을 채우는 원천이었으며, 무한정한 재화를 지닌 꿀단지였다.

노태우는 40개의 차명계좌를 이용해 시중은행에 1계좌에 1백억 원씩 모두 4천억 원의 비밀 자금을 은닉하고 있던 것으로 전해졌다. 이러한 자금 은닉은 그의 친구이자 민정당 전국구 의원이었던 L씨가 주도했던 것으로 알려졌다. 전두환의 은닉 자금은 더 꽁꽁 숨어서 누설이 안 되고 있는 것으로 이야기되고 있으며, 그의 퇴임 15년 후인 2000년대까지 이 숨은 돈 찾기가 계속되고 있다.

이 꿀 단지는 자신들의 안전을 위한 방편이기도 했다. 노태우는 이 비자금에서 20억 원을 김대중에게 주었다고 고백했다. 야당의 무마 자금이 이 정도에서 끝났는지 더 이상이 있었는지는 누구도 알 수 없지만, 더 있을 것이라는 게 일반적인 추측이다. 김대중은 그 후 노 대통령을 비호하는 발언을 여러 번 하여 돈에 매수된 값을 했고, 이 같은 비호 발언은 세인들의 이목을 끌었다. 이때 노태우와 김대중 간에 돈

심부름을 했던 K씨는 김대중 정권에서 대통령 주변에 중용되었다.

검찰 수사 결과 노태우는 재임 기간에 기업인들로부터 헌금이라는 명목으로 2천 3백 58억 6백만 원이라는 놀랄 만한 액수의 뇌물을 챙겼음이 드러났다. 노태우는 1995년 11월 16일 뇌물수수 혐의로 서울구치소에 수감되었다.

검찰은 전두환에게도 뇌물수수 혐의에 대한 수사를 벌여, 전두환이 재임 중 기업들로부터 총 9,500억 원을 거둬 이중 7천 억 원을 비자금으로 사용해오다가 퇴임 시 1,600억 원을 개인적으로 관리해왔다고 발표했다. 전두환은 재임 시 기회 있을 때마다 역대 대통령들이 임기를 지키지 않았던 점을 지적하면서 단임실현을 강조했다. 그는 이 단임실현의 전제조건으로 두가지의 욕심을 냈다.

첫째는 퇴임을 하더라도 전임 대통령의 예우를 단단히 받아야겠다는 심산이었다. 전임 대통령으로서 국가원로회의 의장이 되어, 중앙과 지방에서 옛날 상왕같이 대우받는 '권력 불변' 체제를 만들어야겠다는 점이었다. 그는 이를 위해 법 초안까지 만들었으나, 사전에 내용이 유출되어 여론이 나빠지자 슬그머니 후퇴했다. 두 번째는 퇴임 후에도 경제적인 부족이 없어야겠다는 점이었다. 그는 하나회 회장으로서 청와대 근무 시에 박정희 대통령으로부터 하사금이나 떡값을 후하게 받아다가 수시로 수도권 주변 군부대장들에게 많은 경제적 혜택을 주었다는 것이다. 이런 혜택을 줄 때마다 돈의 위력과 그것으로 인한 충성심의 표현 등을 누구보다 잘 알기 때문에 돈을 챙겼을 것이라고 보는 견해가 많다.

전두환이나 노태우에 호의적인 인사들은 그가 돈을 확보했다가 여당의 후배 정치인을 키우는 데 썼을 것이라고도 했다. 만약에 전씨가 그럴 목적이었다면, 이 돈을 떳떳이 당을 통해서나 다른 방식으로 내놓을 수 있었을 것인데 그렇게 하지 않은 것을 보면 수긍하기 어렵다.

1심 법원의 판결에 이어 2심 법원은 1996년 12월 16일 전두환에게 추징금 2천 2백 5억 원, 노태우에게 추징금 2천 6백 28억 9천 6백만 원을 각각 선고했다. 뒤이어 대법원은 이들의 상고를 기각함으로써 실형과 함께 재산형도 확정했다.

전두환은 최근에도 많은 부하 동료들과 어울려 골프장과 고급음식점을 드나들고 산행을 다닌다. 어떻게 조달된 돈인지는 알 수 없지만 추징금을 미룬 채 상당한 비용을 지출하고 있어, 은닉 자금이 아직도 상당액에 달하는 것이 아닌가 하는 의혹을 자아내고 있다. 본인은 다른 사람이 대신 지불한다고 하지만 확인할 수 없는 일이다.

민주국가의 원수가 재임 시 이처럼 천문학적 숫자의 뇌물을 챙긴 예는 일찍이 없었다. 이들의 통치를 받았다는 것은 국가적 수치다. 대통령 재임 시에 전두환과 노태우는 봉급자가 수백 년을, 한 푼도 쓰지 않고 모아야 될 만한 국민의 돈을 도둑질한 꼴이다. 그럼에도 이 두 사람이 아직도 얼굴을 들고 서울 거리를 헤집고 다닐 수 있는 것은 국민들이 너무 관대하기 때문이다. 김 대통령은 임기 말 대통령 권한으로 전두환, 노태우를 사면복권하여 2년여 복역의 교훈만으로 이들을 사회에 복귀시켰다. 묶은 자가 풀어준 셈이다.

보수와 진보의 뒤범벅

김 대통령 통치의 큰 실책인 IMF사태를 보더라도 그렇다. 김 대통령의 회고록(하권)을 보면, 강경식(姜慶植) 경제부총리와 김인호(金仁浩) 경제수석이 있었음에도 불구하고, 김 대통령은 이 중대한 사태를 홍재형(洪在馨) 전임 재무장관의 전화보고와 경제수석실의 윤진식(尹鎭植) 비서관의 개인적 보고만을 통해 알게 되었다고 한다. 이 수습 역시 상공부장관이었던 임창열(林昌烈, 개각 때 경제부총리로 승격)을 통해 이루어졌음을 보더라도 청와대 내부질서에 혼란이 심했던 것 같다. 다시 말해 보고가 제대로 이루어지지 못했거나 보고를 했으나 제대로 전해지지 못했던 것 같다.

김영삼 대통령은 'IMF 때 이를 수습하려던 자신의 노력을 무시하고 경제도 국익도 외면한 채 오로지 대통령 선거의 승리만을 위해 질주했다'고 정치인들의 자세를 비판했다. 수많은 국민들에게 아픔을 주었을 뿐 아니라, 이를 계기로 많은 부를 외국으로 빠져나가게 한 이 엄청난 사건이 누가 어떻게 해서 일어났는지조차 명쾌하게 규명되지 못하고 있는 것은 우리의 후진성을 보여주는 것이다.

김 대통령은 취임사에서 대북정책에 관해 '피는 동맹보다 진하다'고 말함으로써 국민들에게 한국과 미국의 동맹보다 같은 민족인 북한을 우선시하는 인상을 주었다. 그 후속으로 3월 18일 무기수였던 이인모 노인을 아무 조건 없이 판문점을 통해 북으로 보냈다. 정부는 '북측이 이에 대해 최소한의 상응하는 화답이 있을 것'으로 기대했고, 김영삼 대통령도 '북에서 어떤 조처가 있을 것'이라고 공언까지 했으나 북측은 아무런 화답도 없었다. 북측은 이인모 노인을 자기들 체제강화에 이용했을 뿐이다. 이것은 잘못된 정보에 의한 잘못된 정책이었을 수도 있으나, 청와대 안에 북한을 호의적으로 생각하는 이른바 좌파 인사들이 지나친 건의 때문일 수도 있다. 이 무렵부터 청와대 내부에 좌파가 많다는 여론이 돌았고, 구체적으로 거명되기까지 했다. 보수주의 상징처럼 되어 있던 김 대통령이 좌파의 영향을 많이 받는다는 소문은 그의 집권 장래를 위해 좋지 못한 일이었다.

그의 취임사가 김 대통령의 철학과 정치 색깔을 어느 정도 반영했는지 알 수 없었다. 그러나 일단 김 대통령이 취임사를 읽은 이상 모든 내용을 김 대통령의 견해라고 보지 않을 수 없다. 김영삼 대통령이 과감한 군 개혁을 단행하고, 한국 정치인으로 최초의 소련 방문자가 될 수 있었던 것은 그가 한국 보수주의 대표로 일컬어질 만한 배경을 가지고 있었기 때문이었다.

소련이 붕괴되기 전인 1990년 12월에 소련 공산당 기관지인 〈프라우다〉의 초청으로 소련을 방문한 적이 있었다. 그때 필자는 〈프라우다〉지의 주필이자 소련 공산당 선전담당 정치국원인 이반 프로로프와 환담하는 자리에서 다음과 같이 물었다. "한국에 많은 정치인들이 있는데 왜 소련은 김영삼 씨를 제일 먼저 초대했는가?"(김영삼은 1989년 6월 1일 한국 정치인으로는 최초로 소련의 장기 외교정책수립 기관인 세계경제 및 국제관계 연구소(IMEMO)의 프리마코프 의장의 초청을 받아 소련을 방문했다. 김영삼 자신과 일부 인사들은 김영삼의 소련 방문을 인간의 달 착륙에 비유했다.)

프리마코프 주필은 "대한민국 국민들에게 가장 설득력 있는 사람을 선정한다는 원칙을 적용하다 보니 그렇게 된 것"이라고 말하고, "설득력이란 구체적으로 소련과 제일 먼 거리에 있는 사람이 소련에 대해 말할 때 생긴다고 본다"고 부연했다.

이런 설명은, 소련에 대해 우파 보수주의자인 김영삼이 거론할 때에 설득력이 제일 크다고 판단했다는 것이다. 소련이 서독과 수교를 하기에 앞서 서독 정치인과의 교류를 시작할 때 골수 우파였던 슈트라우스 국방장관(바이에른 주정부 수상)을 맨 먼저 초대했던 것과 같은 논리였다.

보수주의자인 김영삼은 과거 민주당에서 조병옥 박사의 각별한 사랑을 받았고, 1963년엔 민중당 대변인을 맡았다(김대중도 한때 야당 대변인이었다). 당시 제1야당이던 민중당은 한국의 야당이 처음부터 그랬듯이 지주계급, 관료출신, 명망가들이 주류를 이루었으며 보수주의의 기본 틀을 깔고 있었다. 이러한 보수 정당에서 그는 1965년 37세라는 젊은 나이에 파격적으로 원내총무에 임명되었으며, 그 후 원내총무에 재선되어 보수 지도자로의 면모를 확고히 했다. 김영삼은 뒤이어 확대 개편된 야당인 신민당에서 다시 세 번의 원내총무를 더 했으며, 46세에 최연소 야당 당수가 됨으로써 한국 보수진영의 간판이 되었다.

그의 주변이 얼마나 보수성이 강했는지는 언젠가 김 대통령이 이 짙은 보수성을 개탄했던 대목에서 잘 드러난다. 1969년 11월 41세이던 그는 느닷없이 '40대 기수론'을 외치며 자신이 대통령 후보로 나설 것을 밝혔다. 이에 대한 당내 반응은 냉랭했으며, 유진산 당수도 부정적이었다. 다른 고위 당직자들의 반응도 비슷했다. 이런 분위기에 대해 김영삼은 "보수의 벽이 너무 높다"고 개탄했다.

그가 후에 대통령에 당선된 뒤 과감하게 군 개혁을 추진할 수 있었던 것이나 공산당에서 전향하지 않은 이인모 노인을 무조건 북한으로 보내주는 등의 대북한 정책을 쓸 수 있었던 것도 모두 그의 트레이드마크가 된 보수성 때문이었다. 군을 개혁할 때 누구도 그의 의도를 의심하지 않았다. 위계질서가 분명하고 전통을 지킨다는 점에서 보수성이 강한 군부에서도 그의 개혁을 의심하지 않았다.

자타가 공인하는 보수정당 속에서도 그가 1974년 8월에 제1야당인 신민당의 당수가 되었을 때는 46세(신익희가 당수가 되었을 때엔 61세, 조병옥 62세, 장면 60세, 윤보선 66세, 유진산 65세)로 역대 당수 중 제일 젊은 당수였다.

노동제도 개혁에 좌절

김영삼은 대통령 집권 기간에 예술의 전당에서 열린 '이승만과 나라 세우기 전'을 특별 관람함으로써 독재자라고 비판했던 이승만 대통령과 역사 속에서 화해했다. 그리고 중국 홍구공원(虹口公園)에 있던 역대 대한민국 임시정부 대통령인 박은식(朴殷植) 선생의 유해를 효창공원으로 이장했다. 김영삼 대통령이 '이승만전'을 특별 관람했다는 것은 이 대통령이 주동이 되어 설립한 대한민국에 국가의 정통성을 부여함과 함께, 당당한 국민에 의한 정부임을 다시 한 번 확인해주는 것이었다. 김 대통령은 최소한 박은식 대통령이 봉직한 상해 임시정부와 이승만이 승계 발전시킨 그 임시정부의 법통을 대한민국이 이어가고 있음을 웅변으로 말한 것이다.

김 대통령은 이런 국가적 명목을 세워가면서 '역사 바로 세우기'에 나섰다. 이 대원칙 아래 일본의 조선총독부 건물이었던 중앙청 건물을 철거하고, 그 자리에 옛날 경복궁을 복원토록 했다. 중앙청 건물 철거에 대해서는 시중의 반대 여론이 심했었다. 그러나 찬성과 반대는 정책 선택의 문제였고, 이는 이미 김 대통령의 근본 철학에 의한 것이었다.

그가 대통령이 되기 전에도 평소 즐겨 쓰던 단어는 '나와 내 조국'(『나와 내 조국의 진실』이라는 저서처럼) '나와 우리 당' 처럼, 조국이나 당과 같은 공적 단어들이었다. 그는 대통령 집무 시에도 "근래에는 애국심, 조국에 대한 충성 같은 단어가 없어졌다"고 몇 번이나 개탄했다고 측근들이 전했다.

김 대통령은 집권 초에 재야에 있을 때부터 구상해온 개혁 프로그램의 실천에 중점을 두었다. 후반기엔 국가 현실에 비추어서 세계 경쟁력 강화에 필요한 개혁에 중점을 두었다. 그 중의 하나가 노동법 개정이었다.

1987년과 1988년의 대규모 노사분규는 노동법개정 필요성을 부각시켰다. 원래는 노동자의 숫자가 너무 많고, 기업과 노동자 간의 미묘한 관계가 얽혀 노태우 정권에서도 본격적인 노동법 개정작업이 이루어지지 못했다. 그러나 아무리 어렵다 하더라도 그냥 넘어갈 수는 없는 것이 또한 노동법이기도 했다.

김영삼 정부는 1996년 4월 21세기를 향한 노사개혁위원회를 구성, 근 6개월간 노동자, 학계, 법조계, 언론계 등 각 분야의 의견을 들어 노동법 시안을 만들었고, 이를 토대로 법률 개정안을 만들어 이해 말에 임시국회를 열어 단독으로 통과시켰다. 개정법안은 정리해고제 도입, 노조파업 시 대체근로 인정, 상급 복수노조 인정, 노조 전임자들에 대한 유급 제도 5년 후 폐지(외국에선 기업체 안에서 일하지 않고 노조 업무만 보는 노조 전임자들에 대해서는 기업주가 급료를 주는 것이 아니라 노조가 회비에서 준다) 등을 골자로 했다. 야당은 반대하는 노조를 등에 업고 격렬히 반대했다. 여기에 할 수 없이 여당은 2월에 다시 임시국회를 열어 내용을 상당히 완화한 개정안을 다시 통과시켜야 하는 진통을 겪어야 했다.

김영삼 정권의 핵심 인사들은 이때 야당이 조금이라도 협조해주었더라면 외국의 투자유치도 훨씬 쉬웠을 것이라고 말했다. 또 IMF 때 대량의 정리해고까지는 없었을 것이라고 강하게 비판했다. 노동법 통과 실패로 김 대통령의 막판 뒤집기는 실패했다. 이에 반대했던 김대중도 스스로 대통령이 되어서 이 노동법 문제로 고난을 당해야 했다. 김영삼 정부는 이에 앞서 노동자가 노동을 하지 않고 파업을 했을 때는 노동하지 않은 시간만큼 임금에서 제한다는 '무노동 무임금' 원칙을 확립했으나, 끝내 이를 지켜내지 못했다.

전두환, 노태우 정권에 이어 출범한 김영삼 정권은 국민적 합의로 이어받을 만한 이데올로기가 없었다. 물론 두 전임 정권도 보수 정권임에는 틀림없었지만, 김영삼 정권 관계자들에겐 보수에 앞서 군인 정권이라는 관념이 더 컸던 것이 사실이었다. 이들 전임 정권과 무엇인가 다르다는 것을 과시하고 싶었던 것이 김영삼 정권이었다. 그래서 김 정권에서는 주요 정책 앞에 '신'이란 특별한 관사를 붙였다(김영삼 정권뿐 아니라 김대중 정권도 예외는 아니었지만). 경제정책—신 경제정책, 외교정책—신 외교정책, 교육정책—신 교육정책, 문화정책—신 문화정책 등. 그러나 이 새롭다는 뜻의 '신' 자가 붙은 정책 중에 새로운 것은 없었다. 다만 마음이 새롭다는 정도였고, 새롭게 하고 싶다는 의욕을 나타낸 정도였다.

종반전의 혼란, 정권 재창출 실패

김영삼 대통령은 임기 만료 불과 4개월 전, 대통령 선거를 2개월 앞둔 시점에서 시작된 여당의 폭로전에서 어떻게 처신해야 할지를 놓고 큰 고민에 빠졌다. 이회창 캠프에서는 이 폭로전이 대통령 선거전의 양상을 완전히 바꾸어놓을 거라는 기대와 확신이 있었지만, 대통령이라는 보다 큰 차원에서 보면 위험하기 짝이 없는 일이었다. 여기에 김대통령의 고민이 있었다.

신한국당 전당대회가 끝난 뒤 1주일 후에 강삼재(姜三載) 사무총장은 특별기자회견을 통해 야당의 김대중이 무려 365개의 차명계좌와 도명계좌를 통해 670억 원을 관리하고 있다고 폭로하고 검찰 당국에 수사를 요구했다. 이러한 1차 폭로가 있은 뒤 10월 10일 2차로 이사철(李思哲) 당 대변인은 김대중이 1992년 대통령 선거를 전후해 재벌급 기업체 열 군데로부터 134억 원을 받았다고 폭로하고 이를 검찰에 고발했다.

그런 폭로가 있은 뒤 4일 후인 10월 14일 신한국당 송훈석(宋勳錫) 의원은 김대중이 1987년부터 10년간 부인과 며느리 등 친인척 이름으로 3백 개의 차명계좌를 두고 378억 원을 은닉, 관리해왔다고 폭로했다. 검찰에서는 이러한 폭로가 당연히 검찰에 고발되었다는 형식상의 절차를 떠나서도, 비리 내용이 구체적이며 신빙성 있는 자료를 갖추었기 때문에 수사를 하지 않을 수 없는 입장이었다.

선거를 눈앞에 둔 시점과 "이제 몇 백 년만에 호남인이 집권하여 한을 풀 기회가 왔다"는 호남인들의 기대와 심경을 고려한다면 수사를 함부로 할 수 있는 상황이 아니었다. 만약 수사를 하고 구속을 한다면 그 후에 정국이 평안할 수 있을지 대통령은 심사숙고하지 않을 수 없었다. 또한 민심에 동요가 생기고, 호남에서 다시 광주민주화운동 같은 폭동이 일어난다면 대통령 선거는 불가능해질 수밖에 없다. 그러면 문민정부는 어디로 갈 것이며, 선거가 없는 정국은 누가 주도를 할 것인가? 답변은 자명했다. 정권을 다시 군인들 손에 넘기는 결과가 되고, 그럴 경우 문민정부를 이끌어온 김 대통령은 문민정부를 결과적으로 파괴하는 모양이 된다. 이런 대국적 차원에서 검찰수사를 보류시킬 수 밖에 없었다는 것이다.

김 대통령은 김태정(金泰政) 검찰총장에게 수사보류를 지시했고, 김 검찰총장은 10월 21일 수사보류를 발표했다. 이 지시가 있자 이회창 후보 측은 즉각 반발했고, 노골적으로 김 대통령을 비난하기 시작했다. 수사보류 지시가 있은 다음날인 22일, 이회창은 기자회견을 갖고 한나라당의 명예총재인 김 대통령의 즉각적인 탈당을 요구했다. 그리고는 일간신문에 전면광고를 내고 김 대통령의 즉각 탈당과 김대중에 대한 수사보류 지시를 맹렬히 비난했다. 이회창 후보 측은 신문을 통한 비난을 거듭하면서, '지역필승대회' 라는 명칭의 집회에서 '03 마스코트 때리기' (03은 김영삼을 의미)라는 지독히 인신 공격적인 행사까지(11월 6일 포항)를 벌였다.

이회창 후보는 김영삼 대통령의 청와대 회동제의를 "김대중의 수사보류를 철회하지 않는 한 만날 필요가 없다"고 거부했다. 일이 이 지경에까지 오자 일부 의원들은 탈당을 거론하기 시작했다. 또한 정가에서는 김 대통령이 대가 센 이회창 후보가 아닌 대화가 되는 이인제(李仁濟) 후보를 민다는 말이 그럴싸한 근거와 함께 퍼져나가기 시작했다.

그 근거란 김 대통령이 이회창 후보의 거부로 무산된 청와대 회담이 이인제 후보, 김종필 자민련 총재와의 회담으로 이어졌고, 오랜 동안 김 대통령의 분신으로 통해왔던 부산의 서석재(徐錫宰) 등이 한나라당을 탈당하고 이인제를 밀기로 하는 등 김영삼 계보 일부가 이인제 후보 쪽으로 이동하고 있는 점 등을 지적했다.

이렇게 험악한 분위기가 계속되자 김 대통령은 11월 7일 급기야 탈당을 단행했다. 탈당과 함께 부산과 경남의 전통적인 김영삼 지지세력 일부도 이회창 후보 지지에서 떨어져 나갔다. 부산을 연고로 김영삼의 권유를 받아들여 한나라당 대통령 선거대책공동의장을 맡았던 박찬종조차도 이회창에 대한 적극 지지에서 멀어져 회의적 자세로 돌아섰던 상황도 이회창 지지세력 축소의 예로 들 수 있다.

이회창 후보와 김영삼 대통령은 황금 같은 선거 종반전에 왜 이런 불화를 일으켜 선거에 중대 영향을 미치게 했을까? 다시 말해 이회창 후보 측은 선거 종반을 위한 비장의 대책으로 김대중의 자금 비리를 터뜨린 것인데, 김 대통령이 호흡을 맞춰 주지 않았기 때문에 차질을 빚은 것이라고 단정했다. 이회창 후보 측은 김 대통령의 인기가 하락했고, 그를 몰아치면서 자신이 김 대통령과는 전혀 관련이 없다는 것을 부각시키면 선거전에 유리할 것으로 전략적인 판단을 했던 것이다.

김 대통령은 이회창 후보의 이 폭로전이 호남 민란을 촉발할 여지가 많은 위험한 대책이었다며, 당의 명예총재이며 현역 대통령에게 일언반구의 상의도 없는 그런 대책이 나올 수 있느냐고 오히려 반문하는 자세였다. 이회창 측은 선거가 끝난 다음에도 김 대통령이 이인제 후보를 지원했기 때문에 이런 일이 일어난 것이라고 분석했다. 김 대통령의 호남 민란 운운은 선거 때면 으레 나올 수 있는, 종반전을 깔아뭉개기 위한 구실에 불과했다고 비판했다.

여하튼 이런 불화 속에서 끝난 선거에서 이회창 후보는 45만 표 차이로 패배했으며, 여당 후보의 지지기반인 부산 경남에서는 이인제 후보의 표가 30퍼센트 선이나 나왔다. 이회창 후보가 김 대통령을 비난하고 당에서 나가라고 요구를 하는 등의 자세에 부산 경남의 시민들이 실망하여 김대중 지지에서 이인제 지지로 돌아섰는지, 혹은 김 대통령이 이인제를 지원해서 이렇게 많은 표가 나왔는지는 분석되지 않고 아전인수식의 해석만이 있었다. 그러나 그 어느 쪽이든 간에 이회창 후보는 김영삼 대통령의 영향력을 과소평가 했던 것은 사실이다.

국민의 입장에서 이러한 선거 종반전을 보면서 두 가지 점에 관심이 갔다. 첫째는 비록 여권의 전략에 따라 수사는 보류되고 선거가 끝난 뒤에도 이 문제는 흐지부지되어버렸지만, 김대중이라는 한 사람의 정치인을 보면서 정치가들이 어떤 생활을 하느냐는 점이다.

당시 여권이 세 차례에 걸쳐 폭로한 내용에 의하면 김대중은 무려 365개의 가명·차명계좌를 통해 돈을 관리했으며, 기업과 정치권에서 받은 거액의 검은 돈을 관리했다. 특히 과거 대통령 선거 때 쓰고 남은 돈이 62억이나 되었다. 무슨 사업을 해서 이렇게 많은 돈을 벌었겠는가? 국민들은 한번 선거에 지면 깨끗이 물러나고 다른 후보로 심판을 받게 해야 한다고 말하고 있다. 그러나 선거 출마가 이렇게 큰 이윤이 남는 장사인데 출마 포기가 과연 가능한가? 한국에선 대통령 선거든 국회의원 선거든 출마하면 여러 곳에서 돈을 짜낼 수가 있다. 짜고 우려낼 명분이 생기기 때문이다. 집권자와 기업의 유착관계는 정치자금과 통치자금의 조달이 되는 것이고, 이 대부분은 이권과 협박에 의해 거래된다. 야당이 이렇게 많은 돈을 짜낼 수 있다면 여당의 경우는 더 말할 필요도 없다. 전두환, 노태우 대통령이 재임중에 챙긴 거액의 돈도 결국 이런 유형과 크게 다를 게 없다.

두 번째로는 종반전 이후 선거전이 이회창 후보와 김 대통령 간에 대화 없이 진행되었다는 점이다. 전두환 대통령과 노태우 후보의 경우엔 전 대통령이 자금 지원은 물론 "선거에 필요하면 나를 밟고 가라"고 공언하며 6·29전략 등을 수립한 것과 비교하면, 선거전이 진행되는 과정에서 이 후보와 김 대통령 관계는 지나치게 소원했다. 대권을 건 싸움인데 이렇게 소홀할 수가 있었나 하는 느낌이다.

이러한 두 사람의 소원한 관계는 김 대통령이 취임 초에 시작된 것으로 보인다. 당시 대법관이던 이회창은 감사원장으로 발탁되었으나, 감사원법을 고쳐 감사원 정원을 신축성 있게 운영하려는 등 고집을 부렸다고 해서 총리로 전임되었다. 그러다 총리와 내각의 권한문제로 총리직에서도 해임되었다. 재야로 돌아간 이회창은 대중적 인기를 발판으로 총선 때 여당 선거대책위원장을 맡으며 당내 입지를 굳혔고, 이어 한 단계 뛰어올라 집권당 대표로, 다시 집권당 대통령 후보로 선출되었다. 그렇지만 불행히도 이 후보나 김 대통령은 서로 인간관계를 개선하지 못했고, 포용성이 부족한 상태였기 때문에 두 사람은 이러한 선거 전략의 큰 차질이라는 일생 일대 통한의 실수를 범한 것이다.

나는 미래 대통령이다

김영삼 대통령의 성장과정을 보면, 그는 오로지 대통령을 목표로 살아왔다. 그는 1927년 경남 거제도 외포리 장목면 큰닭마을에서 할아버지로부터 어장을 물려받아 운영하던 아버지 김홍조(金洪祚)와 어머니 박부련(朴富連) 사이에서 외아들로 태어났다. 김 대통령의 할아버지는 자기 땅에 '신명교회'라는 작은 교회를 세울 만큼 신앙심이 강했고, 이 교회는 지금도 김영삼의 생가 뒤편에 있다. 할아버지의 신앙은 아버지를 거쳐 김 대통령에까지 이어졌다. 아버지 김홍조는 김 대통령이 대통령에 당선될 때까지 생존해서 김 대통령의 대통령 당선확인서를 보고 김 대통령과 함께 즐거워하던 모습이 언론에 보도되기도 했다. 김 대통령은 매일 고향의 아버지에게 문안전화를 할 정도로 효자였다. 그는 대통령이 된 후 비서관들에게 부모에게 안부전화를 자주 하라고 말했다.

소년 영삼은 어려서 한학을 배웠고, 초등학교 때는 4학년쯤에 조그마한 어촌의 분교격인 외포리초등학교에서 좀더 규모가 큰 본교급의 장목초등학교로 전학했다. 집에서 약 40리 떨어진 학교로 전학한 일은 소년 영삼에게 여러 가지 변화를 주었다. 어린 그가 부모와 친구들을 그리워했을 것은 두말할 필요가 없지만, 그 나이의 외동아들을 조금 더 큰 학교로 보내기 위해 집을 떠나보낸 부모님들의 결심도 대단하다.

소년 영삼은 초등학교 때부터 대학 때까지 타지에서 생활을 했기 때문에 어떤 면에서는 조숙했고 독립심이 강했으나 후유증도 있었다. 소년 영삼은 어렸을 때부터 돼지고기를 먹지 못했다. 그것은 아이러니컬하게도 어머니의 사랑과 연관이 있다. 외지에 하숙하고 있을 때, 한번은 집에 오니 어머니가 돼지다리 삶은 것을 주면서 먹으라고 했다. 외지에서 먹는 게 부실했던 소년 영삼은 이 돼지고기를 무리하게 먹다가 체하는 바람에 고생을 많이 했었다. 그 후부터 소년 영삼은 돼지고기만은 입에 대지 못했다. 그런데 훗날 민주산악회시절, 산에 올라갔다가 동료들이 돼지고기를 맛있게 먹는 모습을 보고 용기를 내어 먹어본 후 '먹을 만하다'고 판단해서 이때부터 다시 먹기 시작했다.

장목초등학교를 졸업한 뒤 소년 영삼은 통영(統營)중학교에 입학했고 그때 일본인 학생들과 싸워 무기정학을 당하기도 했다. 그가 해방을 맞은 당시 통영중학 3학년 때도 일본인 반장을 패서 무기정학을 당했었다. 해방이 된 후에는 일본 아이들의 귀국으로 자리가 많이 경남중학교로 전학을 했다. 소년은 이때부터 본격적으로 체력과 인격의 성장기를 맞았다. 그는 축구부에 들어 주로 하프 포지션을 맡았는데, 이때 혈기왕성한 축구선수들끼리 싸움도 숱하게 했었다.

소년 영삼은 장래 포부에 부풀어 책상머리에 '미래의 대통령 김영삼'이라고 써놓고 꿈을 키워갔다. 친구들이 하숙방에 놀러 왔다가 "이게 뭐냐"면서 떼어버리면 그는 다시 써 붙였고, 떼어버리면 또 써 붙이고 해서 친구들도 그 후엔 "이것이 영삼이의 일시적 장난이 아닌 장래 꿈이구나"하고 이해하며 다시는 떼지 않았다 한다. 경남중고등학교를 졸업한 그는 서울대학교 철학과에 입학함으로써 거제도에서 유일한 서울대학교 학생이 되었다.

전쟁 기간에 장택상(張澤相) 국무총리의 비서관을 거치면서 정치의 꿈을 구체화해 나가기 시작했으며, 그즈음 고향인 거제도에 자주 들르기도 했다. 그는 1954년 비서관직을 사임하고, 피선거권을 얻은 26세의 나이인, 그해 5월 20일에 실시되는 제3대 국회의원 선거에 출마를 결심했다. 그러나 주변에서 그의 결심에 대해 반대가 많았다. 심지어 그의 부친까지도 반대했다. 선거에 출마하기엔 나이가 너무 어리다고 다들 말렸다. 다만 그의 어머님만은 "결심이 섰으면 한 번 해보라"는 격려와 함께 경제적 지원을 나섰다.

김 대통령은 지금도 어머님에 대한 생각이 남다르다. 아버지를 대신하여 시골의 생업인 어장을 앞장서 돌보는가 하면, 계절이 바뀌면 여러 종류의 마른 고기를 가지고 서울에서 신혼살림을 하는 아들집에 왔다. 하지만 내외에게 불편을 줄까봐 단 하루도 유숙하는 일이 없이 그냥 고기만 주고 갔다. 어장 일로 바쁘다는 핑계를 대고 그날로 부산으로 가곤 해서, 단 하루도 아들집에서 잔 일이 없다고 했다. 김 대통령은 당시 어머니를 강권해서 하루라도 묵고 가게 하지 못한 일을 지금도 한으로 간직하고 있다(1950년대엔 서울—부산 간 교통수단은 하루에 몇 번 다니는 기차가 전부였다). 눈매를 비롯해서 외모조차 어머니를 꼭 빼닮은 김 대통령은 어머님이 무장공비의 흉탄에 맞아 돌아가신 비극을 잊지 않기 위해 지금도 어머니가 돌아가신 거제도 생가에 어미니를 관통하고 벽에 맞은 흉탄 자국을 그대로 남겨두고 있다. 공산당을 싫어하는 사적인 이유이기도 하다.

집권당인 자유당 공천으로 전국 최연소 의원이 된 그는 이승만 대통령이 3선의 길을 트기 위해 사사오입 개헌을 하자 자유당을 탈당하고 그 후부터 야당의 길을 걸었다.

김영삼은 서울대 철학과에 다닐 무렵 첫사랑인 H라는 여인을 마음에 두었다. 그러나 한국전쟁이 터지고 두 사람은 기약 없이 헤어졌다. 전쟁이 터졌다는 말을 듣고 그 여인의 집으로 뛰어갔으나, 집 주변은 이미 피난민들로 어수선했고 집은 비어 있어 작별 인사조차도 못하고 돌아왔다. 이렇게 이별을 했으니 서로 소식을 알 리가 없었.

그런 사이 김영삼은 고무신 공장을 하는 예비 재벌급의 맏딸이었던 현재의 부인 손명순(孫命順)과 결혼했다. 그리고 고향인 거제도에서 최연소 국회의원으로 당선되었다. 전국적인 명사가 되자 한국전쟁 때 헤어졌던 H여인의 소식도 알게 되었다. 영어를 잘하던 그 여인은 우방의 어느 대사 부인이 되었다가, 대사가 죽는 바람에 젊은 나이에 홀몸이 되어 있었다. H여인으로부터 이런 이야기가 전해오면서 '한번 만나자'는 전갈이 왔다.

김 의원은 만나고 싶었지만, 끝내 만나지 않았다고 한다. 만남이 어쩌면 정치 인생에 영향을 줄지도 모르기 때문에 단념했다는 게 김 의원의 회고이다. 부인인 손 여사도 이 여인과의 관계를 후에 알게 되었다. 대통령의 꿈이 있었기에 처신에 신경을 썼고, 자칫 감정적으로 치달을 수 있는 일들도 이성과 의지로 자제를 한것이다.

국회의원을 했고 5선의 원내총무를 하면서 김 의원은 국가안전기획부와 수없는 의견 충돌을 벌였고, 그로 인해 초산 테러와 미행·도청·가택수색·가택연금 등 시련을 겪었다. 여섯 차례의 가택수색을 겪으면서 김 의원이 진정 가슴 아팠던 것은 현실적 괴로움이기보다 그가 나중에 쓰려고 모아두었던 각종 사진들의 분실이었다. 정보기관에서 압수라는 이름으로 가져가버렸기 때문이다. 그는 나중에 사진을 돌려달라고 요구했지만, 제대로 반환받지 못했다. 수사기관에서 나름대로 김 의원에 대한 기록용 앨범을 만들고 있었다는 이야기도 있었다.

필자도 중앙정보부에 연행되어 이것저것 신문을 당한 적이 있었는데 그때 김 총무에 관한 사진 여러 장을 내놓으면서 심문을 당했다. 이로 인해 중앙정보부가 신문할 때 자료로 이용하고 있음을 알게 되었다. 이런 것을 보면 정보기관이 김 총무에 관한 기록앨범을 만들었다는 말은 사실 같았다.

40대 기수론 들고 나온 홋카이도 구상

1971년 대통령 선거를 앞두고 여당인 공화당은 발 빠르게 준비에 나섰다. 대통령의 3선 출마를 가능케 한 헌법개정안을 1969년 9월 14

일 새벽, 국회 별관에서 단 6분 만에 변칙 통과시킨 기세 속에서 박정희 대통령을 후보로 결정할 것이 분명했다. 분명하다기보다 박정희라는 인물을 위해 개헌한 것이기 때문에 의문의 여지가 없었다.

야당은 유진오(兪鎭午) 당수를 대통령 후보로 예정하고 있었으나, 유 당수가 선거전이 벌어지기 전인 1968년 11월에 쓰러져 당무를 보지 못하게 되었다. 당에는 수석부총재 유진산을 비롯해 이재형, 정일형, 조한백 의원 등 네 명의 부총재가 있었다. 유진오 당수의 1차 대안으로 수석부총재일 뿐 아니라 최대 파벌의 리더인 유진산이 있었지만, 유진산은 국민들 간에 '사쿠라'라고 알려져 이미지가 좋지 않았다. 또 너무 노쇠하여 1970년 1월 전당대회에서 당수로는 몰라도 대통령 후보로서는 현직의 박정희 대통령과 상대가 안될 만큼 많은 결함을 지니고 있었다. 이런 여건 아래서 야당 원내총무로 3선개헌 반대 운동에 패배하여 허탈감에 싸여 있던 김영삼 총무는 야당의 새로운 진로를 모색하고 있었다. 그 새로운 비상 탈출구가 1969년 11월 8일 폭탄을 투하하듯 선언한 '40대 기수론(騎手論)'이었다.

김 총무는 '40대 기수론'을 주창하기까지 많은 고민을 했다. 과연 보수의 벽이 두꺼운 한국 사회에서 이를 이해해줄 것인가? 그에 앞서 서열을 중시하는 야당에서 이를 당론으로 수용해줄 것인가? 이런 주창을 했을 때 다른 40대, 예를 들어 김대중이나 이철승 등이 호응해줄까? 소속 의원들은 어떤 반응을 보일 것인가? 김 총무는 중앙정보부의 눈을 피하여 이 문제를 깊이 있게 논의하기 위해 측근 중의 측근이며, 고 조병옥 박사의 아들인 조윤형(趙尹衡) 의원(조순형 의원의 형)과 함께 1969년 말 한국인이 드문 일본 홋카이도(北海道)를 찾았다. 3대 국회 때 원내에 들어온 김 총무는 선이 굵은 조병옥 박사를 좋아했고, 그와 정치노선을 함께했다. 1950년 2월 조병옥 박사가 미국 월터 리드 육군 병원에서 암 수술을 받다가 사망한 뒤에 둘째 아들 조윤형은 유학으로 머물고 있던 미국에서 급거 귀국해 정계에 입문했다. 그런 연유로 5대 국회의원 선거를 통해 원내에 들어온 그와 김영삼 총무는 '정치형제'로 통했다.

조 의원은 김 총무에게 대통령 출마를 계속 설득하는 입장이었다. 김 총무와 조 의원은 홋카이도에서 논의를 거듭한 끝에 '40대 기수론'을 들고 나오면서 동시에 당내 젊은층을 설득해 김대중 이철승 등도 호응토록 했다. 또 김 총무는 대통령 후보만 하고 당은 고흥문(高興門)에게 맡기기로 최종 합의했다. 소위 김영삼 총무의 '홋카이도 구상'이었다(『김영삼의 사람들』· 박정태 · 국민일보사). 김영삼이 '40대 기수론'을 마음에 두게 된 또 하나의 이유는 미국 존슨 대통령의 경력에 있었다. 마침 이 무렵 미국을 방문했던 김영삼 원내총무는 미국의 존슨 대통령이 상원 원내총무에서 부통령으로, 다시 대통령이 된 점에 크게 고무되어 '40대 기수론'을 최종 결심했다고 한다(『김영삼 회고록』 1권).

김영삼 의원과 고흥문 의원은 이런 합의가 있기 전부터 긴밀한 관계를 맺은 당내 파트너였다. 김영삼 의원이 다섯 번의 원내총무를 지내며 여당과의 투쟁에 앞장서는 인물이라면, 고흥문 의원은 세 번이나 당 사무총장을 지내면서 당 내부를 조정하는 위치에 있었다. 당 내외에서 당시 야당의 인맥을 분류할 때 곧잘 고흥문—김영삼 합동 계보라고 할 정도로 지원과 협조가 잘 이루어지는 사이였다. 이런 판도에서 볼 때 '김영삼 후보— 고흥문 당수' 안은 잘 가꾸어진 각본이었다. 김영삼, 조윤형 의원은 귀국해서 이 안이 먹힐 수 있을 것인지, 그리고 당 내외의 반응은 어떤지를 놓고 주변 인사들과 보안을 전제로 협의했다. 협의 결과 '당에 활력을 불어넣기 위해서는 해볼 만한 구상'이라는 긍정적 반응을 얻었다.

김영삼 의원이 11월 8일 아침 '40대 기수론'을 주창하자 야당은 물론, 여야 정국이 큰 충격을 받았다. 예상대로 당내에서는 노장층이 거부반응을 보였다. 당이 젊어지면 노장세력이 설 땅이 없어지기 때문이었다.

안국동 중앙당사에서 당사자인 김영삼 의원으로부터 '40대 기수론'의 설명을 들은 유진산 당수권한대행은 "당을 살리기 위한 구상은 누구든지 할 수 있는 것 아니냐"고 전제하고, "그러나 나이를 기준해서 40대 기수를 내세운다는 것은 구상유취(口尙乳臭)"라고 혹평을 했다. 노장의 김의택, 윤제술 등도 같은 생각이었다. 당 중진 중에서는 고흥문, 서범석 의원 정도가 적극 지지했다. 정부와 여당 내에서도 반발이 컸다. 박정희 대통령은 "그런 젊은 후보를 어떻게 상대해서 싸우느냐"고 점잖게 평했다지만, 걱정은 거기에서 끝나지 않은 듯했다. 당시만 해도 박 대통령이 아직 그 '원대한 미래의 구상(유신)'을 펴지 않았지만, 야당이 젊어지면 여당에도 그 파급이 오고, 그렇게 되면 자신의 장기 집권에 차질이 올 수 있다고 판단했음에 틀림없다. 중앙정보부는 '40대 기수론'의 움직임을 사전에 파악하지 못했다는 자책까지 겹쳐 언론에서 이를 크게 쓰지 못하게 하는 등 강경 대응책을 썼다.

이유야 어찌되었던 간에 정보부는 '40대 기수'라는 말 자체를 통제했다. 야당의 큰 흐름이었던 이 전환기에 언론은 팔짱만 끼고 지켜보아야 했다. 김영삼의 측근 참모인 조윤형은 비주류인 김대중을 만나 '40대 기수론'에 참여해 달라고 요청했으나 거절당했다고 조 의원은 설명했다(이하 박정태의 『김영삼의 사람들』 재인용).

"김대중 씨의 첫 반응은 '강력한 유진산 체제와 싸워 승산이 있느냐' 라는 것이었죠. 나는 그에게 '40대 기수론'에 참여해 김영삼 씨와 경선을 해보라고 권유했어요. 북도 양쪽에서 쳐야 큰 소리가 난다고 부추겼죠. 나는 김영삼을 지지하는 사람이지만, 누가 되어도 상관없다고까지 했어요. 그러나 김대중 씨는 '진산이 어떤 사람인데 왜 불가능한 일을 하려고 하느냐' 며 내 말을 듣지 않았어요."

김대중이 당시 '40대 기수론'에 동참하지 않은 것은 당 내외로 부정적 시선이 많은 '40대 기수론'에 뛰어들기보다는 김영삼이 '매를 맞으며 길을 낸 뒤'에 참여해도 늦지 않는다는 계산으로 분석되었다. 이러한 분석이 가능한 이유는 김영삼이 고독한 40대론으로 두 달간 매를 맞고 나서 어느 정도 숨을 쉴 수 있게 되어가던 1970년 1월 24일에 김대중이 "1971년의 7대 대통령 선거에 나설 것"을 선언했기 때문이다. 김영삼은 우여곡절 끝에 유진산 당수로부터 이 40대 기수 후보로 지명을 받았으나, 지명 전당대회에서 김대중에게 역전패하여 1971년 선거에서 김대중이 후보로 나섰다.

김영삼은 5대 국회 원내총무를 할 때만 해도 하루에 두세 갑씩 줄담배를 피웠다. 여야 총무회담을 할 때나 총무실에서 언론인들과 만날 때면 으레 담배를 문 채였다. 담배를 끝까지 피우는 것이 아니라 조금 피우다가 끄고 새로 피워 무는, 다분히 습관성 흡연 스타일이었다. 그래서 여야 총무회담 결과를 취재하려면 기자들은 우선 재떨이를 보았다고 한다. 담배꽁초가 많으면 고민이 많아 회의가 잘 진행되지 않은 것이고, 반대로 꽁초가 적으면 회의는 잘 풀린 것이라고 추측을 할 수 있었기 때문이다.

그러던 그가 담배를 끊은 것은 유신이 선포된 직후였다. 그는 자신의 회고록 2권에서 "내가 미국에 도착한 다음 날이었다. 이른 아침 서울의 아내가 전화를 걸어 계엄령 선포와 국회해산, 정치인 구속 등을 알려왔다. 미국 하버드 대학의 교수들, 미국 국무성, 국내 인사들(이들은 전화로) 모두가 '위험하다' 면서 귀국을 만류했다. (중략) 나는 일본을 거쳐 귀국하기로 결심했다. 김포공항에 도착하니 나를 연행해갈 기관원들이 대기하고 있었다. (중략) 곧바로 잡혀가는 줄 알았는데 요란하게 헌병차에 둘러싸여 간 곳은 뜻밖에도 상도동 내집이었다. 외부와 단절된 연금생활이 두어 달 지속되었다. 나는 분노가 치밀어 견딜 수가 없었다. 나는 독재 정권과 싸우기 위해서나 나 자신의 심신을 근본부터 바꾸겠다고, 새로 각오를 다졌다. 그때 이후 나는 하루 몇 갑씩 피우던 담배를 완전히 끊어버렸다."

3선개헌과 유신이 얼마나 야당에 충격을 주었느냐 하는 것은 일부 야당의원의 행동으로도 짐작이 된다. 앞서 말한 고흥문 의원은 즐겨 치던 골프를 중단하고 골프채를 주변 인사들에게 주었으며, 몇몇 의원은 결심의 표시로 커피를 끊은 경우도 있었다.

위의 몇 가지 사실만 보아도 김영삼이 대통령이 되기 위해 얼마나 독하게 결심을 하고 일생 동안 실천해왔는지 실감할 수 있다. 나이어린 중학교 시절부터 대통령이라는 목표를 정점에 두고 이를 종교처럼 여기며 살아온 것이다. 구도에 나선 수도승처럼 김영삼의 일생의 목표는 대통령이었다. 삶의 목표인 대통령직을 마치고 71세로 퇴임할 때까지, 그는 마치 대통령을 하기 위해 이 세상에 나온 사람처럼 살았다.

일부 사람들은 그가 대통령으로 정치도 졸업했으니, 이제 정치권에서 벗어나 고향 거제에서 갈매기를 벗 삼으며 유유자적 살아가는 모습을 보고 싶다고도 한다. 급할수록 돌아가라는 말이 있듯이 정치에서 멀리 떠날수록 그의 존재가 더 부각될 수 있다는 말이기도 하다. 무엇을 할 때보다 그 무엇을 마무리할 때가 더 힘드는 경우는 많다. 미국의 지미 카터 전 대통령은 대통령 때는 신통치 못하다고 평가되었으나, 퇴임 후 행적으로 더욱 많은 사람들의 존경을 받고 있다.

그러나 이런 것이 정치가 체질화된 김 대통령에게 과연 가능할 수 있을까? 김영삼 대통령의 일생을 통틀어 요약할 수 있는 키워드를 찾으라면 '반독재'와 '대통령' '투쟁'이라는 세 단어일 것이다. 그의 일생은 그가 대통령으로 재임한 5년을 빼고는 박정희, 전두환이라는 두 전임 대통령들과의 투쟁으로 점철되었다.

김영삼 의원이 국회에서 야당의 대변인과 원내총무 등을 하면서 여당 총재이자 대통령인 박정희와 충돌한 것은 한두 번이 아니었다. 그러나 제일 심하게 충돌한 것은 박 대통령의 3선개헌안이 국회에 제출될 무렵이었을 것이다.

1971년의 대통령 선거를 앞두고 공화당은 1969년에 개헌을 하기로 내부방침을 결정했다. 공화당의 윤치영 당 의장서리, 길재호 사무총장, 김택수 원내총무, 김형욱 중앙정보부장 등 네 명이 팀을 이루어 개헌전략을 집행하고 있었다. 공화당 개헌전략은 김성곤 재정위원장이 앞장서 여당 내 구주류로 통칭되던 김종필 라인의 반대 의원들, 야당 의원들, 언론계, 학계, 법조계, 재야인사들과 광범위하게 대화한 뒤 매수할 사람, 협박할 사람, 부탁할 사람들을 구분했고, 김형욱이 주도한 중앙정보부는 반대 인사에 대한 협박과 미행·구타·테러 등 노골적 불법행위를 하는 등 역할분담을 했다. 각 분야에서 공화당의 개헌을 비판할 수 있는 위치에 있던 인사들은 대부분 중앙정보부에 약점이 잡했거나 돈을 먹었거나 협박을 당하고 있어 입을 열지 못했다. 그러니 정치권에서 개헌 반대 발언의 목소리가 낮았고, 이에 따라 자연 언론계에서도 비판의 목소리가 약할 수밖에 없었다.

그런 판국에 1969년 6월 국회에서 김영삼 야당 원내총무가 "3선개헌은 헌법정신을 왜곡하는 제2의 쿠데타"라고 비난하고 "독재자의 말로는 정해져 있다"고 단정적으로 공격하는 등 반대의 기치를 높였다. 그러면서 이러한 음모를 공포 분위기로 몰고 가는 중앙정보부를 국민의 원부(怨府)라고 주장했다. 이 발언에 대해 공화당과 정보부의 충격은 대단했다. 박정희 대통령 자신도 몹시 화를 낸 것으로 전해졌다.

정부와 여당이 충격을 받은 것은 그의 발언이 강경했기 때문이 아니라, 그의 발언이 조용한 개헌정국에 하나의 선례, 즉 개헌에 반대하는 정치인이 저 정도의 반대 발언은 하는구나 하는 용기를 국민들에게 준다는 점에서였다. 따라서 이런 선례를 계속 허용할 수는 없었고, 재발 방지를 위해서는 발언자인 김영삼 총무에 대해 국민이 놀라고 무서워할 보복 조처를 취해야 할 필요성을 절감했을 것이다. 그것이 김 총무가 귀가할 때를 노려 강력한 공업용 초산을 그의 승용차에 던진 '초산 테러'였다. 초산 투척은 그에게 적중시켜 얼굴을 망쳐놓기 위한 것이었다기보다 본인과 개헌반대 인사에 대해 '겁' 주는 효과에 더 비중이 있었던 듯했다. 승용차 문을 열려고 하다가 문이 안 열리자 그냥 승용차에 초산을 그냥 던진 사실이 이를 말해준다. 당시 승용차 문이 안에서 잠겨 있었다고는 하지만, 꼭 문을 열고 초산을 던지려 했다면 만류하는 사람이 아무도 없는 상황에서 그것이 불가능 했을까? 한 나라를 공포로 통치하려는 것은 독재자의 수법, 바로 그것이었다. 이 초산 테러 후부터 김 총무는 박정희 대통령을 한동안 '대통령'이 아닌 '씨'

로 불렀다.

1972년 10월 17일 선포한 한국의 유신은 절대군주에 결코 뒤지지 않을 만한 권력을 대통령에게 부여했다. 대통령은 우선 국회를 해산할 수 있다. 대통령은 국회에 대해 책임을 지지 않고, 어떠한 규제나 제약 없이 장관들을 임명하고 해임할 수 있다. 대통령은 국민의 권리와 자유를 제한할 수 있고, 입법법·사법부·행정부의 행동 일부를 제한할 수 있는, 거의 무한정에 가까운 권한을 갖는 긴급조치 선포권을 갖는다. 이 긴급조치는 실제로 9호까지 선포되어 유신의 악몽을 국민들이 체험케 했다. 프랑스의 제5공화국 헌법인 드골헌법과 유사한 점이 많으나, 드골헌법은 유신정우회 의원 임명과 긴급조치 발동 등 그 내용에 있어서 한국의 유신헌법에 미치지 못한다. 대통령의 유신권력엔 한계가 없는 듯했다. 한계가 없던 유신권력이 얼마나 지속될 수 있을 것인지는 누구도 알 수 없는 일이었다.

유신권력과 김영삼 야당 총재 간의 싸움은 서로가 정치 생명을 건, 한국 근대사에 드문 일대 혈투였다. 유진산 당수가 병사한 뒤 1974년 8월 24일 46세로 여당의 반대 공작을 물리치고 야당 당수가 된 김영삼 총재는 공화당에 대한 자세가 분명한 '선명성'을 당내 간부 인선의 기준으로 함으로써, 처음부터 공화당에 대해 비타협적이었고 반(反)유신 자세를 노골적으로 내보였다.

김 총재는 기회 있을 때마다 유신은 박정희 개인을 위한 독재 헌법이라고 비난하고, 중앙정보부는 해체되어야 하며, 국민의 눈과 귀가 가려진 가운데 권력형 부패가 급증한다고 비난했다. 그는 유신헌법을 폐지하기 위한 개헌촉구 원외 투쟁을 벌이는가 하면, 미국·일본 등 외국에서도 유신헌법의 비리와 부당성을 역설했다. 이런 가운데 그를 지지하는 국회의원들, 기업인, 친구, 가까운 언론인, 법조인 등 광범위한 인사들이 중앙정보부의 미행과 사찰, 연행 등 탄압을 받았다. 대공수사권을 가지고 있었던 중앙정보부는 괴롭힐 사람이 선정되면 '공산당과 연결지어지는 투서가 들어왔다' 면서 일단 연행해서 며칠간에 걸쳐 철야로 또는 육체적 고통을 주면서 자기들이 알고 싶은 내용을 광범위하게 조사하고 겁을 준 뒤 혐의가 없다고 풀어주는 식이었다. 풀어주면서도 "이것은 대공관계에 관련이 있으니 절대 외부에 누설하면 안 된다"는 내용의 서약을 하게 한 후에 방면했다. 대공수사라고 했으니 여기엔 인권탄압 여부를 가릴 여지가 없었다. 필자도 이런 조사를 당한 사람 중의 한 사람이었다.

조사 내용을 종합해보면 결국 유신에 협조하라는 결론이었다. 유신정국이 표면적으로는 조용한 듯했으나, 사실 내부적으로는 삼엄하고 비정하게 끓고 있었다. 시일이 지나고 이러한 탄압이 확산되면서 사람들의 가슴속에 유신철폐가 신념으로 스며들었다. 유신을 지지하던 사람들이 이 같은 사실을 알았는지 여부는 알 수 없지만, 이러한 인권 탄압이 소위 말하던 유신 리더십의 한 단면이었다.

1976년 야당의 당권이 강경한 유신 반대론자인 김영삼 총재로부터 유신 대화파인 이철승 측으로 넘어감으로써 일단 싸움에서 유신 대화세력이 승리했다. 그러란 가운데서도 박 대통령과 김 총재 간의 투쟁은 더욱 격렬해져 갔다.

1979년 5월 야당의 전당대회를 앞두고 박 대통령 청와대에서 직접 "김영삼은 안 된다"고 공언까지 했음에도 그는 전당대회에서 다시 총재로 선출되었다. 이런 사태 진전을 보면서 손을 놓고 현실을 받아들일 정부와 여당이 아니었다. 야당 원외 당원 세 명이 김영삼을 당 총재로 선출한 전당대회의 정당성에 대해 '총재 직무집행정지 가처분신청'을 법원에 냈다. 야당 50년 사에 유례가 없는 이 가처분신청은 법원에 의해 받아들여졌다. 총재 직무대행으론 정운갑(鄭雲甲) 전당대회의장이 지명되었다. 야당은 이것이 중앙정보부의 공작에 의한 것이라고 단정하고 강경하게 항의했다. 정운갑 체제는 당내 지지도 받지 못하고 제대로 기능도 발휘하지 못했을 뿐 아니라(바로 이 부분이 박 대통령의 피살 원인이 되기도 한다), 김 총재는 도리어 '당권수호대회'라는 집회를 벌이며 대응을 불사했다. 정부와 공화당은 2단계 보복으로, 마침 김 총재의 〈뉴욕 타임스〉의 회견을 문제 삼아 그의 의원직을 박탈해버렸다.

  박 대통령은 처음엔 영수회담 등 김 총재에 대해 회유책도 썼다. 하지만 김 총재가 유신파괴 운동을 벌이고, 박 대통령에 대해 '독재자'니 '권력형 부패자'니 하고 비난을 퍼붓는 데다 "독재자의 말로는 정해져 있다"며 세계무대에서 외쳐대자 더 이상 참을 수 없었다. 가뜩이나 국제 여론이 박 대통령에 대해 비판으로 기울고 있는데, 국내 야당조차 비난을 해대는 것은 용서할 수 없었다. 박 대통령은 노여움에 차서 전당대회 공작, 당수 집무정지, 의원직 박탈 등 한 단계 한 단계 강도를 높여가며 보복하던 중에 김재규에게 피살되었다. 아마 박 대통령이 살해되지 않았더라면 김영삼 총재가 그와 같은 운명이 되었을 것이라는 데에 많은 정치권 인사들이 견해를 같이하고 있다. 박 대통령이 김 총재가 국회에서 의원직을 박탈당하고 쫓겨났을 때도 그를 다시 구속하라고 중앙정보부에 지시하는 등 무서운 보복을 멈추지 않았기 때문이다(김재규의 재판 기록).

  유신의 그 막강한 권력도, 돈과 법을 다분히 편의적으로 운영하던 중앙정보부의 공작도 먹히지 않은 이유는 무엇이었나? 정운갑 체제를 애써 세웠지만 그 체제가 기능하지 못한 이유는 어디 있는가? 김 총재가 긴급조치를 일곱 번이나 위반했는데도 구속하지 못한 이유는 무엇이었을까? 그것은 국민의 힘 때문이었다. 그 힘은 지지로 표시된다. 정운갑 체제를 지지하기로 정보부에 내약했던 의원들도 그것이 공작인 줄 알았기에 내놓고 지지를 못했다. '유신만이 살길'이라고 어깨띠를 메고 길거리로 나섰던 의원들까지 어느새 반유신 대열에 서 있었다. 야당 전당대회 때 수천 명의 시민들이 당사 주변에 모여 대회 상황을 지켜보는 열의와 지원을 보이던 상황이었다.

긴급조치로 김영삼을 구속하면 어떤 일이 일어나리라는 것을 정보기관이 너무 잘 알았기에 손을 못 대었던 것이다. 참다 못한 박 대통령이 김 총재를 국회에서 쫓아냈을 때, 그리고 김대중을(전두환 때이지만) 구속했을 때 부산·마산·광주에서 어떤 일이 일어났는지 우리는 보았다.

힘이 있어도 그 힘의 행사가 도덕적으로 정당하지 못하면 그 힘은 죽은 힘, 이것이 바로 권력의 한계다. 그런 한계가 있기에 어떤 권력도 정당하지 못하면 오래지 않아 붕괴된다. 그래서 오늘은 권력에 억눌려 있더라도 내일을 보면서 살아갈 희망과 의미가 있는 것이 아닐까.

최후의 기회를 잡아라

전두환 정권이 박정희 정권의 쿠데타 집권 시나리오를 따라 쉽게 집권했다면 김영삼, 김대중의 야당 인사들은 박 정권 때 축적한 저항 노하우에 의해 기계적으로 대응할 수 있었다. 강경과 농성, 변칙과 규탄이 정치라는 이름으로 정부와 국회 야당 사이에서 행해졌다.

그런 가운데서 5공화국에서의 정치발전은 착착 나아갔다. 전두환 대통령은 헌정 사상 처음으로 5년 단임을 지켰으며, 야당의 김영삼 총재는 민주 회복을 요구하면서 23일간의 '목숨을 건' 단식을 했다. 단식 투쟁은 인간의 육체적 생존을 위한 원초적인 식사 행위를 정신적 주장을 위해 스스로 거부하는 가장 엄숙하고 처절한 투쟁이었다. 그러기에 김영삼 총재의 단식은 국내외에 큰 파문을 일으켰다. 함석헌, 홍남순, 문익환 등 재야인사들이 동조 단식에 들어갔으며, 김수환 추기경과 국내의 많은 인사들이 정신적인 지원 움직임을 보였다. 외신들도 이를 대대적으로 보도했고, 미국의 에드워드 케네디 상원의원은 "민주 회복이라는 숭고한 목적을 위해 목숨을 거는 비극적인 단식 행위 등이 없기를 바란다"는 요지의 특별성명을 냈다. 이 야단 속에서도 한국 언론은 김열이라는 정부의 재갈이 물려 부끄럽게도 보도하지 못했다. 세상이 떠들썩해지자 한국 언론은 '최근의 사태'라고 선문답하듯 겨우 보도라는 이름으로 시늉을 냈다.

모든 것이 진화해가듯, 한국의 정치도 박 대통령 때의 굴레를 크게 벗어나지는 못했지만, 야당의 투쟁이 인간의 양심에 초점을 맞추었다는 것은 확실히 정치수준을 높인 것이었다. 단식의 결과로 김 총재는 연금에서 풀려났으며, 민주 회복에 대한 높아진 관심을 토대로 '민주화추진협의회(民推協)'가 구성될 수 있었다.

1990년대 야당가의 제일 놀랍고 충격적인 뉴스는 민정·민주·공화의 3당통합이었다. 특히 여당으로부터 수많은 압제를 받아온 김영삼 총재가 합당에 찬성했다는 데에 많은 사람들은 의아하게 생각했다. 그러나 그것이 또한 정치이기도 했다.

민정당을 대표한 노태우 대통령, 통일민주당을 대표한 김영삼 총재, 신민주공화당의 김종필 총재가 1990년 1월 21일 3당합당을 발표했다. 김영삼 총재는 1987년 대통령 선거는 여당의 노태우 단독 후보에 비해, 야당은 김영삼, 김대중 후보 등 복수 후보였던 것이 낙선의 최대 원인이라고 분석했다. 1992년의 대통령 선거도 1987년의 재구도가 불가피하고, 결과 또한 1987년과 유사할 것으로 전망한 것이다. 김 총재는 1992년 선거가 자신의 나이로나 시대 상황으로 보나 마지막 출마 기회라고 보았다.

그는 2야(野)의 구도를 깨는 것은 자신이 여당과 합쳐 하나의 큰 여당과 작은 야당의 모습으로 정치권을 바꾸는 방법밖에 없다고 결론지었다. 그 관점에서 3당통합이 시작되었다고 김 총재는 언젠가 자신의 합당 의도를 털어놓았다. 대통령이 되기 위해 과거 자신에게 그렇게도 핍박을 가하던 정권, 군사정권이라고 연단에만 서면 비판하던 정권, 바로 그런 비판에서 자신의 정체성을 지켜오던 김 총재가 '꿩 잡는 게 매'라는 식으로 사고를 바꾸었다지만, 그렇게 되면 그의 과거 투쟁은 무엇이었나 하는 의문을 갖게 한다. 그는 어느새 이렇게 계산적인 정치인으로 변해 있었다.

3당통합으로 대통령이 되었으니 이것을 '정권교체'라 할 수도 없고, 과거 정권의 '연장'이라고 할 수도 없는 어정쩡한 상태가 되고 말았다. 이런 통합으로 인해, 중앙정보부를 창설해 숱한 야당 인사를 탄압했던 인물, 박 대통령에 붙어 아첨으로 호의호식하던 인물, 40여 년의 비리로 얼룩진 여당 계열의 인적 청산 없이 1990년대를 맞은 것은 국민적 불행이었다. 1945년 해방 당시 친일파의 철저한 청산 없이 대한민국이 발족되었다는 것이 우리의 정체성에 큰 약점의 하나로 지적되어왔다. 그런데 이번에도 또 한 번의 청산 기회를 잃은 것이다. 정치인들의 이런 욕심 때문에 한국의 정치는 그 치부를 스스로 정화하지 못하고 넘어간다. 인적 청산이 없었기에 아직도 그 얼굴 그 얼굴들이 허수아비처럼 정가를 오가고 있다. 어차피 정치인에게 목적 달성을 위한 수단 이외의 높은 도덕심을 기대한 것은 아니지만.

> **참고 자료**
> 『**김영삼 회고록**』· 김영삼 · 백산서당 · 『**김영삼 대통령 회고록**』· 김영삼 · 조선일보사 · 『**김영삼의 사람들**』· 박정태 · 국민일보사 · 『**문민정부 1천 2백일**』· 주돈식 · 사람과책 · 『**김영삼 이데올로기**』· 강준만 · 개마고원 · 『**진보에서 희망을 꿈꾼다**』· 김진균 지음 · 박종철출판사 · 『**잃어버린 5년, 칼국수에서 IMF까지**』· 동아일보 특별취재팀 · 동아일보사 · 『**(한국현대사) 비자료 1백25건**』· 월간조선 엮음 · 조선일보사 · **조선일보 1991, 1992, 1993년도 분**
> Ominous Politics, John Saloma, Hill and Wang

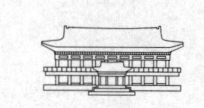

IX

제15대 대통령
김대중
(金大中 | 1998.2.25~2003.2.25)

재임 시절 김대중 대통령의 모습

가시나무새 대통령

　가시나무새라는 전설의 새가 있다. 이 새는 알에서 깨어나 둥지를 떠날 때부터 일생 동안 가장 높고 뾰족한 가시를 찾아 헤맨다. 그러다가 그 가시를 찾아내어 거기에 앉는 순간 가시에 찔려 죽는다. 새는 죽으면서 비명을 지르는데, 그 소리가 매우 아름답다고 한다.
　이 새가 가진 운명은 두 가지다. 첫째는 가장 높은 곳의 가시를 찾아 일생을 헤맨다는 것이다. 가장 높은 곳의 가시라 함은 제일 높은 지위, 만민이 올려다보는 세속적으로 말하면 대통령에 비유할 수 있다. 이 자리를 위해 일생을 투자하고 모든 시간과 정력을 대통령 자리 쟁취라는 한곳에 집중하는 것이다. 두 번째는 가장 높은 가지에 앉는 바로 그 순간, 새의 운명은 끝나가기 시작한다는 것이다. 높은 가시를 발견하고 열광하면서 그 가지에 앉는 순간, 곁에서 보면 지극히 영광된 그 시간이 사실은 그의 빛나는 과거에 먹칠을 하는 시작이며, 몰락이 시작되는 전환점이라는 의미다.
　김대중 대통령은 정치에 입문해 대통령이 되려는 출마 길목에 들어선 이래 다섯 번이나 죽을 고비를 넘겼고 6년의 감옥생활과 10년의 연금과 망명생활을 했다. 천운이 따르지 않는 평범한 인간으로는 감내하기 어려운 문자 그대로의 가시밭길이었다. 그는 이런 시련으로, 자신이 썼듯이 『나의 삶 나의 길』, 대통령이기 전에 이미 남아프리카의 만델라나 폴란드의 바웬사 등과 함께 세계적 인권운동가로 존경받기에 이르렀다. 그럼에도 그는 가장 높은 '가시'인 대통령 자리를 찾아 일생을 날아다녔고, 그 자리에 앉은 뒤엔 인권운동가로의 존경보다는 두 자식을 감옥으로 보내고 한 자식은 불구속기소 당하게 하는 치욕을 겪었다. 정치적으로 가장 가까웠던 박지원 비서실장 역시 비리로 구속되는 등 부패정권을 이끄는 몸이 되었다.

　김 대통령은 노벨평화상을 수상했다. 야당과 일부 언론에서 북한 퍼주기 정책이라고 비판을 받기도 했으나, '햇볕 정책'이라는 대북한 포용정책을 펴서 분단 50년 사상 처음으로 북한의 김정일 군사위원장과 정상회담을 성사시켰다. 남북 간의 긴장완화 합의를 이끌어낸 업적으로 김 대통령이 수상한 이 노벨상은 한국인 최초의 노벨상 수상이라는 점에서 우리의 감회는 남달랐다.

　그러나 김 대통령 퇴임 후, 남북정상회담과 관련해 대략 5억 달러의 뇌물이 북한에 전달되었다는 뒷이야기가 강하게 일었다. 진상을 밝히기 위해 특별검사까지 임명되어 조사한 결과, 소문은 사실로 판명되었다. 남북정상회담 전까지 현대그룹이 4억 달러(경협사업권 대가로 4억 달러: 3억 5천만 달러는 현금으로 지원, 평양체육관 건립을 위해 5천만 달러 지원)를 지원했고, 이와 별도로 정부에서 정책지원 명목으로 1억 달러를 회담 전에 북쪽에 지원했다고 공식발표되었다. 특별검사의 수사기록에 의하면 2000년 3~4월 남북정상회담 예비접촉 과정에서 북한 측은 남한 대표단과 현대 측에게 "현금 5억 달러를 주지 않으면 정상회담을 하지 않겠다"고 요구해 끝내 관철시켰다고 한다. 따라서 북한에 송금된 5억 달러는 그해 6월 남북정상회담의 대가성이었음이 분명해졌다(《중앙일보》 2003년 8월 18일자).

　현대의 4억 달러는 입금시기를 '회담 전까지'로 함으로써 회담을 성사시키기 위한 간접 지원금 성격임이 드러나고, 정부가 지원한 1억 달러는 북한에 대한 무상지원으로서 정상회담의 뇌물과 사례금 성격이었다. 일부 외국 언론은 '체크로 산 노벨상'이라는 보도를 공공연히 하고 있다.

문제는 여기에서 끝나지 않는다. 더 놀라운 뉴스는 정부 당국으로부터 나왔다. 2003년 7월 15일 안전기획부장이 국회에서 한 보고에 의하면, 김대중 정부는 북한이 원자탄 생산을 위해 고공핵폭발실험을 한다는 사실을 알면서도 이를 묵인하고 북한에 현금을 지원했다는 것이다. 이 사실은 국민은 물론 야당에도 큰 충격을 주어 한나라당의 최병렬 대표는 "이것이 사실이라면 이는 이적(利敵)행위"라고 비난했다. 김대중 전 대통령은 이 같은 분위기 때문인지 한나라당 최 대표의 면담을 거부했었다.

김대중 대통령이 써준 휘호. 필자는 김대통령이 국회 평의원 때부터 그를 옆에서 취재했다.

김 전 대통령은 하버드 대학 출판을 통해 자랑스럽게 세상에 내놓은 『대중 참여 경제론』에서 경제발전 비전으로 강력한 리더십을 들었다. 그럼에도 막상 자신이 대통령이 되어서는 강력한 리더십 대신 집권당인 소속 정당을 탈당해야 하는 비극의 주인공이 되었다. 자신의 논리가 허구에 지나지 않았음을 보여준 셈이었다.

이런 일들을 종합해보면 김 대통령은 대통령 자리에서 영광보다 비난을, 명예보다 불명예를 더 많이 겪지 않았나 싶다. 차라리 대통령을 하지 않았더라면 인권운동가로, 한국 민주주의를 위해 일생을 바친 고뇌의 정치인으로 기록될 수 있었을 것이다. 그런 명예가 대통령을 했기에 무산되었고, 그는 대통령이란 자리가 누구에게나, 그리고 언제나 명예로운 자리가 아님을 역설적으로 보여주었다. 그는 가시나무새의 운명을 너무나 많이 닮은 가시나무새 대통령이었다.

체제 밖으로 눈 돌린 계기

김대중의 '가시나무새 일생'은 그가 1971년 박정희 대통령을 상대로 야당 후보로 출마하면서 시작되었다. 1971년의 대통령 선거전까지만 해도 정계에서 김대중은 '똑똑하고 말 잘하는 야당 국회의원'으로 통했다. 그는 야당의 꽃인 원내총무를 강력히 희망했고, 당수의 지명까지 받았으나 세 번의 원내총무를 한 김영삼 의원의 반발 등으로 뜻을 이루지 못했다.

그의 불운은 1968년의 경우가 대표적인 예다. 이해 고려대학교 총장 출신의 유진오가 야당 당수가 되었다. 그는 자기 체제구축을 위해 김대중 의원을 원내총무로 지명했다. 당시의 야당 당헌은 당수가 원내총무를 지명하면 의원총회에서 인준을 받아야 했다. 당시 원내총무라는 자리는 의원들의 상임위원회 배정을 담당하고, 여당과의 국회운영에 대한 세부 합의에 따라 국회에서 발언할 의원을 선정하고, 국회 내 세출 세입을 다루는 예산특별위원회 구성 권한을 행사하는 등 소속 의원들의 국회 내 활동을 절대적으로 통제하고 있었다. 또한 야당 원내총무는 여당과의 창구로서 야당의 각종 민원사항을 조정하고, 정부와 여당에 대해 각종 이권 청탁을 하는 등 보이거나 보이지 않는 이해관계에 직결해 있었다. 따라서 원내총무는 총무 개인의 정치적 수완이나 능력에 앞서 의원 개개인이 완전히 믿을 수 있다고 판단하는 인물을 선택하는 것이 통례였다.

김영삼 의원의 반대 속에서 김대중 의원을 지명한 유진오 당수는 자신의 신임이 여기에 걸려 있다고 판단하고, 유진산 부총재와 고흥문 사무총장을 동원하여 김영삼 의원을 설득하도록 하고 자신도 직접 의원 개개인에게 전화를 걸어 설득에 나섰다. 그러나 다음날 투표 결과는 재석의원 41명 중 김대중 의원에 찬성 16명, 반대 23명, 기권 2명으로 인준안은 부결되었다. 김대중 의원은 이 정도의 원내 지지를 얻고 있었다.

야당 원내의원들의 지지가 대략 이 정도의 선이니 원내총무를 하기는 구조적으로 어렵게 된 것이다. 여기서 김대중 의원은 원내 간부로의 성장을 포기하고 원외 대의원 투표를 통해 얻을 수 있는 당의 간부직 즉 당 부총재, 총재, 대통령 후보 등을 목표로 하지 않을 수 없게 되었다.

이때부터 김대중 의원은 피눈물나는 노력으로 당 대의원들을 1대 1로 파고드는 작업을 시작했다. 이 즈음 1969년 11월 김영삼 의원이 '40대 기수론'을 들고 나오자 야당은 1971년 총선에 대비한 때 이른 대통령 후보 열전에 빠져들었다. 이 열전은 자연 김영삼 의원, 김대중 의원, 이철승 의원의 3파전으로 압축되었다. 여기서 조정을 책임지게 된 유진산 당수는(유진오 당수가 병으로 당수직을 물러나고, 유진산이 당수가 되었다) 자신에게 대통령 후보 추천권을 위임해줄 것을 요구했고, 이에 찬성해 후보 추천권을 위임한 김영삼, 김대중, 이철승 중에서 김영삼을 선택해 1970년 9월 29일 전당대회에 추천했다.

당 내외를 막론하고 대부분 인사들은 김영삼의 후보 당선을 낙관했다. 김영삼 자신부터가 그랬다. 김영삼이 28일 밤 다음날 전당대회에서 후보에 당선되었을 때를 대비한 후보 수락연설문을 다듬고 있는 사이에 김대중은 지역별로 각 숙소에 분산 투숙중이던 전당대회 원외 대의원들을 공약하고 있었다. 원내의원이 아닌 원외대의원들은 전당대회 때 투표권 행사가 유일한 권한이어서 당으로 볼 때 '춥고 배고픈 일종의 체제 밖의 세력이라 할 수 있다.

다음날 전당대회에서 김영삼은 대의원들에게 줄 음료수까지 준비하는 등 여유 있는 자세로 임했으나, 투표결과는 의외였다. 김영삼은 대회 규정에 따른 대의원 885명의 당선 정족수의 과반인 443표를 넘지 못했다. 불가피하게 2차 투표에 들어갈 수밖에 없었다. 2차 투표결과는 김대중이 458표, 김영삼이 410표, 기타 16표로 김대중이 역전승을 거두었다. 이 역전승은 이철승과 김대중이 1차 투표가 끝난 뒤 대회장에서 '다음 전당대회(11월)에서 김대중은 이철승을 당수로 민다'는 각서를 김대중 명함 뒷면에 써줌으로써 이철승 표를 흡수했기 때문이었다. 그러나 이 합의는 얼마 후 열린 전당대회에서 김대중에 의해 지켜지지 않았다. 당시 취재 기자들은 전당대회가 끝난 뒤 합의를 지키지 않은 사실을 김대중에게 질문했다. 그러자 김대중은 "그것을 믿는 사람이 바보지. 각서를 써줄 당시의 상황으로는 그보다 더한 것도 약속했을 것"이라고 답변했다. 김대중의 임기응변적 순발력을 보여주는 한 단면이었으며, 여건에 따라 잘 적응하는 능력을 유감없이 발휘한 예였다. 이철승은 대회가 끝난 뒤에도 오랫동안 이 각서 명함을 보관하고 있었다.

박정희 대통령을 상대로 한 야당 대통령 후보로서의 김대중은 그야말로 초인적인 활동을 보이며 선전했다. 그 한 예로 4월 27일의 투표일을 앞둔 김 후보의 유세 일정을 보면, 19일 영암—해남—강진—장흥—보성—벌교(598킬로미터) 20일 고흥—순천—여수—구례—곡성(250킬로미터) 25일 거창—합천—대구—대전(587킬로미터) 등 만만치가 않았다. 이 같이 매일 5~6백리 길을 포장, 비포장을 가리지 않고 전국 읍 단위 지역은 모두 누비는 자동차 유세를 벌였다. 철인 같은 모습이었다(『(김대중 수난사) 인동초의 새벽』· 김진배 · 동아).

선거는 김 후보가 95만 표 차이로 패했다. 선거가 깨끗하게 치러졌느냐 여부가 제일 중요한 문제이지만, 그 밖에도 이 선거가 가져온 빼놓을 수 없는 사실이 있다. 김 후보의 투지와 국민의 호응은 그를 박정희 대통령의 대안, 즉 '포스트 박'으로 국민들이 인식하기 시작했다는 점이었다. 이는 속으로 장기집권을 구상하고 있는 박 대통령과 공화당 정부를 크게 당황케 만들기에 충분했을 뿐 아니라, 다음 번엔 야당을 상대로 한 이러한 직선제 선거에서는 박 대통령과 공화당 정부가 이기기 어려울 것이라는 결론이었다. 새로운 정치구상을 하든지 아니면 야당에게 정권을 내주든지 둘 중 하나를 택하는 결단을 내릴 수밖에 없는 괴롭고 심각한 양자택일의 입장으로 몰렸던 것 같다.

그 선택은 물론 '새로운 정치 구상'으로 쉽게 결론 날 성격이었고, 그 새로운 구상이라는 것은 구구한 설명이 있었지만 '유신'이라는 것이었다. 김대중이 선거 후에 겪는 각종 시련은 사실 그가 이 1971년 선거에서 너무도 야당 투사답게 잘 싸운 데에서 원인을 찾을 수 있을 것이다.

이것은 가깝게는 자유당 정부 때 노쇠한 이승만 대통령에 맞서 야당인 진보당 후보로 출마한 조봉암이 이승만 대통령의 대안으로 인식되면서, 이를 두려워한 자유당 정권에 의해 온갖 고초를 겪은 끝에 결국 간첩죄로 사형에 처해졌던 상황에 비유될 수 있을 것이다.

그뿐 아니라 우리의 왕조 역사라는 것 자체가 왕과 그 잠재적 대안에 대한 숙청으로 일관되어 있지 않은가. 멀게는 조선 초기 이성계의 후계를 둘러싸고 후에 태종이 된 방원(芳遠)을 중심으로 위아래 형제들을 제거한 왕자의 난이 있었다. 또한 왕조 후기에 헌종의 후계를 싸고 경합하던 경쟁자를 제거한 '이하전(李夏銓) 역모사건' 등, 그 예는 조선 500년사에도 수없이 많다. 왕이나 절대군주 또는 현직 대통령에 도전한다는 것 자체가 죄가 되는 시기를 우리는 살아왔다.

민주주의가 완전히 개화하지 못한 우리의 여건에서 현직 국가원수의 경쟁자이거나 대안으로 부상된다는 것이 얼마나 위험하고 모험적인 일인가를 우리는 역사의 비사가 아닌 오늘의 현실에서도 보았던 것이다.

1972년 12월 17일에 선포된 유신에 대해 당국자들은 '통일을 위한 국력의 조직화'라는 등 여러 가지로 해명했다. 그러나 1971년 선거에서 엄청난 자금과 조직을 총동원한 여당이 10년의 집권 권태기에서 힘과 조직의 열세에 있던 김대중 하나를 힘겹게 이겼다는 것은, 앞으로 장기집권을 연장할 경우엔 어떤 형태가 되든 야당을 상대로 한 싸움에서 여당이 이기기 힘들겠다는 결론으로 쉽게 이어진다. 이런 결론에서 박 대통령은 이승만 박사 때부터 집권 연장의 단골 메뉴였던 통일이라는 카드를 이용해 한판 승부를 벌인 것이 유신이었다는 것이, 유신을 몸으로 맞았던 필자의 솔직한 느낌이었다.

대통령 선거 다음날인 28일, 박정희 대통령은 온양 현충사에서 기념식수를 마치고 온양 관광호텔에서 점심을 들기 전에 김종필 총리에게 불쑥 "내가 골똘히 생각해봤는데 이거 안 되겠어"라고 말을 꺼냈다. 김 총리가 "뭐가 안 되겠습니까" 하자, 박 대통령은 "나는 빈곤을 추방하려고 열심히 일했어. 수출도 100억 달러가 넘는 나라가 됐고, 이 사람(김대중)을 놓고 국민이 나를 대접하는 것이 바로 이것뿐이야? 민주주의란 것이 선거를 통해서 국민의 주권을 행사하는 것이지만, 여기에도 약점이 있어. 우리나라 같은 경우, 선거바람이 잘못 불면 엉뚱한 사람이 당선될 가능성을 배제할 수 없어. 그래서 내가 심히 걱정이 돼.

내가 그만두기 전에 그런 면에서 취약점을 확실히 보완할 수 있는 체제를 정비해놓는 게 내가 마지막에 해야 할 일이 아닌가 하는 생각이 요즘 들어"라고 말했다고, 김종필이 회고한 바 있다(『(김대중 수난사) 인동초의 새벽』).

박 대통령은 유신에 대해 김종필에게 운을 떼기는 했지만 막상 유신의 구체적 계획에 대해서는 유신 선포 3일 전에 김종필 총리에게 직접 통고를 했다고 한다. 김종필도 혁명 정권의 2인자라는 이유로 때로 국무총리로, 때로 당 의장으로서 제법 대우를 받는 듯했으나, 총체적으로 얼마나 많은 박해를 당했는지를 우리는 알고 있다.

유신이 선포되던 당시 김대중은 일본에 있었다. 일본에서 유신헌법의 채택, 유신정우회 구성 등을 지켜봤다. 그러면서 미국을 오가며 미국 의원, 일본 의원들과 잦은 접촉을 하고 유신 비판 운동을 벌이고 있었다. 박 대통령과 공화당 정부는 유신체제의 힘을 빌려 유신 반대 세력을 철저히 봉쇄하고 있었다. 국내 언론기관은 정보부원이 담당제로 맡았고, 야당의 발언과 원내 활동, 대학 교수들의 강의 내용까지 통제를 했다. 또한 교회 목사의 설교 내용도 사전 검열을 하기가 일쑤였다.

이런 상황에서 정적인 김대중이 가까운 일본에서 반(反)유신 세력을 키워간다는 것은 박 대통령 입장에서는 유신을 망가뜨리는 것이었고, 자신의 후계 문제에서나 체제 안정을 위해서 용납할 수 없는 일이었다.

그 결론은 쉽게 난 듯했다. 1973년 8월 8일 오전 10시경, 일본 동경 팰리스 호텔에 체류하던 김대중이 감쪽같이 사라졌다. 조사결과 괴한에게 납치를 당했음이 밝혀졌다. 괴한들은 일본 측 조사로 한국 사람임이 판명되었다.

사건 후 김대중이 진술한 것에 의하면, 그들은 김대중을 납치해 전신을 묶고 입에 재갈을 물린 뒤 큰 배에 옮겨 싣고 토막 살인이나 수장을 기도했다는 것이다. 그러다가 갑자기 비행기 소음이 들리자 방침을 바꾸어 국내에 상륙, 납치 엿새째 되는 날 밤 동교동의 김대중 자택 부근에 풀어주고 도망쳤다는 것이다. 무슨 탐정 소설 같은 이야기였다.

바다로까지 납치해 살해하려던 계획을 포기한 것이 해상에서 소음을 냈던 비행기와 깊은 연관이 있다는 데는 의심의 여지가 없다. 누구도 비행기의 정체에 대해 말하는 사람이 없고 여러 갈래의 추측만 있을 뿐이다. 이 중 가장 그럴듯한 것으로 전해진 것은 이 비행기가 미국 정보기관의 것으로, 한국의 배가 일본 영해에 불법적으로 접근할 때부터 감시했으리라는 것이다. 당시는 냉전체제 아래에 있었기 때문에, 일본과 한국 영해를 떠도는 정체불명 선박은 미국 레이더 망에 포착되게 되어 있었고, 이는 마약·무기 전달·게릴라 침투 등의 이유로 감시 대상이었다는 것이다. 그러다가 한국을 출발한 괴선박이 김대중의 납치에 사용되려하자 "김대중을 살해하면 선박을 포격하겠다"고 협박해서 할 수 없이 방침을 바꾸었다는 것이다.

또 그 비행기가 미국 정보기관 것이 아니라 영해를 감시하던 일본 소속 비행기일 것이라는 소문도 있다. 그 비행기가 한 일이나 취한 태도도 미국 비행기와 같았을 것으로 추리한다. 소문이야 어떠했든 이 문제는 한국과 일본 간의 외교적 마찰이 되면서 김종필 총리가 일본에 가서 사과했고, 국내에선 정부가 사태를 파악하고 범인을 잡는다고 호언장담하고 나섰다. 그러나 범인은 잡히지 않을 것이고 사건 진상은 밝혀지지 않을 것이라는 많은 국민들이 추측대로 진전 없이 어물어물 넘어가고 말았다.

일본 수사본부는 한국대사관의 1등 서기관 김동운이 관여한 증거로서 (1)납치 장소에서 그의 지문을 발견했고 (2)납치 당시 납치범 일행 중에 사진으로 확인한 김동운이 포함되어 있었다는 증언이 있었으며 (3)납치에 사용된 대형 배낭을 구입해간 사람 중 한 사람이 김동운이라는 증언 등을 들면서 김동운의 출석과 면담을 요구했다.

그러나 한국 정부는 김동운을 가족과 함께 귀국시킨 후 일본의 요구를 거절했다. 믿거나 말거나 한국 정부는 시종일관 '아니다'라고 주장했다. 개인 간이든 국가 간이든 피차 납득할 만한 상식과 논리 없이 '배 째라'고 나오면 대화는 안 된다. 세상 모든 사람들이 비웃어도 '웃을 테면 웃어라. 나는 나다' 하는 자세라면 그것은 문명국 대열에서 스스로 벗어나는 행동일 뿐이다. 그렇다고 이런 사건이 없어지는 것도 아니다. 한국 정부의 태도와 관계없이 당시 언론계에 몸담고 있던 필자의 느낌은 한국 국민이라면 누구나 이 사건에 대해 '누가 왜 김대중을 납치했는지'에 대해 나름대로의 결론을 내리고 있었다는 것이다. 한국의 국가기관이 저지른 일이라면, 그 국가기관이 어디라는 결론도 쉽게 내고 있었다.

한국 정권을 운용하던 지도자들은 이 사건으로 납치는 물론 나쁘지만 그 뒤처리에 있어서도 잘못을 잘못인 줄 모르고 파렴치하게 나옴으로써, 도덕적으로나 상식적으로 파탄 상태에 있음을 보여주었다. 이쯤 되면 국가의 대외적 양심은 실종된 것이며, 이런 정부 밑에 사는 국민만 불쌍하다고 아니할 수 없다.

1970년대 후반에 미국 의회에서는 이른 바 박동선 게이트의 한국 청문회가 열렸다. 이 청문회에 증인으로 출석한 전 중앙정보부장 김형욱은 김대중 납치에 대해 다음과 같이 증언한 적이 있다『나의 삶 나의 길". "최고책임자—이후락 중앙정부부장, 한국에서의 지휘—김치열 차장, 이철희 차장보, 일본에서의 총지휘—김재권 한국 주일대사관 공사, 실행그룹—김동운 1등 서기관 등 다수."

강제 귀국하게 된 김대중은 그 사건 이래 여러 차례 수난을 당한 끝에 도합 14년 정도를 연금생활로 보냈다. 이 연금생활 속에서 김대중은 세계적으로 유명해지는 계기를 맞았다. 연금생활 기간에 유신 반대 운동에 서명했고, 1979년 10월 27일엔 박정희 대통령이 시해되는 사건도 겪었다.

'권력의 인격화'라면서 유신 권력체제와 박 대통령을 동일시 해오던 공화당 정권은 박 대통령이 살해되는 순간에 해체되었기 때문에 권력의 공백상태가 생겼다. 이것은 마치 북한이 수령론에서 당과 수령을 같은 권력의 근원으로 보고 있어서, 김정일 한 사람이 없어지면 이론적으로나 실제적으로 정권이 붕괴되는 것과 같은 논리다. 여당과 정부가 일순간에 소멸된 상태에서 권력기구로 존재하는 것은 야당뿐이었다. 그러나 그 야당은 김영삼 세력과 김대중 세력의 싸움으로 방향을 잃고 있었다. 주인 없는 정권을 군인들이 노골적으로 야욕을 드러내며 넘보고 있었다. 군인 중에서도 특히 보안사령관과 중앙정보부장 서리까지 겸임한 전두환 장군의 권력 집중 현상은 눈에 보일 만큼 나라의 운명을 위태롭게 했다. 그럼에도 불구하고 두 김 씨는 권력투쟁으로만 일관했을 뿐, 권력을 향한 군부의 전진에 공동 대처하는 모습을 보이지 못했다. 두 김 씨는 그 후 김영삼이나 김대중이 각각 대통령이 되어 국사를 처리할 때도 서로 협조보다는 비판에 역점을 두는 소아적 자세를 지양하지 못한 모습을 보여주었다.

말 뒤집기

　그 결과는 두 김 씨의 불행을 불러왔을 뿐 아니라, 군으로 하여금 권력의 주체가 없는 '빈집털이'를 가능케 했다. 김영삼은 평생의 반독재 투쟁에서 얻은 성과를, 김대중은 투옥과 연금의 고난을 헛되이 함으로써, 진정한 민주주의 완성을 위한 대열에 동참하는데 인색했다는 아쉬움을 준다. 두 김 씨가 정치 활동을 하는 동안 김영삼이 자유민주당·통일민주당·신한민주당·한나라당을, 김대중이 평화민주당·새천년민주당을 각각 창당한 것만 보아도 이들이 전통을 따르기보다는 '나'를 먼저 내세우는 정치가라는 느낌을 준다.

　정치가 지지멸렬한 틈을 타서 1980년 5월 17일, 드디어 군이 계엄령의 전국 확대를 이용해 정권을 장악하기에 이르렀고, 김대중은 여러 정치인들과 함께 다시 투옥되어 재판에 회부되었다.

　김대중은 내란선동죄와 일본 망명생활중에 조직한 한민통(韓國民主化統一協議會)의 이적성 시비에 걸려 '반국가 단체 수괴죄'로 1981년 1월 23일 대법원에서 사형이 확정되었다. 그러나 정부 입장에서는 김대중의 사형을 집행하느냐의 여부는 그리 간단한 문제가 아니었던 것 같다. 미국이 이를 막고 나섰던 것으로 판단된다.

　당시 필자는 미국 하버드 대학의 CFIA(Center For International Affaires) 프로그램에서(총 17명) 필리핀 상원의원이자 후에 필리핀 대통령이 된 아퀴노의 남편 니노이 아퀴노와 함께 있었다. 그는 아시아연구특별소위원회(총 5명)를 구성해 함께 연구하던 필자에게 "김대중 씨는 죽지 않을 것"이라고 몇 번이나 말해준 적이 있었다. 필리핀에서 마르코스 정권에 의해 처형될 뻔하다가 미국 국무성의 개입으로 미국으로 와서 하버드 대학에서 연구를 하고 있던 아퀴노는 미국무성의 동아시아 담당이던 H와 각별한 관계였다. 그는 가끔 워싱턴에 다녀오기도 했는데, 그럴 때마다 "김대중 씨는 절대 사형을 당하지 않는다"고 확인해주었다. 얼마 후에 그는 "김대중 씨는 나처럼 미국으로 와서 한 대학에 머물게 될 것이며, 하버드 대학에 올 가능성이 많다"는 말도 했다. 그의 이러한 이야기들은 차츰 현실로 나타났다. 미 국무성의 H씨는 그 당시 한국의 군사 정부가 김대중을 사형시킨다면 "한국과 미국 간에 어떤 일이 있을 것"이라는 말도 했다고 했다. 전두환 군사 정부는 미국의 강한 압력 아래 있었던 것이 틀림없으며, 김대중은 미국의 개입으로 사형을 모면하고 하버드 대학교에 올 수 있었던 것으로 생각된다.

김대중은 한마디로 말을 잘 한다. 쇳소리가 나는 듯한 강하고 옥타브 높은 음성과 정연한 논리, 가끔 던지는 유머, 선동적인 말솜씨는 듣는 사람을 감동시킨다. 그래서 선거 때나 국회 대정부 질문에는 여야 의원 할 것 없이 경청한다.

예를 들어 공화당이 혼신의 힘을 다해 그를 낙선시키려 했던 1967년의 목포 선거에서, 김대중은 가두유세에서 "내가 만약 부정선거와 싸우다가 쓰러지면 내 시체 위에 한 송이 꽃을 던지기에 앞서 부정선거를 획책한 원흉들을 때려부순 뒤 내 시체에 꽃다발을 놓아달라"고 무쇠소리로 외쳤다. 취재 갔던 당시의 기자들까지 가슴이 울렁이는 사자후(獅子吼)였다. 이렇게 말 잘하는 그가 정치하는 동안 두 번의 말 뒤집기를 했다. 첫 번째는 1986년 정국이 개헌문제로 들끓을 때였다. 야당은 대통령직선제 개헌을 골자로 한 헌법개정을 요구하는 개헌작업에 서명을 시작했고, 거리에선 학생들의 개헌요구 시위가 넘쳐나고 있었다. 전두환 대통령은 압력을 이기지 못해 여야가 합의하면 임기중에라도 헌법을 개정할 용의가 있다고 물러섰다. 그러자 김대중은 이해 10월 28일 "정부가 학생들을 석방하고 대통령직선제를 받아들이면 나는 다음 대통령 선거에 나서지 않겠다"고 공언했다. 정부로 하여금 직선제를 수용하도록 못을 박으려 한 전략이었던 것 같다.

김대중의 이 같은 불출마 선언은 다음해 노태우가 6·29선언을 할 때, 김대중의 불출마 선언 진의와 그가 그의 공언대로 끝까지 불출마를 이행할 때의 여당전략은 어떻게 짜야 할 것인지와 관련하여 상당한 고민과 분석을 했다고 한다. 그런 분석결과 김대중이 결국은 출마할 것이라는 판단 아래 6·29선언을 했다고 나중에 한 참여자가 전했다. 여권의 이 분석은 적중했다. 김대중은 끝내 출마했던 것이다.

김씨 자신은 이에 대해 "나의 불출마 선언은 조건부로서, 첫째 정부가 학생들을 석방하고 둘째 정부가 직선제를 받아들이면 불출마하겠다고 했나. 그런데 정부가 이 두 조건을 받아들이지 않았기 때문에 나의 불출마 선언은 애당초 성립되지 않았던 것"이라고 말했다『나의 삶 나의 길』. 조건을 달아 말하고, 역점을 앞에 두었다가 뒤에 두었다가 하는 묘한 말솜씨다.

두 번째 말실수는 1992년 12월 19일 세 번째로 대통령 선거에서 김영삼에게 패배한 뒤에 나왔다. 그는 "오늘로서 국회의원직을 사퇴하고 평범한 한 시민이 되겠습니다. (중략) 이제 저는 저에 대한 모든 평가를 역사에 맡기고 조용한 시민 생활로 돌아가겠습니다"라고 눈물겹게 밝혔다.

이 정계은퇴 성명은 본인이 구술했고, 부인 이희호 여사가 울면서 받아쓴 것이라고 했다. 김대중은 이 정계은퇴 성명을 낸 뒤 영국으로 건너가 반 년간 휴식을 취하면서 서방 인사들과 교류했다. 1993년에 귀국할 때엔 케임브리지의 환송 교수와 학생들에게 "반 년 전에 나는 이렇다할 희망도 없이 케임브리지에 왔습니다. 그리고 지금은 마음의 평안을 얻고 새로운 희망을 가지게 되었습니다. 나는 새로 태어난 다른 사람이 되어 귀국할 수 있게 되었습니다. 나는 정치 이외에는 아무 것도 못하는 사나이로 생각해왔습니다. 그러나 지금은 케임브리지의 교육 덕택으로 정치가 대신에 통일문제를 연구하는 한 명의 연구원, 혹은 주제넘은 말이지만 하나의 학자로서 고국에 돌아가게 되었습니다"라고 말해 홀을 가득 채운 사람들로부터 박수를 받았다.『나의 삶 나의 길』.

그러나 이 두 가지 공언은 지켜지지 못했다. 강력한 대여투쟁을 위해 불가피했다는 것이 본인의 해명이지만, 이 점을 들어 그와 적대적 위치에 있는 인사들은 그를 '거짓말쟁이 정치인'이라고 비난하기를 서슴지 않는다. 만약 그가 케임브리지에서의 환송연에서 "이제 나는 고국에 돌아가서 다시 정치를 시작하겠습니다"라고 말했다면 정치가 아닌 학자로 귀국한다고 하여 박수를 보냈던, 홀을 가득 채운 인사들의 반응이 어떠했을지 궁금하다.

햇볕 정책과 3단계 통일론, 대중참여경제

김대중은 대통령에 당선되자 '햇볕정책'이라고 일컬어지는 북한정책에 심혈을 기울였다. 김대중 대통령의 핵심적 집권공약은 통일정책과 경제정책이었다. 통일정책은 '3단계 통일론'이며, 경제정책은 '대중 참여경제론'이었다. 김 대통령은 통일과 경제의 두 축을 바탕으로 하여 후보시절에 '준비된 대통령'이라고 불리었다. 그를 이해하려면 이 두 집권 공약을 이해해야 한다.

3단계 통일론

김대중 대통령은 당선 전부터 '공화국 연합제'와 '4대국 평화 보장론', '3단계통일론' 등으로 통일에 남다른 관심과 이론을 가지고 있었다. 우리는 통일에 대해 그 무엇보다도 높은 가치를 부여하고 있다. 가치 부여뿐 아니라 노래로도 부르고 기회 있을 때마다 결의를 통해 통일 의지를 되새기고 있다. 그에 비해 과연 현재 우리에게 통일은 가능한 것이며, 어떠한 방법과 과정을 거쳐서 가능할 수 있을지에 대해서는 구체적으로 생각하지 않는 것 같다. 쉽게 생각해서 우리의 통일 방식을 몇 가지로 나누어 생각할 수 있다. 이승만 대통령 때의 북진통일론이라는 냉전시대의 소박한 단계에서부터, 조봉암의 평화통일론으로 대별될 수 있다. 김대중 대통령의 3단계 통일론은 현실의 국제 정세에 맞춘 정교한 통일론인 셈이다. 김대중 대통령이 주창하는 3단계 통일론은 다음과 같이 전개된다.

최근엔 노무현 대통령도 이 정책을 수용해 가고 있다 해서 더욱 관심의 대상이다. 노 대통령이 '통일수도' '지역정부' 등의 단어를 쓰는 배경이 이 경우일 수도 있다.

남북연합 단계 | 3단계 통일론의 제1단계인 남북연합은 1민족, 2국가 2체제, 2독립정부, 1연합으로 표현된다. 김대중은 초기엔 이를 공화국 연합제라고 불렀다가 그 후 남북연합제라고 바꾸어 부르고 있다. 남북연합은 두 개의 남북한 독립 국가가 서로 다른 체제를 유지한 채

국가연합을 형성하는 것이다. 1958년 나세르의 이집트와 시리아, 예멘이 합쳐 '통일아랍공화국'을 창설한 예가 있다. 그러나 정치적 의미 이외에 실질적인 문제 해결에는 성공하지 못했다.

국가연합은 평화 공존, 평화 교류, 평화 통일의 3대강령을 실천하는 데 그 1차 목적이 있다고 전제했다. 평화공존은 체제의 인정과 공존으로 정치신뢰를 구축하여 어떤 경우에도 무력대결이 일어나지 않도록 하는 것이고, 평화교류는 인적 물적 교류를 포함하여 정치, 경제, 사회, 문화 등의 모든 분야에서 교류협력을 통해 이질성을 해소하고 남북이 실질적인 도움을 갖자는 것이며, 평화통일은 통일의 기반 구성으로 무력에 의한 적화통일이나 우세한 경제력에 의한 흡수통일 모두를 배제하는 것이다.

남북연합은 남과 북이 현재의 상이한 이념과 이질적 체제를 그대로 유지하면서 협력기구를 향상하여 분단상황을 평화적으로 관리하는 제도적 장치이며, 분단구조를 통일지향적 특수관계로 발전시켜 나가려는 노력의 소산이라고 했다. 이 체제는 실제 내용에서 역대 정권의 통일 내용과 다르기보다는 통일에 대한 적극적 의지 표명이라는 점에서 구분될 수 있다.

이 남북연합의 진입 조건으로는 남북 주민들의 통일 열망과 남북 당국자들의 정치적 결단을 들었다. 남북 주민들의 통일 열망이야 이미 확인된 것으로 의제할 수 있는 것이니만큼, 남북 당국자들의 결단으로 언제든 출발할 수 있다는 이야기가 된다.

남북한은 현재와 같은 독립 국가로서 다른 체제를 그대로 유지한 채 국가연합을 형성하게 된다. 따라서 남과 북은 각기 지금까지 유지해온 기존의 모든 조건과 권한을 그대로 보유한다. 남북연합 단계는 이처럼 출발이 비교적 쉽고 간편하다. 여기에 문제가 있을 수 있고 악용의 소지도 있다.

이 연합 단계는 극단적으로 말하면 현재의 남북한을 아무 변화 없이 그대로 존속시킨 채, 남북 당국자 간에 서명 문서나 이름만 바꾸어 현 상황을 '남북연합'이라고 부를 수도 있다는 것이다. 두 정상이 조건이 성숙한 뒤에 남북연합을 출범시킨다는 전제를 둔다 해도, 그에 앞서 '남북연합헌장'만이라도 채택한다면 통일에 실질적 물꼬를 텄다는 공로로 '통일의 아버지'로 추앙받을 수 있다. 남북정상회담만으로도 노벨 평화상을 타지 않았는가.

남북연합헌장은 남북연합 단계에서 남북관계를 규정하는 기본법으로, 통일헌법 제정 때까지 유효하다고 3단계 통일론에서는 말하고 있다. 그뿐 아니라 이 통일론은 남북정상회의, 상설대의기구인 남북연합회의 개최방식 등에 대해서도 상세히 구상을 밝히고 있지만, 남북연합헌장이 서명되면 이후의 일정을 예상대로 통제하기란 불가능해질 여지가 많다.

남북연합이 일단 선포되면 통일 감상주의자들은 "통일이 이루어졌다"면서 각종 행사를 벌이고 정치, 사회면에서 국내법이 제대로 준수되지 않을 수 있는 등 엄청난 변화를 가져올 시도라 할 수 있다. 정치적으로 남북체제에 큰 변화를 예상케 하는 것이며, 이러한 변화는 우선 통일의 홍수를 일으켜 소소한 국내법과 정치 일정을 휩쓸어 버릴 수도 있을 것이다. 선거, 지도자 선택 등이 엄청나게 달라질 수밖에 없다. 선거나 국내 질서를 위한 세세한 절차는 뛰어넘을 수도 있을 것이다.

김 대통령이 북한을 방문한 뒤 공개적으로 몇 번씩이나 구차스러울 정도로 북한의 김정일 군사위원장의 남한 방문을 촉구한 이유가 무엇인지 확실히 단언할 수는 없지만, 최소한 김 위원장이 남한을 방문하면 이 분야에 큰 진전이 있었을 것으로 예상되었다.

남북연합이 순탄하게 발전해나가면 분단사태를 평화적으로 관리하고 연방제 통일로의 진입을 효율적으로 추진하기 위해 다양한 과제가 있게 된다. 이들 과업을 달성하기 위한 남북연합최고의사결정 기구로서 남북연합정상회의, 대의기구로서 남북연합회의, 정책집행기구로서 남북연합각료회의 등을 둘 수 있다고 했다.

여기서 문제가 되는 점이 있다면 이러한 문제가 한국과 북한만의 문제가 아니라는 점이다. 북한은 미국 부시 행정부가 말하는 대량 살상 무기 파괴에 응하지 않고 있다. 그리고 한국 정부가 북한을 엄연한 '주적'으로 규정하고 있으니, 이러한 여건으로는 남북 간에 신뢰 구축도 안 되었을 뿐 아니라 평화 공존도 아직 먼 상태에 있다는 논리로 남북연합이 이룩될 수 없다. '주적'이 문제가 되는 것은 바로 이런 이유일 것이다. 통일원이 이 문제를 먼저 들고 나온 것도 그냥 넘길 일이 아니다. 이 주적 문제로 국방백서 작성에 혼란을 초래했다.

북한이 문제를 더 복잡하게 하고 김 대통령의 초청 제스처에 화답을 보류했던 이유는 북한의 핵 문제 때문이었던 것으로 풀이되었다. 북한이 핵을 가진 채 평화 공존을 선언할 수는 없기 때문이었다. 남한 안에서도 이런 평화 공존은 인정할 수 없는 것은 당연했다. 김 대통령의 3단계 통일론의 비현실성이 바로 여기에 있다. 남북연합 단계는 대략 10년간으로 보았는데, 이 기간을 남북 간의 협의로 곡절 끝에 넘긴다 해도 다음 단계인 연방체제로 넘어 갈 때엔 국제적인 요인이 절대적으로 작용할 여지를 생각해야 할 것이다.

연방제 | 연방제는 1민족, 1국가, 1체제, 1연방정부, 2지역 자치정부로 구성된다. 연방제에서는 외교와 국방 그리고 주요 내정이 연방정부에 귀속되도록 하고, 그 밖의 일반적 내정은 남북 양 공화국이 지역 자치정부의 입장에서 관리하도록 했다.

연방제 단계에선 통일헌법에 따라 연방대통령을 선출하고, 연방의회를 구성하며 남과 북이 하나의 체제 아래 외교와 국방 그리고 주요 내정을 중앙정부가 관장하고, 그 밖의 내정은 두 개의 지역 자치정부가 담당하도록 했다.

연방의 진입 조건으로는 양자 간에 정치통합이 가능하도록 북한이 복수정당제와 자유선거 제도 등을 도입함으로써 민주화되어야 하고, 북한이 시장경제를 받아들여 남북경제 동일체가 형성되고, 남북 군비통제를 통해 군사력 균형과 군대 통합이 가능해져야 한다고 지적했다. 또 사회 문화 측면에서 남북 이질성이 상당부분 해소되어 민족적 일체감이 회복되어야 하는 시기임을 강조했다. 이러한 여건이 형성되려면 최소한 현재의 북한 지도층이 교체되어야만 가능성을 타진할 수 있을 것이다.

김대중 정부의 고위관계자들은 3단계 통일론이 북측의 고려민주연방공화국(고려연방제) 통일론과 다르다는 점을 강조했다. 3단계 통일론은 제1단계로 2체제의 국가를 그대로 둔 채 통일지향적으로 연합체를 구성했다가, 이질 요소를 동질화한 뒤인 10년 후에 2단계의 연방제를 하도록 한데 비해, 북측의 연방제는 처음부터 1민족 1국가 2체제(2지역 자치정부)를 하자는 것이다. 어떻게 보면 김대중 대통령의 제2단계인 연방 단계와 흡사한 점이 있다. 그래서인지 2002년 6월 15일에 발표한 김대중—김정일의 남북공동선언 제2항의 표현 가운데 "남의 김대중 대통령과 북의 김정일 위원장이 남의 연합제와 북의 '낮은 단계 연방제' 간에 공통성이 있음을 인정했다"는 문안이 나와 국민을 놀라게 했다.

북의 '낮은 단계 연방제'란 1991년 1월 1일 김일성이 신년사에서 "고려민주연방제 창립방안에 대한 민족적 합의를 좀더 쉽게 이루기 위하여 잠정적으로는 연방공화국의 지역 자치정부에 더 많은 권한을 부여하며, 장차로는 중앙정부의 기능을 높여나가는 방향에서 연방제 통일을 점차적으로 완성하는 문제도 협의할 용의가 있다"고 함으로써 '낮은 단계의 연방제'를 제의했다. 이 '낮은 단계의 연방제' 또는 '느슨한 연방제'는 3단계 통일론의 연합단계나 연방단계와 맥이 통한다고 볼 수도 있다는 것이 많은 사람들의 지적이다. 3단계 통일론은 남북연합단계로부터 연방제 통일 형태를 거쳐 중앙집권제, 또는 여러 개의 지역 자치정부를 포함하는 미국 독일식 연방제를 통일의 완성 단계로 설정하고 있다.

남북이 어떤 형식으로든 간에 통일이 이루어진다고 할 때 그 통일될 한반도가 공산주의 이데올로기를 원칙으로 한다면 국민들이 이를 용인하기 어려울 것이고, 그와 반대로 반(反)공산주의나 반사회주의를 국가 이데올로기로 한다면, 과연 중국이 이를 수용할 것인가가 문제다.

미국 카터 대통령 때 안보담당보좌관이었던 즈비그뉴 브레진스키는 "미 군사력이 통일 한국에 그대로 남게 된다면 그것은 중국인 입장에서 중국을 겨냥한 것이라고 볼 수밖에 없다. 만일 한국 통일이 단계적으로 이루어진다면 중국은 정치적으로 그것을 방해하면서 북한 내의 반통일 세력을 지지할 것이며, 통일이 폭발적으로 북한의 붕괴를 포함해서 이루어진다면, 중국의 군사적 개입 가능성을 배제할 수 없다. 중국이 통일 한국을 받아들일 수는 있지만, 그것은 어디까지나 통일 한국이 미국 세력의 연장선(배후 일본을 발판으로 한)이 아닐 경우에 한해서이다. 어떤 경우에든지 중국과의 조정 없는 한국통일이란 기대하기 어렵다"고 말하고 있다.(『거대한 체스 판』·Z. 브레진스키 지음·김명섭 옮김·삼인)

완전 통일 단계 | 3단계 통일론의 마지막 단계인 제3단계는 완전 통일 단계다. 이에 앞서 제2단계인 연방 단계까지만 충실히 이행이 되더라도 남북이 이미 통일된 것이나 다름이 없는 것인데, 중국 자신이 스스로의 국가 이데올로기 체제에 변화 없이 이런 북한의 변화를 인정할지가 의문이다.

이와 반대로의 변화, 즉 한반도가 중국이 선호하는 체제인 공산주의나 사회주의로 변화할 경우, 1차로 대한민국 국민의 수용여부가 제일의 관건임은 물론이거니와, 2차로 한반도에 직접적 안보 이해를 가지고 있는 미국과 일본 등의 우방들이 이를 받아들일 수 없을 것이다.

이렇게 보면 결국 한반도 통일은 강대국이 비토(Veto)를 행사할 여유도 없이 이루어지는 붕괴와 흡수의 동서독 형이 되든지, 아니면 1민족 2국가의 느슨한 국가연합으로 통일을 지향한다는 의지를 내외에 천명하면서 영국의 코먼웰스처럼 조급히 하지 않고 시간의 여유를 갖는 통일방식을 생각할 수 있다. 이런 관점에서 보면 김대중 정권의 북한 퍼주기 외교는 이질감 해소로 통일을 촉진하는 것 같으면서도, 사실상 현상유지를 연장하고 위기에 빠진 북한을 봐주는 고차원적인 반통일 정책일 수도 있다.

한반도 통일이 이렇게 어려워질 때 이도저도 아니면 제3의 통일방식으로 북방세력과 남방세력이 함께 균형을 이루는 중립화 통일방안이 있다. 만약에 한반도가 중립노선을 택하면 힘의 공백상태를 틈타 지정학적으로 유리한 강대국 세력이 삼투작용으로 밀려들 우려가 없지 않다. 이렇게 되면 한반도에서는 기약 없는 정치적 혼란이 거듭될 것이다.

김대중 대통령의 통일을 향한 집념은 임동원(林東源)이라는 개인에 대한 인사에서도 나타났다. 김대중 대통령이 집권하기 전에 아태평화재단 사무총장으로 3단계 통일론을 체계화한 것으로 알려진 임동원은 김 대통령이 집권하자 대통령 특별보좌관, 국정원장(그의 재직 시에 대북한 송금이 이루어졌음), 통일원장관 등을 역임했다. 통일원 장관 재직 당시 국회의 해임 건의안이 통과되었으나, 파격적으로 다시 대통령특보로 임명함으로써 박지원의 비서실장 임명과 함께 '오기인사'라는 비난을 받기도 했다.

3단계 통일 전문가인 임동원을 측근에 두려는 이러한 특정인의 인사에서 보여준 김 대통령의 집념은 그로 하여금 한국인으론 처음인 노벨 평화상을 수상케 하는 국가적 명예를 갖게 하기도 했다. 한편으론 야당과 일부 언론으로부터 '북한 퍼주기 외교'라는 비판을 받기도 했지만 말이다.

상식적으로 생각할 수 있는 이러한 통일 이외에 고려될 수 있는 것은 북한의 김정일 국방위원장이 미국이 주축이 되고 강대국들이 동조하고 있는 핵확산금지조약을 어겨가며 핵으로 강대국을 위협하다가 자멸하는 경우를 상정해 볼 수 있다. 미국의 부시 행정부는 북한의 핵개발 태도에 대해 "악의 축이며 반문명적인 독재자의 협박에 굴복해서는 절대 안 된다"며, 협상을 파괴하면서 그때마다 그 대가를 달라는 북한을 잘못 길들였다고 공언하고 있다. 미국이 테러와 대량 살상무기 소유국에 대한 응징에서 아프가니스탄과 이라크가 호되게 당한 뒤에 홀로 남은 북한을 미국이 어떻게 다룰지는 최대 관심사항이다.

이러한 미국과 서방 강대국의 태도를, 대량 살상무기로 핵을 개발하는 북한 김정일 위원장의 독재적 협박은 그것 자체가 테러에 해당되는 것으로 미국이 선전포고 없이 힘으로 응징할 수 있다는 메시지로 본다면, 김 위원장의 자멸과 북쪽의 붕괴에 의한 통일이 있을 수 있다. 김정일 위원장이 핵 개발을 강행하자, 일부에서는 김 위원장을 도려낼 수밖에 없는 상황이 오고 있지 않느냐는 논의가 점차 강하게 대두되고 있다.

대중참여경제론

한국의 경제 구조 | 우리의 자본주의는 서구사회와 같이 주식의 대중 소유, 전문경영인에 의한 기업운영, 기업이윤의 노사 공정 분배, 소비자 이익의 최우선 등 민주적 자본주의의 길을 걷지 않고, 종전(終戰) 전의 일본이나 독일 그리고 전후의 중남미 국가들처럼 주로 국가 권력과 소수 재벌의 유착에 의한 독점 자본의 길을 걸어왔다.

오늘날 우리 경제가 파탄 위기에 빠지게 된 것은 너무도 당연한 결과였다. 우리 경제의 구조적 모순을 제거하고 세계 경제의 8강으로 진입할 발판을 마련하기 위해서는, 관 주도형 경제정책으로부터 민간 주도형 정책으로 전환하고 이를 위한 제도적 개혁을 병행해야 한다.

더 구체적으로 말해, 첫째 민주적 경제관리를 위해 기업활동의 자율성과 자유로운 노조운동 및 중앙은행의 독립을 확보하고, 금융자율화를 보장하며, 분배정의를 실현하고, 중소기업 및 농업을 육성해야 한다. 둘째 세법 등 모든 경제 관계 법률을 공정하게 운영하고, 유능한 기업인의 활발한 기업 운영을 보장하며, 토지 관계 세법 등 조세제도를 개혁하고, 시장경제를 저해하는 각종 규제를 철폐해야 한다. 셋째 정당운영자금에 국고를 지원하고, 선거공영제 실시로 정경유착을 차단하고, 금권정치를 청산해야 한다.

물가 | 재벌들은 자신의 경험으로 기업 본연의 생산 활동을 통한 기업 이윤보다 부동산 가격상승을 통한 영업 외 이익이 훨씬 크다는 사실을 알고 있다. 중소기업은 돈이 없어 못한다. 일반 국민들에게 "저축한 돈을 어떤 방법으로 증식하시겠습니까?"하고 물으면, 대부분 부동산을 꼽는다. 이는 정부가 토지를 많이 가진 사람 위주로 정책을 써왔기 때문이다. 과거엔 보릿고개에 굶어죽는 사람이 있었지만, 최근엔 집세가 너무 올라 자살하는 사람이 나오고 있다. 우리나라의 땅값은 GNP 대비 세계 최고 수준이다.

이 같은 물가 상승은 화폐적 현상인 인플레이션에 의한 것이므로 우선 화폐를 줄여야 한다. 그러기 위해서는 (1)연간 통화증가율을 10퍼센트 정도로 줄여야 한다. 돈 가치를 안정시켜야 인플레이션이 잡히고, 돈 가치가 잡히면 물가도 잡힌다. (2)정부 예산 팽창을 최대한 막아야 한다. 장기적으로 GNP 비중을 높이지 않는 10퍼센트 수준이 적정선이라고 본다. (3)각종 경제 민주화 조처로 보다 많은 대중이 경제 활동에 참여하도록 한다.

토지투기와 주택문제 | 우리나라 사람들은 땅에 대해 세 가지 확신을 가지고 있다. 첫째 국토가 협소하여 땅은 부족할 수밖에 없다. 둘째

땅값은 계속 오를 수밖에 없다. 셋째 땅 투기근절을 위한 어떤 정책도 결국 무력할 수밖에 없다는 믿음이다. 그러나 정말 그럴까? 그 원인은 국토가 협소하다기보다 정책 잘못이 더 크다. 주기적으로 부동산 투기붐을 경험한 주요 원인은 낮은 토지보유 세율, 높은 경제성장률, 금융억압에서 찾을 수 있다.

서구나 북미 선진국의 경우 실효재산세율이 2퍼센트 정도인데 비해, 1980년 말까지 일본의 재산세율은 0.2퍼센트, 한국은 이보다 훨씬 낮은 0.02퍼센트에 불과했다. 여기에 도시의 인구 집중은 토지 부족을 초래하고, 토지 값 상승은 다시 새로운 자금 유입을 초래하여 '땅값은 계속 오르게 마련'이라는 신화를 만들어낸다. 이의 시정을 위해서는 비중 있는 종합토지세제의 도입, 비과세 감면 제도의 축소와 양도소득세법의 개정에 이어 업무용과 비업무용 토지의 속임수를 엄격하게 구분하기 위해 비업무용 토지와 사치성 토지, 유휴토지에 대해서는 담보 대상에서 제외하고 18평 이하의 소형주택 공급을 촉진하고, 값싼 임대주택을 위한 택지 공급을 늘려야 한다.

노사 협력 체제 | 1986~1989년의 339억 달러에 달하는 경상흑자를 기업의 기술혁신·품질향상·경영 합리화 등 필요한 부문에 쓰지 못하고, 비생산적인 부동산 투기 등에 사용, 우리 산업의 국제적 경쟁력이 약화된 것은 임금 상승 때문이 아니라 정부의 잘못된 정책 때문이다.

우리나라는 일반적으로 선진국과 비교해서 20~30년의 격차가 있는 것으로 인식되고 있다. 그러나 노사관계 측면에선 선진국보다 50~60년 정도 뒤쳐져 있다고 본다. 현재 우리나라의 노사관계는

1920년대 말의 미국, 1920~1930년대의 독일, 1930~1940년대의 일본의 노사 관계와 여러 측면에서 유사하다. 현재와 같은 노사관계로는 선진국 진입을 가능케 하는 생산성 향상이나 기술혁신을 이룰 수 없다. 주요 선진국들의 노사관계의 경험을 배워야 한다.

독일 정부는 1952년 경영조직법을 제정하여 노동자의 경영참여를 제도적으로 보장했다. 독일의 경영자들은 노동조합을 대립적 저항세력으로 보지 않는다. 독일 기업으로부터 우리가 본받아야 할 또 하나의 장점은 노동자의 교육 및 작업훈련에 높은 가치를 부여하는 구조다. 일본 기업의 강력한 국제 경쟁력 역시 협력적 노사관계에 뿌리를 두고 있다. 일본은 2차 세계대전 이후 평등주의에 기초한 일본 특유의 협력적 노사관계를 정착시켰다.

우리도 협력적 노사관계를 정착시키기 위해 우선 노동관계법을 개정해야 한다. 노동조합의 정치활동금지, 제3자 개입금지, 조직 대상을 같이 하는 경우의 복수노동금지, 상급 단체까지 연장하여 복수화를 인정하지 않는 제도, 노동조합설립 신고 시에 상급단체에 반드시 가입케 하고 그것을 설립신고서에 쓰게 하는 규정 등은 자주적이고 민주적인 노동운동을 억압하는 데 악용되어왔기 때문에 철폐되어야 한다.

노동자 및 노동조합 역시 새로 태어나야 한다. 최근 노동조합운동은 경영전권을 인정하여 경영참여를 중요시하지 않고 단지 조합원의 임금과 근로조건 향상을 위해 노력해왔다. 생산과 분배라는 두 측면에서 일부 노동조합은 생산 자체에는 책임지려 하지 않으면서 분배에 관한 자기 몫만 요구하는 경향도 없지 않았다. 이러한 경향이 심해져서 노동자들이 일 자체에서 즐거움과 보람을 느끼지 못하고, 향상된 소득의 소비만을 즐긴다면 국민 경제의 성장기반이 와해될 위험성도 없지 않다.

분배적 정의와 사회복지 | 분배 개선을 위해서는, 첫째 세제를 직접세 위주에서 간접세 위주로 개혁해야 한다. 특히 땅 투기를 막기 위해 과세 표준을 점진적으로 현실화해서 종합토지세를 정상화해야 한다. 둘째 국내의 저임금을 지속시키기 위해 동남아 등 해외 인력을 수입하는 것은 바람직하지 않다. 저임금 정책으로 노동집약 산업에서 고부가가치 산업으로의 전환이 지연되고 있다. 셋째 농촌 경제를 살려야 한다. 넷째 남녀차별·지역차별을 없애고, 기혼여성의 취업기회를 확대하고 학력차별을 없애야 한다. 김 대통령은 이 같은 참여경제론은 이론적으론 오랜 기간 다듬고 보완할 기회가 있었지만, 실제 대통령으로서 이의 현실 적용 기회가 주어졌을 때엔 효과적으로 활용하지 못했다.

007 수법으로 대북상납, 남북정상회담

김 대통령의 대북한 정책은 남북정상회담 성사를 목적으로 북한에 최소 5억 달러의 뇌물성 비밀 송금을 한 사실이 드러나 퇴임 후 특별검사제까지 도입, 송금 수사를 받는 불명예를 얻었다.

김 대통령의 노벨상수상 업적의 핵심이었던 남북정상회담은 당사자격인 우리 한민족뿐 아니라 온 세계인의 이목을 집중시켰다. 정상회담은 당초 2000년 6월 12일~13일 이틀간으로 예정되어 있었으나, 회담 개시 이틀 전인 10일 북한 측이 갑자기 회담 연기를 통보해 13일~14일로 일정이 연기되었다.

정상회담이 당초 예정일에서 하루가 늦춰진 것과 관련, 당시 정계 일각에서는 정상회담의 대가로 북측에 지불키로 한 2억 달러 정도로 추측되는 사례비가 늦게 입금되었기 때문이라는 소문이 파다했다. 이에 대해 임동원 대통령 안보보좌관은 "대북 송금은 이미 9일에 이루어졌기 때문에 10일의 연기 발표와는 무관하다"고 말했다.

그러나 2002년 12월 김대중 대통령의 임기가 끝난 뒤인 2003년 5월에 실시된 특별검사의 수사결과는 이 같은 해명을 무색케 했다. 대북 송금이 2000년 6월 9일에 이루어졌던 것은 사실이지만 주말이 끼어 실제로 북한 계좌가 있는 마카오 지점에 입금된 것은 12일로 확인되었기 때문이다. 특히 북한 관계자는 12일 오전 마카오 중국은행에 입금여부를 직접 확인까지 한 것으로 알려져, 북한이 이 돈에 얼마나 많은 관심을 가지고 있었는지 짐작케 한다.

특검의 발표에 따르면 중국은행 서울지점은 국정원의 요구에 따라 2억 달러를 마카오 지점에 개설된 북한의 국영은행 계좌 등 여러 개의 북한 계좌에 송금했다. 이 마카오 지점의 북한 계좌는 북한 노동당의 외화자금을 관리하는 조선 대성은행 계좌 등 세 개로 확인되었다. 국가 정보원이 보낸 자금이 북한 노동당과 직접 관련된 계좌로 입금되었다는 사실은 이제까지 "대북 송금은 현대그룹의 사업과 관련된 기업성 자금"이라고 주장하던 현대 측과 정부의 해명에 의혹을 제기했다. 또한 남북 당국자가 남북정상회담의 정치적 목적으로 주고받은 자금이라는 데 확신을 더해 주었다. 특히 당시 송금에 관여했던 정부와 금융 관계자는 국정원이 이 자금을 송금함에 있어 "미국 측에 이 자금의 흐름이 노출되어선 안 된다며 절대 보안을 요구했다"고 전했다. 이러한 보안요구 때문에 북한 송금 자금이 미국 재무부의 해외자산통제국(OFAC)에 포착되지 않도록 미국 관여가 어려운 중국계 은행을 택하게 되었다고 이 관계자는 전했다(《조선일보》, 《중앙일보》 2003년 5월 15일자).

국정원이 대통령 개인을 위한 이런 비밀스런 작업에 깊숙이 개입했다는 것은 국정원의 업무를 크게 이탈한 것이므로, 관련자 엄벌은 물론 국정원 자체를 환골탈태하도록 개편해야 할 것이다. 그리고 대북 송금 형식의 5천만 달러 상당의 물품은 주로 김정일 위원장이 개인적으로 쓸 수 있는 향수 등의 사치품이었던 것으로 밝혀져 대북 송금이 상거래였다는 현대 측의 주장이 설득력을 잃게 되었다.

특별검사의 수사 결과에 따르면, 구속중인 박지원 전 청와대 비서실장, 임동원 전 국정원장, 자살한 정몽헌(鄭夢憲) 현대아산이사회 회장 등이 주축이 되어 대북 송금을 추진한 것으로 윤곽이 잡혔다. 북측은 남북정상회담 전에 5억 달러를 북에 보내도록 요구했고, 돈이 입금되지 않으면 정상회담도 불가능하다고 통보했던 것으로 밝혀졌다.

이렇게 구차하게 저자세로 남북정상회담을 추진하고, 그 업적으로 노벨상을 탔다면 이것을 과연 명예라고 할 수 있겠는가. 노벨상 이야기만 나오면 국내에서나 국외에서나 '노벨 평화상이라는 것이 이렇게 수여된 일도 있었다'는 스캔들의 비화가 되지 않기를 바란다.

현대 측은 정부 창구로서 피해를 보았지만, 사업과 연계된 대출 특혜를 받았다. 현대는 1998년 금강산 관광이라는 남북 교류의 장을 마련함으로써 햇볕정책의 효과를 가시화한 1등 공신으로서 피해와 특혜를 함께 입었다. 그러나 특혜는 끝내 정몽헌 사장의 자살로 귀결되었다.

김 대통령의 대북한 포용 정책으로 경제, 종교, 학술, 언론, 문화 예술, 이산가족 상봉 등 각 분야에서 활발한 교류가 이루어졌다. 그러나 북한 측은 교류의 일환으로 이루어지는 북한 방문에서 방북자들에게 상당한 금액을 요구하는 경우가 허다하여 눈살을 찌푸리게 했다. 심지어 북한을 돕기 위해 방문하는 성직자에게까지 비자발급 시에 상당액의 금품을 요구하는 해프닝도 있었다고 전해질 만큼 북한은 연예인, 언론계 간부를 가리지 않고 무차별적으로 금품을 요구하고 있다. 금품을 주더라도 북한을 방문하는 것이 유명세에 도움이 된다고 여기는 풍조 때문인데, 북한에 가서도 그들이 안내하는 선전 장소 몇 군데를 돌아오는 것이 전부이니 한심한 노릇이다.

김 대통령과 북한의 관계는 때로 현저한 긴장완화 국면을 연출하기도 했지만, 1999년 6월 29일 서해안에서 벌어진 남북 간 해군충돌은 남북관계의 또 다른 선례를 만들었다. 이 충돌에서 한국 해군은 최신 장비와 고도의 훈련 경험으로 북한군 함정을 격침시키며 상당한 피해를 주었다. 휴전 이래 남북한 간 충돌에서 거둔 최고의 성과로 평가받았다. 입장을 바꿔놓고 보면 북한 측으로서는 치욕스런 패전으로 기록될 수밖에 없다.

북한 측은 보복과 함께 미국에 대한 경고와 타협의 제스처로서 선제 행동에 나섰다. 서해안 패전이 있은 날로부터 만 3년 만인 2002년 6월 29일, 월드컵 준결승전이 벌어지던 날이었다. 세계의 이목이 한반도로 쏠린 가운데 서해안에서 우리 해군을 공격해 함정을 격침시킨 것이다. 이는 북한이 미국의 대북 공격 가능성에 대한 대응으로 '자신들의 의지와 능력에 따라 서울 불바다' 위협을 언제든 실현할 수 있음을 과시하려 한 행동으로 풀이되었다. 그러면서 북측은 대미 불가침조약 요구 협상을 구상하고 있었던 것으로 전해졌다. 이에 대해 미국 측은 "북한을 침략할 의사가 없다"는 묵살 작전으로 일관했다.

우리 정부는 이 같은 서울 불바다 위협과 그 전초 행동에 대해 강력한 응징으로 맞서서 다시는 그 같은 어설픈 행동을 못하도록 했어야 했다. 그럼에도 북측으로부터 고의성이 없는 우발행동이었다는 전후 상황으로 납득할 수 없는 해명만 듣고 대책도 내놓지 않고 슬그머니 넘어갔다. 자신들이 당한 바로 그날을 택해 공격했다는 것 자체가 스스로 우발성을 부인하는 결과이지만, 우리 정부는 언제나 그렇듯 이번에도 북한에 너그러웠다. 북한 퍼주기도 모자라 이제는 북한 봐주기인 셈이었다. 북측의 변명은 있었으나 납득은 없었다. 그로 인해 '서울 불바다' 위협은 이제 북한의 대남 카드가 되었고, 이라크 전쟁을 43일 만에 끝낸 미국을 상대로 뾰족한 대응책이 없는 북한으로서는 '서울 불바다' 위협 카드를 미국에 대응하는 수단으로 활용하고 있다. 북한과 미국의 협상에서 한국은 볼모로 잡힌 셈이다.

남북간 해상충돌은 우리가 설정한 북방한계선을 북한이 인정하지 않고 때때로 침범한 데서 비롯된 것으로, 과거에도 그랬지만 앞으로도 남북한 간 분쟁을 촉발할 수 있는 불씨로 남아 있다. 이 남북한 한계선 침범을 두고 김정일 장군이 개척한 해로라고 한다니 우스운 일이다.

햇볕정책은 정경분리정책을 내용으로 하기 때문에 이러한 정치적, 군사적 긴장은 해소하지 못한 채 쌀과 비료의 무상제공을 계속하고 있어서 상호주의 원칙을 깨고 있다. 인도적 지원 외의 현금 지원은 삼가라는 서방 세계의 강력한 권유에도 불구하고 김대중 정부는 수억 달러의 현금을 북한에 지원했다. 북한의 국가운영과 핵문제 등에 이익을 준 이 같은 행동은 결과적으로 또 다른 '북한 봐주기'로 해석될 수 있다. 야당이 이를 '이적 행위'라고 잘라 말하는 것도 이해가 된다. 그리고 정부가 서해안 피격사건을 온건히 넘긴 것은 두 번째 북한 봐주기였다. 이는 향후 대북정책에 영향을 주는 것이다.

대북정책은 북한이란 상대가 있고, 따라서 북한의 태도에 따라 달라질 수밖에 없다. 반면에 김대중 정부는 대북정책과는 달리 경제, 사회 등의 개혁정책은 상당한 의지를 가지고 추진했다. 의약분업은 선진 제도로 진입하기 위해 절대적으로 필요한 제도이지만, 역대 정부에서는 '골치 아픈 정책'으로서 미루어왔다. 김대중 정부가 이에 도전한 것은 용기 있는 일이다. 의약분업은 몇 차례에 걸친 의사와 약사 간의 집단행동을 거치면서 그런 대로 정착되었다.

복지사회 차원에서 접근한 주5일제 근무제는 대통령 자신이 공약한 바 있으며, 기업인들에게도 여러 차례 직접적으로 권유했다. 그런데 휴일을 유급 일수에 포함시킬 경우, 기업에 대해 대략 15퍼센트 정도의 추가부담을 주게 된다. 가뜩이나 국제 경쟁력이 미약한 기업에게 이 같은 추가 부담을 준다는 것은 고려해볼 문제다. 최근에 독일, 프랑스 등 일부 선진국에서 금융기관의 토요 휴무제에 대해 부분적인 재검토 의견이 나오고 있다는데, 대통령까지 등장해 이를 강행한 것은 생각해볼 문제다.

김대중 대통령은 김영삼 전 정권에서 발생한 IMF 위기를 조기 극복하여 국가의 국제 신임도를 높였다. 하지만 박정희, 전두환, 노태우 대통령 때부터 성장정책이라는 미명하에 독점재벌이 쌓아올린 아성을 개혁하는 일환으로 재벌의 구조조정을 강력히 추진하였으나, 재벌들로부터 사회주의적 발상이라는 반발을 사면서 중도 시정해야 했다.

국가 운영에서 부정부패는 어제오늘 일이 아니다. 이승만 초대 정권에서 김영삼 대통령에 이르기까지 부패근절을 위해 공직자재산등록제 같은 제도적 장치를 마련했지만 부정부패는 근절하지 못했다.

그런데 김대중 정권의 부정부패는 다음의 두 가지 점에서 과거와 다르다. 첫째는 국가정보원과 검찰 등 부정을 단속하는 사정기관이 직간접으로 부정에 관여했을 뿐 아니라, 조직적으로 은폐를 기도했다는 점이다. 국정원의 경제관계 책임자가 증권 조작에 끼어들어 한몫 챙기는가 하면, 국가적인 정보를 유출하거나 이용하여 업자들과 한탕을 기도하기도 했다. 권력과 금력의 대표적 유착이었다.

이용호 금융비리 사건(2001년 9월)에서 김태정 전 검찰총장은 1억원을 받고 검찰에 외압을 가했고, 검찰은 이 비리 수사에서 김형윤 국정원 경제단장의 비리를 은폐했다. 이용호 사건에서는 정치관계 로비에 조직폭력배가 등장함으로써 국민을 놀라게 했다. 열린상호신용금고 대주주 겸 부회장이었던 진승현의 경우에도 비리가 문제되자 국정원 출신인 김재환을 회장으로 영입해 월 1천만 원의 보수와 고급 승용차를 제공했으며, 변호사 수임 명목으로 12억 5천만 원을 제공했는데 그 일부를 김재환이 가로챘다는 것이다(2000년 11월). 이 밖에 인천국제공항 유휴지 사업자 선정 때(2001년 8월)의 청와대 직원 개입, 몸으로 국방부 로비를 한 린다 김 사건, 한빛은행 불법대출 사건(2000년 8월), 임창열 경기지사 부부가 관여한 경기은행 퇴출저지 로비 사건(1999년 7월) 등 부패 사건이 줄줄이 터졌다. 이 같은 사건은 김대중 정권 후반기로 접어들어 더욱 기승을 부리며 조직적으로 터졌다는 것이 특색이다(사회진보연대 2000. 10. 홍석만,『신자유주의가 양산한 부정부패의 역사』).

둘째는 부정이 이 시대 최고 실세일 수밖에 없는 대통령 아들과 직접 결탁했거나 그 영향 아래에서 이루어졌다는 사실이다. 이로 말미암아 김 대통령의 두 아들이 구속되고, 현역인 김홍일 의원마저 뇌물수수와 관련하여 불구속 기소가 되었다.

이들 아들이 대개 특정지역 인맥과 결탁되어 있었던 것은 또 하나의 특징이었다. 임기 말에 집중적으로 터진 이 같은 비리사건은 지배 계급 내에 '먹고 보자'는 망국적 분위기가 팽배했던 탓이 아닌가 하는 느낌마저 준다. 이 같은 부정유형은 한국의 지배세력이 집단적 먹이 사슬로 부정부패와 연결되어 있음을 보여준다. 이 틈에 조직폭력배까지 등장해 부패집단으로 가세했다는 점은 놀라운 일이고 망국적 사태다. 이승만 정권 때 조직폭력배인 정치 깡패 이후, 순수 금권을 노린 조직폭력배가 기업형으로 자리를 잡게 된 것은 '신판 한국형 마피아'의 등장이라 하지 않을 수 없다.

이런 부패와 조직폭력배 세력의 활약은 김대중 대통령의 임기 말로 갈수록 그 심각성이 짙어졌고, 노쇠한 가운데 힘겹게 정권을 꾸려나가던 김 대통령의 인기 하락의 큰 원인이 되었다.

통치이념의 혼란

김대중 정권 당시 많은 사람들이 가졌던 의심의 하나는 김 정권의 이념적 정체성에 관한 것이었다. 왜 그런 의심이 생겨났을까? 김대중 대통령은 선거 때마다 색깔론의 중심에 서곤 했다. 그때마다 김 대통령은 '용공 음해'라고 반박했다. 문제는 왜 김대중만 유독 색깔론의 초점이 되느냐 하는 점이다. 시대적 사명인 통일의 물꼬를 트기 위해 보수주의자들의 음해를 무릅쓰고 앞으로 나아가는 순수함 때문인가, 아니면 청년 시절부터 뇌리에 각인된 진보주의와 사회주의에 대한 매력 때문인가. 이에 대한 답변은 김대중 자신만이 할 수 있을 것이다.

2000년대 노무현 정권에서 일고 있는 보수주의와 진보주의, 사회주의와의 이념 혼란은 김대중 정권에 뿌리를 두고 있다고 보는 사람이 많다. 김 대통령이 취임하자 대통령 캠프 안에 좌파가 많다는 소문이 돌았다. 그러던 중 조선일보와 대통령 정책자문위원장이었던 최장집(崔章集 전 고려대 교수) 사이에 이념논쟁이 벌어졌다. 김대중 대통령의 정책자문위원장이었던 최장집은 「한국전쟁에 대한 하나의 이해」라는 글에서 한국동란에 대해 "첫 번째 시기(남침부터 미국의 개입까지)의 전쟁은 기본적으로 민족해방전쟁이었던 반면, 두 번째 시기(미국개입에서 북진 때까지)의 전쟁은 미국이 전면에 나서 한국의 혁명적 민주주의 세력과 싸우는 전쟁으로 변질된다"고 밝혔다.

그는 또 '한국전쟁 연구'에서 "남한 내 지배세력과 민족운동세력 간의 대립 상황이 남한 내 민족세력의 궤멸과 더불어 정부수립 이후에는 남한 내 게릴라 양상으로 변하고, 이것이 다음 단계에서 남북 간의 내전 상태로 변해가고 있음을 뜻한다. 그(김일성)의 우세에 대한 지나친 과신이 그를 전쟁을 통한 총체적 승리라는 유혹에서 헤어날 수 없게 하였고, 결국 그는 전면전이라는 역사적 결단을 내렸던 것이다"라고 말했다.

이 글을 뜯어보면 남한과 북한 중 어느 쪽 인사가 쓴 것인지 구분이 잘 되지 않을 정도다. 종래 서술과 달리 한국전쟁을 '민족해방전쟁'으로, 북한을 '혁명적 민주주의 세력'으로, 전면적 도발을 전면전이라는 '역사적 결단'으로 기록하고 있다.

이 글이 대통령 정책자문위원장이 썼다는 데서 국민의 충격이 컸다. 문제가 되자 최장집은 "역사적 결단이라고 한 것은 김일성의 입장에서 봤기 때문"이라고 말하고, "학자의 역사해석을 임의로 재단함으로써 명예를 훼손했다"며 명예 훼손에 대해 5억 원의 배상을 요구했다. 이에 대해 〈조선일보〉는 "대통령의 정책자문위원장이라는 공직에 취임한 이상, 그의 사상적 기록을 검증하는 것은 언론의 기본권리"라고 반박했다〈조선일보〉.

이 소송은 결국 양자 간 타협으로 중단되었지만, 최장집의 말을 그대로 인정한다 해도 문제는 있다. 최장집은 학자로서 김일성의 입장에 서거나 스탈린의 입장에 설 수도 있다. 그것은 학문의 자유에 속하는 일이다. 문제는 김 대통령이 정책자문위원장에 왜 이런 사람을 기용했느냐 하는 점이다. 이 사건을 계기로 최장집은 자리에서 물러났다.

김 대통령은 그 후 2000년 6월 15일 북한을 방문하고 돌아와 '방북 성과 국민 보고'에서 "이제 4강(强)이 우리를 지배하는 제국주의 시대가 아니라, 우리가 그들을 이용할 수 있는 그런 시대"라고 말하며, 4강을 '제국주의'라고 표현했다. 이어 김 대통령은 "일제 35년, 8·15의 분단, 6·25의 전쟁"이라는 말을 썼다. 6·25를 단순히 남북 분단으로 인한 갈등과 충돌의 결과로 이해하고 있다는 느낌을 받는다. 최장집의 6·25관과 유사한 인식을 엿볼 수 있다(《월간조선》 2001년 8월. 정용석(鄭鎔碩) 교수의「대한민국은 어디로 가고 있나」).

대통령은 1998년 2월 취임사에서 대북한 관련 3원칙을 발표했다. (1)어떠한 무력 도발도 결코 용납하지 않는다. (2)북한을 흡수하거나 해칠 생각이 없다. (3)남북한 간 화해 협력을 가능한 부분부터 적극적으로 추진해 나간다는 내용이다. 그런데 바로 1998년 6월에 속초에 침투한 무장 잠수함이 발각되자 북한 지도자들은 간첩선 선원에게 전원 자살하도록 지시했다. 같은 해 11월 20일에는 서해 강화 근처에 북한 쾌속정이 나타났다. 북한은 남북 화해 제스처를 취하며 금강산을 개방하기로 해놓고 물밑으로는 잠수함을 침투시키고 있었던 것이다. 그러나 김대중 정권은 이런 북한 측에 대해 '결코 용납지 않겠다'는 단호함을 보이지 않았다.

1999년 6월 29일 남북한 해군이 서해안에서 충돌하여 우리의 우월한 전투 능력에 참패당했던 북한 측은 3년 후 같은 날인 2000년 6월 29일 우리 해군을 불시에 기습, 막대한 피해를 입혔다. 날짜까지 맞춘 계획적 기습이었음이 거의 확실한 사건이었다. 이에 대해 정부 당국자들은 '단호한 대응'이 아닌 "강경파의 모함이다", "북한 해군 함정이 표류를 했을 가능성이 있다"고 애써 북측을 해명하기에 바빴다. 이런 일이 있은 지 얼마 후에도 북한 선박은 우리의 북방한계선을 몇 번씩 침범했다. 이들 침범자에 대한 군의 대처는 단호한 대응이 아닌 구두 경고와 선박으로의 유도에 그쳤고, 이런 대처에 대해 김 대통령은 "현명하게 행동했다"고 군 관계자들을 치하했다. 이에 대해 여론이 나빠진 후에야 군은 경고사격에 나서는 정도였다. 또한 김 정권은 국방부가 북한을 '주적'으로 지칭하는 데 제동을 걸었다. 주적이 없는 상태에서 대한민국에 군대가 무슨 소용이며 그 많은 예산은 왜 필요한지, 설명이 안 되는 문제였다.

2000년 6월 15일 김 대통령은 평양에서 김정일 국방위원장과 남북정상회담을 가진 뒤 귀국해서 김 위원장을 "이성적이고 합리적인 통치자"라고 평했다. 김 위원장을 KAL기 폭파 사건과 아웅산 테러의 주범으로 알고 있는 국민들을 어리둥절케 하는 사태였다. 더욱이 김 대통령은 남북공동선언에 포함되지 않았지만 "북한도 주한 미군의 계속 주둔을 양해했다"고 엄청난 뉴스를 밝혔다. 그 후 김 대통령은 때와 장소를 굳이 가리지 않고 이 이야기를 반복하면서 북한 방문의 제일 큰 성과라고 내세웠다. 김 대통령의 발언 내용은 다음과 같다(이하 〈월간조선〉 2001. 11. 이동복 교수의 「임동원 증언은 김대중 대통령을 국민에게 허위 보고자로 만들었다」).

"내가 김정일 위원장에게 주한 미군 문제에 대해 이야기를 했다. 설사 통일이 되더라도 주한 미군은 있어야 한다. 여기에 주한 미군이 있어야 한반도의 세력의 진공상태가 안 생긴다. 미군이 여기 있음으로써 동북아시아의 강대국들이 서로 다투지 못하게 된다. 그렇기 때문에 반드시 여기 있어야 한다고 그렇게 말했다. 그랬더니 답변이 깜짝 놀랄 정도였다. 김정일 위원장이 '나도 남쪽 신문에서 대통령이 말한 것을 읽었다. 그리고 어쩌면 대통령이 나하고 똑같이 민족의 장래를 보고 있는가 생각했다. 사실 그렇다. 우리 주변엔 큰 나라들이 많다. 그래서 주한 미군이 있는 게 좋다.' 이렇게 얘기했다. 나는 이번에 북한 가서 그 문제를 확실히 한 것이 우리 국민의 안정이라든가 한반도에서 전쟁을 막는 문제라든가 우리의 국가 이익, 동북아에서의 안정 등을 위해 가장 큰 문제를 해결한 것이라고 생각하고 있다. 외국에서도 그렇게 생각하고 있다."(2000년 9월 3일 방송의 날에 즈음한 방송 3사 공동초청대담 발언)

김 대통령은 통일될 때까지 주한 미군의 지위는 현재와 똑같을 것이라고 단언했다. 그러나 바로 이틀 후 김정일은 러시아에서 푸틴 대통령과 가진 러북 정상회담 내용을 담은 '모스크바 선언'에서 주한 미군에 관한 입장을 밝혔다. 그는 "남조선으로부터의 미군 철수가 동북아시아의 평화와 안전보장에서 더 이상 미룰 수 없는 초미의 문제"라고 말했다. 김대중 대통령이 주장한 내용을 한마디로 부정한 것이다.

이러한 상충되는 내용에 대해 임동원 통일원장관은 국회에서 이 문제와 관련한 답변에서 "남북정상회담 때 주한미군 문제는 김 대통령이 먼저 꺼냈다. 김정일 국방위원장은 주한 미군과 관련하여 여러 이야기를 하면서 '조건이 있다. 그냥 적대관계에 있는 미군이 있으라는 것은 물론 아니다. 미국과 북한 간에 적대관계를 해소하고 주한 미군이 북한에 대한 적군으로서가 아니라 남과 북 사이에서, 또는 주변세력 사이에 균형을 잡아주고, 그리고 김정일은 주한 미군의 역할변경이라는 말을 썼다"고 발언했다.

이렇게 되면 문제는 전혀 달라진다. 김대중 대통령과 임동원 장관의 말은 완전 다른 것이다. 김 대통령 말은 문자 그대로 현상태의 주한 미군 주둔이고, 임 장관 말은 주한 미군의 지위를 변경시켜 주둔 목적과 성격 자체를 바꾸는 것이다. 누구 말이 더 진실에 가까운지 알 수 없지만, 국민은 혼란스러울 수밖에 없다. 더구나 대북관계에서 중대한 현안인 주한 미군 문제에서 이런 혼란이 빚어지고 있었던 것이다.

1997년 2월에 북한 노동당 국제담당 비서 겸 최고인민회의 외교위원장 황장엽(黃長燁)이 망명했다. 당시 황장엽은 베일에 싸인 북한 정권에 관한 생생한 정보를 가지고 있었을 것이고, 관심을 끌었던 것은 소위 황장엽 리스트라고 세간에서 말해지던 북한에 연관된 대남 인사들의 정보였다.

1998년 정권이 바뀌어 김대중 정권이 들어섰다. 미국 국무부는 황장엽을 미국 청문회에 초청했다. 황장엽 자신도 기꺼이 응하겠다는 의사를 표명했다. 그러나 김대중 정부는 '신변보호'라는 명목으로 이를 거절했다. 미 국무부는 신변보호에 대해 보증했으나, 이 초청은 끝내 성사되지 못했다. 같은 해 미국 당국은 한국에 관리를 파견해 황장엽을 면담하겠다고 정부에 요청했다. 황장엽에게서 북한정보를 얻기 위하여 그랬을 것으로 추측된다. 그러나 한국 정부는 이 특별 면담을 거부했다. 황장엽은 면담에 응하겠다는 의향을 표명했다. 몇 차례 면담 요청과 거부가 반복된 뒤 미국 정부를 대표해 방한했던 그 관리는 출국하면서 기자들에게 한마디했다. "동맹국 간에 이런 일은 있을 수 없습니다."(황장엽의 방미는 그 5년 후 노무현 정권에서 이루어졌다.)

이 일이 있은 후 김 정권은 황장엽에게 출판이나 외부 강연을 금지시키고, 정부가 관리하는 '안전가옥'에서 나가라고 보복을 했다. 여론이 김 정권에 대해 '목숨을 걸고 망명한 황장엽에게 이렇게 할 수 있느냐'고 비판적 논조를 보이자 안전가옥 사용을 다시 허용했다.

이런저런 이유에서인지 최근 미국 외교가에서는 한국 정부에 북한에 관한 고급정보를 제공하지 않는다는 말이 확산되고 있다. 그 대신 일본과 북핵문제에 관한 조율이 더 효과적으로 이루어지고 있다는 말도 나돌고 있다.

노무현 정권에서는 이런 현상을 '자주'라고 말하고 있다. 이제 우리도 어쩔 수 없이 자주의 길목으로 들어서는 것이 아닌가 생각된다. 자주란 물론 좋은 말이다. 이제 경제적으로 홀로 서기를 해야 하고 안보 면에서, 외교 면에서 우리가 갈 길을 확립해야 한다. 그런데 문제는 우리의 재력, 기술, 생활의 질이 후퇴해도 이를 감내할 수 있는 각오, 세금을 더 많이 낼 용의, 인력보강을 위한 자원봉사 등에 대한 사회적 합의를 이끌어낼 수 있어야 가능한 일이 아니겠는가?

문익환(文益煥) 목사의 북한 밀입국 사건, 서경원(徐敬元) 의원 북한 밀입국 사건, 박홍(朴弘) 서강대 총장의 국내 주사파 5만 명 설 발언, 허대범(許大梵) 의원의 국내 고정간첩 5만 명 설(1996년 12월 정기국회) 등등 한국의 이념적 정체성은 전통 보수에서 상당히 멀어져 있다.

김대중 정권에 이어 반미 색조가 진한 노무현 정권의 등장으로 이 경향은 더욱 가속화하고 있다. 2003년 8월 5일자 〈조선일보〉에 실린 워싱턴 특파원 김대중 기자의 칼럼을 보면, 북한 핵 문제를 다루기 위한 미국·러시아·중국·일본과 남북한의 6개국 다자회담을 추진하던 미국의 한 관리가 "이렇게 6개국 대표가 모이면 한국은 우리 편일 수 있는가"라며 웃었다고 전한다. 이것이 미국에 비친 한국 정부의 영상이 아니겠는가?

우리 사회에서 진보주의자와 좌파가 무시할 수 없는 비중으로 증가했다. 한국전쟁을 겪었고 공산주의자들의 계속된 위협을 받아온 한국의 특수성이 사회주의자와 좌파를 백안시하는 풍조를 낳았다는 사실을 감안했을 때, 자기 정체를 드러내지 않는 사람까지 계산하면 그 수는 훨씬 많을 것이다. 최근 진보 출판물이 부쩍 늘어난 출판계, 진보적인 전교조가 보수 교원 단체들을 압박하는 교육계, 민주노총이 보수적인 한국노총과 대결하는 노동계, 주사파 학생이 주도하는 대학가 등에서 보수주의로부터 진보주의 또는 좌파사회주의로 중심축이 기울고 있다는 관측이다. 김대중 정권 5년 동안 우리 사회는 이만큼 변했다. 일부 국가들이 한국을 사회주의 국가로 볼 만큼 말이다.

> **참고 자료**
> **『김대중의 3단계 통일론』**·아태평화재단·아태평화출판사 **『공화국 연합제』**·김대중·학민사 **『대중 참여 경제론』**·김대중·산하 **『김대중 수난사』 인동초의 새벽』**·김진배·동아 **『김대중 개혁 대해부』**·안영모·원경 《개혁시대》 2002년 여름호, **『김비환: 김대중 정권 과연 좌파인가』** 《국가경영 전략》 2002년 제2집 제호, **『김대중 정부의 햇볕정책: 회고와 전망』**·김성주 **『김대중 정권 4년』**·사회진보연대 **월간조선 8, 11호** 조선일보 중앙일보

김대중은 공식적으로 1925년 12월 3일에 전남 신안군 하의면 후광리에서 태어났다. 그러나 그의 실제 출생년도는 1923년으로 공식 나이보다 두 살 많다. 당시 부모가 김대중이 탄생한 지 2년이 지난 뒤에

호적에 올렸기 때문이라는 것이다. 김대중 자신도 1971년 박정희와 경쟁하던 대통령 선거 때 "나는 돼지띠이고(1923년생이면 돼지띠이고, 1925년생이면 소띠가 된다) 뱀(박정희는 뱀띠였다)을 잡아먹는 것은 돼지뿐"이라고 후보 연설에서 공개적으로 여러 번 나이를 밝혔다.

저서 『나의 삶 나의 길』에서 자신의 탄생 연월일을 정확히 기재하지 않아서 그의 출생 연월일에 이런저런 잡음이 있다. 이 책에는 출생 연월일 대신 "예닐곱 살쯤 되었을 때 조무래기 친구들과 함께 술 먹고 낮잠을 자는 엿장수(저자의 기록으로 당시 섬의 엿장수들은 엿과 일용잡화를 함께 취급했다 함)의 일용품을 슬쩍했다가 어머니께 혼이 나는" 장면부터 나온다. 출생 때의 자세한 기록은 건너뛰고 김대중은 다만 4형제 중 차남으로 태어났다고만 밝히고 있다. 4형제라 함은 김대중의 아버지 김운식(金雲植)에게는 정실 김순례 여사와 소실 장수금(張守錦) 여사의 두 부인이 있었는데 정실에게서 1남 3녀, 소실에게서 3남 1녀를 각각 두었다. 김대중은 소실 장수금 여사의 장남이었고, 장 여사는 김대중 밑으로 대의, 대현 두 아들과 외동딸 진현을 두었다. 그래서 김대중은 4형제 중 차남이 되었다. 부친 김운식은 다정다감하고 예능적 소질이 많았고, 어머니 장 여사는 엄하게 자식교육을 시켰다고 김대중은 기억하고 있다. 둘째 부인인 소실의 경우가 대부분 그러했듯이 장 여사는 김운식과 한 집에서 오래 살지 못했다. 이에 따라 김대중도 아버지와 산 기간은 그리 길지 않았던 것으로 알려졌다.

김대중은 명석하여 학교 공부를 뛰어나게 잘했다고 자신의 회고록에서 말했다. 4학년밖에 없던 하의도초등학교에서는 상급 학교에 진학할 수가 없었으므로 4학년 때 목포 북교초등학교로 전학했다. 이 학교를 졸업할 때 72명 중 1등으로 졸업한 김대중은 5년제이던 목포상

업학교를 역시 수석으로 입학했다. 1939년 4월의 일이었다. 정상적으로 보면 1944년에 졸업하는 것이 맞지만 태평양전쟁으로 한 해 앞당겨 1943년에 졸업을 했는데, 이것이 김대중이 받는 마지막 정규교육이었다.

김대중은 목포 유지가의 자제인 친구의 여동생 차용애(車容愛)와 1946년에 결혼하여 1년 반 만인 1948년 1월에 큰아들 홍일(弘一)과 1950년 7월에 둘째 아들 홍업(弘業)을 얻었고, 해운업에 투신하여 생계를 이어가고 있었다. 그는 6·25 남침 당시 사업차 서울에 올라갔다가 소위 인민재판을 비롯한 공산주의자들의 잔인함을 직접 눈으로 보았다. 이것은 그에게 큰 의미가 있었던 것 같다.

정웅교가 쓴 『김대중 정치의 선택과 한계』에 의하면, 김대중은 해방정국에서 한때 여운형의 건국준비위원회 목포지부 회원으로 참여했고, 1945년 10월에는 공산주의자인 김두봉(후에 북한 부주석이 됨)이 조직한 신민당(1990년대 야권 정당과는 무관함) 목포시 당 조직부장이었다고 한다. 신민당은 공산 계열 정당으로서 후에 박헌영의 남로당에 흡수되었다. 신민당은 북에 근거를 두었기 때문에 일부 남한 인사들 사이에서는 기피되던 정당이었다. 김대중은 신민당이 남로당에 흡수되면서 남로당에도 관여한 결과가 되었다. 그는 남로당 간부와의 비밀자금 거래에 관련되어 투옥된 일도 있었는데(이 부분에 대해 본인은 친구의 형에게 노자를 빌려준 것으로 5·16뒤에 조사를 받았고, 모든 용공혐의가 무죄로 판명되었다고 자서전에서 말했다), 목포 주둔 헌병 대장이었던 박성철(1970년대 김대중 경호실장, 사망)의 신원보증으로 석방된 것으로 알려져 있다.

한국전쟁이 터진 뒤 김대중은 서울에서 친구 몇 명과 한강을 건너 걸어서 목포 집까지 돌아왔다. 방공호 속에서 가족을 만났고, 이틀 만에 북한 군인 보안서에 잡혀가 "공산 애국자를 얼마나 밀고했느냐"며 심하게 매를 맞은 뒤 다시 감옥으로 보내졌다. 수복 직전인 8월 15일, 수감자 200여 명이 차례로 끌려 나가 처형을 당하게 되었다. 그러던 중 죄수를 태우고 가던 트럭이 고장이 나는 바람에(나중에 알려진 바로는 트럭 고장이 아니라 운전수가 일부러 고장이라 했다 함) 죄수 수송이 불가능해졌다. 북한은 후퇴를 시작하였고, 사정이 어수선해진 틈을 타서 탈출에 성공했다는 것이 본인의 회고다.

어찌되었건 이러한 죽음의 문턱을 넘어선 김대중은 그해 말 해상방위대에 참가해 전라도 지구 부사령관으로까지 승진했다(해군사관학교를 졸업하고 해군에서 고급 장교로 근무했던 허대범 전 의원의 증언으로는 해상방위대는 당시 해군 편제에 없었다는 것이다. 그러나 지방 의용대 형식의 비공식기구로는 가능한 일일 수도 있다).

나중에 정계에 입문한 김대중은 정치판의 색깔논쟁 때마다 젊은 시절 좌파에 경도되었다는 사실과, 1970년대에 사법기관에서 이적(利敵) 단체로 규정한 일본의 한민통(韓民統) 활동이 사회주의에 공조한 것이 아니었냐는 관점에서 비판받았다. 그가 번번이 색깔논쟁에 휘말려 핍박받았던 것이 공산주의에 얽힌 한때의 악연이 초래한 불운인지, 아니면 젊어서부터 뿌리 깊었던 사회주의 사상 탓인지 그만이 알 일이다. 특히 대통령이 되어 추진한 진보주의 정책과 '북한 퍼주기 정책'으로 비난받던 햇볕정책에 대해서도 일부에서는 색깔론의 연장선상에서 비판하기도 했다. 김대중이 정계에 발을 들인 것은 1954년 제3대 민의원 선거 때 목포에서 무소속으로 출마한 때부터다. 이 출마가 그로 하여금 1997년 대통령 선거에서 승리할 때까지 무려 43년간이란 기나긴 세월을 정계에 간판을 내걸도록 할 줄은 아무도 몰랐다.

그는 제3대 민의원 선거에서 노동조합의 지지를 약속받았지만, 조합이 이승만 대통령의 자유당 후보 지지로 돌아섰기 때문에 낙선했다. 그러나 이 선거를 통해 중앙의 중진이던 장면 박사를 알면서 정치인으로의 길이 열렸고, 장면의 영향을 받아 가톨릭을 믿게 되는 등 신상에 큰 변화를 겪었다.

김대중은 4대 민의원 선거 때 강원도 인제에서 등록을 못해 출마조차 하지 못했고, 선거소송을 통해 선거무효 판결로 재선거가 실시되어 출마했으나 또다시 낙선했다. 민주당 정권이 들어선 뒤 당선무효가 되면서 다시 보궐선거가 실시되어 당선했으나, 5·16 혁명으로 국회가 해산되어 선서조차 못했다.

이러한 이력을 보면 알겠지만, 김대중은 7년 동안에 두 번의 낙선과 등록 미비로 출마 불가능, 재선 낙선을 경험하고 재보선에서 당선되고도 선서를 못하는 등 운이 따르지 않는 사람이었다. 하지만 이런 가운데서도 그의 투쟁력과 불굴의 인내심만은 널리 증명되었다.

국회의원 선거에서 이렇게 불운을 겪은 그였지만, 1967년 목포에서 출마한 김대중은 전국적인 화제와 관심을 모으며 화려하게 당선되었다. 공화당 정부와 박정희 대통령은 김대중을 낙선시키기 위해 목포 현지에서 국무회의까지 열 정도로 극렬한 대책을 썼지만, 김대중은 전국 신문과 통신, 방송 취재기자들을 현지로 불러 모으는데 성공해 여당이 엉뚱한 짓을 못하게 저지했다. 막판에는 일반 유권자들에게 "김대중의 사인을 받아오면 얼마를 준다"고 은밀히 약속해 사인을 받으려는 젊은이들이 구름처럼 몰려들도록 하는 인기 폭발의 전략을 쓰기도 했다.

이러한 힘든 싸움에서 승리한 김대중은 여세를 몰아 여러 차례 호남 지방을 순회하며 강연을 벌였고, 호남의 대표 주자라는 인상을 강하게 심는 보상을 받았다.

이에 앞서 강원도 인제 선거 낙선과 보궐선거 와중에서 김대중은 부인 차 여사를 잃었다. 그 후 1962년 5월 예전부터 알고 지낸 이희호(李姬鎬) 여사와 재혼했다. 한국전쟁 후 해운사업가로서 부산에 살던 당시, 대한여자청년단 국제국장으로 있던 이 여사와 알고 지내던 처지였다. 이 여사는 서울대학교 사범대학을 졸업한 후 미국 유학에서 돌아와 YWCA에서 일하다가 우연한 기회에 김대중과 다시 만나서 결혼하게 되었다. 김대중과 이 여사 사이에서는 부정사건에 연루되어 수감되었다가 보석으로 출옥하여 미국에 가 있는 3남 홍걸을 두었다.

이 여사와 김대중은 부부 사이지만 김대중은 이 여사를 동지로 생각하고 크고 작은 일을 상의했으며, 정치인에게나 대외적으로 하는 조그만 선물에도 꼭 두 사람 공동명의로 했다. 집 대문에는 항시 김대중과 이 여사의 문패가 나란히 걸려 있었다. 이 여사는 김대중이 대통령으로 집무를 할 때도 자주 공석에 참석, 김대중의 건강과 정치의안에 의견을 내는 등 최대의 실세로 처신했다.

김대중은 대통령 선거에서도 국회의원 선거에서처럼 비슷한 불운과 역경을 겪어야 했다. 1971년 대통령 선거에 대비한 야당 대통령 후보 선출에서 유진산 당수가 지명한 김영삼을 역전패시킨 김대중은 박정희 현직 대통령을 상대로 한국 정치사에서 전례 없을 정도의 치열한 싸움을 벌였으나 패배했다.

1972년 유신이 선포되기 직전 출국한 김대중은 일본에 머물면서 반정부 활동을 하다, 1973년 납치되어 강제 귀국한 뒤로는 가택연금을 당해 부자유한 생활을 했다. 1979년 박정희 대통령 시해사건 뒤 공민권을 회복했으나 전두환 장군 세력에 의해 다시 체포되어 사형 언도를 받았다가 무기수로, 이어 20년형으로 감형된 뒤 전(全) 정권에 의해 미국 출국을 허용받아 망명했다. 김대중은 1986년 귀국하여 반 연금상태에 있다가 이듬해 민정당 대표인 노태우의 6·29선언으로 복권이 되었고, 선거 35일 전에 급히 창당한 평화민주당을 토대로 대통령 선거에 출마하였다. 그 결과 여당의 노태우 후보, 제1야당이었던 통일민주당의 김영삼 후보, 평화민주당의 김대중 후보가 3파전을 벌여 여당이 승리했다.

당시의 선거 양상을 보며 많은 국민들은 두 김 씨가 타협해 단일 후보를 냈더라면 정권 교체를 이룰 수 있었을 것이라며 아쉬워했다. 그러나 김대중은 자서전에서 단일 후보 승리론에 대해 색다른 견해를 가지고 있었음을 밝혔다. 그는 1963년 선거와 1967년 선거 때 윤보선이 야당 단일 후보로 나섰으나 실패했고 1971년 선거 때에 자신이 야당 단일 후보로 나섰으나 실패한 예를 들어, 여당의 승리와 야당의 패배는 여당의 부정선거 정도로 결정되는 것이라는 논리를 폈다. 대통령 선거란 여당의 의지에 의해 야당의 표가 좌우된다는 것이 전제다.

김대중은 1987년 선거 패배에 굴하지 않고 1992년 선거에 다시 출마함으로써 1971년부터 무려 20년간 대통령 선거에서 출마와 낙선을 거듭했다. 근 두 세대에 해당되는 43년간 이어진 출마와 낙선, 구속과 석방, 사형 언도와 사면복권 과정에서 그는 몇 가지 특색을 보였다.

그는 자신의 운명과 주위 환경에 대해, 인간이면 자연 품게 마련인 깊을 한을 간직한 '한(恨)의 정치인'이 되었다. 흔히 우리말로 '한'(恨)이라고 부르는 이 마음속 응어리를 의학적, 심리학적으로 어떻게 규정하는지 모르겠지만, 굳은 결심으로 승화할 수도 있고 보복으로 폭발할 수도 있다는 점에서 '한'이라는 단어는 김대중의 성격을 이해하는 데 도움이 될 듯하다. 어떤 심리학자는 좌절과 한을 투쟁과 반항의 근원이라고 했다.

그는 복역중에 이희호 여사를 비롯해 지인들과 비서진에게 보낸 편지를 묶어 출판한 『김대중 옥중서신』에 '민족의 한을 안고'라는 부제를 달았다. 옥중 서신이니 '나의 한' 정도라면 쉽게 이해할 수 있지만, 굳이 '민족의 한'이라고 표현한 것은 자신이 겪은 일들, 자신으로 하여금 한을 품게 한 요인들이 곧 민족적 요인이며 국가적 사태에서 연원한 것임을 시사하는 것이다. 그것은 다시 '호남의 한'과도 통한다. 그는 광주민주화운동 6주년을 기려 망월동 묘지에서 행한 추도사에서 "이 나라 민족의 피맺힌 한을 안고 가신 광주의 영웅들이여!"라는 말로 시작했다. 그가 이 지역의 한을 부추기는 데 일조했던 것일까, 아니면 지역적 한이 김대중을 한의 인간으로 만든 것일까?

앞서 소개한 옥중서신은 이미 출판까지 되었는데, 여기에는 그의 정치, 경제, 사회 전반에 걸친 생각을 알 수 있게 하는 내용들이 담겨 있다. 대개 교도소에서 허용하는 봉합엽서에다 200자 원고지 40매~50매 분량의 사연을 깨알 같은 글씨로 적었는데 그 정교함과 치밀함에 놀랐다.

가끔 취재기자로서 필자가 김대중을 대할 때 보면, 그의 수첩에는 다른 사람이 알아볼 수 없을 정도의 잔글씨가 빼곡히 메워져 있었다. 한번은 취재차 그의 집을 방문했을 때다. 소파 옆에 있는 어항 속 금붕어를 보면서 비서에게 '검은 색이 있는 얼룩박이 놈이 며칠째 밥을 안 먹는다'고 지적해주는 장면을 보고 정치로 바쁜 와중에서 세세하게 관찰하는것을 보고 감탄한 일이 있었다. 옥중서신은 언젠가 공개되어 많은 사람들이 읽히게 될 것을 염두에 두고 씌어진 듯했다.

결단에 서면 길이 열린다

정치를 하는 과정에서 김대중은 주류보다는 비주류에, 체제보다는 재야에 치중했다. 그래서 주류에 몸담고 있는 사람보다 두 배 세 배의 힘을 들여야 했던 반면, 전통적 조직에 대한 부담 없이 자신의 구상을 훨훨 펼 수 있었다는 장점도 있었다. 비주류로서 전통적 조직을 벗어나 활동했던 까닭에 그는 한 길에서 막히면 좌절하고 주저앉기보다는 다른 길로 돌아가는 지혜와 투지를 보여주었다. 그래서 그는 한번 마음먹으면 어떤 일이 있어도 해내고 마는 무서운 사람이었다. 그는 자신의 이러한 자세에 대해 "자기 운명은 자신이 개척해야 한다"『김대중의 옥중 서신』는 철학을 폈으며, 'Yes와 No의 중간은 없습니다. 문제는 우리의 정신입니다. 내 운명을 내가 책임질 것이냐 아니냐 하는 결단 하나입니다. 그 결단에 서면 길이 열리는 것입니다'『옥중서신』라고 피력했다.

김대중이 처음으로 전통적 조직을 벗어나 새로운 조직에 눈을 돌린 것은 1965년 8월 야당 원내총무 인준에서 김영삼 세력에 패한 이후로 볼 수 있을 것이다. 당시 야당 당헌에서 원내총무는 원내의원들의 인준을 받도록 했는데, 원내 세력 면에서는 김대중 지지세력보다 정적이던 김영삼 세력이 더 컸다. 김대중으로서는 이러한 야당 구도를 깰 수가 없었고, 이러한 세력 분포가 존재하는 한 그의 원내총무는 무망한 것이었다. 그는 이 같은 상황에 굴하지 않고 새로운 활로를 찾는 방법으로 원내총무직을 과감히 포기고 원외 세력인 전당대회 대의원들에 의한 대통령 후보직으로 눈을 돌렸다. 원외로의 방향전환은 곡절 끝에 김영삼을 누르고 당 대통령 후보로 선출되면서 정치적 승리를 거두었다. 이렇게 하자니 조직이 필요했고 나름대로 명분을 세워가는 논리가 필요했다. 그를 가리켜 조직의 명수라느니 논리의 천재라느니 말하는데, 이는 선천적 자질과 함께 생존을 위해 후천적으로 획득한 능력임을 알 수 있다.

1973년 김대중은 일본 도쿄에서 납치되어 강제 귀국한 뒤 정치를 하려 했으나, 정계는 이미 유신체제로 철통 같이 짜여져 있어서 들어설 여지를 주지 않았다. 원칙에서 유신을 반대했지만, 한편으로 자신의 영역을 확보하기 위해 체제 밖의 원외 재야세력과 손잡지 않을 수 없었다. 1974년에는 윤보선 전 대통령, 유진오, 김영삼, 정일형, 함세웅 신부, 김재준 목사 등 71명과 함께 민주회복국민회의라는 유신 반대의 국민 전선 구성에 참여했다. 이에 만족하지 않은 김대중은 사태의 추이를 응시하면서 1975년 3월 1일 명동 사건이라 불리는 '3·1 민주 구국 선언'을 발표했다. 이 선언문은 김대중이 작성한 것으로서 "이 나라가 일인 독재 아래 인권은 유린되고 자유는 박탈되고 있다"고 지적하고, 구속된 민주 인사의 석방, 유신철폐, 언론자유회복 등을 요구했다. 그 자리에는 윤보선 전 대통령, 문익환 목사, 함세웅 신부, 정일형, 이태영, 이문영 등이 참여했으며, 선언문은 명동성당에서 저녁 미사가 끝난 뒤 이우정이 낭독했다.

이 사건으로부터 3년 뒤인 1979년 3월 4일, 김대중은 윤보선의 자택에서 윤보선과 함석헌 등 재야 세력과 '국민연합'을 구성하고 3인이 공동의장에 취임했다. 야당인 신민당은 이미 김영삼이 선점한 상태였으므로, 김대중은 재야와 종교계 일부 등 지지세력을 기반으로 정계를 포위하듯 압박해 나가는 데 유념했던 것 같다. 그는 이를 토대로 대통령 출마를 구상했던 듯했으나 박정희 대통령 시해라는 10·26 사태로 진로가 대폭 수정되었다.

　정치하는 사람이 얼마나 신의를 지키고 정직해야 하느냐는 문제는 상황에 따라 달라질 수 있다. 그래서 오래 전부터 정계에는 '어제의 동지가 오늘의 적'이라는 말이 어색하게 들리지 않았다. 그만큼 정치인은 변화무쌍한 것이다. 이런 차원에서 본다면 김대중의 정치적 변신은 크게 문제 삼을 만한 것이 아닐 수도 있다. 그의 정직성이 처음 거론된 것은 이미 말한 바 있는 1970년 9월 29일 야당 대통령 후보 선출 때였다. 그는 이미 언급한 것처럼 막후 협상을 통해 이철승이 대통령 후보로 자신을 지원해주면 11월 전당대회에서 이철승을 당수로 지지하겠노라고 명함 뒤에 가서를 써주었다. 그러나 김대중은 이 약속을 지키지 않았다. 대통령 불출마 선언도 두 번이나 번복했다. 본인은 나름대로 해명했지만, 상황에 따라 임기응변으로 처신하는 것까지는 좋다고 해도 상황이 변하면서 결국 거짓이 되고 마는 경우가 너무 잦았다.

　말과 행동의 일관성 문제에 대해 김대중은 언론인 모임인 관훈클럽 토론회(1987.10.30)에서 "정치인의 진정한 약속은 그 진로와 노선에 있어서 국민에게 말한 것을 지켰느냐 안 지켰느냐인데, 난 지켰다고 생각합니다. 민주주의를 위해 헌신하겠다는 약속을 목숨 걸고 지켰으며, 노동자, 농민, 중산층을 위한 나름대로의 학술과 정책을 가지고 일관된 주장을 해서 바꾼 일이 없습니다. 전두환 대통령 때의 불출마 선언은 전두환이 직선제를 수락하고 학생들을 용공으로 몰아 탄압하는 것을 중지하면 내가 안 나갈 수도 있다고 했는데 상대방이 이를 즉각적으로 거절했던 것입니다. 그렇기 때문에 나는 이것을 내가 약속을 어겼다고는 생각하지 않습니다"라고 밝혔다.

일각에서 김대중을 정직하지 못하다고 평가하는 데에는 그 입장에서의 이유가 있고 해명이 있다. 어떤 사안에 대해서도 누구나 할 말은 있게 마련이다. 그런 말이 미시적 차원에서 또는 거시적 차원에서 듣는 사람의 심금을 울릴지 아니면 궤변으로 들릴지는 전달되는 내용의 진실성에 따라 달라진다. 관훈토론회 같은 주요 언론인의 모임에서 국민을 대표한 첫 번째 질문이 정직성 문제였던 이유를 본인도 알 필요가 있다.

참고 자료
『나의 삶 나의 길』· 김대중 · 도서출판 산하 『**김대중 수난사) 인동초의 새벽**』· 김진배 · 동아 『**한국 현대사가 묻는 것**』· 김대중 · 갈릴리문고 『**김영삼 회고록**』· 김영삼 · 백산서당 『**김대중 정치의 선택과 한계**』· 정웅교 · 일선사 **조선일보 동아일보**

책을 마치며

 '오만한 자는 실패에 놀라고, 겸손한 자는 성공에 놀란다' 라는 말이 있다. 이 말은 평범한 인간에게뿐 아니라 한 나라를 이끌어가는 지도자나 대통령에게도 진리로 적용된다. 이 책을 쓰면서 우리 대통령들이 건국의 원훈이라 해서, 그리고 경제정책에 약간 성공했다 해서, 또는 민주주의 투쟁을 했다 해서 오만함과 권력에 대한 탐욕을 버리지 못하고 민의에서 멀어져가는 모습에서 몇 번이나 분노, 울분, 안타까움 등의 생각을 가졌다.

 오만은 주변의 충언을 들을 수 있는 귀를 막아버리고, 탐욕은 양식을 마비시킨다. 우리 같은 정치 문외한의 눈에도 뻔히 보이는 엄청난 과오를 거침없이 범하는 것을 보면 이를 알 수 있다.

 지도자는 시대의 요청으로 탄생하지만, 결코 그 나라 국민의 수준을 넘지 못한다. 우리 역대 대통령들의 모습은 결국 우리의 자화상이다. '제왕적 대통령' 이라는 말을 많이 쓰지만, 평상적 대통령을 제왕적 대통령으로 만드는 것은 권력 앞에서는 바로 서지 못하는 우리 자신들이다. 아무리 제도를 바꾸고 법을 고쳐도 국민의 자각 없이는 도로아미타불이다. 정치인들은 표를 얻기 위해 국민들에게 곧은 말을 하지 않지만, 외국인들이 때로는 '들쥐'로, 또 때로는 권력이 모든 것을 휘감는다는 뜻으로 '권력의 소용돌이'로 각각 묘사한 것을 보고 우리는 부끄럽게 생각해야 한다. 대통령의 가족 예배를 인도하는 일부 성직자까지 대통령에게 곧은 소리보다 아첨을 서슴지 않아 국가의 최고지도자로서 판단을 흐리게 한다.

그러니 지도자는 헛된 확신 속에서 평상심(平常心)을 잃고 공중에 둥둥 떠 시대의 변천과 함께 변화한 국민의 수준을 잘못 인식하여 파탄을 일으켰다.

이승만 대통령의 경우가 그랬다. 그는 해방전후의 국민과, 전쟁을 치르고 외국인들이 이 땅에 와서 퍼뜨린 국제화 바람을 쏘인 50년대 국민의 사고와 질적 변화를 가늠하지 못했다. 이(李) 대통령은 변화 전의 국민 수준만을 인식했고, 세대차이와 권위주의적인 카리스마, 아첨배의 보고로 중산층의 동향을 정확히 읽지 못해 청와대 밖의 동향엔 거의 무지했다. 만년에 그가 보인 여러 증상들이 이를 말해 주고 있다.

박정희 대통령은 경제 성장으로 국민생활이 윤택해졌음을 자만하고 있었다. 그러나 선거에서 나타났듯이 국민들은 생활에 여유가 생겼기 때문에 인권, 노동권, 1인 장기집권에 대한 염증 등

비약적인 통치의 개선을 바라고 있었다. 이런 면에서 국민은 때로 염치없는 존재이며 엉뚱한 존재이기도 한 것이다. 독일의 아데나워나 이스라엘의 벤 구리온 수상도 국부로 추앙은 받으면서도 바로 이 이율배반적인 고리에 말려 만년을 비극으로 끝냈다.

국가를 마치 전쟁의 전리품인양 경제적 이득을 짜낼 수 있을 만큼 짜내 이를 뒷전에 감춘 전두환, 노태우 두 대통령의 경우야 언급할 필요조차 없지만, 국민의 기대 속에 출범한 김영삼과 김대중, 두 문민 대통령들은 직업적 민주화 투쟁엔 성공했지만 통치자로서 국가운영의 청사진 제시에는 실패했다. 여기에 투쟁에 대한 오만과 측근정치라는 잘못된 통치관으로 부패를 가속화시켰다.

통치자에게 국민은 엉뚱한 존재이지만, 그 반대로 국민에게 국가란 때로 냉정한 것이기도 하다. 프랑스의 드골 대통령의 경우가 여기에 해당될 것이다. 그는 알제리 합병을 요구하는 현지 주둔 군인들의 반란 결과로 집권했지만 그 군인들을 꺾고 알제리를 독립시켰다. 그러면서 '軍은 국가 밑에 있는 것'이라고 당당하게 말했다. 나치스 정권 아래서 목숨을 걸고 항거했던 레지스탕스 참여 인사도 프랑스 독립 후 상응하는 정치세력으로 인정받지 못했다. 우리의 대통령들이 이런 대범한 통치는 펴지 못하고 '가신'이니 '386 참모' 세력이니 하고 야인 때의 개인 참모들을 국가경영의 핵심세력으로 포진하니 국가의 운영이 잘 될 수가 없다.

민주주의는 국민 누구나 다 대통령이 될 수 있는 제도다. 하지만 생존이 치열한 세계에서 효율적인 국가경영을 위해서는 결코 누구나 대통령이 되어서는 안 된다는 것을 국민이 알아야 한다. 우리가 탄핵 정국의 대혼란으로 국민들이 네 편과 내 편으로 갈리고 있을 때 불법과 비리는 무법천지인양 판을 치고 있다.

어떤 외국 잡지에서 "한국이 현재 같은 정치를 가지고는 결국 중국의 위성국이 될 것"이라고 한 비판을 우리는 뼈저리게 받아들여야 할 것이다.

해방 후 59년 동안 우리는 여덟 분의 대통령을 겪었지만, 그 한 분 한 분이 좀더 잘해주었으면 좋았을 걸 하는 아쉬움이 남는다.

2004년 5월

참고문헌 목록(단행본)

※ 번호 - 표제 - 저작자 - 발행자 - 발행년 순

이승만 대통령 관련 단행본(20종)
1. 『(거대한 생애) 이승만 90년』, 이한우 지음, 조선일보사 출판국, 1995
2. 『(대한민국) 건국의 비화』, 로버트 T 올리버 지음, 박일영 옮김, 계명사, 1990
3. 『(실화소설) 마담 프란체스카』, 손충무, 동아출판사, 1970(사이트에 없어요)
4. 『(위인) 이승만 박사 전기』, 이갑수, 백과당출판부, 1933
5. 『(이승만대통령) 독립노선의 승리』, 양우정, 독립정신보급회, 1945
6. 『(이화장 소장) 우남 이승만 문서』, 연세대학교국제학대학원부설현대한국학연우남이승만문서편찬위원회 편, 중앙일보사, 1998
7. 『우남 이승만』, 허정, 태극출판사, 1970
8. 『이 대통령 각하 방미 수행기』, 갈홍기, 불명, 1955
9. 『이 대통령 투쟁사』, 양우정, 연합신문사, 1949
10. 『이승만』, 로버트 T 올리버 지음 · 황정일 옮김, 건국대학교출판부, 2002
11. 『이승만』, 김교식 편저, 계성출판사, 1984
12. 『이승만 연구』, 유영익 편, 연세대학교출판부, 2000
13. 『이승만과 김구』, 손세일, 일조각, 1970
14. 『이승만과 나라 세우기』, 조선일보사편, 조선일보사, 1995
15. 『이승만과 미국대사관』, 해롤드 노블 지음 · 박실 옮김, 정호출판사, 1983
16. 『이승만 비록』, 로버트 올리버 지음 · 박일영 옮김, 한국문화출판사, 1982
17. 『이승만의 삶과 꿈』, 유영익, 중앙일보사, 1996
18. 『젊은날의 이승만』, 유영익, 연세대학교출판부, 2002
19. 『청년 이승만』, 최태응, 성봉각, 1960 (사이트에 없어요)
20. 『한말의 서양 정치학 수용연구』, 김학준, 서울대학교출판부, 2000

윤보선 대통령 관련 단행본 (3건)
1. 『(위인전) 민족을 이끈 거성』, 박학래, 원휘출판사, 1968
2. 『(윤보선회고록) 외로운 선택의 나날』, 윤보선, 동아일보사, 1991
3. 『장면 · 윤보선 · 박정희』, 한국정신문화연구원, 백산서당, 2001

장면 국무총리 관련 단행본 (7건)
1. 『장면』, 허동현, 분도출판사, 1999
2. 『장면 · 윤보선 · 박정희』, 한국정신문화연구원, 백산서당, 2001
3. 『장면과 제2공화국』, 한국민족운동사학회, 국학자료원, 2003
4. 『장면은 왜 수녀원에 숨어 있었나』, 정대철, 동아일보사, 1997
5. 『제2공화국과 장면』, 이용원, 범우사, 1999
6. 『제1공화국』, 김효식, 마당, 1982
7. 『한국 정당정치 실록』, 연시중 · 김윤철, 지와사랑, 2001

박정희 대통령 관련 단행본 (58건)

1. 『(가까이서 본) 박정희 대통령』, 송효빈, 휘문출판사, 1977
2. 『(김형욱 회고록) 혁명과 우상』, 김경재, 전예원, 1991
3. 『(농민의 아들에서 국가원수까지) 박정희 대통령 전기』, 안광제, 대일서관, 1980
4. 『(실록) 박정희』, 중앙일보취재팀, 중앙M&B, 1998
5. 『(위인) 박정희』, 정재경, 집문당, 1992
6. 『(위인전) 민족을 이끈 거성』, 박학래, 원휘출판사, 1968
7. 『(유신공화국의 몰락) 박정희와 김영삼과 김대중』, 이한두, 범조사, 1987
8. 『(제2의 박정희! 허영경의) 무궁화 꽃은 지지 않았다』, 허영경, 공화당출판사업부, 2000
9. 『(진정한 한국인 김태형의) 영웅 박정희』, 김태형, 인화, 1997
10. 『(청년) 박정희』, 정영진, 리브로, 1997
11. 『김형욱 회고록』, 김형욱·박사월, 문화광장, 1987
12. 『내 무덤에 침을 뱉어라』, 조갑제, 조선일보사, 1998-2001
13. 『내 일생 조국과 민족을 위하여』, 형선, 형선, 1999
14. 『내가 본 박정희와 김대중』, 문명자, 월간말, 1999
15. 『대통령의 경제리더십』, 정정길, 한국경제신문사, 1994
16. 『민족과 함께 역사와 함께 : 박정희 대통령-그 인간과 이상』, 서울신문사, 서울신문사, 1978
17. 『박정희』, 하신기 지음, 강태훈·이광주 공역, 세경사, 1997
18. 『박정희』, 조갑제, 까치, 1992
19. 『박정희』, 조갑제 지음, 영수양효 옮김, 아기서방, 1991
20. 『박정희 대통령과 주변사람들』, 김종신, 한국논단, 1997
21. 『박정희 붐, 우연인가 필연인가』, 한승조·강종희 공저, 말과창조사, 1999
22. 『박정희 살해사건 비공개 진술 전 녹음 최초정리』, 김재홍, 동아일보사, 1994
23. 『박정희 의장 방미·방일 특집』, 공보부, 공보부, 1961
24. 『박정희 정신분석, 신화는 없다』, 신용구, 뜨인돌, 2000
25. 『박정희, 파멸의 정치공작』, 이상우, 동아일보사, 1993
26. 『박정희, 김대중 세기의 화해』, 고목대삼 지음, 장정희·백진숙 옮김, 동광출판사, 1998
27. 『박정희, 김일성』, 화전문고, 화전문고, 1999
28. 『박정희 군사정권의 탄생』, 김윤근, 채류사, 1996
29. 『박정희 대통령』, 김종신·조남부역(일본어), 산케이신문사, 1976
30. 『박정희 대통령』, 한창완, 정경보도사, 1967
31. 『박정희 대통령의 사회철학』, 로리 존스, 한국개발연구원, 1976
32. 『박정희 대통령의 지도이념과 행동철학』, 정진기, 매일경제신문사, 1977
33. 『박정희 대통령의 통치철학』, 리우 쑨 따, 크라운출판사, 2002
34. 『박정희 대통령 전기』, 안광제, 대일서관, 1980
35. 『박정희 대통령 전기』, 정재경, 동서출판사, 1995
36. 『박정희 독재, 전두환 독재』, 박찬웅, 아우내, 1994
37. 『박정희를 넘어서』, 한국정치연구회, 푸른숲, 1998
38. 『박정희를 다시 생각한다』, 허수정, 신라출판사, 1997
39. 『박정희 사상서설』, 정재경 집문당, 1991
40. 『박정희 시대』, 김성진, 조선일보사출판국, 1994
41. 『박정희시대 연구』, 한국정신문화연구원, 백산서당, 2002

42. 『박정희 실기』, 정재경, 집문당, 1994
43. 『박정희와 그 여인들』, 한국정치문제연구소, 창민사, 1986
44. 『박정희와 김일성』, 양성철, 한울, 1992
45. 『박정희의 사상과 행동』, 최영, 현음사, 1995
46. 『박정희의 시대(일본어)』, 하야시 다케히코 지음, 선우연 옮김, 월드콤푸그래픽, 1995
47. 『반동적 근대주의자 박정희』, 전재호, 책세상, 2000
48. 『분단의 정치』, 양성철, 한울, 1987
49. 『실록 박정희와 한일회담』, 이도성, 한송, 1995
50. 『아, 박정희』, 김정렴, 중앙M&B, 1997
51. 『알몸 박정희』, 최상천, 사람나라, 2001
52. 『여명의 기수』, 박동성, 교육문화사, 1964
53. 『영시의 햇불』, 김종신, 한림, 1966
54. 『우리의 신조』, 한국유신학술원, 한국유신학술원, 1977
55. 『자립에의 의지』, 심융택, 한림출판사, 1972
56. 『장면·윤보선·박정희』, 한국정신문화연구원, 백산서당, 2001
57. 『정풍 11 : 퍼스트레이디와 대통령의 어머니들』, 한국정치문제연구소, 동광출판사, 1987
58. 『CIA박정희 암살공작』, 기호열, 청맥, 1996

최규하 대통령 관련 단행본 (1건)
1. 『현석편모』, 현석 최규하 대통령 팔순기념 문헌집발간위원회 편집, 현석 최규하 대통령 팔순기념 문헌집발간위원회, 1998

전두환 대통령 관련 단행본(13건)
1. 『(5공 비리) 국정감사 진상』, 강영운, 한국매일출판사, 1989
2. 『경제는 당신이 대통령이야』, 이장규, 중앙일보사, 1992
3. 『끝없는 출사표』, 최원극, 홍익제, 1989
4. 『대통령의 경제리더십』, 정정길, 한국경제신문사, 1994
5. 『앞으로의 한국』, 도바 긴이찌로, 이경남 옮김, 정음사, 1985
6. 『우리민족의 나아갈 길』, 고영근, 한국목민선교회, 2000
7. 『이럴 수가 제5공화국 전두환 정권』, 동아도서편집부, 동아도서, 1988
8. 『전두환 리더십 노태우 처세술』, 방경일, 너와나미디어, 2002
9. 『전두환 참회록』, 이사달, 청음, 1988
10. 『전두환 육성증언』, 김성익, 조선일보사출판국, 1992
11. 『청와대 24시』, 하원, 정음사, 1985
12. 『피고인 각하(일본어)』, 엄상익 지음, 김명중 옮김, 문예춘추, 1997
13. 『황강에서 북악까지』, 천금성, 동서문화사, 1981

노태우 대통령 관련 단행본(16건)
1. 『(다큐멘터리) 공화국 50년사』, 강영운, 한국매일출판사, 1989
2. 『(용기 있는 보통사람) 노태우』, 이경남, 을유문화사, 1987
3. 『(인간) 노태우』, 이영규·이배영 공저, 호암출판사, 1987
4. 『나 이 사람 계속 믿어주세요』, 정치문학연구회, 유원미디어, 1995

5. 『노태우』, 이경남·강상구 옮김, 동수사, 1989
6. 『노태우』, 김종성, 창작예술사, 1987
7. 『노태우 대통령의 44가지 잘못』, 학술단체협의회·서울대대학원자치협의회, 신세계, 1992
8. 『노태우·전두환, 박종열 기자가 파헤친 5, 6공 파워게임』, 박종열, 인본, 1992
9. 『누가 노태우를 쏘았나』, 문일석, 서음출판사, 1995
10. 『대통령의 경제리더십』, 정정길, 한국경제신문사, 1994
11. 『민주·번영·통일의 큰길을 열며』, 대통령공보비서실, 동화출판사, 1993
12. 『민주주의와 통일을 여는 길』, 대통령공보비서실, 동화출판공사, 1991
13. 『보통사람이 작은 기적을 이룰 때까지』, 노태우, 김영사, 1989
14. 『전두환 리더십 노태우 처세술』, 방경일, 너와나미디어, 2002
15. 『전방위 자주외교의 새 지평을 열다』, 문화공보부, 문화공보부, 1989
16. 『참용기』, 행림출판사, 행림출판, 1993

김영삼 대통령관련 단행본 (53건)

1. 『(김경 제5시집) 단군에서 김영삼까지』, 김경, 동서출판사, 1993
2. 『(김영삼 김대중) 경쟁과 공존의 역사』, 한상휘·오연호 공저, 의암출판문화사, 1992
3. 『(닭의 목을 비틀어도 새벽은 온다) 김영삼, 그의 정치·사상·경륜』, 박권흠, 심우 1992
4. 『(유신공화국의 몰락) 박정희와 김영삼과 김대중』, 이한두, 범조사, 1987
5. 『(제14대 김영삼 대통령) 지시사항종합』, 국무총리행정조정실, 국무총리행정조정실, 1998
6. 『(한국총통) 김영삼』, 김광근, 시사출판사, 1997
7. 『2000신한국』, 김영삼, 동광출판사, 1993
8. 『21세기를 위한 한국의 준비』, 서울대사회발전연구소, 서울대사회발전연구소, 1995
9. 『21세기의 동반자, 한국과 유럽』, 정부간행물제작소, 공보처, 1995
10. 『개혁과 세계화로 재도약』, 정부간행물제작소, 공보처, 1994
11. 『경제 정의의 첫걸음』, 정영헌·노영훈, 미래미디어, 1996
12. 『고향이 되살아난다』, 김정호, 미래미디어, 1996
13. 『국민 속의 군으로』, 김암산, 미래미디어, 1996
14. 『금융산업도 전략산업으로』, 박재하, 미래미디어, 1996
15. 『김영삼(일어)』, 고바야시 게이지·안지나 옮김, 케이투문고, 1993
16. 『김영삼 권력의 탄생』, 이용식, 공간, 1993
17. 『김영삼 대통령 회고록』, 김영삼, 조선일보사, 2001
18. 『김영삼 대통령과 청와대 사람들』, 윤창중, 고려원, 1994
19. 『김영삼 메시야 축제 정치』, 민병소, 회중서당, 1993
20. 『김영삼 민주화 구국의 길』, 일월서각편집부, 일월서각, 1987
21. 『김영삼 왜 그의 등장은 시대적 요청인가』, 송철원, 동광출판사, 1992
22. 『김영삼 위대한 민권의 승리』, 장애충, 일선출판사, 1987
23. 『김영삼 이데올로기』, 강준만, 개마고원, 1995
24. 『김영삼 정부의 성공과 실패』, 함성득, 나남출판, 2001
25. 『김영삼 제국과 IMF신탁통치』, 김종찬, 하나로, 1998
26. 『김영삼 회고록』, 김영삼, 백산서당, 2000
27. 『김영삼, 그 투쟁과 사상과 경륜』, 박권흠, 백양출판사, 1992
28. 『김영삼 김대중 비교분석』, 이남하, 한빛문화사, 1987

29. 『김영삼과 나』, 김영환, 심우, 1992
30. 『김영삼과 운명의 대권』, 강성재, 더불어, 1992
31. 『김영삼의 사람들 1-3』, 박정태, 국민일보사, 1996
32. 『김영삼의 정치 40년사』, 삼원기획편집부, 삼원기획, 1995
33. 『김영삼 정부와 언론』, 강준만, 개마고원, 1994
34. 『김영삼 정부의 국정평가 및 차기 정부의 정책과제』, 나라정책연구회, 현대정보문화사, 1999
35. 『김영삼 행정부의 규제완화 실적평가』, 한국경제연구원, 한국경제연구원, 1999
36. 『깨끗해야 떳떳하다』, 노정현, 미래미디어, 1996
37. 『꼬마동지 대장동지』, 이규희, 한가람, 1993
38. 『나의 정치 비망록』, 김영삼, 심우, 1992
39. 『당당한 지도자 김영삼』, 남홍진, 심우, 1992
40. 『대권시리즈』, 김혜남, 우리문화사, 1992
41. 『대통령 벗기기』, 김영수, 민, 1995
42. 『대통령과 기자들』, 조성관, 나남출판, 1994
43. 『대통령에 말 좀 애끼이소』, 손충무, 국제정보문화사, 1994
44. 『새벽을 열며』, 김덕용, 동광출판사, 1987
45. 『역사바로세우기』, 윤영오, 미래미디어, 1996
46. 『인간 김영삼』, 이광복, 행림출판, 1993
47. 『절반의 경험 절반의 목소리』, 조은, 미래미디어, 1996
48. 『정부도 다이어트를』, 박동서, 미래미디어, 1996
49. 『정의를 일으켜 세우자』, 고영근, 목민출판사, 2000
50. 『통일의 길이 보인다』, 박영호, 미래미디어, 1996
51. 『한-러 관계와 김영삼 대통령』, 정일영, 세종연구소, 1994
52. 『한국 정치 경제의 위기와 대응』, 한국정치학회, 한국정치학회, 1998
53. 『한국의 새로운 도전과 김영삼』, 크리스토퍼 시거 지음, 정재문 옮김, 오름, 1993

김대중 대통령 관련 단행본 (94건)
1. 『(21세기 한국, 경제대국으로 이끌) 김대중 이야기』, 최연태 · 왕수영, 민족공동체연구소, 1997
2. 『(5공 비리) 국정감사 진상』, 강영운, 한국매일출판사, 1989
3. 『(공자인가, 존 로크인가) 김대중의 생각』, 홍을표, 들녘, 1999
4. 『(기록) 김대중 70년』, 포도원, 포도원, 1993
5. 『(긴급점검) 김대중 정부의 경제개혁』, 서상목, 선학사, 1998
6. 『(김대중 대통령의) 21세기 청년과의 대화』, 김정수, 밀레니엄북스, 1999
7. 『(김대중 정부) 중간평가와 향후과제』, 이슈투데이편집국, 이슈투데이, 2000
8. 『(김대중 VS 김정일의) 경제냉전』, 김종찬, 성경, 2000
9. 『(김대중 대통령) 행동하는 양심에서 노벨상까지』, 강신길, 세인, 2001
10. 『(김대중 수난사) 인동초의 새벽』, 김진배, 동아, 1987
11. 『(김대중 평전) 동교동의 낮과 밤』, 주치호, 평범서당, 1987
12. 『(김영삼 김대중) 경쟁과 공존의 역사』, 한상휘 · 오연호, 의암출판문화사, 1992
13. 『(다큐멘터리) 김대중 납치사건, 이것이 진상이다』, 이영신, 금산기획, 1998
14. 『(새천년 새희망으로) 김대중 대통령의 어제, 오늘』, 강신복, 글힘, 2000
15. 『(세계의 지도자) 김대중』, 노암 골드스틴 · 이준구 옮김, 내친구, 1999

16. 『(소설) 김대중 1-2』, 허수정, 무당, 1995
17. 『(유신공화국의 몰락) 박정희와 김영삼과 김대중』, 이한두, 범조사, 1987
18. 『(정계내막) 제5공화국』, 한국실록출판문화사, 1988
19. 『21세기 한국과 김대중 비전』, 한배달문화연구회, 청파, 1997
20. 『거짓말 선생님』, 이진수, 새앎출판사, 1996
21. 『경천애인』, 김대중 외, 맑은물, 2002
22. 『김대중 개혁 대해부』, 안영모, 원경, 2001
23. 『김대중 경제』, 김종찬, 명상, 1998
24. 『김대중 그는 누구인가』, 김형문, 금문당출판사, 1987
25. 『김대중 납치사건, 일본의회속기록』, 세계일보출판국, 세계일보, 1994
26. 『김대중 납치사건의 진상』, 김대중선생 납치사건 진상규명을 위한 시민의 모임, 푸른나무, 1995
27. 『김대중 내란 음모의 진실』, 김대중, 문이당, 2000
28. 『김대중 대통령과의 만남』, 하루트무트 코쉭 지음 · 김소연 옮김, 한림출판사, 2003
29. 『김대중 대통령의 시스템 사고』, 김동환, 집문당, 2000
30. 『김대중 보고서』, 이열, 문화샘, 1997
31. 『김대중사건』, 김상일, 기린원, 1985
32. 『김대중 살리기』, 박용수 외, 시와사회사, 1995
33. 『김대중 정부 5년 평가와 노무현 정부 개혁과제』, 경향신문사 · 참여연대 공엮음, 한울, 2003
34. 『김대중 정부의 4개 개혁』, 장세진 외, 여강출판사, 2001
35. 『김대중 정치방황 30년』, 경향신문사출판국, 경향신문사, 1986
36. 『김대중 죽이기』, 강준만, 개마고원, 1995
37. 『김대중 X파일』, 손충무, 새세상출판사, 1997
38. 『김대중과 김영삼』, 손세일, 일월서각, 1985
39. 『김대중과 이지메』, 최홍순 · 이상진 공저, 이가책, 1998
40. 『김대중과 한국언론』, 이자현, 인내천시대, 1997
41. 『김대중 대통령께 드리는 쓴소리』, 김영환, 무한, 1999
42. 『김대중 살리기』, 박상건, 울림사, 1995
43. 『김대중 씨의 대중경제』, 대중경제연구소, 범우사, 1971
44. 『김대중 옥중서신』, 김대중, 한울, 2000
45. 『김대중을 계산하자』, 전인권, 새날, 1997
46. 『김대중을 웃겨라』, 양소지, 당그래출판사, 1998
47. 『김대중을 말살하라』, 이신영, 한국출판, 1987
48. 『김대중의 21세기 시민경제 이야기』, 김대중, 산하, 1997
49. 『김대중의 3단계 통일론 1-2』, 아태평화재단, 아태평화출판사, 1995
50. 『김대중의 양날개 정치』, 이태호, 새앎출판사, 1996
51. 『김대중 정부 개혁 대해부』, 정대화 외, 지정, 1998.
52. 『김대중 정치의 선택과 한계』, 정웅교, 일선사, 1987
53. 『내가 본 박정희와 김대중』, 문명자, 월간말, 1999
54. 『내가 아는 양김 정치』, 장을병, 나무와숲, 1998
55. 『누군가에게 버팀목이 되는 삶이 아름답다』, 권노갑, 살림, 1999
56. 『다시, 김대중을 위하여』, 김옥두, 살림터, 1995

57. 『대권 시리즈』, 김혜남, 우리문화사, 1992
58. 『대중 경제론』, 김대중전집편찬위원회, 한경과연, 1989
59. 『대통령 아들인데 그 정도 살면 어때』, 이신범, 우도, 2002
60. 『대통령 선거 전략보고서』, 이영작, 나남, 2001
61. 『동교동 24시』, 함윤식, 우성, 1987
62. 『든든해요 김대중』, 김옥두, 나남출판, 1998
63. 『똑똑등신 김대중 비디오』, 김환태, 글힘, 2002
64. 『민주에서 통일로』, 포도원, 포도원, 1993
65. 『부시와 김대중의 동상이몽』, 김종찬, 새로운사람들, 2001
66. 『분노의 메아리』, 김대중, 숭문각, 1968
67. 『브란트 슈미트 정부의 대동독 화해정책과 김대중 정부의 햇볕정책 비교연구』, 세종연구소, 세종연구소, 1999
68. 『사랑하는 가족에게 : 김대중 옥신서신 모음』, 김대중, 새빛문화사, 1992
69. 『사상과 능변』, 박석무, 제민각, 1990
70. 『새로운 시작을 위하여』, 김대중, 김영사, 1993
71. 『신동방정책과 대북포용정책』, 홍병덕 외, 두리미디어, 2000
72. 『아! 김대중님, 오! 추기경님』, 정연수, 영학출판사, 1997
73. 『알몸 대한민국 빈손 김대중』, 최상천, 사람나라, 2001
74. 『여러분 청와대에서 만납시다』, 김종순, 시인통신사, 1987
75. 『영웅의 최후』, 이태호, 한뜻, 1992
76. 『외발자전거를 탄 김대중 경제』, 김종찬, 정보나라, 1998
77. 『이영작 리포트 : 1997 김대중 선거전략 보고서』, 이영작, 나남출판, 2002
78. 『용기 있는 여자(勇氣ある女)』, 이희호·김성숙 옮김, 매일신문, 1994
79. 『인간 김대중』, 박운규·배동식, 민족공동체연구소, 1999
80. 『인간 김대중의 눈물』, 신기선, 사사연, 1996
81. 『인동초가 피기까지』, 김삼웅, 한울, 1997
82. 『인동초의 새벽』, 김대중전집편찬위원회, 한경과연, 1989
83. 『인물과 사상 23. 김대중 신드롬』, 강준만, 개마고원, 2002
84. 『정권교대』, 김옥두, 유비사, 1999
85. 『제로 베이스 DJ』, 권종호, 열림, 1997
86. 『존경하고 사랑하는 당신에게』, 김대중전집편찬위원회, 한경과연, 1989
87. 『편견 없는 김대중 이야기』, 전인권, 무당미디어, 1997
88. 『한국 정치경제의 위기와 대응』, 한국정치학회, 한국정치학회, 1998
89. 『DJ는 왜 지역갈등 해소에 실패했는가』, 성한용, 중심, 2001
90. 『DJ에게 보내는 편지』, 김성종, 추리문학사, 2000
91. 『DJ와 3일간의 대화』, 김명식, 단군, 1997
92. 『DJ와 책』, 김삼웅, 범우사, 2000
93. 『DJ의 독서일기』, 김경재, 인북스, 2000
94. 『NO! DJ 죽이기』, 김환태, 글힘, 2003

INDEX

김대중(金大中) 52, 67, 72, 130, 135, 149, 177, 184,185, 189, 200, 210, 258, 260, 274, 407, 409, 410, 411, 413, 414

김영삼(金泳三) 67, 76, 130, 135, 157, 177, 185, 189, 203, 209, 230, 239, 255, 258, 260, 276, 277, 287, 289, 292, 296, 305, 317, 318

노무현(盧武鉉) 321, 325, 326, 341, 423, 442

노태우(盧泰愚) 188, 234, 282, 287, 304, 309, 310, 317, 318, 319, 323

박정희(朴正熙) 60, 63, 64, 72, 76, 129, 133, 134, 135, 136, 138, 140, 141, 144, 147, 148, 149

윤보선(尹潽善) 129, 130, 132, 136, 137, 138, 140, 141, 142

이승만(李承晩) 7, 15, 16, 17, 22, 24, 26, 28, 38, 39, 43, 45, 48, 49, 50, 53, 54, 58, 59, 63, 65

장면(張勉) 66, 67, 70, 75, 94, 129, 130, 131, 132

전두환(全斗煥) 57, 64, 185, 188, 201, 233, 256, 258, 260, 272, 276

최규하(崔圭夏) 199, 239, 251, 253, 263, 264

이승만 대통령

YMCA 18, 19, 172
고려공산당 69
곽상훈(郭尙勳) 56, 66, 130
구미위원회(歐美委員會) 23, 25, 29
국공합작(國共合作) 33, 44

국민당(國民黨) 36, 70, 148, 149
김구(金九) 36, 40, 41, 43, 44, 45, 157
김규식(金奎植) 41, 43, 44, 45, 46
김달호(金達鎬) 66
김도연(金度演) 52, 132, 145
김동원(金東元) 47
김성수(金性洙) 36,43, 48, 50, 58, 63
김원봉(金元鳳) 33
김일성(金日成) 35, 36, 41, 45, 46, 53, 218, 224
김준연(金俊淵) 55, 66, 70, 130
김춘봉(金春鳳) 74
김홍집(金弘集) 49
남남정책(南南政策) 104, 325
내각책임제(內閣責任制) 48, 51, 56, 59, 81, 103, 129, 131, 172, 288
대통령중심제(大統領中心制) 48,51, 59, 81, 129, 185, 290
독립촉성국민회(獨立促成國民會) 40, 43, 46
라파예트(Lafayette) 92, 93
로버트 올리버(Robert Oliver) 27, 28, 42, 62
마운트 버넌(Mount Vernon) 86, 89, 93, 96, 98
메리 발(Mary Ball) 86
모샤브(Moshav) 116
미소공동위원회(美蘇共同委員會) 41
민영환(閔泳煥) 17
민족청년단(民族靑年團) 46, 52
민주당(民主黨) 66, 68, 71, 75, 77, 78, 101, 130
박순천(朴順天) 66, 130, 144, 146, 160
박영효(朴泳孝) 16, 150
박용만(朴容萬) 23
박은식(朴殷植) 83, 378

박헌영(朴憲永) 36, 40, 451
발췌개헌안(拔萃改憲案) 59
벤 구리온(Ben-Gurion) 15, 49, 81, 109, 110, 112, 114
사사오입(四捨五入) 65, 66, 70, 388
상해임시정부(上海臨時政府) 21, 22, 24, 33, 37, 50, 83, 378
샤를 드골(Charles de Gaulle) 37, 228, 248
서민호(徐珉濠) 56
선우진(鮮于鎭) 36
송진우(宋鎭禹) 36, 43, 46
시나이(Sinai) 반도 123, 124, 125
신도성(愼道晟) 66, 71
신성모(申性模) 55
신익희(申翼熙) 47, 50, 51, 56, 66, 67, 70
신채호(申采浩) 22
신탁통치(信託統治) 36, 37, 39, 40, 41, 110
안재홍(安在鴻) 36
안창호(安昌浩) 22
알렉산더 해밀턴(Alexander Hamilton) 95
알리야(Aliyah) 115
여운형(呂運亨) 35, 46, 151, 151
욤 키푸르 전쟁(Yom kippur war) 126
우남(雩南) 16
원용덕(元容德) 58
유영익(柳永益) 16, 17, 25, 39, 81
유진산(柳珍山) 53, 54, 66, 75, 130, 137
유진오(兪鎭午) 47, 48, 209, 390, 410
윤길중(尹吉重) 47, 48, 69, 71, 74
윤석오(尹錫五) 16
윤제술(尹濟述) 66, 145, 392
윤치영(尹致暎) 52, 395
의정원(議政院) 22, 23, 152

이강석(李康石) 33
이경선(李敬善) 15, 16
이기붕(李起鵬) 33, 65, 66, 68, 77
이동화(李東華) 71
이동휘(李東輝) 24
이범석(李範奭) 38, 50, 52, 54, 57, 60
이시영(李始榮) 70, 151, 152
이윤영(李允榮) 50, 51
이인수(李仁秀) 26, 33
이재학(李在鶴) 65, 131
이정식 25, 37
이정재(李丁載) 76
이철승(李哲承) 40, 130, 157, 390, 398, 411
임병직(林炳稷) 25
임영신(任英信) 25
자유당(自由黨) 47, 60, 65, 66, 67, 68, 71, 75
장경근(張暻根) 47
장덕수(張德秀) 36, 46
장택상(張澤相) 43, 52, 59, 66, 387
전국학생연맹(全學聯) 40, 157
조만식(曺晩植) 35, 50
조병옥(趙炳玉) 55, 61, 66, 70, 77, 130, 142, 154, 173, 175
조봉암(曺奉岩) 56, 61, 66, 68, 69, 70, 71, 73
조선민주당(朝鮮民主黨) 35, 47, 50
조소앙(趙素昂) 50
조재천(曺在千) 67, 146
조지 워싱턴(George Washington) 15, 17, 63, 64, 85, 89, 93, 94, 310, 329
진보정당(進步政黨) 61
청일전쟁(淸日戰爭) 16
최순주(崔淳周) 65
최인규(崔仁圭) 78, 230

최희송(崔熙松) 66
콘라트 아데나워(Konrad Adenauer) 15, 99
크네세트(Knesset) 114, 121
키부츠(kibbutz) 116, 122, 124
태평양잡지(Korean Pacific Magazine) 20
테오도르 헤르츨(Theodor Herzl) 114, 115
토머스 제퍼슨(Thomas Jefferson) 94, 95, 329
평화통일론(平和統一論) 72, 73, 423
프란체스카 도너(Francesca Donner) 29
한규설(韓圭卨) 17, 271
한동석(韓東錫) 66
한인사회당(韓人社會黨) 24
함태영(咸台永) 50, 51, 60
허헌(許憲) 36, 66, 70
호헌동지회(護憲同志會) 66, 70
호헌파(護憲派) 57
흥사단(興士團) 66

Ⅱ 윤보선 대통령

5 · 16 군사혁명 129, 132, 167
고흥문(高興門) 130, 138, 391
공덕귀(孔德貴) 149, 153
권중돈(權仲敦) 158, 159
김동하(金東河) 161
김법린(金法麟) 146
김병로(金炳魯) 146
김용태(金龍泰) 170, 171, 233
김응주(金應柱) 160
김입삼(金立三) 167, 169
김재광(金在光) 146
김재순(金在淳) 130, 157
김재춘(金在春) 133

김종필(金鍾泌) 161, 162, 181, 183, 187, 224
김주인(金周仁) 171
김준하(金準河) 132, 136
김진배(金珍培) 176, 413
김현철(金顯哲) 165, 338, 360, 366
남궁련(南宮鍊) 171
노기남(盧基南) 172
민관식(閔寬植) 130
민정당(民政黨) 142, 144, 146, 147, 282, 287
민중당(民衆黨) 144, 148, 323, 377
박기출(朴己出) 66, 68, 71, 148
박종홍(朴鍾鴻) 164, 217
백남훈(白南薰) 146
사광욱(史光郁) 147
서범석(徐範錫) 130, 392
서정귀(徐廷貴) 146
선우종원(鮮于宗源) 160, 161
송원영(宋元英) 174
송인상(宋仁相) 166
신풍회(新風會) 157
신한당(新韓黨) 142, 146, 148
양일동(梁一東) 130
오위영(吳緯泳) 157
유신(維新) 57, 60, 149, 190, 210, 211
유원식(柳原植) 133, 134
이경식(李經植) 168
이병철(李秉喆) 171
이인(李仁) 142, 146
이정림(李庭林) 171
이종찬(李鍾贊) 159
장도영(張都暎) 133, 134, 136, 159, 161, 181
장준하(張準河) 164
전진한(錢鎭漢) 146

정대철(鄭大哲) 162
정보정치(情報政治) 145, 148
정성태(鄭成太) 146
정치정화법(政治淨化法) 139, 183, 184
정해영(鄭海永) 146
조연하(趙淵夏) 157
주요한(朱燿翰) 130, 138, 165
주원(朱源) 166
청조회(淸潮會) 157
최각규(崔珏圭) 168
최경록(崔慶祿) 158, 159
함석헌(咸錫憲) 164, 401, 458
해위(海葦) 135, 138, 152
허정(許政) 137, 140, 146, 159
현석호(玄錫虎) 130, 146, 159
홍익표(洪翼杓) 130

백남억(白南檍) 232, 335
백선엽(白善燁) 187
서정순(徐廷淳) 187
신직수(申稙秀) 225
오치성(吳致成) 232, 335
위수령(衛戍令) 209, 230, 254, 285, 305
유신정우회(維新政友會) 223, 230, 397, 415
유혁인(柳赫仁) 224
육영수(陸英修) 235
이병희(李秉禧) 187
이영근(李永根) 187
이후락(李厚洛) 218, 418
전재덕(全在德) 187
정일권(丁一權) 233
정주영(鄭周永) 196
차지철(車智澈) 230, 234, 235

박정희 대통령

4인 체제 232, 233, 335
곽영주(郭榮周) 230
국가재건최고회의(國家再建最高會議) 170, 184
국방과학연구소(國防科學硏究所) 201
길재호(吉在號) 231, 335, 395
김계원(金桂元) 231
김기춘(金淇春) 225
김성곤(金成坤) 232, 233, 335, 395
김영주(金英柱) 218
김재규(金載圭) 230, 234, 241, 351, 399
김정렴(金正濂) 191, 192, 213, 220
김진만(金振晩) 232, 335
드골헌법 221, 397

최규하 대통령

고건(高建) 259, 260, 275
노재현(盧載鉉) 256
변영태(卞榮泰) 264
유학성(兪學聖) 257
정승화(鄭昇和) 256, 257, 312, 351, 354
정운갑(鄭雲甲) 258, 399, 400

전두환 대통령

6·29선언 317, 318, 421, 455
권정달(權正達) 277
권중현(權重顯) 270, 271
김성익(金聲翊) 282, 288, 291
민영기(閔泳綺) 271

박영수(朴英秀) 297
박제순(朴齊純) 270, 271
박준병(朴俊炳) 272
송병준(宋秉畯) 270
신현확(申鉉碻) 273, 274
안가(安家) 181, 235, 297, 356, 357, 372
안무혁(安武赫) 288
안종훈(安宗勳) 273
이규현(李揆現) 276
이근택(李根澤) 270, 271
이상재(李相宰) 277
이완용(李完用) 270, 271
이종율(李鍾律) 281
이지용(李址鎔) 270, 271
이토 히로부미(伊藤博文) 269, 271
이학봉(李鶴捧) 277
이희성(李憙性) 273
일진회(一進會) 270
장세동(張世東) 281, 308
주영복(周永福) 271, 273
하세가와 요시미치(長谷川好道) 269, 271
하야시 곤스케(林權助) 269, 271
허문도(許文道) 277
허삼수(許三守) 277
허화평(許和平) 277

노태우 대통령

물태우 326, 328
보통사람 326, 327, 329
여소야대(與小野大) 319
최호중(崔浩中) 324

김영삼 대통령

강경식(姜慶植) 375
강삼재(姜三載) 360, 381
권영해(權寧海) 346
김동진(金東鎭) 346
김인호(金仁浩) 375
김진영(金振永) 346, 347
김태정(金泰政) 382, 441
김홍조(金洪祚) 385
민주화추진협의회(民推協) 401
서석재(徐錫宰) 382
서완수(徐完秀) 346
손명순(孫命順) 388
율곡(栗谷)사업 349
이병태(李炳台) 349
이양호(李養鎬) 349
이인제(李仁濟) 382, 383, 384, 385
이회창(李會昌) 366, 367, 381, 382, 383, 384, 385
임창열(林昌烈) 375, 441
장태완(張泰琓) 351
조윤형(趙尹衡) 214, 390, 391, 392
진보주의(進步主義) 324, 370, 442, 449, 452
초산 테러 203, 389, 396
최세창(崔世昌) 347
최형우(崔炯佑) 363, 364
홋카이도(北海道) 구상 389, 390, 391
홍재형(洪在馨) 375

김대중 대통령

3단계 통일론 422, 423, 425, 426, 427, 428, 429, 430

가시나무새 대통령 407, 409
김재준(金在俊) 458
남북정상회담(南北頂上會談) 104, 408, 425, 435, 436, 445, 446
대중참여경제 422, 431
문익환(文益煥) 401, 448, 458
서경원(徐敬元) 421
이희호(李姬鎬) 421, 454, 456
임동원(林東源) 430, 436, 437, 445, 446, 447
정몽헌(鄭夢憲) 437
정용석(鄭鎔碩) 444
차용애(車容愛) 451
한민통(韓國民主化統一協議會) 419, 452
함세웅(咸世雄) 458
햇볕정책 422, 437, 439, 452
허대범(許大梵) 448, 452

우리도 좋은 대통령을 갖고 싶다

초판 2쇄 발행 | 2004년 6월 8일

지 은 이	주돈식
펴 낸 이	이보환
펴 낸 곳	도서출판 사람과책

등　　록	1994년 4월 20일. 제16-878호
주　　소	135-080 서울시 강남구 역삼동 605-10 세계빌딩
전　　화	(02)556-1612~4
팩시밀리	(02)556-6842
전자우편	manbook@hanafos.com

ⓒ 주돈식, 2004
※ 값은 표지에 있습니다.
※ 이 책 내용의 일부 또는 전부를 재사용하려면
　반드시 저작권자와 도서출판 사람과책 양측의 동의를 얻어야 합니다.

ISBN 89-8117-083-5 03900